浙江省社会科学界联合会研究课题
课题名称：中国城市投资价值测评方法研究
课题编号：2011B043

—— 2013 ——

城市投资价值蓝皮书

——浙商投资评估

2013 CHENGSHI TOUZI JIAZHI LANPISHU

ZHESHANG TOUZI PINGGU

浙江省浙商投资研究会
贝利控股集团有限公司　编著
杭州投融界网络有限公司

浙江工商大学出版社
ZHEJIANG GONGSHANG UNIVERSITY PRESS

图书在版编目(CIP)数据

2013 城市投资价值蓝皮书：浙商投资评估 / 浙江省浙商投资研究会，贝利控股集团有限公司，杭州投融界网络有限公司编著. —杭州：浙江工商大学出版社，2013.11

ISBN 978-7-5178-0063-7

Ⅰ. ①2… Ⅱ. ①浙… ②贝… ③杭… Ⅲ. ①城市—投资环境—经济评价—中国 Ⅳ. ①F299.23

中国版本图书馆 CIP 数据核字(2013)第 256643 号

2013 城市投资价值蓝皮书
——浙商投资评估

浙江省浙商投资研究会
贝利控股集团有限公司　编著
杭州投融界网络有限公司

责任编辑	张婷婷　王黎明
封面设计	王妤驰
责任印制	汪　俊
出版发行	浙江工商大学出版社
	（杭州市教工路 198 号　邮政编码 310012）
	（E-mail:zjgsupress@163.com)
	（网址:http://www.zjgsupress.com)
	电话:0571-88904980,88831806(传真)
排　　版	杭州朝曦图文设计有限公司
印　　刷	杭州杭新印务有限公司
开　　本	710mm×1000mm　1/16
印　　张	24.25
字　　数	450 千
版 印 次	2013 年 11 月第 1 版　2013 年 11 月第 1 次印刷
书　　号	ISBN 978-7-5178-0063-7
定　　价	98.80 元

以社会责任为核心
打造高品质健康企业

贝利控股集团有限公司是一家主营业务涉及房地产开发、建筑装饰、资本投资、生物科技、
信息技术等多个产业的大型综合性企业集团。

贝利集团坚持"以社会责任为核心，打造高品质健康企业"的理念，始终对自己的事业、
对员工、对客户、对社会、对国家、对民族……

对所有的利益相关者都充满着责任感，正是这种责任感不断地鞭策着贝利奋勇前行。

因为贝利人相信：成就永远的贝利，源于责任！

贝利控股集团有限公司　地址/杭州市余杭区临平南大街255号　电话/86164868　传真/86164503　邮编/311100　http://www.pele.net.cn

● 重庆市

● 黑龙江哈尔滨市

塞上湖城、西北水乡----鸣翠湖国家湿地公园

镇北堡影视城-中国电影从这里走向世界

城市面貌图

现代大学城---宁夏大学

● 宁夏银川市西夏区

● 山东商河县

●云南楚雄彝族自治州

●云南迪庆藏族自治州梅里雪山

● 云南师宗县

● 湖北仙桃市

● 内蒙古乌海市

编　委　会

丰　华　浙江大丰实业有限公司董事长

洪保华　杭州佳都集团有限公司董事长

姜飞雄　杭州帝龙新材股份有限公司董事长

李维国　宁夏银川市西夏区人民政府区长

吕天敏　云南省师宗县人民政府副县长

陆铜华　千年舟集团董事长

戚建萍　浙江宏磊铜业股份有限公司董事长

戚金兴　杭州滨江房产集团股份有限公司董事长

帅新武　浙江岛石集团董事长

孙　斌　山东省商河县人民政府县长

沈柏祥　浙江翔盛集团有限公司董事长

沈志刚　浙江正凯集团董事长

斯敏洪　浙江广田实业有限公司董事长

田伟刚　浙江大学民营经济研究中心主任

王安涛　杭州立迅科技有限公司总经理

王源祥　浙江恒美控股集团董事长

吴王楼　金成房地产集团董事长

吴志亮　之信控股董事长

吴忠泉　金都房产集团有限公司总裁

夏炎定　浙江丰安建设集团有限公司董事长

徐娣珍　中国慈吉教育集团董事长

严启方　湖北省仙桃市市委常委、市政府党组副书记

杨希涌　杭州乾北控股有限公司董事长

俞　蔷　野风集团有限公司董事长

张德生　浙江万马集团有限公司董事长

张　峰　浙江五洲新春集团有限公司董事长

章卡鹏　浙江伟星实业发展股份有限公司董事长

郑勇平　浙江森禾种业股份有限公司董事长

郑起平　浙江聚诚实业有限公司董事长

周国团　九鼎集团总裁

朱梅品　云南省楚雄彝族自治州人民政府副秘书长

序　言

　　工业化和城市化的"双轮驱动"是我国经济和现代化建设快速发展的主要动力。就我国而言,绝大多数地区仍处于工业时代,如何增强工业实力,提高制造业水平,拉动就业,转型升级产业结构成为各地区经济工作重心,解决这些问题的一条主要道路即吸引外资,通过资本的大规模投入来实现上述目标。与此同时,由于区域发展的不平衡,当中西部地区苦于不发达时,东部地区则面临着土地、资源、劳力、市场等诸多方面的严重制约,产业结构的转型升级问题直接关系到东部地区的可持续发展和稳定发展。延伸产业链,保持产品竞争力,提升产品质量等问题接踵而至。不经意间,东部地区的资本、产业向中西部地区转移已经形成滚滚洪流。

　　为了服务浙商,沟通政企双方,更好地推动资本、产业的有序转移,浙江省浙商投资研究会聚集有识之士,捕捉经济动态,研究城市发展,将理论和实践相结合,从各个方面去分析城市发展的阶段及其产业优势之所在,从而将城市投资价值与引领产业投资密切联系起来。在研究会两年的努力下,于2011年出版了《2011城市投资价值蓝皮书——浙商投资评估》一书,获得了企业和政府的广泛好评。各方的努力、支持,让我们继续这项事业,特别是浙江省社科联将该研究作为课题立项,激励着我们必须做得更好,具有指导意义和操作性。

　　积沙成塔,聚水成河。经过两年的艰苦和付出,我们将《2013城市投资价值蓝皮书——浙商投资评估》奉献给大家。该书在新的国内外经济形势下,分析了浙江省、浙商发展的新情况、新问题,探讨了作为资本大省如何实现产业转型升级面临的诸多瓶颈和挑战,重点研究了40多个城市的发展阶段,以及可能取得很大发展的产业,从而为服务浙商,服务浙江,服务全国尽绵薄之力。

　　是为序。

浙江省浙商投资研究会

贝利控股集团有限公司

杭州投融界网络有限公司

2013 年 10 月

目　录
CONTENTS

第三部分　附　　录

摘　　要

　　本书将城市投资价值和投资产业作为研究对象。第一章在对 2013 年全球和国内经济形势的分析的前提下,首先探讨了国外糟糕的经济状况对我国带来的诸多不利因素;其次,分析了我国经济突飞猛进的发展,对地区、城市和国内企业带来的巨大改变。第二章则重点分析了浙江经济和浙商的发展。这部分首先研究了浙江产业发展现状以及转型升级的诸多挑战,分析了浙江省内各城市经济发展的不同局面;其次,从产业角度出发,分析了浙江块状经济和产业集群的分布情况与形成原因;最后,从企业角度出发,探讨了浙江企业发展的特点、现状,重点分析了浙江企业面临的挑战,总结其经验教训。第三章从城市(镇)化的角度探讨了国内外城市化的进程、经验和教训,分析了浙江省城镇化建设中的问题,并从小城镇建设的视角总结了浙江小城镇和新型城市化建设的经验。第四章主要分析了 30 多个城市的经济特点、产业发展,遍及东、中、西三大区域,涵盖江苏、安徽、江西、陕西、山西、河南、湖南、湖北、河北、山东、贵州、云南、内蒙古、辽宁、黑龙江、吉林等省份,遍及全国各地城市,通过对这些城市的投资价值和产业投资研究,为人们认识这些城市经济,投资这些城市提供参考。第五章根据城市级别,选择了 8 个地级及以上城市作为投资推荐城市,4 个县级区域作为投资推荐县市,这些城市分别是重庆市、黑龙江省哈尔滨市、云南省楚雄州、云南省迪庆州、江西省景德镇市、山东省威海市、湖北省襄阳市、贵州省遵义市,以及山东省商河县、湖北省仙桃市、云南省师宗县和宁夏银川市西夏区。

第一部分

总　论

第一章 国内外经济形势分析

过去的 2012 年,面对国内外严峻的经济形势,我国政府在"积极稳健、审慎灵活"宏观经济政策基本取向下,实施积极的财政政策和稳健的货币政策,坚持科学发展这一主题和转变经济增长这一主线,牢牢把握扩大内需这一战略基点,实现了经济稳定增长、物价水平回落,推动着产业结构的优化升级。世界经济总体走弱的情况下,实现预期的经济目标成为我国宏观经济调控最为紧迫的任务。

第一节 国外宏观经济情况

一、经济增长乏力

2012 年,全球经济增速继续放缓,国际贸易增速回落,国际金融市场剧烈动荡,各类风险明显增多,欧债危机持续爆发,美国经济有所回升,日本经济处于衰退状态。根据最新的《全球经济展望 2013》,世界经济总量按购买力评价计算达到 71.71 万亿美元,比上年增长 2.3%,低于 2011 年的 3.7%,也低于 2010 年的 5.0% 的增长率。全球经济缓慢复苏的同时,地区差异较大,发展中国家经济增速明显高于发达国家,发达国家平均经济增长 1.3%,发展中国家平均增长率为 5.1%,高出发达国家 4.4 个百分点。与上年相比,发达国家和发展中国家增速均有所下滑,部分地区降幅较大。

如表 1-1 所示,高收入国家 2012 年经济增长率仅为 1.3%,比上年下降 0.3 个百分点。其中,OECD 国家经济增长 1.4%,比上年下降 0.3 个百分点;欧元区国家经济增长 −0.4%,比上年下降 1.9 个百分点;日本经济增长 1.9%,比上年上升 2.6 个百分点;美国经济增长 2.2%,比上年上升 0.4 个百分点。总体来看,发达地区经济形势比 2011 年有所好转,美、日经济有所回升,但欧元区经济陷入衰退。

发展中国家 2012 年经济增长 5.1%,比上年减少 0.8 个百分点。其中,亚太地区经济增长 7.5%,比上年减少 0.8 个百分点,但依旧是全球经济增长最快的地区;中国 2012 年经济增长 7.9%,比上年下降 1.4 个百分点;拉美地区经济增长 3.0%,比上年减少 1.3 个百分点;南亚地区经济增长 5.4%,比上年减少 2 个百分点;俄罗斯经济增长 3.5%,比上年下降 0.8 个百分点;巴西经济增长 0.9%,比上年减少 1.8 个百分点;印度经济增长 5.1%,比上年下降 1.8 个百分点。虽然发展中国家经济依旧处于较高增长水平,但增速连年下滑,如中国、印度、俄罗斯、巴西等主要发展中大国经济下行态势明显。

根据世界银行预测,2013 年全球经济增速将有所回复,欧元区国家逐步好转,但美日两国经济增速将下降;发展中国家增速有所上升,中国、印度、俄罗斯等大国经济也将好转,整个世界逐步走出危机,开始新一轮的经济景气循环。

表 1-1　全球经济增长率及预测①

年份 地区	2009	2010	2011	2012	2013	2014
全球	−2.3	4.1	2.7	2.3	2.4	3.1
购买力平价(加权)	−0.9	5.0	3.7	3.0	3.4	3.9
高收入国家	−3.7	3.0	1.6	1.3	1.3	2.0
OECD 国家	−3.7	2.8	1.5	1.2	1.1	2.0
欧元区	−4.2	1.7	1.5	−0.4	−0.1	0.9
日本	−5.5	4.5	−0.7	1.9	0.8	1.2
美国	−3.5	3.0	1.8	2.2	1.9	2.8
非 OECD 国家	−1.5	7.2	5.0	2.9	3.5	3.8
发展中国家	2.0	7.3	5.9	5.1	5.5	5.7
亚太地区	7.5	9.7	8.3	7.5	7.9	7.6
中国	9.2	10.4	9.3	7.9	8.4	8.0
印度尼西亚	4.6	6.1	6.5	6.1	6.3	6.6
泰国	−2.3	7.8	0.1	4.7	5.0	4.5
欧洲和中亚	−6.5	5.2	5.5	3.0	3.6	4.0

---

① 数据来源:World Bank. *Global Economic Prospects 2012*,table 1;*Global Economic Prospects 2013*,table 1.

年份 地区	2009	2010	2011	2012	2013	2014
俄罗斯	−7.8	4.0	4.3	3.5	3.6	3.9
土耳其	−4.8	9.0	8.5	2.9	4.0	4.5
罗马尼亚	−7.1	−1.3	2.5	0.6	1.6	2.2
拉美和加勒比海地区	−2.0	6.0	4.3	3.0	3.5	3.9
巴西	−0.2	7.5	2.7	0.9	3.4	4.1
墨西哥	−6.1	5.5	3.9	4.0	3.3	3.6
阿根廷	0.9	9.2	8.9	2.0	3.4	4.1
中东和北非	4.0	3.6	−2.4	3.8	3.4	3.9
埃及	4.7	5.1	1.8	2.2	2.6	3.8
伊朗	3.5	3.2	1.7	−1.0	0.6	1.6
南亚地区	6.1	9.1	7.4	5.4	5.7	6.4
印度	9.1	8.7	6.9	5.1	6.1	6.8
巴基斯坦	3.6	4.1	3.0	3.7	3.8	4.0

二、债务危机严峻

欧洲债务危机影响深远,至今仍未走出困境。长期以来欧洲各国债务居高不下,占 GDP 比重持续提高,如图 1-1 所示。欧元区国债占 GDP 比重从 2006年的 64% 左右增加到 83%;希腊、意大利、爱尔兰国债均超过 GDP 的 100%,葡萄牙、西班牙、英国国债也较高。经济危机的冲击,充分暴露了欧洲经济的深层次问题。2011 年以来,法国、意大利、奥地利、马耳他、斯洛伐克、斯洛文尼亚、希腊、西班牙、葡萄牙、塞浦路斯、爱尔兰等陷入债务危机的国家主权评级均被下调,欧元区 16 个国家仅有德国、荷兰、芬兰、卢森堡四国保持 AAA 等级。不仅如此,美国、日本两大世界经济体国家主权评级也被下调。发达国家债务危机愈演愈烈,严重影响了世界经济的复苏,带来了大量不稳定因素,虽各国采取各种方式减少债务,降低风险,但欧债危机短期内看不到解决的希望。希腊债务高达2600 亿欧元,占 GDP 比重将升至 200%;意大利负债 1.13 万亿欧元,占 GDP 比重高达 120%,为西班牙的 2 倍多,希腊的 3 倍多,利息支出占 GDP 的比重为4.8%;西班牙负债高达 7000 亿欧元左右,占 GDP 比重为 64%;法国国债高达

1.59 万亿欧元,占 GDP 比重高达 81.7％;美国联邦政府债务余额达到了 14.34 万亿美元,占 GDP 的比重约为 95.6％;日本中央政府债务余额总计高达 12 万多亿美元,是日本 GDP 的两倍多。[①] 希腊、西班牙、意大利、法国等多国政府因处理欧债危机不利而下台,新政府对处理债务问题也面临很大的政治挑战和经济风险。

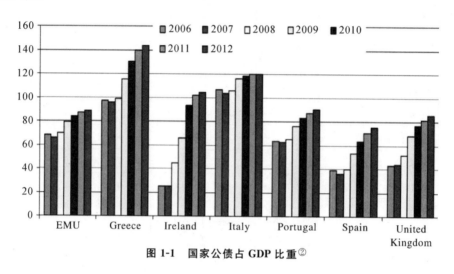

图 1-1　国家公债占 GDP 比重[②]

三、失业问题严重

2012 年,全球经济危机进入第五个年头,就业形势继续恶化,今后两年还有恶化的趋势。根据国际劳工组织数据,2002 年以来总失业率从原先的 6.4％下降至 2007 年的 5.4％,下降了 1 个百分点,失业人口从 1.7 亿下降至 1.6 亿左右。2008 年金融危机的出现和欧债危机的爆发失业率迅速攀升,2010 年,世界失业人口达 1.8 亿左右,失业率为 6.1％;2011 年,失业人口保持在 1.8 亿,失业率略降至 6.0％。2012 年失业人口突破 2 亿人,2015 年有可能达 2.08 亿人。如图 1-2 所示,今后几年失业率和总失业人口还将攀升,就业形势依旧严峻。

根据国际劳工组织《2013 全球工作报告:修复经济与社会架构》,从地区分布来看,全球的就业复苏情况仍很不均衡。新兴经济体和发展中经济体就

---

① 数据来源:姜跃春:《2011 年世界经济形势主要特点与展望》,《时事报告》2011 年第 12 期。张宇燕、徐秀文:《2011—2012 年世界经济形势分析与展望》,《当代世界》2011 年第 12 期。

② UN. *Global Economic Outlook 2011—2012*.

业率恢复速度,高于大多数发达经济体国家。报告显示,无论从全球还是各国情况来看,就业率的恢复都很不均衡。一方面,一些新兴经济体和发展中国家,如中国、印度、拉美一些国家,还有撒哈拉以南国家,经济继续保持增长,就业情况也有很大改善,中等收入群体扩大;另一方面,发达国家和阿拉伯国家仍处在危机当中,增长很小,甚至负增长,一些国家还在经历衰退,如南欧,失业率不仅很高,而且一些国家还在加剧。报告预计,未来几年中,全球失业人数还将继续增加。根据目前的趋势,新兴经济体和发展中经济体的就业率2015 年将恢复到金融危机前的水平,而发达经济体则需要到 2018 年才能回到危机前的水平。

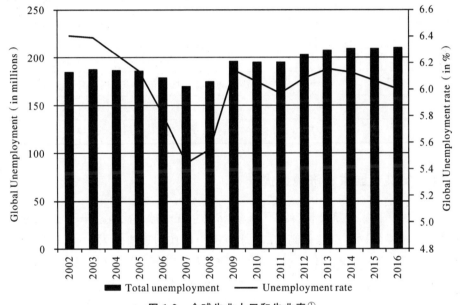

图 1-2 全球失业人口和失业率[①]

各地区失业率及预测如表 1-2 所示。中东和北非是失业率最高的两个地区,失业率均在 10% 以上,据预测,今后数年,失业率还将保持在较高水平。发达国家就业形势也极为糟糕,至少到 2015 年失业率都难以下降。鉴于发达国家对世界经济的影响力,其失业率在 8% 以上的高位,意味着今后数年该地区经济依旧缺乏活力,并直接影响整个世界经济的局势。东亚、南亚和东南亚地区虽然失业率有所上升,但是今后几年没有明显的提高,东亚地区失业率在 4.4% 左右,东南亚地区在 4.8% 左右,南亚地区在 3.8% 左右,与世界总失业率和发达地

---

① ILO. *Global Employment Outlook 2012.*

区相比,就业形势要好很多,也是全球为数不多的亮点区域。拉美和加勒比海地区、南撒哈拉沙漠国家失业率则在 7% 左右,处在中等水平。

表 1-2　世界各地区失业率及预测①

地 区 ＼ 年 份	2007	2008	2009	2010	2011	2012	2013	2014	2015
世界	5.4	5.5	6.2	6.1	6.0	6.1	6.2	6.1	6.1
发达经济体和欧盟	5.8	6.1	8.3	8.8	8.5	9.1	9.4	9.2	8.8
中南欧	8.4	8.4	10.2	9.6	8.6	8.6	8.6	8.5	8.4
东亚	3.8	4.3	4.4	4.2	4.2	4.3	4.4	4.4	4.4
东南亚和太平洋地区	5.5	5.3	5.2	4.8	4.7	4.7	4.8	4.8	4.7
南亚	4.0	3.7	3.8	3.9	3.8	3.8	3.8	3.9	3.9
拉美和加勒比海地区	7.0	6.6	7.7	7.2	7.1	7.1	7.1	7.2	7.2
中东	10.3	10.4	10.1	9.9	10.2	10.3	10.4	10.5	10.5
北非	10.0	9.6	9.6	9.6	11.2	11.2	11.1	11.0	10.8
南撒哈拉	7.5	7.5	7.6	7.6	7.6	7.6	7.6	7.5	7.5

四、发展中国家经济地位提升

随着发达国家经济增速持续下降,经济总量在全球的比重逐步下滑,发展中国家占全球经济比重迅速提高,在全球经济中的作用逐步加大。2012 年,全球 35 个发达经济体的国内生产总值占世界 GDP 的比重为 50.1%,其中,美国占 18.9%,欧元区占 13.7%(德国占 3.8%、法国占 2.7%、意大利占 2.2%),日本占 5.6%,英国占 2.8%。发展中国家占世界经济比重为 49.9%,比 2011 年提高了 1 个百分点,其中,俄罗斯占 3%,中国占 14.9%,印度占 5.6%,巴西占 2.8%,②金砖四国总共占世界经济比重为 26.3%,占世界经济总量的 1/4 强。随着全球经济版图的改变,发展中国家逐步成为拉动全球经济的重要引擎,金砖四国的作用有了显著提升。2010—2012 年,发达国家对全球经济增长的贡献率为 43%,拉动经济增长 1.5 个百分点;发展中国家对全球经济增长的贡献率为 57%,拉动经济增长 2 个百分点;其中,金砖四国的贡献率为 32%。金砖四国成

---

① ILO. *Global Employment Outlook 2012*.

② 数据来源:IMF. *World Economic Outlook 2013*,第 139 页,这部分数据按购买力平价计算。

为国际经济中最重要的力量之一。

随着非洲大陆的南非加入"金砖国家"合作机制,金砖四国(BRIC)变为金砖五国(BRICS),进一步增强了发展中国家间的协调能力和参与世界经济博弈能力,为维护发展中国家提供了可能。金砖国家峰会至今已经召开五届,从2001年高盛公司创造的词汇逐步变为国家间的组织。随着各国之间经济联系的日益紧密,作为新兴经济体的金砖国家将在全球经济领域发挥巨大的作用。

根据中国社科院《新兴经济体蓝皮书:金砖国家发展报告2013》,金砖国家之间的相互投资日趋活跃,如中国在巴西的直接投资累计约有104亿美元,2011年中国对俄罗斯的直接投资为7.11亿美元,同比增长26.1%。金砖国家相互成为各自的重大贸易伙伴,相互贸易关系得到提升。近几年,中国已经成为巴西、俄罗斯、南非的第一大贸易伙伴,印度的第二大贸易伙伴。金砖国家占中国进出口贸易的比重也在持续提高。据中国商务部统计,现今,中国为巴西的第一大贸易伙伴、第一大出口目的地和第二大进口来源地,巴西是中国的第十大贸易伙伴;同时,中国稳居南非的第一大贸易伙伴、第一大出口目的地和第一大进口来源地;中国为俄罗斯的第三大出口市场、第一大进口来源地和第一大贸易伙伴;中国是印度的第二大贸易伙伴、第一大进口来源地和第三大出口市场,印度是中国在南亚最大的贸易伙伴。2011年,中国对其他金砖国家的出口贸易额占中国出口贸易总额的比重为47.58%,中国从其他金砖国家进口的贸易额占中国进口贸易总额的比重为40.58%,大幅领先于其他四国,排名第一。

五、各国政府的主要对策

在世界经济复苏艰难曲折、国际经济环境严峻复杂的背景下,世界各国纷纷出台政策措施促进经济增长,保持经济复苏势头。在美国,美联储继续维持超宽松货币政策;提出新的企业税改革方案,鼓励在美国国内投资;采取多种措施促进制造业复兴;推进住房再融资计划。日本将2012年确定为复兴元年,出台多项措施促进经济增长,强化基础设施出口战略;扩大海外投资;积极推进对日投资。欧盟出台促进就业及经济增长一揽子计划;希腊政府与私人债权人达成债务置换协议;维持宽松货币政策;签署欧洲财政契约。俄罗斯致力于推进经济现代化和多元化,减少对能源、原材料产业的过度依赖;以发展创新经济为中心,大力调整产业结构;在保持国家宏观调控的同时,继续推进私有化,鼓励私人经济发展;巩固俄传统优势领域地位,提升国家和企业竞争力;努力改善营商环境,提升俄经济活力和吸引力;实行稳健平衡的财政政策,稳定和改善宏观经济环境,加快开发东西伯利亚和远东地区,建立新的经济增长点,增强经济发展后劲。印度通过扩大投资规模,大幅降息刺激经济增长。巴西采取了减免税费,扩大信贷规模,干预汇率,提供政府采购和补贴的方式来干预经济。南非为进一步促进国内投资,加快经济快速发展,扩大财政预算规模,支持提高工业竞争力,增加技术投资促进企业发展和扶持农业;支持创造就业,重点关注失业青年;采取措施鼓励居民储蓄,加强公共部门财政管理,最大限度地提高公共财政资金使用效率;通过实施政府采购政策以及严格执法,严厉打击欺诈和腐败。

从近期世界主要国家的宏观政策来看,促复苏保增长正在成为各国的共识,在政策重心上,正在由危机时期的应急措施逐步向调整产业结构发展、制度改革等长期措施过渡,在保持经济复苏势头的同时为长期稳定增长打下基础。这表明,当前国际金融危机没有真正结束,世界经济还没有走上正常增长的轨道,保增长仍是当前和今后一个时期各国面临的紧迫任务。

综上所述,危机四伏的 2012 年已经远去,2013 年的全球经济仍将保持多变与复杂的特点,世界经济复苏的不稳定性、不确定性上升,欧债危机将继续扩散,对全球经济的冲击不可低估;以金砖五国为代表的新兴经济体对全球经济的推动作用继续扩大,但受制于整个不景气的经济环境,各国经济增速均有一定程度的下滑,巴西、印度等国遭受较大冲击。2012 年,全球 58 个国家和地区进行了大选和换届,各国新的政府上台后,在处理国际、国内事务时还需一段时间磨合,这给原本就脆弱的国际局势增添了更多变数。解决经济问题,保持经济稳定成为各国主要的经济任务。

第二节　中国经济的世界地位

一、世界中的中国经济

2012 年,我国全年实现国内生产总值 519322 亿元,比上年增长 7.8%。其中,第一产业增加值 52377 亿元,增长 4.5%;第二产业增加值 235319 亿元,增长 8.1%;第三产业增加值 231626 亿元,增长 8.1%。第一产业增加值占国内生产总值的比重为 10.1%,第二产业增加值比重为 45.3%,第三产业增加值比重为 44.6%。人均国内生产总值 38354 元。按人民币对美元汇率 1 美元兑换 6.2855 元计算,我国 GDP 达 8.2 万亿美元,人均 GDP 美元为 6100 美元,跨入中等收入国家中上水平行列。

通过多年的努力,中国经济总量逐步超过意大利、法国、英国、德国和日本等世界发达国家,国内生产总值仅次于美国,位居世界第二。根据人民币对美元汇率计算,我国国内生产总值 1978 年破 2000 亿美元,达到 2165 亿美元;1993 年破 5000 亿美元,达到 6132 亿美元;1998 年突破 1 万亿美元大关,达到 1.02 万亿美元;2005 年中国 GDP 达到 2.24 万亿美元;2008 年达到 4.52 万亿美元;2010 年破 6 万亿美元,达到 6.04 万亿美元。从人均产出上看,因为经济高速增长和人民币快速升值,按美元计算的人均 GDP 迅速提高,达到中等偏上收入国家水平。1993 年,人均 GDP 首次突破 500 美元,达到 520 美元;2001 年首次突破 1000 美元,达到 1042 美元;2006 年突破 2000 美元,达到 2070 美元;2010 年突破 4000 美元,达到 4394 美元。

1978—1990 年,经济总量从 0.22 万亿美元增长到 0.36 万亿美元,12 年仅增长 1400 亿美元;到 2000 年增长到 1.2 万亿美元,10 年增长 8400 亿美元;2010 年达到 5.8 万亿美元,最近 10 年增加 4.6 万亿美元。1978—1990 年人均美元 GDP 增量不到 100 美元,90 年代增长 600 多美元,最近十年增长 3000 多美元,增速也呈现"先慢后快"走势。数据变化的背后是中国经济的腾飞,是中国人百年梦想的实现。

中国经济的发展影响的不仅仅是中国人,悄然间也改变了整个世界的经济局势。2005 年超过了英国,2008 年超过了德国,2010 年超过了日本,成为全球第二大经济体。我国主要经济指标在世界中的位次和比重如表 1-3 所示。1978 年,我国国内生产总值在世界排名第 10 位,占世界经济比重 1.8%;2000 年在世界排名第 6 位,占世界经济比重 3.7%,与 1978 年相比,比重提高了一倍;2010 年,国内生产总值在世界排名第 2 位,所占比重为 9.3%,是 1978 年的 5.16 倍,是 2000 年的 2.51 倍。进出口贸易总额从 1978 年的世界排名第 29 位,攀升至 2000 年的世界第 8 位,2010 年的世界第 2 位,所占全球贸易的比重也从 0.8% 增加至 3.6% 和 9.7%。外商直接投资从 1980 年世界的第 60 位,上升至 2000 年的世界第 9 位,2010 年的世界第 2 位。外汇储备由改革之初的世界第 38 位,提高至 2000 年的世界第 2 位,2010 年的世界第 1 位。一组组数据体现了中国的改革开放所取得的伟大成就。世界改变了中国,中国改变了世界。

表 1-3　中国主要指标居世界位次和比重①

指　标	1978 年		1980 年		1990 年		2000 年		2008 年		2009 年		2010 年	
	位次	比重	位次	比重	位次	比重	位次	比重	位次	比重	位次	比重	位次	比重
国土面积	4	7.2	4	7.2	4	7.2	4	7.2	4	7.2	4	7.2	4	7.2
人　口	1	22.3	1	22.1	1	21.5	1	20.8	1	19.8	1	19.7	1	19.6
国内生产总值	10	1.8	11	1.7	11	1.6	6	3.7	3	7.4	3	8.6	2	9.3
人均国民收入	175	—	177	—	178	—	141	—	127	—	124	—	120	—
进出口贸易总额	29	0.8	26	0.9	15	1.7	8	3.6	3	7.9	2	8.8	2	9.7
出口额	30	0.8	28	0.9	14	1.8	7	3.9	2	8.9	1	9.6	1	10.4
进口额	27	0.8	22	1.0	17	1.5	9	3.4	3	6.9	2	7.9	2	9.1
外商直接投资	—		60	0.1	12	1.7	9	2.9	6	6.1	2	8.5	2	—
外汇储备	38		37	—	7		2	8.6	1	26.5	1	29.4	1	30.8

二、中国经济跨越式增长的简要分析

　　中国经济的跨越式、赶超式增长引起了国际经济学界的广泛关注，一些著名的机构和学者纷纷开始预测，何时中国经济总量能够超过美国，位居世界第一。学者们用不同的方式折算（购买力平价方法和汇率），结果表明，最早 2013 年，最迟 2030 年，中国经济总量将位居世界第一，重新回到中国应有的位置。北京大学国家发展研究院卢锋教授细化了对中国经济总量的简单预测，从投资、钢铁、资源消费等各个角度分析了我国经济在世界中的地位。② 他的估算如表 1-4 所示。2010 年我国 GDP 总量为 5.8 万亿美元，相当于美国当年 14.6 万亿美元的四成，换言之，美国经济总量是中国的 2.52 倍。考虑我国 2003 年以来经济景气增长包含增长偏快和失衡因素，未来较长时期年均追赶速度或许会低于过去 8 年的 15.4%。假定未来 10 年经济追赶速度是 11%，中国经济总量也会在十年左右赶上美国，即 2020 年前后中国经济总量将超过美国。

---

　　① 国家统计局：《国际统计年鉴 2012》。
　　② 卢锋：《大象难以藏身于树后——中国经济相对体量观测》，北京大学中国经济研究中心讨论稿，No. C2011019，2011 年 11 月 28 日；卢锋：《测量中国》，《国际经济评论》2012 年第 1 期。

表 1-4 中国相对于美国的经济增长(2003—2010 年)

指 标	中国		美国		中国/美国	
	累计	年均	累计	年均	累计	年均
GDP 实际增长	208.0	11.0%	111.9	1.6%	185.9	9.3%
GDP 通缩指数	140.9	5.0%	117.6	2.3%	119.8	2.6%
GDP 名义增长	293.0	16.6%	131.6	4.0%	222.7	12.1%
汇率(间接标示)	122.3	2.9%	100.0	0.0%	122.3	2.9%
经济增长(美元衡量)	358.3	20.0%	131.6	4.0%	272.3	15.4%

　　美国在 19 世纪末 20 世纪初成为世界经济第一大国之时,其制造业、资本投资赶超了当时老牌的英法等国。一个世纪之后,当中国向世界经济大国迈进之时,也会经历相似的历程。现今,中国被称为"世界工厂",制造业是我国工业化的最主要体现。同时,当我国从农业社会向工业社会转变之时,城市化将是我国社会变迁的最主要特征。图 1-3 和图 1-4 分别从资本和钢铁两个指标显示中国与发达国家之间的地位转变情况。1970 年美国资本形成占全球比例为 23%,日本近 10%,德国、法国、英国三国占全球比例为 15%,中国占全球比例仅为 4%;1992 年之后,在美国、日本、德法英五国资本形成显著下降的同时,中国资本形成占全球比例逐步上升;2009 年,中国资本形成超过美国,位居世界第一,占全球比例达 18%,德法英三国11%,日本保持在 9% 左右。虽然与其他国家的最高峰所占比例相比还有一定差距,但随着中国经济的持续增长,我国资本形成占全球比例还将继续提高,进一步拉大与发达国家的差距。庞大的资本投入形成的机器、厂房、设备,带来了巨大的社会生产力,推动着中国制造业的崛起,也将中国变成了全球最重要、最大的经济体之一。

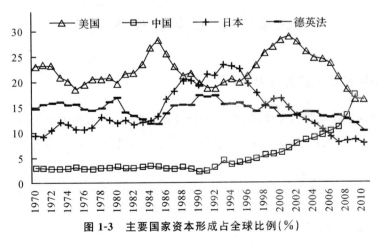

图 1-3 主要国家资本形成占全球比例(%)

　　工业化和城市化高速推进,极大地提高了中国对钢铁产量的需求。100 多年来中国和主要发达国家钢产量数据如图 1-4 所示。从世界大国发展轨迹来看,钢铁产量超过 1 亿吨,是这个国家成为世界经济大国的标志之一。20 世纪大半时期,美国是世界上最大的钢产量国,并于 1973 年达到 1.37 亿吨最高峰。二战后,日本和苏联钢产量快速增长,紧随美国,日本 1973 年达到 1.19 亿吨峰值,相当于美国峰值的 87%;苏联 1988 年达到 1.63 亿吨峰值,超过美国峰值19%。20 世纪 80 年代中国钢产量增长开始加速,1996 年首次超过 1 亿吨,并超过日本成为最大钢产量国家,此后一直是全球最大产钢国。21 世纪初,中国钢产量更以令人惊诧的速度扩张。2000 年钢产量达到 1.27 亿吨,2010 年飙升到6.27 亿吨,占全球钢产量的 40%,是美德日俄英五国总产量的 1.8 倍左右。大量钢铁的生产和消耗,从另一个层面证明了中国经济在世界经济中的地位。

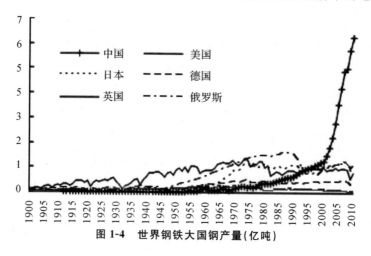

图 1-4　世界钢铁大国钢产量(亿吨)

第三节　各省市的经济发展

一、各省市经济发展比较

　　中国国土面积超过整个西欧,人数超过整个非洲,是世界上少有的超大型国家[①]。如此广袤的国土,如此众多人口的一个国家,其三十多年的飞速增长势必

――――――――――

　　① 张唯为在《中国震撼》一书中,将中国概括为文明型国家,以示与西方民族国家相区别,主要表现"四超""四特":超大型的人口规模、超深厚的文化积淀、超悠久的历史传统、超广阔的疆域国土以及独特的语言、独特的政治、独特的社会、独特的经济。

引起世人的关注。中国的快速发展带来的震撼远远超过 20 世纪 50 年代日本的经济腾飞,六七十年代亚洲"四小龙"的经济奇迹。那么,中国经济何以增长迅速,则成为学界和政界争论和试图解释的问题,中国发展的经验教训也将给不发达的国家提供一条新的探索道路。诸多经济学家认为,中国经济奇迹的主要原因在于省份之间的竞争,这种良性的县域竞争推动着各个地区力争上游,进而带动了整个国家的巨变,即设计了较好的激励约束机制,较好地刺激了地方政府推动经济增长的雄心,也给予了充分的政策调整空间。[①] 各个省市 2011 年的经济数据如表 1-5 所示。全国 31 个省市区中,有 23 个超过 1 万亿人民币,有 6 个省市首次超过万亿元,分别是广西、江西、天津、山西、吉林、重庆。这一年,广东省首次超过 5 万亿元;江苏、山东两省超过 4 万亿元;浙江超过 3 万亿元。按地区来划分,东部地区仅有海南未过万亿;中部地区 6 个省市全部超过万亿元,河南以 2.7 万亿元成为中部翘楚;东北三省全部超过万亿元。如今,地区 GDP"万亿俱乐部"已形成三个梯队:3 万亿—5 万亿元为第一梯队,分别是:广东、江苏、山东、浙江;2 万亿—3 万亿元为第二梯队,分别是:河南、河北、辽宁、四川;1 万亿—2 万亿元为第三梯队,分别是:湖南、湖北、上海、福建、北京、安徽、内蒙古、黑龙江、陕西、广西、江西、天津、山西、吉林、重庆。2012 年,云南省经济总量也超过一万亿元,达 10309.8 亿元,成为我国第 24 个超过万亿元的地区。从人均 GDP 来看,天津最高,为 1.34 万美元,贵州最低,为 2495 美元。上海、北京人均 GDP 均超过 1 万美元,达到全国平均产出的省市区共有 11 个,超过 4000 美元的有 25 个省市区,超过 3000 美元的有 29 个省市区。

---

① 钱颖一等认为是财政联邦主义鼓励了政府竞争;周黎安、张军等人认为是官员之间的晋升锦标赛制度;张五常认为是县域竞争。参见 Qian, Roland. *Federalism and the Soft Budget Constraint*, *American Economic Review*, 1998, 88(5), pp. 1143—1162;Qian, Yingyi, and Barry R. Weingast, "Federalism As a Commitment to Preserving Market Incentives", Journal of Economic Perspectives, 1997, Fall, 11 (4), 83—92. 周黎安:《晋升博弈中政府官员的激励与合作——兼论我国地方保护主义和重复建设问题长期存在的原因》,《经济研究》2000 年第 5 期;周黎安:《中国地方官员的晋升锦标赛模式研究》,《经济研究》2007 年第 7 期;张军:《分权与增长——中国经济的故事》,《经济学季刊》2007 年第 10 期;张五常:《中国的经济制度》,中信出版社 2009 年版。

表 1-5　各省市经济总量及人均产出①

地区	常住人口	地区 GDP		人均 GDP	
	万人	亿元	美元	元	美元
全国	133972	471564.00	73110.70	35198.57	5449.71
天津	1294	11190.99	1735.04	86496	13392
上海	2302	19195.69	2976.08	82560	12784
北京	1961	16000.40	2480.68	80394	12447
江苏	7866	48000.00	7441.86	61022	9448
浙江	5443	31800.00	4930.23	58791	9115
内蒙古	2471	14000.00	2170.54	56666	8773
广东	10430	52673.59	8166.45	50500	7819
辽宁	4375	22025.90	3414.87	50349	7795
福建	3689	17500.00	2713.18	47433	7344
山东	9579	45000.00	6976.74	46976	7273
吉林	2746	10400.00	1612.40	37870	5863
重庆	2885	10011.13	1552.11	34705	5373
湖北	5724	19594.19	3037.86	34233	5300
河北	7185	24228.20	3756.31	33719	5221
陕西	3733	12391.30	1921.13	33197	5140
宁夏	630	2060.00	319.38	32692	5062
黑龙江	3831	12503.80	1938.57	32637	5053
山西	3571	11000.00	1705.43	30802	4769
新疆	2181	6600.00	1023.26	30257	4685
湖南	6568	19635.19	3044.22	29893	4628
青海	563	1622.00	251.47	28827	4463
河南	9402	27000.00	4186.05	28716	4446
海南	867	2515.29	389.97	29012	4429
江西	4457	11583.00	1795.81	25988	4226

　　①　注:数据由国家统计局网站、各地统计局网站及各省区市 2012 年政府工作报告综合整理。美元计算的人均 GDP 按平均汇率 1 美元=6.45 元人民币计算。

地区	常住人口	地区 GDP		人均 GDP	
	万人	亿元	美元	元	美元
四川	8042	21026.70	3259.95	26147	4048
广西	4603	11714.00	1816.12	25449	3945
安徽	5950	15110.30	2342.68	25395	3932
西藏	300	605.00	93.80	20152	3120
甘肃	2558	5020.00	778.29	19628	3009
云南	4597	8750.95	1356.74	19038	2952
贵州	3475	5600.00	868.22	16117	2495

二、省市经济的国际比较

鉴于中国各个省市之间巨大的经济发展差距，以及每个省市较大的经济规模，将中国经济看作一个整体，无法明了其间难以忽视的差别，而这种省份之间的差别，有可能大过美洲各国、欧洲各国。可以说，与世界其他国家相比，中国各个省份经济规模都相当于一个国家。2011 年 2 月，英国《经济学家》(the Economist)杂志将 2010 年中国各省份的经济总量和人均 GDP 与其他国家做了对比，以比较中国各省份的世界位置和发展水平。具体如图 1-5 和图 1-6 所示。从经济总量来看，广东经济总量相当于印度尼西亚的规模，山东、江苏两省相当于瑞士，四川相当于马来西亚，北京相当于菲律宾，青海相当于玻利维亚，辽宁相当于阿联酋，浙江相当于澳大利亚，香港相当于埃及，西藏相当于刚果的规模。

从人均 GDP 来看，中国各省市所处发展水平与类似国家比较如图 1-6 所示。北京人均 GDP 相当于斯洛伐克的发展水平，上海相当于沙特，天津相当于匈牙利，内蒙古相当于土耳其，湖北相当于安哥拉，四川相当于亚美尼亚，贵州相当于印度，新疆相当于埃及，香港相当于新加坡的发展水平。从中可看出，中国各省市经济总量极为可观，部分省市在全球可排进前 20 位；与此同时，中国各地区经济发展水平差距巨大，呈"一个中国，四个世界"的特征，即有些地区达到发达国家水平，有些则处在发展中国家水平，部分地区则处于最不发达水平。

与中国经济腾飞同步的是中国企业的急速扩展。企业数量和企业规模一日千里，发展迅猛。以世界 500 强中的中国企业为例，20 年来中国企业的上榜数量和排名节节攀升。当中国 GDP 排名世界第二的时候，中国世界 500 强企业的

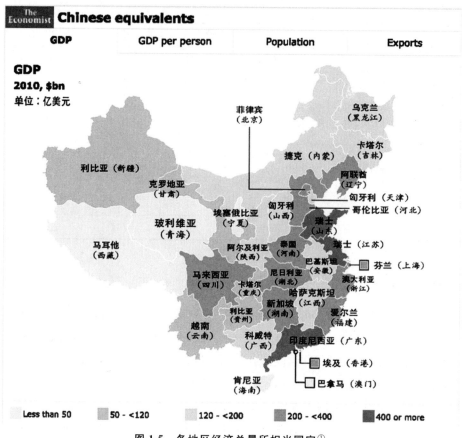

图 1-5　各地区经济总量所相当国家①

数量也从 2001 年的 11 家企业,创纪录地变为 2011 年的 69 家(其中台湾地区 9 家),总量由世界第 9 位上升至世界第 2 位,仅次于美国的 133 家;企业排名也有了很大提高,前 10 位企业中,中国有 3 家,分别是中国石化、中国石油、国家电网,它们分别排在第 5、6、7 位。不仅如此,从行业来看,我国部分企业也处在前列。企业分布石化、金融、钢铁、制造、汽车、煤炭、电子电信等 22 个行业,企业的竞争力有了飞速增长,以华为、联想为代表的一批中国企业开始崛起,成为全球有影响力的企业集团,在行业中从原先的模仿者、追赶者发展成为行业的领先者,逐步占据翘楚地位。

---

① *Comparing Chinese provinces with countries*, The Economist, http://www. economist. com/content/chinese_equivalents,20111-21-24.

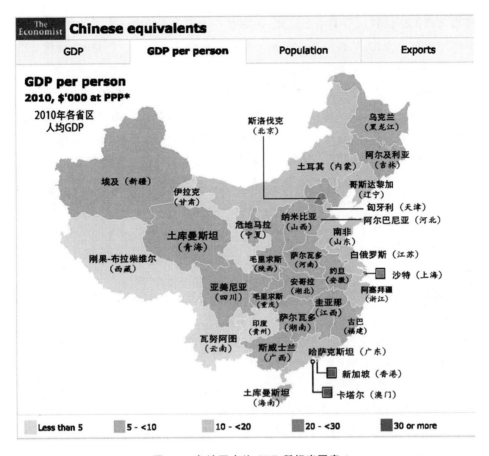

图1-6 各地区人均GDP所相当国家

三、区域发展的雁阵模式

2003年以来,随着西部大开发、东北振兴、东部崛起等国家战略的实施,特别是产业转型升级的市场行为,推动着中西部地区的高速发展。东部地区则在"调结构"的主旋律下增速逐步放缓,"西高东低"的增长态势极为明显,地区差距有所缩小。随着东部产业转型升级的加速,资本西移、产业西迁开始提速,我国非均衡发展的局面还将持续较长时间。

根据传统的雁阵模型,国家和地区因为资源禀赋的改变,其比较优势呈动态特征,经济发展的过程中,逐步实现从劳动密集型产业向资本密集型、技术密集型产业的升级,实现落后地区的赶超发展,淘汰的产业因丧失比较优势将通过外商投资而迁移他国,进而推动其他国家参与国际分工,实现发展,日本、亚洲四小龙的经济发展成功地体现了雁阵理论的预测。蔡昉等人认为,飞雁式的产业转移直接产生于比较优势的动态变化,即随着一个国家人均收入水平的提高,资源禀赋结构发生变化,从而在产业结构上形成相应的重新配置。但是,比较优势变化路径,从而雁阵模式的显现,在大国经济与小国经济之间会产生不同的特征。从经济学意义上看,小国经济的特点在于其资源禀赋结构从而产业结构的同质性,一旦比较优势发生变化,经济整体即进入新的发展阶段。而大国经济的特征是地区之间的异质性,在一些地区进入新的发展阶段情况下,另外一些地区可能仍然处在原来的发展阶段。因此,小国雁阵模式往往是指独立经济体之间的产业转移和承接,而大国雁阵模式则表现为一个独立经济体内部地区之间的产业转移和承接。[1] 鉴于中国过去经济增长的区域特征,可以预期中西部地区或者广义地说那些以往不作为经济增长主要引擎的地区,可能获得新的发展机遇,以更快的生产率提高速度和经济增长速度,实现对东部地区的赶超和劳动密集型产业的延续。

从粗放型向集约型经济发展方式转变,一直是我国经济发展模式调整的方向,但长期以来,这一调整无法实现。随着东部人力、土地等各方面资源的紧缺,产业转型调整开始实现,区域增长格局转到更加符合地区资源禀赋的轨道上面。归根结底,由于中国广阔的地域和众多的人口,地区之间资源禀赋和发展阶段的差异,丝毫不小于国家之间的差异。因此,雁阵模式完全可以成为中国各个地区之间产业转移的路径。中西部地区基于土地、劳力的丰裕,将与东部地区资本、技术、产业、产品重新集合,形成新的产业空间布局。这成为推动中国地区非均衡发展的重要动力,东部向中西部资本、产业的转移将逐步提升整个国家产业的竞争力和创新力,带来国家更为持久而长远的发展。

第四节　城市经济发展概述

一、城市经济的总体分析

2011 年,全国共有建制城市 657 座。其中,直辖市 4 个,副省级市 15 个,地级市 269 个,县级市 369 个,地级及以上城市共 288 个。全国城市数量和规模变化如表 1-6 所示,总体而言城市数量增加较少,城市规模则有较大变化。从 2005 年到 2011 年的 6 年间,地级及以上城市增加 1 个,市辖区人口超 400 万的大城

---

① 蔡昉、王德文等:《中国产业升级的大国雁阵模型分析》,《经济研究》2009 年第 9 期。

市增加 1 个,200 万—400 万人口城市增加 6 个,100 万—200 万人口城市增加 7 个,100 万以下中小城市减少了 12 个。城市人口规模一方面体现了城市经济的繁荣发展,另一方面显示着我国城市化进程的加快。

表 1-6　我国地级及以上城市人口规模[①]

地　区	年份	合计	按城市市辖区总人口分组					
			400 万以上	200 万—400 万	100 万—200 万	50 万—100 万	20 万—50 万	20 万以下
全部地级及以上城市	2005	286	13	25	75	108	61	4
	2006	286	13	24	80	106	59	4
	2007	287	13	26	79	111	55	3
	2008	287	13	28	81	110	51	4
	2009	287	14	28	82	110	51	2
	2010	287	14	30	81	109	49	4
	2011	288	14	31	82	108	49	4

2005 年以来,我国地级及以上城市国民经济主要指标如表 1-7 所示。2010 年,城市土地面积 64.4 万平方公里,较五年前增加了 7 万平方公里,占国土面积比重 6.7%,提高了 0.7 个百分点;2010 年,城市总人口为 3.98 亿人,比 2005 增加了约 3600 万人口,城市人口占全国比重为 29.5%,提高了 1.7 个百分点;2010 年,城市地区生产总值达 29.3 万亿元,比 2005 年增长了一倍多,占全国经济比重也由原来的 59.9%提高至 62%;从固定资产投资来看,由 2005 年的 5.14 万亿元提高到 15.47 万亿元,但占全国比重下降到 49.7%,减少了 8.3 个百分点。规模以上工业企业数从 2005 年的 13.95 万个增加至 2010 年的 14.18 万个,但占全国比重却从 51.3%下降至 43.5%,内资、港澳台商、外资比重均有一定程度下降;工业总产值从 2005 年的 16.26 万亿元增长到 2010 年的 46.32 万亿元,占全国比重从 64.6%下降到 54.9%。

从表 1-7 中可看出,虽然地级及以上城市国民经济总量上有了巨大的增长,但在全国经济中的比重却变化不同。从固定资产投资、规模以上工业企业数、工业总产值三项指标可看出,地级及以上城市的经济地位有所下滑。主要原因在于我国工业化进程中,县、县级市、乡镇发展更为迅速,经济实力有了很大的提

---

① 数据来源:中国历年统计年鉴。

高,特别是县域经济投资的飞速增长,带动了一大批地方经济的腾飞,促成了一大批企业的发展,进而改变了城乡之间的工业分布。

表 1-7　地级及以上城市国民经济主要指标(2005—2010 年)①

年份 指标	单位	全国总计 2005 年	城市合计 （市辖区） 2005 年	全国总计 2010 年	城市合计 （市辖区） 2010 年	占全国比重 2005 年	占全国比重 2010 年
土地面积	万平方公里	960.0	57.4	960.0	64.4	6.0	6.7
年末总人口	万人	130756.0	36285.0	134735.0	39806.6	27.8	29.5
地区生产总值	亿元	183084.8	109743.3	472881.6	293025.5	59.9	62.0
第一产业	亿元	23070.4	4318.7	47486.2	8229.3	18.7	17.3
第二产业	亿元	87046.7	55094.1	220412.8	145909.4	63.3	66.2
第三产业	亿元	72967.7	50330.4	204982.5	138886.8	69.0	67.8
固定资产投资	亿元	88773.6	51472.0	311485.1	154751.8	58.0	49.7
地方财政收入	亿元	14884.2	9094.4	103874.4	29615.2	61.1	28.5
地方财政支出	亿元	25154.3	11772.6	109247.8	38365.9	46.8	35.1
货物进出口总额	亿美元	14219.1	8597.0	36418.6	36137.4	60.5	99.2
出口额	亿美元	7619.5	4312.0	18983.8	18784.1	56.6	98.9
进口额	亿美元	6599.5	4285.0	17434.8	17353.2	64.9	99.5
规模以上工业企业数	个	271835	139548	325609	141798	51.3	43.5
内资企业	个	215448	100811	268393	105223	46.8	39.2
港澳台投资企业	个	27559	18911	25952	16260	68.6	62.7
外商投资企业	个	28828	19826	31264	20317	68.8	65.0
工业总产值	亿元	251619.5	162617.2	844269.0	463176.3	64.6	54.9
内资企业	亿元	171759.3	100310.6	625852.0	302733.1	58.4	48.4
港澳台投资企业	亿元	28311.8	20457.0	77529.0	52781.9	72.3	68.1
外商投资企业	亿元	51548.4	41849.6	140888.0	107661.2	81.2	76.4

二、城市经济规模(2000—2011 年)

从 2000 年到 2011 年,我国城市经济有了巨大的飞跃。2000 年,上海市地

---

① 数据来源:《中国统计年鉴 2006》《中国统计年鉴 2011》。

区生产总值位列第一,达 4551.15 亿元;2011 年,上海市地区生产总值接近 2 万亿元,达 1.92 万亿元,是 2000 年的 4.22 倍;2000 年排名第 20 位的石家庄地区生产总值刚过千亿元;2011 年排名第 20 位的烟台地区生产总值接近 5000 亿元,地区 GDP 增长了近 4 倍。

2000—2011 年,我国经济总量排名前 20 位的城市如表 1-8 所示。2000 年,我国城市经济规模最大的前 20 位城市,地区 GDP 在 1000 亿—5000 亿元之间,前 50 位城市经济规模的下限 500 亿元;2005 年,前 20 位城市经济规模增长至 2000 亿—10000 亿元之间,前 50 位城市经济规模的下限提高为 1000 亿元,在短短 5 年内前 20 位城市经济规模翻了一番;2011 年,前 20 位城市的门槛提高到了 5000 亿元的下限,在 5000 亿—20000 亿元左右,排名前 50 位城市地区生产总值的下限提高到了 2500 亿元,排名前 100 位城市的下限提高到了 1000 亿元以上。

2011 年,我国有 7 个城市地区生产总值超过万亿元,比上年增加了 5 个;19 个城市地区 GDP 超过 5000 亿元,而上年仅有 8 个城市。与 2010 年相比,排名前 20 位城市没有太大变化,仅仅是位次有所调整,城市之间经济实力的差距较小,竞争极为激烈。其中,天津、成都、南京是排名提高最多的城市。与十年前相比,福建的泉州、福州均已退出前 20 位,大城市的区域分布更为集中。除了四个直辖市之外,这些城市主要集中在东部地区,广东(3 个)、江苏(3 个)、山东(2 个)、浙江(2 个)、辽宁(2 个)、河北(1 个),中部地区仅有武汉、长沙进入,西部地区仅有成都。从前 20 位城市来看,直辖市、副省级城市、省会城市,具有较大优势,而处在东部地区也有助于城市发展。虽然有媒体根据成都市地区 GDP 进入前十,得出中西部地区的强势崛起,认为东部转型升级将缩小东中西部差距。①然而,个别城市排名跃升不足以撼动我国城市发展不均衡的现状,从总体上来看,东部地区城市具有更大优势的局面没有任何改观,特别是在城市之间实力差距很小的情况下,排名会受到各种因素的影响。与十年前相比,我国的城市分布差距不但没有缩小,反而有所扩大。

表 1-8 中国城市经济规模(2000—2011 年)

排名	2011 年	地区 GDP (亿元)	2010 年	地区 GDP (亿元)	2005 年	地区 GDP (亿元)	2000 年	地区 GDP (亿元)
1	上海	19195.69	上海	15046.45	上海	9154.18	上海	4551.15

---

① 《论 GDP:中西部强势崛起 东部升级与转型阵痛》,http://finance.people.com.cn/GB/70846/17165005.html,人民网,2012-02-20.

续 表

排名	2011 年	地区 GDP（亿元）	2010 年	地区 GDP（亿元）	2005 年	地区 GDP（亿元）	2000 年	地区 GDP（亿元）
2	北京	16000.40	北京	12153.00	北京	6886.31	北京	2478.76
3	广州	12380.00	广州	9138.21	广州	5154.23	广州	2375.91
4	天津	11190.99	深圳	8201.32	深圳	4950.91	深圳	1665.24
5	深圳	11000.00	苏州	7740.20	苏州	4026.52	天津	1639.36
6	苏州	10500.00	天津	7521.85	天津	3697.62	重庆	1589.60
7	重庆	10011.13	重庆	6530.01	重庆	3070.49	苏州	1540.68
8	杭州	7011.80	杭州	5087.55	杭州	2942.65	杭州	1382.56
9	无锡	6900.00	无锡	4991.72	无锡	2804.68	成都	1312.99
10	成都	6854.58	青岛	4853.87	青岛	2695.82	武汉	1206.84
11	青岛	6615.00	佛山	4820.90	宁波	2449.31	无锡	1200.17
12	佛山	6613.00	武汉	4620.86	南京	2411.11	宁波	1175.75
13	武汉	6500.00	成都	4502.60	佛山	2383.18	青岛	1150.07
14	南京	6140.00	大连	4349.51	成都	2370.76	沈阳	1119.14
15	大连	6100.00	宁波	4329.30	武汉	2238.00	大连	1110.77
16	宁波	6000.00	沈阳	4268.51	东莞	2181.63	泉州	1045.08
17	沈阳	5950.00	南京	4230.26	大连	2152.23	大庆	1029.35
18	长沙	5600.00	唐山	3812.72	沈阳	2084.13	南京	1021.30
19	唐山	5400.00	东莞	3763.91	唐山	2027.64	福州	1003.27
20	烟台	4906.83	长沙	3744.76	烟台	2012.46	石家庄	1003.11

三、我国的城市群规划

根据 2010 年国家住房与城乡建设部颁布的《全国城镇体系规划》，我国将培育具有国家空间发展战略意义的五个核心地区，即以北京为中心的京津冀大都市连绵区，以上海为中心的长江三角洲大都市连绵区，以广州和香港为中心的珠江三角洲大都市连绵区，以重庆和成都为中心的成渝城镇群，以武汉为中心的江汉平原城镇群。这些区域是国家利用国内、国外两个市场，参与经济全球化竞争的龙头，也是引导国家实现全面发展的核心地区。其中，北京、天津、广州、上海、重庆被确定为五大中心城市。这五大城市定位不同，但都将成为引领我国区域经济发展的排头兵,在区域和整个国家的整体布局中起着至关重要的作用。

纵观世界经济大国的兴起,各国均有一定数量的经济较为发达、产业联系紧密、空间布局合理、分工较为明确、竞争实力雄厚的城市群、城市带、都市圈。1961年,法国地理学家戈特曼首先用城市群说明美国东北部大西洋沿岸的高度城市化地带,并列出世界6个城市群:纽约都市圈、北美五大湖都市圈、东京都市圈、巴黎都市圈、伦敦都市圈、长江三角洲都市圈。鉴于城市群在地区经济发展的独特作用,改革开放以来,我国逐渐形成了长三角、珠三角和京津冀三大城市群。20世纪以来,各地区发展规划中提出了多个城市群。2007年,我国有关研究机构认为,未来我国将形成京津冀、长三角、珠三角、山东半岛、辽中南、中原、长江中游、海峡西岸、川渝和关中城市群十大城市群。2012年,中国科学院地理科学与资源研究所发布的《2010中国城市群发展报告》中提出,我国正在形成23个城市群,其中,长江三角洲城市群已跻身于国际公认的六大世界级城市群。报告中提到的23个城市群中,15个为达标城市群:长三角、珠三角、京津冀、山东半岛、辽东半岛、海峡西岸、长株潭、武汉、成渝、环鄱阳湖、中原、哈长、江淮、关中、天山北坡城市群;8个为非达标城市群:南北钦防、晋中、银川平原、呼包鄂、酒嘉玉、兰西、黔中和滇中城市群。中科院极为乐观地看待我国城市之间分工合作、优势互补的可能,以及城市间产业分工的远景。但就目前来看,这23个城市群中十数个还处在形成当中,能否成为城市群尚未确定。

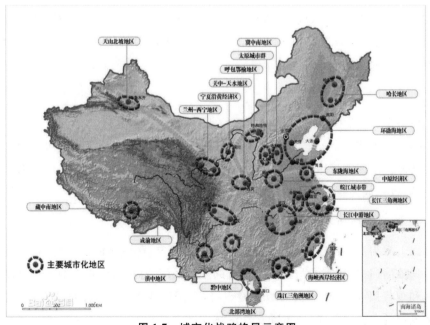

图1-7 城市化战略格局示意图

根据国务院《全国主体功能区规划》安排,我国城市化的战略布局为"构建'两横三纵'为主体的城市化战略格局,即构建以陆桥通道、沿长江通道为两条横轴,以沿海、京哈京广、包昆通道为三条纵轴,以国家优化开发和重点开发的城市化地区为主要支撑,以轴线上其他城市化地区为重要组成的城市化战略格局。推进环渤海、长江三角洲、珠江三角洲地区的优化开发,形成三个特大城市群;推进哈长、江淮、海峡西岸、中原、长江中游、北部湾、成渝、关中—天水等地区的重点开发,形成若干新的大城市群和区域性的城市群"。城市群的空间战略布局如图 1-7 所示,主要分布在沿海和中部地区。

四、全国主要城市群的功能定位

根据《全国主体功能区规划》规划,我国重点发展的城市群及其功能主要划分如下。

1. 京津冀城市群

以北京、天津为中心,定位为"三北"地区的重要枢纽和出海通道,全国科技创新与技术研发基地,全国现代服务业、先进制造业、高新技术产业和战略性新兴产业基地,我国北方的经济中心。

2. 辽中南城市群

以沈阳、大连为中心,定位为东北地区对外开放的重要门户和陆海交通走廊,全国先进装备制造业和新型原材料基地,重要的科技创新与技术研发基地,辐射带动东北地区发展的龙头。

3. 山东半岛城市群

以济南、青岛为中心,区域功能定位是:黄河中下游地区对外开放的重要门户和陆海交通走廊,全国重要的先进制造业、高新技术产业基地,全国重要的蓝色经济区。京津冀城市群、辽中南城市群和山东半岛城市群构成了环渤海地区城市群,也将成为我国最大的城市群。

4. 长三角城市群

以上海为核心城市,以南京和杭州为中心城市,区域功能定位是:长江流域对外开放的门户,我国参与经济全球化的主体区域,有全球影响力的先进制造业基地和现代服务业基地,世界级大城市群,全国科技创新与技术研发基地,全国经济发展的重要引擎,辐射带动长江流域发展的龙头。

5.珠三角城市群

以广州、深圳、珠海为核心,区域功能定位为:通过粤港澳的经济融合和经济一体化发展,共同构建有全球影响力的先进制造业基地和现代服务业基地,南方地区对外开放的门户,我国参与经济全球化的主体区域,全国科技创新与技术研发基地,全国经济发展的重要引擎,辐射带动华南、中南和西南地区发展的龙头。

6.冀中南城市群

以石家庄为中心,区域的功能定位是:重要的新能源、装备制造业和高新技术产业基地,区域性物流、旅游、商贸流通、科教文化和金融服务中心。

7.太原城市群

以太原为中心,区域的功能定位是:资源型经济转型示范区,全国重要的能源、原材料、煤化工、装备制造业和文化旅游业基地。

8.呼包鄂榆城市群

以呼和浩特为中心,区域的功能定位是:全国重要的能源、煤化工基地、农畜产品加工基地和稀土新材料产业基地,北方地区重要的冶金和装备制造业基地。

9.哈长城市群

以哈尔滨和长春为中心,形成哈大齐工业走廊和长吉图经济区,功能定位是:我国面向东北亚地区和俄罗斯对外开放的重要门户,全国重要的能源、装备制造基地,区域性的原材料、石化、生物、高新技术产业和农产品加工基地,带动东北地区发展的重要增长极。

10.东陇海城市群

以连云港和日照为中心,区域的功能定位是:新亚欧大陆桥东方桥头堡,我国东部地区重要的经济增长极。

11.江淮城市群

以合肥和芜湖为双核,区域的功能定位是:承接产业转移的示范区,全国重要的科研教育基地,能源原材料、先进制造业和科技创新基地,区域性的高新技术产业基地。

12.海峡西岸城市群

以福州为中心,区域的功能定位是:两岸人民交流合作先行先试区域,服务周边地区发展新的对外开放综合通道,东部沿海地区先进制造业的重要基地,我国重要的自然和文化旅游中心。

13.中原城市群

以郑州为中心、洛阳为副中心,区域的功能定位是:全国重要的高新技术产业、先进制造业和现代服务业基地,能源原材料基地,综合交通枢纽和物流中心,区域性的科技创新中心,中部地区人口和经济密集区。

14.武汉城市圈

以武汉为中心,区域的功能定位是:全国资源节约型和环境友好型社会建设的示范区,全国重要的综合交通枢纽,科技教育以及汽车、钢铁基地,区域性的信息产业、新材料、科技创新基地和物流中心。

15.长株潭城市群

以长沙、株洲、湘潭为中心,区域的功能定位是:全国资源节约型和环境友好型社会建设的示范区,全国重要的综合交通枢纽以及交通运输设备、工程机械、节能环保装备制造、文化旅游和商贸物流基地,区域性的有色金属和生物医药、新材料、新能源、电子信息等战略性新兴产业基地。

16.环鄱阳湖城市群

以南昌为中心,区域的功能定位是:全国大湖流域综合开发示范区,长江中下游水生态安全保障区,国际生态经济合作重要平台,区域性的优质农产品、生态旅游、光电、新能源、生物、航空和铜产业基地。

17.北部湾城市群

以南宁、海口为中心城市,区域的功能定位是:我国面向东盟国家对外开放的重要门户,中国—东盟自由贸易区的前沿地带和桥头堡,区域性的物流基地、商贸基地、加工制造基地和信息交流中心。

18.成渝城市群

以重庆、成都为中心,区域的功能定位是:全国统筹城乡发展的示范区,全国重要的高新技术产业、先进制造业和现代服务业基地,科技教育、商贸物流、金融中心和综合交通枢纽,西南地区科技创新基地,西部地区重要的人口和经济密集区。

19. 黔中城市群

以贵阳为中心,区域的功能定位是:全国重要的能源原材料基地,以航天航空为重点的装备制造基地,烟草工业基地,绿色食品基地和旅游目的地,区域性商贸物流中心。

20. 滇中城市群

以昆明为中心,区域的功能定位是:我国连接东南亚、南亚国家的陆路交通枢纽,面向东南亚、南亚对外开放的重要门户,全国重要的烟草、旅游、文化、能源和商贸物流基地,以化工、冶金、生物为重点的区域性资源精深加工基地。

21. 藏中南城市群

以拉萨为中心,区域的功能定位是:全国重要的农林畜产品生产加工、藏药产业、旅游、文化和矿产资源基地,水电后备基地。

22. 关中—天水城市群

以西安—咸阳为核心,区域的功能定位是:西部地区重要的经济中心,全国重要的先进制造业和高新技术产业基地,科技教育、商贸中心和综合交通枢纽,西北地区重要的科技创新基地,全国重要的历史文化基地。

23. 兰西城市群

以兰州、西宁为中心,区域的功能定位是:全国重要的循环经济示范区,新能源和水电、盐化工、石化、有色金属和特色农产品加工产业基地,西北交通枢纽和商贸物流中心,区域性的新材料和生物医药产业基地。

24. 宁夏沿黄城市群

以银川—吴忠为核心,区域的功能定位是:全国重要的能源化工、新材料基地,清真食品及穆斯林用品和特色农产品加工基地,区域性商贸物流中心。

25. 天山北坡城市群

以乌鲁木齐—昌吉为中心,区域的功能定位是:我国面向中亚、西亚地区对外开放的陆路交通枢纽和重要门户,全国重要的能源基地,我国进口资源的国际大通道,西北地区重要的国际商贸中心、物流中心和对外合作加工基地,石油天然气化工、煤电、煤化工、机电工业及纺织工业基地。

国家城市规划也正如中科院研究所表明的,部分城市群离真正的城市群还有较大距离。但随着我国工业化和城镇化的加速推进,特别是中国大量人口从农村向城市的转移,将推动我国城市的长足发展,部分城市将成长为巨型城市,成为全国的城市中心,而各省省会城市则成为区域城市中心,围绕着这些城市将形成诸多次级城市群。规模不同、定位各异、功能互补的诸多城市群的崛起,将成为我国工业化、城市化成功的标志,也是我国成为社会主义现代化国家必需的物质前提。

第二章 浙江与浙商经济发展概述

改革开放三十多年来,浙江省经济取得了举国惊叹的增长,地区生产总值从1978年的123.72亿元增长至2011年的3.2万亿元,年均增长13.3%,经济总量从全国的第12位跃升至第4位,成为仅次于广东、江苏、山东的经济大省、经济强省;人均GDP从331元增长至5.17万元,年均增长12.1%,仅次于上海、北京、天津三市。浙江省经济社会的变迁体现了改革开放的伟大成就,而浙江人民的艰苦努力,将"浙商"这一群体打造成了当代的晋商、徽商。浙江产品走向世界,浙商制造久负盛名,浙商投资遍布全国,浙江商人傲视群雄。

随着浙江经济走入新的阶段,挑战与机遇再次摆在了浙江人的面前。与此同时,各地政府招商引资活动轰轰烈烈,也使得人们有必要去了解当今浙商的投资动向、投资领域,将本地区经济发展与浙商、浙商企业的发展结合起来,实现合作与双赢。

第一节 浙江经济发展概况

一、浙江经济发展的总体分析

21世纪以来,浙江省经济发展情况如图2-1所示。2001年浙江地区GDP为6898.34亿元,2004年首次突破万亿元,2008年突破2万亿元,2012年达3.46万亿元,是2001年的5.01倍,年均增长12.5%(实际增长率)。人均生产总值2001年为1.46万元,2006年突破3万元,为3.12万元,2008年突破4万元,达4.14万元,2011年突破6万元,达6.32万元,是2001年的4.31倍,年均增长10.7%。无论是经济总量还是人均产值,浙江省在国内均处于第一梯队,是经济社会发展水平最高的地区之一。

从经济增速来看,浙江省经济发展比以往有所放缓,较之过去有较大程度的下降。目前,浙江省正遭遇"成长的烦恼",即当社会经济发展到一定水平时,就难以将原有的经济增长方式保持下去,从而经济发展速度将逐步下滑。这意味着改变现有的经济增长动力,培育新的经济增长点,推动产业结构转型升级,提升产业链,改变政府管理模式等各方面新的要求接踵而至。经济转型、社会转型、政府转型成为浙江省经济社会发展的三大转型任务。根据国际其他国家发展经验,从人均3000美元的中等收入提高到1万美元的高收入水平,不仅是简单的数量的提高,更是质的飞跃,是从传统向现代,从农业国向工业国,从发展中国家向发达国家的伟大转变。然而,迄今为止,全世界也仅有30多个国家成功地迈向了发达经济体,许多国家都在最后阶段遭遇失败,沦为贫富差距极大、社会动荡、发展乏力的发展中国家,巴西、阿根廷等国是最知名的案例。能否跨越"发展之坎",迈过"中等收入陷阱"也成为浙江省今后十年重点解决的问题。以目前世界银行所定高收入国家标准,按过去30年浙江年均增速12.21%的增长速度测算,浙江进入高收入社会需5.8年;按最近5年15.62%的平均速度测算,需4.6年;按2008年金融危机发生后约8%的实际增长率测算,需8.7年。可见,浙江在今后十年之内,我们能否妥善处理改革发展中面临的新情况、新问题,将决定着浙江能否保持合理的增长速度,能否成功率先进入高收入经济行列。这不仅是经济的转型,更是浙江这个社会形态的转型,是巨大的挑战。浙江省作为我国最发达的地区之一,肩负着探索我国社会主义现代化能否顺利实现的伟大重任。浙江省的经验教训将直接对全国的改革开放起到引领和借鉴作用。

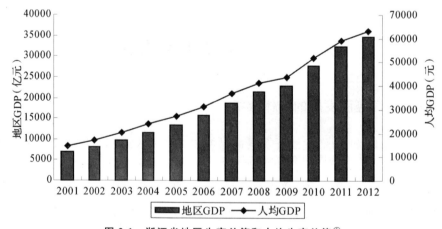

图 2-1　浙江省地区生产总值和人均生产总值①

① 数据来源:《浙江统计年鉴 2012》,中国统计出版社 2012 年版;《2012 浙江经济和社会发展统计公报》。

浙江省三次产业结构变动如图 2-2 所示。2001 年,三次产业结构为 9.6:51.8:38.6;2005 年优化调整为 6.7:53.4:39.9;2012 年调整为 4.8:50.0:45.2。十数年间,第一产业所占 GDP 比重下降了 4.8 个百分点,第二产业所占 GDP 比重微降了 1.8 个百分点,第三产业所占 GDP 比重上升了 6.6 个百分点。值得注意的是,第二产业在小幅上升之后 2008 年开始下降,第三产业出现上升的趋势,这意味着浙江省从原先工业推动逐步转向第三产业推动经济发展的新阶段。

就国内外发展经验而言,第一产业所占 GDP 比重为 10% 和 5% 是两个重要的界限,当第一产业比重下降到 10% 时,说明经济发展进入工业化的后期阶段,处于加速时期;当第一产业比重下降到 5% 时,说明工业化已经进入尾声,开始向发达经济体迈进,在这一阶段,第三产业比重将迅速提高,现代服务业将成为主导产业。从浙江省情况来看,第三产业比重还偏低,随着需求结构的改变,浙江省产业转型升级的力度将逐步加大。今后十年,也将是浙江省经济社会转型的关键阶段,是浙江工业化、现代化从梦想变为现实的关键时期。浙江省也面临着"调结构、保增长、促转型、转方式"的诸多转型发展目标。

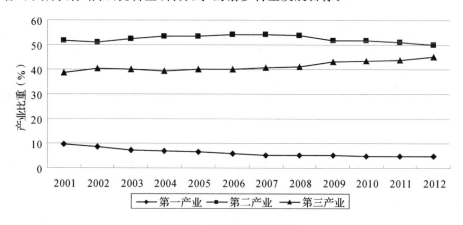

图 2-2 浙江产业结构变动

据相关研究,从 1978 年到 2008 年,浙江省就业结构与产业结构总偏离度已从 71.2 下降为 28.2,但仍处高位。第一产业的相对劳动生产率越来越低,尽管第一产业的就业比重持续下降,但仍存在进一步转移的可能性。浙江省工业具有鲜明的劳动密集型特色,高度工业化主要是通过对农村劳动力资源的再配置来实现的。第二产业的就业吸纳能力基本达到饱和,今后需要优化第三产业的内部行业结构,为不同层次的劳动者提供更多的就业岗位。

二、浙江产业发展分析

浙江省主要产业发展情况如表 2-1 所示。2007 年,规模以上工业总产值为 3.6 万亿元,2011 年增长至 5.64 万亿元,是 2007 年的 1.56 倍;其中,轻工业增长 1.41 倍,重工业增长 1.68 倍。数据显示,5 年来,浙江省原有的优势产业——轻工业和劳动密集型产业发展较慢,重工业发展较快,重工业增速超过轻工业,5 年间轻工业占产业比重从 2007 年的 43.02% 下降到 2011 年的 38.92%,减少了 4.1 个百分点;重工业从 2007 年的 56.98% 提高至 2011 年的 61.08%。重工业化成为浙江省工业化的新方向,体现了浙江省从轻工业大省向重工业大省转变的产业变动趋势。特别是纺织业、纺织服装业、皮革业等浙江最为知名的优势产业和支柱产业虽产业规模较大,但发展速度缓慢,在工业经济中的比重逐步缩小。化工、冶金、汽车、装备制造等产业在经济中的重要性日益提高。

产业具体变动如下:

从增长倍数来看,超过平均值的行业有 12 个。化学原料和化学制品制造业是增速最快的行业,增长倍数为 2.14 倍;石油加工、炼焦及核燃料加工业,非金属矿物制品业,黑色金属冶炼及压延加工业,废弃资源处理业增幅均在 2 倍左右。

从产业规模来看,半数以上产业规模超过千亿元,超过 3000 亿元的产业有 6 个。其中,纺织业、电气机械及器材制造业产值超过 5000 亿元,占工业产值比重的 10.29% 和 8.96%;化学原料及化学制品制造业产值超过 4000 亿元,产业比重为 8.13%;通用设备制造业、专用设备制造业、电力热力生产供应业超过 3000 亿元,产业比重超过 6%。

从产业变动幅度来看,大都产业所占比重较为稳定,增减幅度不大。变动幅度超过 1% 的产业 4 个,减少幅度超过 1% 的三个产业是纺织业、纺织服装业、通信设备制造业,分别下降了 1.32、1.05 和 1.21 个百分点。化学原料及化学制品制造业是增幅最大的行业,在产业中的比重提高了 2.19 个百分点。此外,交通运输设备制造业增幅接近 1 个百分点。

表 2-1 浙江省主要产业变动情况(2007—2011 年)

行 业	工业总产值(亿元)		增长倍数(倍)	产业比重(%)		变动幅度(百分点)
	2007 年	2011 年		2007 年	2011 年	
总计	36073.93	56406.06	1.56	100.00	100.00	0
在总计中:轻工业	15519.12	21953.08	1.41	43.02	38.92	−4.10
重工业	20554.82	34452.98	1.68	56.98	61.08	4.10

续 表

行 业	工业总产值（亿元）		增长倍数（倍）	产业比重（％）		变动幅度（百分点）
	2007 年	2011 年		2007 年	2011 年	
农副食品加工业	542.09	845.81	1.56	1.50	1.50	0
食品制造业	244.20	446.08	1.83	0.68	0.79	0.11
饮料制造业	325.50	453.64	1.39	0.90	0.80	−0.10
烟草制品业	199.80	324.65	1.62	0.55	0.58	0.02
纺织业	4190.08	5805.65	1.39	11.62	10.29	−1.32
纺织服装、鞋、帽制造业	1317.04	1468.37	1.11	3.65	2.60	−1.05
皮革、毛皮、羽毛（绒）及其制品业	1109.24	1265.91	1.14	3.07	2.24	−0.83
木材加工及木、竹、藤、棕、草制品业	327.42	434.93	1.33	0.91	0.77	−0.14
家具制造业	379.44	592.73	1.56	1.05	1.05	0
造纸及纸制品业	718.94	1116.16	1.55	1.99	1.98	−0.01
印刷业和记录媒介的复制	235.00	304.98	1.30	0.65	0.54	−0.11
文教体育用品制造业	354.18	427.72	1.21	0.98	0.76	−0.22
石油加工、炼焦及核燃料加工业	885.69	1765.30	1.99	2.46	3.13	0.67
化学原料及化学制品制造业	2143.97	4587.33	2.14	5.94	8.13	2.19
医药制造业	576.13	855.65	1.49	1.60	1.52	−0.08
化学纤维制造业	1533.30	2535.74	1.65	4.25	4.50	0.25
橡胶制品业	353.51	610.40	1.73	0.98	1.08	0.10
塑料制品业	1382.05	1956.44	1.42	3.83	3.47	−0.36
非金属矿物制品业	911.20	1783.78	1.96	2.53	3.16	0.64
黑色金属冶炼及压延加工业	1158.31	2241.90	1.94	3.21	3.97	0.76
有色金属冶炼及压延加工业	1403.33	2136.57	1.52	3.89	3.79	−0.10
金属制品业	1452.70	2126.79	1.46	4.03	3.77	−0.26
通用设备制造业	2584.46	3905.93	1.51	7.16	6.92	−0.24
专用设备制造业	875.07	1305.60	1.49	2.43	2.31	−0.11
交通运输设备制造业	2145.07	3895.13	1.82	5.95	6.91	0.96
电气机械及器材制造业	3074.70	5052.94	1.64	8.52	8.96	0.43
通信设备、计算机及其他电子设备制造业	1814.58	2156.41	1.19	5.03	3.82	−1.21

续　表

行　业	工业总产值(亿元)		增长倍数(倍)	产业比重(%)		变动幅度(百分点)
	2007 年	2011 年		2007 年	2011 年	
仪器仪表及文化、办公用机械制造业	497.40	704.62	1.42	1.38	1.25	−0.13
工艺品及其他制造业	600.91	728.26	1.21	1.67	1.29	−0.37
废弃资源和废旧材料回收加工业	167.32	331.33	1.98	0.46	0.59	0.12
电力、热力的生产和供应业	2307.79	3782.70	1.64	6.40	6.71	0.31

　　根据如上数据,浙江省纺织、服装、制鞋等部分原有优势产业将失去原有的竞争优势,处于衰退期。这些行业的衰落在一定程度上降低了浙江省的经济发展速度,但从长远来看,这是经济结构调整的必然。对浙江省而言,这些行业将首先面临转型升级的压力,一大批企业将面对转型升级的痛苦,相当多的企业有可能向中西部地区转移,从而在降低成本的基础上保持产业竞争力。化工、冶金、装备制造、交通运输等重工业在浙江省工业中的地位和作用将越来越大,这些产业发展的前景直接关系到浙江省整个经济转型的速度和方式。

第二节　各市发展情况比较

一、各市经济规模及比较

　　浙江省共有 11 个地级及以上城市,杭州和宁波是副省级城市,其他均为地级城市,既包括传统的杭嘉湖平原这富裕的地方,也包括丽水、衢州、舟山等相对落后地区。2005 年至 2011 年,浙江各市经济发展情况如表 2-2 所示。

　　2005 年,浙江省超过千亿的城市有 7 个,其中,杭州接近 3000 亿元,宁波接近 2500 亿元;丽水和舟山是经济总量最低的地方,分别为 306 亿元和 280 亿元。各市在浙江省内的经济比重也有巨大的差别,杭州市占全省经济总量的21.85%,宁波占 18.18%,绍兴和温州所占经济比重均超过了 10%;丽水、衢州、舟山则不到 3%。从人均 GDP 来看,11 个城市均超过万元,杭州、宁波超过 4 万元,嘉兴、绍兴超过 3 万元,湖州、舟山、温州、金华、台州超过 2 万元,衢州和丽水则超过 1 万元。

　　2011 年,超过千亿的城市有 8 个,比 2005 年增加了湖州。其中,杭州超过 7000 亿元,宁波超过 6000 亿元,绍兴、温州超过 3000 亿元,嘉兴、金华、台州超过 2000 亿元,湖州超过 1000 亿元,其余 3 市也超过 700 亿元。与 2005 年相比,浙东北地区在全省经济比重上升,浙西南地区经济比重则有所下滑。5 个城市占全省经济比重有所下降,这些城市大都为发达地区,如嘉兴、绍兴、温州、台州等地,温州市则是降幅最大的城市,经济总量占全省比重从 11.85% 下降至 10.76%,下降了 1.09 个百分点,台州下降了 0.5 个百分点;宁波和衢州是比重提高最多的地区,分别提高了 0.89 和 0.45 个百分点。从人均 GDP 来看,各地区在 6 年间增长 1 倍以上,舟山、衢州和丽水是人均增速最快的地区。宁波、杭州的人均 GDP 最高,均超过 10 万元,嘉兴、绍兴、舟山 3 市超过 7 万元,金华、湖州超过 5 万元,温州、台州超过 4 万元,衢州、丽水超过 3 万元,各地区均比 2005 年有较大提高。按美元计算,2011 年,杭州、宁波、绍兴、舟山和嘉兴已经超过 1 万美元。目前,浙江省有半数以上地区和人口处于高收入水平。

表 2-2　浙江各市经济发展情况(2005—2011 年)

城市	土地面积(平方公里)	总人口(万人)	地区生产总值(亿元)		占全省比重(%)		变动幅度(百分点)	人均生产总值(元)		增长倍数(倍)
			2005 年	2011 年	2005 年	2011 年		2005 年	2011 年	
杭州	16596	695.71	2942.65	7019.06	21.85	22.09	0.25	44853	101370	2.26
宁波	9816	576.40	2449.31	6059.24	18.18	19.07	0.89	44156	105334	2.39
嘉兴	3915	343.05	1159.66	2677.09	8.61	8.43	−0.18	34706	78202	2.25
湖州	5818	261.05	644.50	1520.06	4.78	4.78	0	25030	58349	2.33
绍兴	8279	440.01	1447.47	3332.00	10.75	10.49	−0.26	33283	75820	2.28
舟山	1440	96.99	280.16	772.75	2.08	2.43	0.35	28936	79765	2.76
温州	11786	798.36	1596.35	3418.53	11.85	10.76	−1.09	21335	43132	2.02
金华	10941	469.07	1063.54	2458.07	7.90	7.74	−0.16	23482	52538	2.24
衢州	8841	252.55	329.11	919.62	2.44	2.89	0.45	13401	36508	2.72
台州	9411	586.79	1251.77	2794.91	9.29	8.80	−0.50	22438	47779	2.13
丽水	17298	251.33	305.99	798.22	2.27	2.51	0.24	12189	30643	2.51

各城市经济发展变化所反映的问题不容忽视,虽浙江省内发达地区和欠发达地区的差距有所缩小,但发达区域发展后劲不足,传统产业面临巨大挑战。特别是那些以外向型经济为主的产业和地区,因世界金融危机的冲击,出口急剧萎缩,加之土地、资源、人力等各项成本的提升,部分产业发展乏力。与此同时,部分产业转型升级缓慢,产业链提升无术,导致了浙江传统优势产业竞争力急剧下降。温州市经济发展所面临的困境正是发达地区痛苦转型的缩影。浙江引以为

傲的"块状经济""小狗经济"如何变为产业集群,成为"大象经济",提升发展质量、做大产业规模,成为整个省份产业发展面临的新挑战。

二、各市产业结构变迁

从产业结构来看,各市所处经济社会发展阶段有较大差别。总体来看,6年来浙江省工业化加速推进,所有城市均将第一产业所占GDP比重降低至10%以下,工业化进入新的阶段。从产业比重来看,浙江各市第二产业在地区经济中所占比例均较高,从舟山的45.18%到嘉兴的57.42%,这说明各市至少处在工业化中期阶段;从第一产业比重来看,第一产业所占GDP比重低于5%的城市有杭州、宁波、温州三个城市,说明三个城市已经处于工业化的后期阶段;嘉兴、绍兴、金华则处在工业化的中后期阶段,省内发达地区将首先面临从发展中社会向发达社会过渡所产生的各种问题。产业结构的调整仅仅是经济转型中一个重要的组成部分。产业结构调整主要在建立新的产业优势,培育新的具备竞争力的产业,并逐步提高第三产业(现代服务业)的比重。舟山、丽水、衢州第一产业比重刚刚降到10%以下,在这个阶段,是重工业化的阶段,也是工业化加速阶段,这些区域的第二产业比重还将上升,传统产业还有一定的发展空间。

表 2-3　各市产业结构变迁　　　　　　　　单位:%

城　市	2005 年			2011 年		
	第一产业	第二产业	第三产业	第一产业	第二产业	第三产业
杭州	5.04	50.87	44.09	3.37	47.35	49.27
宁波	5.40	54.77	39.83	4.21	55.28	40.51
嘉兴	7.28	58.80	33.91	5.33	57.42	37.24
湖州	9.78	54.83	35.39	7.65	53.79	38.56
绍兴	6.43	60.31	33.26	5.17	55.05	39.78
舟山	14.22	39.71	46.06	9.84	45.18	44.98
温州	4.06	54.30	41.63	3.16	51.51	45.34
金华	6.17	53.14	40.69	5.10	50.69	44.20
衢州	14.97	46.28	38.75	8.28	55.57	36.15
台州	8.20	52.58	39.22	6.76	51.66	41.58
丽水	14.33	44.82	40.85	9.10	50.33	40.57

三、浙江块状经济介绍

浙江省的发达源于民营经济的发达,民营经济的发达则表现为块状经济的发达,虽然产品很小、附加值低、外向度高、中小企业多,但聚沙成塔,促成了县域经济的超常发展,形成了一个又一个具有特色、竞争实力雄厚的产业。各个城市也凭借块状经济的发展,实现了地区经济的腾飞,增加了百姓的收入。

2008 年全省共有年销售收入 10 亿以上的块状经济 312 个,实现销售收入 2.81 万亿元,出口交货值 6122 亿元,从业人员 831 万人,分别占全省工业总量的 54％、62％和 56％。在 312 个块状经济中,年销售收入在 50 亿元以下的有 176 个,占总数的 56.4％;销售收入在 50 亿—100 亿元的有 64 个,占总数的 20.5％;销售收入超百亿元的有 72 个,占总数的 23.1％,其中销售收入 100 亿—200 亿元的有 46 个,200 亿—500 亿元的有 19 个,超过 500 亿元的有 7 个。销售收入超过 200 亿元的 26 个块状经济如表 2-4 所示。

从行业内块状经济分布数量看,块状经济分布数量超过 10 个的行业有 15 个,其中电气机械及器材制造业内块状经济分布数量最多,达到 35 个,其次为通用设备制造业,有 33 个,位列第三的是纺织业,有 29 个。总体来看,轻纺和机械等传统产业仍是浙江块状经济的主体。具体到中小类,块状经济产业涵盖面更广、细分程度更高。纺织业,纺织服装、鞋、帽制造业,电气机械及器材制造业,塑料制品业,金属制品业,通用设备制造业,交通运输设备制造业,工艺品及其他制造业是销售收入最多的行业。

浙江省块状经济的发达,有助于行业间技术、信息、人力等各方面的交流,有助于降低企业生产的外部成本,通过规模经济实现品牌效应和集聚经济。正是通过一个个中小企业的累积,形成了产值规模巨大的行业,也带动了一个个乡镇经济的兴起,这是经济发展的结果。然而,当产业成长到一定阶段,企业扩张到一定阶段之后,行业上下游的建设,产业链的延伸,产学研的结合,成为必然的要求,这也将推动企业从原先单纯空间上的集聚走向更高层次的分工,形成产业集群。

表 2-4　销售收入规模超 200 亿元的块状经济

序号	块状经济	生产单位（个）	全部从业人员（万人）	销售收入（亿元）	出口交货值（亿元）
1	萧山纺织	4500	22.80	1396.30	235.41
2	绍兴纺织	2666	19.50	1066.50	280.35

续　表

序号	块状经济	生产单位（个）	全部从业人员（万人）	销售收入（亿元）	出口交货值（亿元）
3	镇海石化和新材料	84	1.80	1058.85	143.08
4	永康五金	10492	31.80	835.00	196.00
5	义乌小商品	20884	40.80	822.22	133.87
6	慈溪家电制造	9400	28.40	570.00	180.00
7	萧山汽配	547	4.00	564.37	122.65
8	乐清工业电器	1300	16.00	489.00	55.00
9	鹿城服装	3000	2.70	445.12	80.36
10	诸暨五金加工	3597	6.90	432.42	53.95
11	北仑装备制造业	2460	11.80	427.49	24.00
12	北仑石化	127	1.70	412.48	7.20
13	宁波保税液晶光电	21	2.50	412.44	196.24
14	余姚家电	2300	9.20	400.00	93.00
15	诸暨袜业	11080	7.80	373.60	291.41
16	余姚机械加工	2500	7.80	369.16	22.99
17	鄞州纺织服装	725	14.80	324.73	158.81
18	绍兴化纤	35	1.30	310.60	12.19
19	温岭汽摩配	3000	5.50	305.00	30.00
20	玉环汽摩配	1900	8.20	260.00	30.00
21	长兴纺织业	15616	1.60	248.00	23.30
22	瑞安汽摩配	1500	20.00	230.00	33.34
23	秀洲纺织业	660	6.30	225.70	36.36
24	富阳造纸业	362	3.30	216.00	1.70
25	温岭鞋业	4312	9.10	201.85	42.35
26	温岭泵与电机	5600	3.00	200.00	13.20

四、浙江产业集群的区域比较

产业集群是浙江经济发展的一大特色。集群所具有的创新氛围、知识技术溢出效应以及创新成本降低等优势，都有利于集群内企业从事积极的创新活动。

增强产业集群自主创新能力,这将是我省实施创新驱动战略的要点之一。浙江省产业集群和产业集群名镇如表 2-5 和表 2-6 所示。在中国社会科学联合研究中心公布的"2009 第三届中国百佳产业集群"名单中,浙江有 24 个产业集群上榜,位列第一,浙江省产业集群数量远多于其他省份。其他东部省市百佳产业集群数为江苏 15 个,广东 13 个,山东 11 个,福建 7 个,河北 6 个。浙江一省的百佳产业集群接近广东、江苏两省总和,或山东、福建、河北三省总和,占近 1/4 的比重,东部六省占总数的 3/4 强。从产业集群的行业分布来看,浙江省百佳产业集群以轻工业、传统产业,尤以日用品为主,如轻纺、领带、印染、皮草、袜业、塑编包装、鞋业、竹制品、小五金、打火机、小家电、珍珠、文具等;重工业产业集群仅有化纤、机电、模具等。

　　浙江产业集群众多虽体现了浙江省的经济优势,但劣势也很明显。优势在于产业众多,民营经济发达,县域经济活跃。劣势在于产业链条短,难以形成冶金、化工、钢铁等产业的产业整合优势。同时,产品附加值低,价格优势高于质量优势。虽然产业集群总体规模大,民营企业众多,但龙头企业很少,产业的引领带动性不大,从而无法形成品牌效应,也无法提升产品的附加值。2008 年以来的金融危机,对浙江省外向型经济带来的严峻挑战,显示了这种发展模式脆弱的一面。

表 2-5　第三届中国百佳产业集群(浙江省,24 个)[①]

中国百佳产业集群	中国百佳产业集群
中国义乌小商品产业集群	中国余姚模具产业集群
中国嵊州领带产业集群	中国平湖光机电产业集群
中国绍兴轻纺产业集群	中国龙湾阀门产业集群
中国绍兴印染产业集群	中国乐清中低压电器产业集群
中国海宁皮革产业集群	中国慈溪小家电产业集群
中国海宁经编产业集群	中国诸暨珍珠产业集群
中国崇福皮草产业集群	中国宁海文具产业集群
中国萧山化纤产业集群	中国温岭塑鞋产业集群
中国瓯海锁具产业集群	中国安吉竹制品产业集群

---

　　①　2009 第三届中国百佳产业集群揭晓,http://www.sh.xinhuanet.com/2009-12/22/content_18570652.htm,新华网,2009-12-22。

中国百佳产业集群	中国百佳产业集群
中国诸暨袜业产业集群	中国路桥固废利用产业集群
中国永康五金产业集群	中国鹿城打火机产业集群
中国永康电动工具产业集群	中国平阳塑编包装产业集群

在"第一届中国百佳产业集群名镇"排名中,广东省有 25 个,江苏省有 24 个,浙江省有 23 个,山东省有 11 个,福建省有 8 个,河北省有 3 个。浙江省产业集群名镇数量仅次于广东、江苏,总数占近 1/4 强。这 6 个省占总数的 98%。杭嘉湖和温台沿海地区是浙江产业集群及名镇的主要集中地。

表 2-6　第一届中国百佳产业集群名镇(浙江,23 个)

产业集群	地址	产业集群	地址
中国衙前化纤产业集群名镇	杭州萧山区	中国泗门剃须刀产业集群名镇	宁波余姚市
中国新街钢结构产业集群名镇	杭州萧山区	中国周巷小家电产业集群名镇	宁波慈溪市
中国南阳制伞产业集群名镇	杭州萧山区	中国泽国空压机产业集群名镇	台州温岭市
中国高桥光纤光缆产业集群名镇	杭州富阳市	中国塘下汽摩配产业集群名镇	台州瑞安市
中国高桥白板纸产业集群名镇	杭州富阳市	中国濮院毛衫产业集群名镇	嘉兴桐乡市
中国分水制笔产业集群名镇	杭州桐庐县	中国崇福皮草产业集群名镇	嘉兴桐乡市
中国杨汛经编产业集群名镇	绍兴绍兴县	中国许村家纺产业集群名镇	嘉兴海宁市
中国店口机床产业集群名镇	绍兴诸暨市	中国余新箱包配件产业集群名镇	嘉兴南湖区
中国大唐袜业产业集群名镇	绍兴诸暨市	中国横店磁性材料产业集群名镇	金华东阳市
中国柳市中低压电器产业集群名镇	温州乐清市	中国织里童装产业集群名镇	湖州吴兴区
中国瓯北泵阀产业集群名镇	温州永嘉县	中国南浔木地板产业集群名镇	湖州南浔区
中国龙岗印刷包装产业集群名镇	温州苍南县		

根据全国百佳产业集群和产业集群名镇的分布来看,主要集中在东部地区。中国经济发达省份无一不是产业集群、块状经济发达省份。改革开放以来,东部六省结合本地优势、立足市场,建立了适应市场要求,参与社会分工,产业定位准确,空间布局合理的产业集群。产业集群的出现,降低了企业间分工协作的交易成本,提高了产品的知名度,产业聚集程度大大提高,这有助于在县域竞争中取胜。一旦块状经济形成,将形成一定的路径依赖,优势将越来越显著。义乌小商品城是浙江乃至于全国产业集群的一个重要样本,义乌小商品城的发展、壮大是当时历史条件下,各方面有利因素共同作用的结果。从某方面来说,产业集群集中在东部是改革开放的一个必然,是这些地区参与国际分工、国际产业链分工,

以及传统产业向中国东部地区转移的结果。中西部地区只有在东部产业向中西部转移的过程中,才有可能形成类似的产业集群。

　　然而,浙江省许多传统产业集群实际上是块状经济向产业集群过渡的"准集群"。这些集群内的企业模仿能力较强而创新能力不足,产品技术含量和附加值较低;一些高新技术产业集群,如高新区也面临着持续创新、提升创新层次和水平的问题。增强自主创新能力成为浙江省产业集群转型升级和提升国际竞争力的关键。近年来,浙江省深入实施创新驱动战略,自主创新能力正在逐渐增强。但是,浙江省产业集群中企业自主创新能力提升仍然存在着四大制约因素:自主创新意识淡薄,创新资源不足,创新支撑体系不强,创新产出能力较弱。不少集群由众多产品雷同、相互竞争的中小企业构成,资金、技术实力较薄弱,企业间相互模仿,"搭便车"行为较为普遍,一些中小企业认同"不创新是'等死',创新是'找死'"的说法,有危机感却又显得无奈;虽然部分产业集群中存在规模较大的企业,但自身定位较低端,以及相当多民营企业家受传统观念束缚等原因,创新意识淡薄。

　　根据统计部门提供的数据估算,目前全省规模以上工业企业中约有 10% 的企业开展研究与试验发展活动,折算到全省全部工业生产单位,有研发活动企业的比例仅约为 0.7%。诸多集群的中小企业资金有限,融资难又进一步加剧创新资金不足问题;龙头企业虽然研发投入在逐步增加,但与国际水平差距较大;技术创新的人力资源普遍缺乏,企业员工素质有待提升。从全省研发经费投入来看,2010 年浙江 R&D 投入的总量落后于江苏、广东、北京和山东等,在全国列第 5 位;R&D 经费占生产总值的比重为 1.82%,在全国列第 6 位,略高于全国 1.75% 的总体水平。但与同处长三角的江苏比较,浙江与江苏之间的差距在进一步扩大。① 相当多集群缺乏公共技术创新平台,缺乏实现产、学、研合作的信息咨询和其他配套服务,缺乏促进产业集群自主创新的投融资体制,集群管理机构和中介机构推动自主创新的协调能力不强,相关技术服务机构如知识产权服务、技术培训服务机构等尚不完善。大部分集群中的企业处于价值链的低端,缺乏拥有自主知识产权的核心技术,加上技术水平低,开发能力弱,多数企业创新产出能力不强,自主创新产出少,质量不高,导致不少产业集群陷入"技术能力低——无创新或创新成果差——产品竞争力弱"的恶性循环。

　　研究表明,集群的产业特征不同,影响集群自主创新能力的关键因素也有所不同。劳动密集型产业集群的自主创新能力受创新环境和人力资源因素的影响

---

　　①　陆根尧:《浙江:增强产业集群自主创新能力》,《浙江日报》2013 年 6 月 7 日。

更大,资本密集型产业集群的自主创新能力受创新资金投入因素的影响更大,技术密集型产业集群的自主创新能力则与创新投入、产出、主体和环境等因素均存在紧密相关性,这说明不同产业集群自主创新的模式并不相同。政府应加强对集群自主创新的分类指导。尽快走上创新驱动的发展轨道,是集群转型升级和提升国际竞争力的关键,应强化对地方党政领导科技进步目标责任的考核。地方政府应针对不同类型的产业集群,加强具有针对性和侧重点的创新指导。对资本密集型产业集群,应侧重完善与创新资金投入相关的政策措施;对技术密集型产业集群,需要考虑实现创新主体、创新投入、创新产出和创新环境四类因素的均衡发展,而对提高劳动密集型产业集群的自主创新能力,更应注重营造良好的创新环境和培养创新人才。培育集群自主创新的有效载体,突出集群内不同规模企业的创新重点,加大集群内企业自主创新的投资支持,引进高校科研机构的创新资源,加强集群创新公共服务平台建设,推动集群创新中介服务机构发展,发挥集群行业协会对创新的协调促进作用。

2010 年浙江省政府出台《关于加快推进产业集聚区建设的若干意见》,以加快培育经济增长点、着力打造发展制高点为目标,统筹规划建设一批纳入省级战略层面的产业集聚区,激活存量、扩大增量,整合区域空间、发挥产业特色、集约利用资源,为加快经济发展方式转变、促进全省经济社会又好又快发展奠定坚实基础。2013 年浙江省政府出台了《关于加快推进省级产业集聚区高质量发展的若干意见》,按照加快经济转型升级和建设现代产业体系的要求,以国家、省相关产业规划和政策为指导,集中选择部分先进制造业、战略性新兴产业、高新技术产业和现代服务业作为集聚区发展的主攻方向。各集聚区要在推动转型升级方面发挥主平台作用,优先发展大产业、培育大企业、建设大项目,加快形成以集聚区为主体的产业集聚发展新格局,对加快推进浙江省产业集聚区高质量发展做出全面部署。这些省级层面的意见凝聚了浙江省政府和人民对做强做大浙江产业集群的共识和方向性部署。

第三节　浙商企业发展分析

区域经济发展水平与企业规模有着很高的正相关性,经济越发达的地方,大企业越多,经济越落后的地方,则企业平均规模越小。区域经济发展的不均衡,经济实力差距的背后,是各地企业规模与数量的巨大差异。我国大企业的区域分布,在一定程度上反映了中国地区的经济发展阶段和水平。中国企业 500 强是我国营业收入最多的企业榜单,反映了企业的成长状况。各省市上榜企业的数量很大程度上体现了该省市的经济实力,中国民营经济 500 强则体现了各省市非公有制经济的发展情况,特别是该省市的经济发展水平,数据显示民营经济发达的地区,其经济实力和人均收入均较高。这两大企业排行,将有助于我们认识浙江省企业的发展情况及其在全国的地位。

一、中国企业 500 强中的浙江企业

根据中国企业联合会和中国企业家协会每年制定的中国企业 500 强名单,为我们认识各省企业发展情况提供了整体面貌。10 年来,我国大企业主要集中在东部沿海的经济发达地区,中西部、东北地区的大企业发展缓慢、数量少,尤其民营企业的培育和发展能力弱。从 2002 年第一次发布中国企业 500 强以来,东部地区的大企业数量都占 70% 以上;这种格局近十年来没有大的变化,我国大企业主要集中在东部沿海的经济发达地区,存在地区间的发展不平衡问题。近年来中西部地区大企业数量有所增加,区域结构有所平衡。2012 中国企业 500 强中,东部地区有 355 家企业上榜,占 71%,比上年减少了 10 家;中部地区有 59 家企业上榜,占 11.8%,比上年增加了 3 家;西部地区有 62 家企业上榜,占 12.4%,比上年增加了 7 家;东北地区有 24 家,占 4.8%,比上年减少了 5 家。[①]从单个省份的上榜情况看,和上年一样,全国共有 29 个省、区、市有企业进入 2012 中国企业 500 强,只有西藏、宁夏没有企业入围。

企业的地域分布与企业营业收入如表 2-7 所示。具体来看,东部地区:浙江 42 家、山东 48 家、广东 37 家、江苏 51 家、河北 24 家、北京 98 家、天津 18 家、上海 28 家、福建 9 家。中部地区:河南 13 家、安徽 12 家、湖南 8 家、湖北 9 家、江西 6 家、山西 11 家。西部地区:重庆 12 家、四川 13 家、云南 8 家、陕西 6 家、广西 5 家、内蒙古 6 家、贵州 2 家、甘肃 4 家、新疆 3 家、青海 1 家、海南 2 家。东北地区:辽宁 15 家、吉林 3 家、黑龙江 6 家。从营业收入来看,因北京作为首都,大量国企总部云集,没有可比性之外,其他省市 500 强企业数量和营业收入基本反映了该地总体经济实力。广东、上海、山东、江苏、天津市是企业收入过万亿元的地方,而这些地方也正是中国经济最强、最发达的地方;贵州、海南、青海的企业则反映了该地经济实力的薄弱。

---

① 《2012 中国企业 500 强地域分布集中东部》,http://jingji. cntv. cn/2009/01/AR-TI1346474688522552. shtml。

表 2-7 2012 年中国 500 强企业地域分布

名称	企业数	营业收入（亿元）	利润（亿元）	资产（亿元）	纳税总额（亿元）	从业人数（万人）
全国	500	448969.65	20967.05	1301606.70	33376.04	3016.58
北京	98	227306.13	12825.33	926480.60	18920.48	1502.44
江苏	51	20732.68	654.34	13906.32	657.00	121.65
山东	48	20193.15	734.24	17322.04	1076.44	145.15
浙江	42	17731.32	428.60	13332.36	917.98	95.25
广东	37	29634.13	1587.28	96854.63	1944.81	236.64
上海	28	26730.06	1738.78	104367.6	2208.77	102.22
河北	24	11972.56	197.76	8421.58	388.75	69.25
天津	18	11778.66	236.62	8447.92	250.68	34.76
辽宁	15	7608.34	143.94	9162.49	547.14	82.55
河南	13	6345.03	56.40	5612.42	341.00	63.31
四川	13	5112.54	134.84	5347.41	255.59	51.44
重庆	12	3179.09	137.60	7648.25	136.32	35.09
安徽	12	6122.52	85.29	6064.74	324.75	44.68
山西	11	10593.82	253.21	10313.96	742.98	102.98
湖北	9	8997.17	251.69	7679.72	817.64	41.11
福建	9	4922.31	338.94	27132.71	319.29	16.53
湖南	8	4200.18	245.18	3803.36	583.72	17.39
云南	8	3078.57	140.90	4355.54	965.56	23.48
黑龙江	6	2332.68	25.71	3009.18	116.52	107.77
陕西	6	3758.66	187.69	5441.86	540.85	35.14
江西	6	2904.59	44.66	1957.71	94.22	20.10
内蒙古	6	2300.61	156.35	3093.69	234.13	14.16
广西	5	1490.12	16.25	1590.55	67.11	8.40
甘肃	4	2483.01	50.23	2326.23	62.12	12.22
吉林	3	4223.32	157.63	2543.52	501.39	11.73
新疆	3	1231.72	51.46	1392.41	55.09	8.98

续 表

名称	企业数	营业收入 (亿元)	利润 (亿元)	资产 (亿元)	纳税总额 (亿元)	从业人数 (万人)
贵州	2	492.66	76.00	610.37	256.37	2.80
海南	2	1263.92	9.20	3037.20	37.77	8.16
青海	1	250.07	0.96	350.30	11.61	1.23

2012 年,浙江省上榜企业比上年减少 2 家,平均企业营业收入由上年的 321.95 亿元增加至 418.38 亿元,规模有了很大提高;但大多企业的总体排名有所下滑,省内排名最靠前的企业仍为浙江省物产集团公司,以 1670.12 亿元的营业收入排在第 61 位,比上年上升了 4 位;吉利集团紧随其后,排在第 71 位;宁波富邦以 181.22 亿元排在第 488 位;2011 年第 499 位的浙江龙盛控股有限公司这次没有入围(2012 年浙江上榜企业,参见附录一)。正如中国的大公司云集首都北京,浙江上榜企业半数集中在省会城市杭州市。与其他发达省市相比,浙江省上榜企业有如下特征:第一,上榜数量较多,有 42 家企业入围,数量仅次于北京、山东、江苏;第二,企业规模较小,浙江物产集团作为浙江省最大的企业,在全国只能排在第 61 位,排在前列的大都为国有企业或资源型企业,浙江在这两方面都处于劣势;第三,上榜民营企业多,达 30 多家,涉及纺织服装、机电、建筑、饮料、综合等各个行业。上榜数量多与企业规模小并存的局面,主要源自浙江省国有企业较少和民营经济的发达。另一个侧面则体现了民营企业与国有企业规模的巨大差距。

二、中国民营经济 500 强中的浙江企业

民营经济是改革开放以来发展最快的经济成分,根据全国工商联发布的 2012 年中国民营经济 500 强企业名单,民营企业无论从营业收入还是资产总额上,比上年均有较大的提高。2011 年,民营企业 500 强入围门槛达到 65.69 亿元,较 2010 年提高了 15.09 亿元;营业收入总额 93072.37 亿元,户均 186.14 亿元,同比增长 33.25%,增速较 2010 年下降超过 10 个百分点;共有 7 家企业营业收入总额超过 1000 亿元,2 家企业营业收入总额超过 2000 亿元,江苏沙钢集团有限公司以 2075.28 亿元的营业收入居于首位,华为投资控股有限公司、苏宁电器集团和联想控股有限公司位居第二、第三和第四位。营业收入在 100 亿元以上的企业由 2010 年的 220 家增至 311 家。民营企业 500 强资产总额达到 77703.52 亿元,户均 155.41 亿元,同比增长 32.09%,低于 2010 年的增长水平

超过 18 个百分点。有 9 家企业资产总额突破 1000 亿元,其中,万科企业股份有限公司以 2962.08 亿元居中国民营企业 500 强资产总额榜首。资产规模在 100 亿—1000 亿元之间的企业由去年的 143 家增加至 195 家。[①]

在地区分布上,东部地区仍是主体,中西部地区发展迅速,"东强西弱"的格局依然明显。2012 年民营企业 500 强中,东部地区民营企业占绝对优势,入围企业数量达 380 家,而西部地区入围企业仅为 50 家,东北地区入围 17 家,中部地区增长迅速,入围 53 家。浙江、江苏两省最多,其企业数量分别为 142 家和 108 家,分别占所有入选企业的 28.4% 和 21.6%;此外,山东省 43 家,占所有入选企业的 8.6%;广东省 23 家,占所有入选企业的 4.6%;上海市 15 家,占所有入选企业的 3%;河北省 25 家,占所有入选企业的 5%;湖北省 17 家,占所有入选企业的 3.4%;河南省 12 家,占所有入选企业的 2.4%,这些省市是企业数较多的省市。[②]

从产业分布来看,民营企业 500 强前 5 大行业分别为黑色金属冶炼和压延加工业、建筑业、电气机械和器材制造业、房地产业以及批发业。500 强企业中仍然以制造业为主,共有 313 家制造业企业入围,共有 258 家企业集中于冶金、电气机械和器材制造业、化学工业、石油工业等资金和技术密集型行业,呈现明显的重化工特征。钢铁行业在 2011 年下半年整体低迷的情况下,仍然有 65 家企业入围。中国民营企业 500 强中的建筑业企业也随着我国经济发展和城镇化进程而发展迅速,建筑业入围达到 60 家,居民营企业 500 强行业分布第 2 位。

从企业来看,江苏沙钢集团有限公司以 2075.28 亿元的营业收入居于首位,华为投资控股有限公司、苏宁电器集团和联想控股有限公司分别以 2039.29 亿元、1947.34 亿元和 1830.78 亿元的营业收入位居第 2、第 3 和第 4 位。山东魏桥、浙江吉利、大连万达也超过千亿元。华为公司属广东,沙钢、苏宁属江苏,联想属北京。就浙江省而言,吉利集团是浙江省排名最靠前的企业,排在第 6 位;伟星集团是浙江省最后上榜的企业,排在第 500 位。

浙江入围的 142 家民营企业的行业分布如表 2-8 所示。从企业所属产业来看,建筑业有 33 家、电气机械及器材制造业有 17 家,是上榜最多的行业;此外,

---

① 全国工商联副秘书长欧阳晓明发布分析报告,中华全国工商业联合会,2012 年 8 月 30 日,http://www.acfic.org.cn/zt/12/sgm/101912999282.htm。

② 2012 中国民营企业 500 强榜单发布,中华全国工商业联合会,2012 年 8 月 30 日,http://www.acfic.org.cn/zt/12/sgm/161213002302.htm。

纺织服装、批发零售、冶金也有十数家企业上榜(上榜企业具体信息如附录二所示)。从行业分布来看,浙江省上榜企业主要来自于传统产业,医药、电子信息、服务业等上榜企业很少。这些产业也是浙江的优势产业和具有竞争力的产业。随着浙江产业转型升级,这些传统优势产业也必须克服土地、资源、人力各方面的瓶颈,实现企业的快速增长。故而,企业将重新进行空间上的布局和产业上的规划。这对浙江省经济而言,也是一个巨大的挑战。

表 2-8 浙江上榜企业的行业分布

所属产业	个数	所属产业	个数
电气机械及器材制造业	17	医药	2
房地产	6	造纸和纸制品业	1
纺织服装、皮革、鞋帽	11	综合	8
非金属矿物制品业	1	饮料制造业	2
文教体育用品制造业	1	通信设备计算机及电子设备制造业	2
化学纤维制造业	7	有色金属冶炼及压延加工业	6
黑色金属冶炼及压延加工业	4	橡胶制品、塑料制品业	2
通用设备制造业	3	批发零售业	14
化学原料和化学制品制造业	5	专用设备制造业	2
建筑业	33	木材加工和家具制造业	1
金属制品业	4	农副食品加工业	2
交通运输设备制造业	6	食品制造业	1
租赁和商务服务业	1	仪器仪表制造业	1

三、浙商企业 500 强分析

浙江作为民营经济最发达的省市之一,不仅表现在本地民营经济发达,还表现在大量浙商在省外创业,并形成了巨大的经济规模。根据不完全统计,现在浙江在省外经商办企业的人员约为 600 万,省外浙商在全国的投资总规模超过 3 万亿元,其中浙江输出的资金约 1.3 万亿元,销售规模接近 2 万亿元,向当地缴纳税收超过 1200 亿元,解决了 1136 万多人的就业,成为推动当地经济发展的一支重要力量。有 150 多万浙商走出国门,在世界各地创业发展,全省已有 8 个境外园区。截至目前,全省经核准的境外企业和机构共计 4902 家,累计投资总额 112.2 亿美元,中方投资额 99 亿美元,覆盖了 138 个国家和地区,浙江省境外投资数量和投资规模均居全国各省市区第一。[①] 省外浙商创造的经济收入相当于浙江省的 GDP,这意味着省外浙商一年创造了 3 万亿元的产值,这是一个惊人的数字。无论是在东北三省、新疆、西藏,还是江西安徽,浙江人正在悄悄地改变当地的投资生态,在自己获得财富的同时,推动着欠发达地区的经济发展。通过对外投资,在外创业,浙商的经营理念不断被各地学习;通过不断开办企业,浙江制造的市场范围越来越大,产品知名度越来越高;通过不断开拓新的产业,浙商企业逐步从轻工业、传统工业转向上游的资源、能源产业,转向医药、电子、新材料等新兴产业。

为了准确把握浙商企业发展动态,《浙商》杂志独家连续 5 年(2009—2013年)发布浙商全国 500 强榜单,这为人们整体、系统了解浙商发展动态提供了较好的数据。[②] 2011 年,浙商全国 500 强入榜企业总营收创造了 3.26 万亿元的新高,比去年增长了 6100 亿元,增幅达到 23%,同期浙江 GDP 达 3.2 万亿元,比上年增加 4900 亿元,增幅 18%。榜单入榜门槛从去年的 7.1 亿元进一步提高至今年的 7.5 亿元,上榜企业平均营收约为 65.3 亿元。营业收入在 10 亿元(含 10亿)以上的企业由去年的 442 家增加到 459 家,占整个榜单的 91.8%,浙商企业共有 164 家企业总营收超过 50.6 亿元。百亿企业规模也迅速扩容,从去年的60 家增至 86 家。吉利集团是浙商首家超过千亿元的企业,达 1480 亿元,排在第 1 位;兴达不锈钢有限公司以 7.5 亿元排在第 500 位。

从 2008 年到 2012 年,浙商全国 500 强企业规模发生了巨大的变化,从总量来看,由原先 1.95 万亿元增长至 3.91 万亿元,提高了 67.18%;入榜门槛从 5 亿元提高至 7.1 亿元;百亿级企业数量从 38 家增加到 108 家;500 亿元级企业数量从 2008 年的 0 家发展到今天的 12 家;千亿级企业也出现了 3 家,具体数据如表 2-9 所示。总体来看,浙商企业在短短 5 年内取得了巨大的发展,企业规模、经营范围、区域分布均有很大幅度的提高,以吉利集团、万向集团为代表的浙商,不仅在国内而且在国际领域开始发挥企业的竞争力,这预示了浙商企业发展的方向。

---

① 《600 万浙江人在外经商　打造"浙商"金名片》,http://zjnews. zjol. com. cn/05zjnews/system/2010/21/017932819. shtml,浙江在线,2011-10-21。

② 浙商发展研究院,2009—2012 年浙商全国 500 强名单,http://www. zjsr. com/2013500/index. html。2013 年 5 月 28 日,《浙商》杂志社公布了"2013 浙商全国 500 强"名单,该榜上榜 500 家浙商企业共创造了 3.91 万亿元营业收入,比去年增长了近 6500 亿元,增幅达到 20%。其中,浙江物产集团(1966.3 亿元)、吉利控股集团(1549 亿元)、万向集团(1165.8 亿元)3 家企业成功进入千亿俱乐部。

表 2-9　浙商全国 500 强

指　　标	单　位	2012 年	2011 年	2010 年	2009 年	2008 年
营业收入	万亿元	3.91	3.26	2.65	2.19	1.95
增长速度	％	20.00	23.00	21.00	12.30	—
入榜门槛	亿元	7.10	7.50	7.10	6.50	5.00
百亿级企业数量	家	108	68	60	39	38
500 亿级企业数量	家	12	9	6	3	0
千亿级企业数量	家	3	1	0	0	0

　　从地域分布来看,浙商企业主要集中在浙江省内,杭州、宁波和绍兴是最为集中的三个城市。2011 年,浙商全国 500 强的企业有 163 家,超过 1/3 集中在杭州这个省会城市,比上年增加 18 家;70 家在宁波,比上年减少 8 家;绍兴 48 家,比上年减少 6 家;杭绍甬三市 2011 年共上榜 281 家企业,所占比重为 56.2％;2010 年,该地区共上榜 277 家,所占比重 55.4％;2009 年这三市上榜 292 家企业,占比 58.4％;2008 年三市上榜 322 家,占比 64.4％;此外,温州、台州、湖州、金华等市的上榜企业数也较多在 23—30 家,衢州、丽水、舟山上榜企业数在 4 家左右,具体如图 2-3 所示。

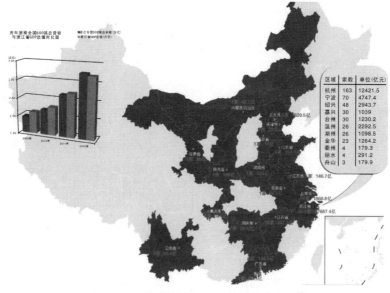

图 2-3　2012 年浙商 500 强的地区分布图①

———————

①　新浪财经制作。

　　2011年，浙商全国500强的具体区域分布如表2-10所示。500强企业在省内外的分布为省内427家，省外73家。杭州、宁波、绍兴处于第一梯队；温州、嘉兴、台州、金华、湖州处于第二梯队；丽水、舟山、衢州处于第三梯队。从数量分布来看，10—20家的省内城市处于断层，这说明浙商企业分布具有显著的区域不均衡性。浙商企业在省外依然呈零星之势，分布在17个省市，上海、江西、重庆、北京是浙商大企业较为集聚的地方。其中，上海市浙商上榜企业最多，为19家；江西其次，为16家；其后在1—9家范围之内。位于江西的浙商企业成为2011年榜上的亮点，主要原因得益于能源、资源价格的大幅度上涨，带动相关行业的兴起。如浙商投资江西铜业的公司营业收入因为铜价的上升有了较大增长，从而入围浙商全国500强。

表2-10　浙商全国500强的区域分布①

省外分布		省内分布	
省市	企业数	省市	企业数
总计	73(76)	总计	427(424)
上海	19(28)	杭州	163(145)
江西	16(15)	宁波	70(78)
重庆	9(6)	绍兴	48(54)
北京	6(5)	温州	26(29)
山东	4(5)	嘉兴	30(29)
广东	3(4)	台州	30(29)
甘肃	1(3)	金华	23(27)
安徽	1(2)	湖州	26(24)
江苏	5(2)	丽水	4(4)
河北	1(1)	舟山	3(3)
湖南	2(1)	衢州	4(2)
云南	1(1)		
辽宁	0(1)		
内蒙古	1(1)		
四川	0(1)		

① 括号内为2010年浙商企业的区域分布数据。

省外分布		省内分布	
省市	企业数	省市	企业数
河南	1(0)		
天津	1(0)		
陕西	1(0)		
香港	1(0)		

　　从行业分布上来看,2011年,机械与电气设备、耐用消费品/日用消费品、综合是上榜最多的三个行业,分别有98家、86家和49家企业,前两个行业也是2010年上榜最多的行业。上榜企业增加的行业有综合行业,增加了15家企业,商业服务增加了15家,金属与冶炼增加了2家,医药生物、能源与环保各增加了1家;信息与文化传媒、农业两个行业上榜企业数与上年持平;机械与电气设备减少了4家,耐用消费品/日用消费品减少了6家,建筑与建材减少了10家,房地产减少了1家,化工减少了11家,林业与造纸行业减少了2家,具体如图2-4所示。与2010年相比,上榜企业的行业集中度有所下降,但上榜企业集中在制造业和重工业的局面没有根本性变化。虽然部分消费性产业开始崛起,相关企业上榜数量有所增加,但百亿元以上的浙商大型企业大部分依旧集中在资源型相关的重化工业与制造业领域。

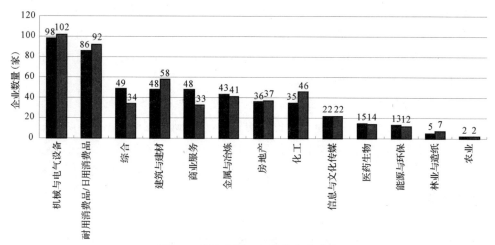

图2-4 浙商全国500强的产业分布

注:黑色代表2011年数据,灰色代表2010年数据。

　　虽然浙江省资源匮乏,但浙商充分发挥比较优势,先行一步,整合各方面资源,在轻工业领域创造了浙江奇迹。浙江能否发展重工业和高端制造业,进行重工业化,2003 年左右在浙江省内和经济学界进行了广泛争论:有人认为,升级为先,即依靠浙江已有产业和产品优势,提升浙江原有的产业链,提高产品质量,做大品牌,实现价格优势向质量优势的转变;也有人认为,转型为先,浙江省的传统优势产业有可能因为产业转移而衰落,浙江省应在传统优势产业资本积累的基础上,将资本转移至浙江省缺乏的重工、化工、汽车、高端制造领域,进入医药、新能源、新材料等新兴产业,创造出新的产业优势,这是浙江省成为发达地区的必经之路。浙商的投资行为证明了第二种观点的正确性,重工业和高端制造业是规模巨大、行业带动性强、产业链长的行业,大量上榜企业正集中于此。同时,诸多浙江企业也开始了转型升级,从低附加值、低产业链的领域退出,进入新的产业,并取得了优异的成绩。可以预见,随着时间的推移,新兴产业和重工业行业的上榜企业将越来越多。

四、浙江民营企业发展分析

浙江、广东、江苏三省是经济最发达的省份,开创了各自不同的发展模式,走出了不同的发展道路。十多年前,人们将广东经济以外资推动为主,称为珠江模式;江苏以集体经济为主,称为苏南模式;浙江模式以民营经济为主,称为温州模式。此后,苏南模式随着大量集体经济的转制而渐渐退出历史舞台,温州模式逐渐胜出。然而,近几年来,温州模式也碰到了巨大的挑战,特别是温州地区大量民营企业的非正常死亡,更使得人们必须思考民营经济的发展之路。

目前来看,广东、江苏、浙江均形成了庞大的民营企业群体,这些民营经济的发展,以及政府的管理方式对民营企业的发展有着巨大的作用。浙江民营企业与这两省相比也体现了如下问题:

一是产业集中度不高。虽然浙江有着大量的块状经济区,但并没有形成真正意义上的产业集群,核心企业的份额均较低,产学研研发严重不足。如浙江的家电产业集群,虽然与广东省同时发展,但广东的 TCL、格力、志高、美的等企业规模均在 600 亿元以上,有些超过千亿元。浙江省的奥克斯、方太、老板、帅康等企业与之有较大差距。

二是高新技术产业发展乏力。浙江电气机械产业兴起了许多知名企业,如德力西、人民电器、正泰电器等,但缺乏国际竞争力的企业,且在核心技术方面创新不足,这不仅无法与广东的华为、中兴等企业相比,有较大距离,而且显示了浙商企业在技术领域较为弱势。如波导等电子企业衰落在一定程度上反映了浙江省民营经济的短板。

三是政府规划不足。广东、江苏两省地方政府在民营企业转型升级方面,充分发挥了政府的扶持作用,在产业规模、企业融资、技术创新、人才吸引等各个方面为企业发展服务。相对而言,浙江省更多靠企业对市场的把握来进行,这虽然提高了企业的竞争力,但是却制约了企业的发展速度和市场机遇。

五、新的希望

自 2008 年国际金融危机以来,浙江经济发展进入了阶段性的结构调整期,经济发展的内在机理和外部环境发生了重大变化。准确把握浙江经济的发展趋势,落实好省委、省政府提出的一系列新举措,率先打造浙江经济升级版,事关全省大局和长远发展。全面审视浙江人口、资源、环境的条件,以及浙江发展面临的阶段和环境的深刻变化,可以做出的基本判断是:过去浙江发展的速度领先优势、总量领先优势、低成本竞争优势、出口导向优势、"轻、小、民、加"[①]优势等,将会逐渐弱化,总体由高速增长转为中速增长的趋势难以完全避免。今后浙江发展的出路,应是按照科学发展观的要求,按照党的十八大提出的"经济持续健康发展"的要求,按照中央"打造中国经济升级版"的要求,率先打造浙江经济升级版。深入实施四大国家战略,拓展新的发展空间。建设浙江海洋经济示范区,建设舟山群岛新区,开展义乌国际贸易综合改革试点,设立温州市金融综合改革试验区。这"四大国家战略"落地浙江,一举改变了浙江缺少国家战略和优惠政策的历史,拓宽了对浙江省情的认识,是前所未有的历史性机遇,为浙江的长远发展提供了广阔的空间和增长极。

浙商应积极实施"走出去"战略,参与国际分工与合作,整合全球资源,有效化解"瓶颈"制约,实现由"本土性企业"向"世界性企业"的转型。浙商要站在新的高度,把自己放到全球化的背景下,用世界眼光、国际视野、现代思维来进行思考,找到新的历史时期浙江经济的发展方向。

"国家战略+浙江优势+浙商精神",这些历史与现实优势的集合,将再一次将浙江推向国家发展、改革创新的前沿,为全面建设小康社会,为我国的社会主义现代化建设,开拓奋进;浙江商人也将在国际国内、省内省外的大环境下,继续发挥四个"千万"精神,创造出新的辉煌。

---

①　"轻、小、民、加"指轻重工业结构中以轻工业为主,企业规模结构中以小企业为主,所有制结构中以民营经济为主,产业链结构中以加工制造为主。

第三章　中国城镇化建设的进程与探索

　　21 世纪上半叶,中国正处于一个伟大的经济社会结构急剧变动的时期。其中,最深刻、最广泛、最伟大的变迁就是关系到 8 亿多人口的农村城镇化。推进我国的城镇化是关系现代化建设全局的重大战略,是带动区域协调发展,统筹城乡发展的重要措施。城镇化水平是一个国家工业化、现代化的重要标志。从工业革命以来的世界发展史看,一国要成功实现现代化,在推进工业化的同时,必须同步推进城市化。"十二五"时期,我国城镇化率将突破 50%,人们的生活方式和经济社会结构会随之发生一系列深刻变化。在这个关键时期,必须牢牢把握城镇化发展蕴含的巨大机遇,清醒地认识这一变化可能带来的各种挑战和问题,因势利导,趋利避害,推进城镇化健康发展[1]。

　　然而,在十几亿人口的大国推进城镇化,进而实现现代化,在人类历史上没有先例可循。有序引导这个宏伟进程,也是对我们党执政能力和政府行政能力的重大考验。我们必须按照科学发展观的要求,从基本国情出发,借鉴国际经验,稳步推进这一历史进程。我们必须总结国外城镇化经验教训,结合本国国情,探索适合各地区的城镇化道路。

第一节　城市化理论概述[2]

　　"人类最伟大的成就始终是她所缔造的城市。城市代表了我们作为一个物种具有想象力的恢宏巨作,证实我们具有能够以最深远而持久的方式重塑自然

---

　　[1]　李克强:《关于调整经济结构促进持续发展的几个问题》,《求是》2010 年第 11 期。
　　[2]　本节内容主要参考王克忠等:《论中国特色城镇化道路》,复旦大学出版社 2009 年版;《"十二五"中国城镇化发展战略研究报告》,中国建筑工业出版社 2011 年版;顾朝林:《论中国当代城市化的基本特征》,《城市观察》2012 年第 3 期。

的能力。"①城市的诞生是人类文明形成的重要标志,城市的发展过去是,将来仍然是人类文明进步的方向和动力。

一、城市(镇)化的定义、特征

1.城市(镇)化的定义

城镇化与城市化的内涵是一致的,在英语中均为 urbanization,主要区别在于"市"与"镇"的居住人口各国规定有所区别。主要来看,城市(镇)化是人类生产与生活方式由农村型向城市型转化的历史过程,主要表现为农村人口转化为城市人口及城市不断发展完善的过程。从本质上讲,城市化是资源在产业和地域上的重新配置,农村剩余劳动力从农业转移到非农产业以及从农村转移到城市的过程。由于我国城市有着严格的法律和行政级别规定,另一方面,我国城镇的人口数与其他诸多国家城市人口数相当,故而在我国用城镇化更为符合实际,具有国际通用的城市化的内涵。

2.城市化的基本特征和阶段

城市化具有三个基本特征。(1)经济特征:人类进入工业社会时代,社会经济发展开始了农业活动的比重逐渐下降、非农业活动的比重逐步上升的过程。(2)社会特征:与这种经济结构的变动相适应,出现了乡村人口比重逐渐降低,城镇人口比重稳步上升过程。(3)空间特征:居民点的景观面貌和人类生活方式逐渐向城镇性质转化和强化的过程。

根据发达国家的城市化经历,一个国家或地区的城市化过程大致呈一条拉平的"S"形曲线。当人口城市化水平达30%左右时,进入快速发展阶段,达到70%左右时,进入相对稳定阶段。发达国家的城市化过程至今经历了四个阶段:(1)集中趋向的城市化阶段。该阶段城市化的主要特征是中心城市人口和经济迅速增长,特别是市中心城区形成高度集聚。(2)郊区城市化阶段。这个时期城市化的特征是,在工商业继续向城市,特别是大城市中心集中的同时,郊区人口增长超过了中心市区。(3)逆城市化阶段。在郊区城市化继续发展的同时,中心市区显现衰落景象,出现人口净减少。(4)再城市化阶段。中心市区经济复兴,人口出现重新回升,具体如图 3-1 所示。

---

① 乔尔·科特金:《全球城市史》,社会科学文献出版社 2006 年版。

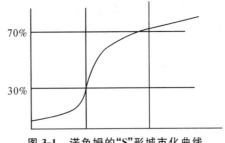

图 3-1　诺色姆的"S"形城市化曲线

二、城市化的作用和意义

1. 城市化是现代化的标志之一

城市化包括城市文明、城市意识在内的城市生活方式的扩散和传播过程,通过这种生活方式达到走向现代化的目的。城市化既是社会发展的重要组成部分,也是现代化的重要标志。没有城市化,没有城市的现代化建设,就不可能是真正意义上的现代化。

2. 城市化成为一种生活方式

人类社会的劳动分工和集聚效益,使得城市化成为人类社会发展过程逐渐形成的一种生活方式。城市是创新时髦之地、经济文化中心、市场调节中枢,服务系统完整,具有很强的发展要素汇聚功能,成为生产效率很高、成就梦想之地,因此也具有很强的吸引力。城市化不仅包括城市和乡镇居住、工作人口数量的增加,也被一系列与之紧密联系的经济、人口、政治、文化、科技、环境和社会等变化过程所推动,逐渐形成人类社会的一种生活方式。

3. 城市化是一个综合的社会经济过程

美国经济学家库兹涅茨在《现代经济增长:发现与思考》一书中,把现代经济增长概括为工业化和城市化过程,他指出:"各国经济增长……常伴随着人口增长和结构的巨大变化。在当今时代发生了以下产业结构的变化:产品的来源和资源的去处从农业活动转向非农业生产活动,即工业化过程;城市和乡村之间的人口分布发生了变化,即城市化过程。"城市化是一个涉及全球性的经济社会演变过程,它影响一个国家或地区的社会结构、就业结构、人们的文化和生活方式、生产力的分配及居住模式。城市化不仅仅包括城市和乡镇居住、工作人口数量的增加,也是被一系列紧密联系的变化过程所推动的经济、人口、政治、文化、科技、环境和社会等的变化,如图 3-2 所示。

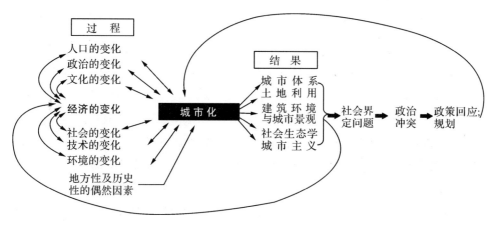

图 3-2　城市化的经济社会过程

4.城市化是一把双刃剑

我们生活在城市中,享受着城市化带来的便利,同时也面对着城市化带来的种种问题。这主要在于,城市化既受地理条件和自然资源的影响,同时也引起土地利用模式、社会生态结构、建筑环境和城市生活方式的改变;政府决策、法律的变更、城市规划和城市管理可能最终解决城市化问题,但由于各种因素轮流影响人类社会动态平衡,最终推动全面的城市化进程。正因为如此,城市化既可以促进人类社会发展,也可能给人类社会发展制造灾难。一方面,城市化是促进国家现代化,提高生产效率和生活质量的重要利剑。城市化对居住、生活、就学、就业都会创造巨大的经济需求,为扩大消费和投资提供强大持久的动力,城市化还有利于推动教育、医疗、社保等公共服务业,商贸、餐饮、旅游等消费型服务业和金融、保险、物流等生产型服务业的发展。另一方面,城市化也需要消耗巨大的物质资源和能源,集聚的城镇人口产生人口—资源—生态—环境不协调发展问题,尤其脱离经济发展的过快城市化,必然导致超前城市化、假性城市化和半城市化,形成巨大的社会问题。

一言以蔽之,城市化以城市发展为前提,城市化本质是创造"城市人"。"城市人"发展城市,促进经济社会发展,并规范城市可持续成长。

三、两种城市化过程及理论解释

从世界人类社会发展过程来看,由于经济发展水平、社会制度差异和文化历史的不同,存在两个明显不同的城市化过程。

1. 发达国家的城市化

发达国家的城市化与近代两大历史事件相关联:一是法国资产阶级大革命。资产阶级革命建构了现代城市发展的制度框架,民主、自由、平等成为西方社会崇尚的时代精神。二是英国工业革命。工业革命不仅是现代城市形成和发展的最直接动力,而且也改变了传统城市的社会结构、法律制度和价值观。

(1)资本主义制度。资本主义建立与工厂制度发展有关。当传统手工作坊和师徒关系的生产方式被更高级的社会分工——资本家、技术员和工人代替的时候,新型的工厂制度也随之产生。与工厂制度相联结,工业城市也逐渐发展起来。接着是重商主义和资本主义的发展,以及进一步的土地资源需求,殖民主义和帝国主义的出现。

(2)工业化带动城市化过程。发达国家的城市化过程与资本主义制度的发展有关。欧洲18世纪和19世纪早期的工业革命,促进了工业化进程,使工业集中度提高,并带来大规模生产,改善了农业机械和种植技术、食品保险技术、交通和通信技术,为城市化的人口、食物和交通通信等发展奠定了基础。这种快速城市化过程与逐步的工业化和经济变化互相交织在一起。可以说,发达国家的城市化过程是:城市化和工业化相伴而生,工业化以城市化为依托,城市化靠工业化来推动。

(3)戴维斯城市化曲线。这一时期,城镇的劳动力需求稳定增长,而技术的不断创新也允许农村劳动力逐步转移到城市。由于城市的健康和卫生状况较差,结果城市人口增长并不太快。西方发达国家的城市化就表现为一条平滑的生长曲线过程,这就是戴维斯的经典城市化曲线。

(4)"剩余产品"城市化理论。发达国家城市化过程主要用"剩余产品"理论解释。从城市化过程来看,城市化总是与逐步的工业化和经济变化交织在一起。在这一时期,由于城镇的劳动力需求表现为稳定的增长,也就存在从农村到城市的稳定移民流。与此同时,农业技术进步和制造业发展也充分吸收了从农业部门解放出来的剩余劳动力,并允许农村劳动力逐步转化为城市劳动力和居民。可以概括地说,发达国家的城市化是一个逐步的人口转移与经济结构变化相适应的平滑过程。

(5)空间集聚的城市化过程。英国、美国、日本等发达国家的城市化过程,是工业革命和工业化的产物。工业化对推动城市化起到了决定性的作用,同时大城市的发展在城市化进程中又发挥了主导作用,并派生出以大城市为中心的大都市区、城市带(圈)的结构体系,从而进一步推动了城市化进程。20世纪50年代,西方发达国家城市发展模式与发展速度迅速变化。一方面,城市工业和科学技术高速发展,使人口、资本、技术以最快的速度向大城市和大城市周围地区集聚;另一方面,城市高收入阶层从中心区外迁,随之工业、服务业也出现郊区化倾向,城市由长期的向心集聚向相对分散的郊区化发展,大城市边缘新城镇大量涌现。这种城市集聚和扩散的双向运动,推动了大城市地域迅速扩张,与周围新市镇连成一体,形成以大城市为核心,与周边地区保持密切社会经济联系的城市化地区。

(6)后工业社会城市化动力机制发生变化。值得指出的是:发达工业国家在进入后工业化社会后城市化过程发生明显的变化,制造业占 GDP 的比重开始持续下降,工业化对城市化的拉动明显减弱。这也就是说,尽管世界城市化过程早已存在,但是在最近的 40 年,尤其全球化的进程,其动力机制却发生了实实在在的变化,生产性服务业成为城市发展和增长的主要动力。

2. 发展中国家的城市化

(1)发展中国家城市化过程。发展中国家经济普遍落后,城市化过程滞后于发达国家。然而,自二战以后出现了快速的城市化,但是整个过程与上述经典的城市化曲线不相符,主要表现为人口城市化过快、工业化普遍滞后的"城市通货膨胀"或"虚假城市化"基本特征。

(2)"推拉"城市化理论。发展中国家城市化脱离了工业化过程,制造业所占的比重长期维持在较低水平。在 20 世纪 60 年代,发展中国家工业占 GDP 的比重大约在 15.6%,到 80 年代也仅仅增长到 17.5%,最近才接近 36%。发展中国家城市化主要用"推拉理论"解释。"推":非正规经济部门促进城市经济发展,尽管规模小而且分散,但对城市发展具有一定的推动作用。"拉":城市良好的市场、基础设施、医疗服务设施吸引了大量的农村人口快速进入大城市地区。

(3)依附型城市化。西方学者认为:发展中国家的城市发展具有明显的依附于发达国家的特征,这就是所谓的依附理论。沃勒斯坦用世界体系理论表述资本主义为主体的世界体系存在圈层结构:①核心国,即主要工业品生产者;②边缘国,即主要农产品生产者;③半边缘国。希望降低农产品的生产地位,提高工业品的生产地位。透过这个关系链,发展中国家需要依附于发达国家而发展。然而,资本主义贸易和金融体制规定了剩余价值的转变和不平衡交换的路径。事实上,发展中国家不是由于它们的自然、资源条件差而不发达,主要是由于世界资本主义制度造成的恶果,"不发达"是"发达"的直接输出。

（4）"中等收入国家陷阱"。由于全球资本主义生产体系和贸易制度影响，发展中国家依附性经济本质特征，城市化与工业化过程相脱离，在进入快速城市化时期，深受社会问题钳制，很快跌入经济发展的"中等收入国家陷阱"。中等收入国家陷阱现象为：收入分配差距过大、城市化以大规模的贫民窟为代价、金融体系脆弱、产业升级缓慢、社会服务滞后。库兹涅茨—威廉姆森假设解释了这个机制：按照自然演化规律，在城市化的早期发展阶段，首先出现收入不均问题；由于中心城市和经济发达地区的投资环境优越，进一步导致这样的趋势加剧，最终导致空间不平衡。"社会极化"和"空间失衡"挖掘了"中等收入国家陷阱"[1]。

第二节　国际城市（镇）化：经验与教训

一、世界城市化的发展历程

从城市的起源、发展动力和推进规模的角度，可以讲人类城市化进程大体上分为三大发展阶段：一是工业革命前建立在传统农业基础上的人类城市化发展阶段；二是工业革命后建立在早期工业化基础上的世界局部城市化发展阶段；三是二战后建立在现代工业化基础上的世界全球城市化阶段。

1. 工业革命前人类城市化发展阶段

众所周知，人类是群居动物，人类的群居体被统称为人类聚落，城市就起源于原始的人类聚落。随着人类从游牧向农业的巨大转变，农业效率的逐步提高，农业剩余产品增多，加上手工业和商业兴起，人口承载力增大，人类聚落不断扩大，当规模大到一定程度时，城市开始形成。传统农业整体水平较低，难以支撑较大规模的城市人口，故而，人类城市化进程十分缓慢。那时，城市数目少、规模不大，城市人口比重小，主要分布在灌溉发达、利于农业生产或便于向周围征收农产品的地带。早期城市主要为行政、宗教、军事或手工业中心。世界上最早的

---

[1]　关于"中等收入陷阱"问题的研究和争论可参阅：蔡昉：《避免"中等收入陷阱"：探寻中国未来的增长源泉》，社会科学文献出版社 2012 年版。胡永泰等：《跨越"中等收入陷阱"：展望中国经济增长的持续性》，格致出版社 2012 年版。郑秉文：《中等收入陷阱：来自拉丁美洲的案例研究》，当代世界出版社 2012 年版。李文溥等：《跨越中等收入陷阱：增长与结构变迁》，经济科学出版社 2012 年版。

城市诞生在公元前 10000—公元前 8000 年的中东地区,但在此后的数个世纪中城市化进程相当缓慢,城市规模很小,其影响范围也不大。到公元 1—3 世纪,古希腊和古罗马崇尚城市风气,在中东和欧洲形成第一次城市化运动,后又由于公元 5 世纪古罗马帝国的衰落而衰退。直到公元 10—11 世纪,第二次世界城市化运动才又慢慢形成起来。尤其随着世界贸易的发展,城市出现繁荣。在数千年的历史长河中,人类城市化水平仅仅增长 3 个百分点,即从 0 增加至 1750 年的 3% 左右,世界城市人口估算只有 250 万人。[①]

2. 世界局部城市化发展阶段

这一阶段指 18 世纪中叶到第二次世界大战结束。18 世纪中叶开始,工业革命开启了工业化推进人类城市化的伟大历程,迎来了城市发展史上一个崭新的时期。在工业革命的浪潮中,城市发展之快、变化之巨,超过了以往任何时期。由于城市化仅出现在少数地区,且在摸索中探索,世界城市化只是发生在很小的局部地区,速度也不快。据统计,从 1750—1950 年的 200 年间,世界城市化水平仅提高了 26 个百分点。这一时期最大的成就是西欧和北美少数国家完成了高度城市化的历史任务,成为发达国家。欧美国家城市数目激增,城市规模快速增长,英国在 1900 年城镇人口比重达到 75%,成为世界上第一个城市化国家。1950 年,城市化原发国家英国城市化率已高达 82%,美国为 64%,整个发达国家为 53%。工业化带动城市化,是近代城市化的一个重要特点。近代世界城市化的又一特点是亚非国家城市化的兴起,出现了一元的封建城市体系向封建城市与近代城市并存的二元结构转化。世界城市体系的出现是近代城市化的第三个特点。

3. 世界全球城市化发展阶段

二战后至今是世界城市化的第三个阶段。第二次世界大战后,城市化开始形成世界规模,整个世界开始了全球工业化和城市化的发展进程,城市化更以前所未有的发展速度向前迈进。从 20 世纪 50 年代到 70 年代初期,资本主义国家经济增长较快,殖民地半殖民地国家取得政治独立以后,经济上也有一定发展,这一切大大加快了世界城市化的进程。从 1945 年到 2008 年,世界城市化水平提高了 23 个百分点,从 27% 左右提高到 50%,完成了世界城市化过半的伟大历史创举,人类世界从此正式走上了普遍繁荣的城市时代。在发达国家,1950 年

---

①　新玉言:《国外城镇化:比较研究与经验启示》,国家行政学院出版社 2013 年版。

城市化水平达 53%,1950 年至 1980 年间的城市化速度仍较快,2005 年发达国家的平均城市化水平已达 74.1%,此后保持在 74%—77% 之间。而发展中国家的城市化仍以乡村向城市移民为主,1990 年平均城市化水平为 37%,2005 年为42.9%。发展中国家已经构成当今世界城市化的主体。据估计,2007—2025 年世界城市化水平将以年均 0.82 个百分点的速度增加。其中,发达国家为 0.33个百分点,欠发达国家为 1.08 个百分点,亚洲为 1.24 个百分点,非洲国家为1.1 个百分点,是未来城市化速度最快的两个地区。

城市不断向四周蔓延,使城市与城市间的农田分界带日渐模糊,城市地域出现连片的趋势,形成了大都市带。战后,若干发达国家从乡村到城市的人口迁移逐渐退居次要地位,一个城市人口向郊区迁移的郊区化或逆城市化过程开始出现。到 20 世纪 80 年代,一些城市面对经济结构老化、人口减少,在积极调整产业结构的同时,积极开发市中心衰落区,以吸引人口回城居住,出现了再城市化现象。各发达国家城市化进程,具体如表 3-1 所示。

表 3-1　1980—2005 年主要发达国家城市化率　　　　　单位:%

国家和地区	1950 年	1960 年	1970 年	1980 年	1990 年	2000 年	2005 年
世界	29.0	32.8	35.9	39.1	43.0	46.7	48.7
发达地区	52.1	58.4	64.6	68.7	71.2	73.2	74.1
欠发地地区	18.1	21.7	25.2	29.5	35.2	40.3	42.9
英国	79.0	78.4	77.1	87.9	88.7	89.4	89.7
法国	55.2	61.9	71.1	73.3	74.1	75.8	76.7
德国	64.7	69.8	72.9	72.6	73.4	75.1	75.2
意大利	54.1	59.4	64.3	66.6	66.7	67.2	67.6
瑞典	65.7	72.5	81.0	83.1	83.1	84.0	84.2
西班牙	51.9	56.6	66.0	72.8	75.4	76.3	76.7
奥地利	64.6	65.3	65.4	65.8	65.8	65.8	66.0
加拿大	60.9	69.1	75.7	75.7	76.6	79.4	80.1
美国	64.2	70.0	73.6	73.7	75.3	79.1	80.8
澳大利亚	77.0	81.5	85.3	85.8	85.4	87.2	88.2
新西兰	72.5	76.0	81.1	83.4	84.7	85.7	86.2
日本	34.9	43.1	53.2	59.6	63.1	65.2	65.8

二、国际城市化的发展模式[①]

城市化的模式与世界各国经济政治体制、经济发展、人口、土地资源等条件密切相关[②]。按照政府与市场机制在城市化进程中的作用、城市化进程与工业化和经济发展的相互关系,可以概括为以西欧为代表的政府调控下的市场主导型城市化,以美国为代表的自由放任式城市化,以拉美和非洲部分国家为代表的受殖民地经济制约的发展中国家城市化等三种模式。再加上以苏联为代表的计划经济国家城市化,以及东南亚地区新兴经济体的城市化,大体上可以分为五种模式。

1. 英国:城市与农村变革同步推进

从 18 世纪中后期到 19 世纪中期近 100 年,英国城市人口比例从 20% 提高到 51%,从而使英国成为世界上第一个高度城市化国家。1760 年英国工业革命开始后,以蒸汽机为动力的农业机械化设备的出现推进了农业技术革命,促进了英国农业生产力的发展,英国农村出现了大批剩余劳动力并向城市转移,城市化进程由此加快。"圈地运动"则引发了农业生产组织方式的改变,大农场的建立、农业生产的规模化程度进一步提高了农畜产品的生产效率,并释放出大量的农村剩余劳动力,满足了毛纺织工业对于原料和劳动力的双重需求。

2. 美国:低密度蔓延式扩展

美国的城市化起步于 19 世纪 30 年代,到 1920 年时城镇化水平已达到 51.2%。20 世纪 40 年代后,随着经济的发展和汽车的普及,许多城市人口移居到郊区,城市空间结构发生显著变化,由最初的紧凑和密集型向多个中心分散型转变。在空间格局上表现为城市沿公路线不断向外低密度蔓延。低密度的蔓延式扩展降低了人口密度,促进了城市与郊区、乡村之间发展差距的缩小。低密度蔓延式城镇化也带来诸多问题,包括大量森林、农田、绿地被占用,造成土地资源的浪费和生态环境的破坏;工作地与居住地的距离越来越远,在耗费通勤时间的同时,大幅度提高了能源消耗;居住区过于分散,商业服务、文化教育等设施难以配套,加大了基础设施建设的成本;老城区破旧,设施得不到更新,商业服务、文

[①] 国家信息中心经济预测部区域规划与评估专题研究组:《城镇化模式国际比较与中国探索》,《上海证券报》2013 年 3 月 5 日。新玉言:《国外城镇化:比较研究与经验启示》,国家行政学院出版社 2013 年版。

[②] 布莱恩·贝利:《比较城市化——20 世纪的不同道路》,商务印书馆 2010 年版。

化教育、休闲娱乐的优势得不到很好发挥等。

20 世纪 90 年代以后,美国政府、城市规划者、学者和居民都开始意识到低密度城市空间布局所带来的问题,提出了"精明增长"的概念。其主要内容包括强调空间紧凑,用足城市存量空间,减少盲目扩张;鼓励乘坐公共交通工具和步行;加强土地利用的混合功能,保护开放空间和创造舒适的环境;通过鼓励、限制和保护措施,实现经济、环境和社会的协调。

3.拉美:缺乏产业支撑的过度城市化

拉美地区的国家城市化的快速发展开始于 20 世纪 50 年代。战后拉美国家进口替代工业化战略的实施,加快了重工业的发展,而且这些资本密集型的工业集中布局于几个大城市,国家的城市建设投入也集中于这些大城市。在农村,一方面农业资本主义的发展提高了土地和资本的集中度;另一方面,国家对农业和农村的低投入造成了农业部门的衰退和农村生活环境的恶化,大量人口难以在农村维持生活。在此背景下,大量农村人口涌入城市,而且主要是几个大城市,造成拉美城市人口的增长速度远远超过其他国家。

20 世纪 70 年代开始,大城市的人口每 10 年就翻一番。而城市的产业缺乏吸纳这些人口的能力,造成了城市居民的贫困化。到 20 世纪 70 年代中期,拉美国家城市人口已占总人口的 60%,但在工业部门就业的人口比重却不及 20%－30%,大约有 1/4 的城镇居民生活在贫民窟中,城镇人口贫困比例甚至超过农村人口的比例,被学者谓之"过度城市化"。

拉丁美洲和南亚地区是战后人口城市化程度很高的地区,约 3/4 的人口生活在城镇中,但贫民窟城市成为"拉美城市化模式"挥之不去的阴影。在拉丁美洲,世界第二大城市墨西哥城和世界第四大城市圣保罗市、阿根廷的布利诺斯艾利斯,大量的贫民窟成为快速人口城市化的社会后遗症。拉美模式城市化现象的原因主要在于:快速的城市化过程很快剥夺了农民的土地,把农民赶到了城市;经济的激烈竞争促使拉丁美洲制造业远离大城市,到更远的地区追求廉价的土地和劳动力;农民失去了土地,到城市又找不到工作,大量贫民窟必然成为他们蜗居城市的住所所在。

4.苏联:政府主导的城市化

俄国十月革命胜利后,在计划经济体制下开始了工业化进程,城市化随之全面展开。1928 年,苏联开始制订国民经济发展五年计划,经济发展步入了快速发展时期。大批工业企业,特别是重工业企业的建成投产,既推动了所在城市的建设,又吸收了大量农村劳动力和人口进入城市,推动了城镇化进程。到 1940

年苏联城镇化水平达到了 32.5％,13 年提高了 14.5 个百分点,年均增长超过 1 个百分点。二战后随着经济迅速恢复,城镇化进程也取得显著进展,1950 年城镇化水平提高到 38.9％,1965 年城镇化水平达到 52.0％,进入 70 年代,城镇化水平在超过 60％以后速度逐渐放缓。从苏联的城市化过程可以看出,由于人口总量少,即使其工业化以重工业起步,且重工业始终占有较大比例,其城市化依然达到了较高水平。然而,农业和轻工业的滞后也始终影响着苏联经济的健康发展和城镇人民生活水平的提高,而且苏联在严格的计划经济体制下,通过自上而下的政策实现城镇化,城乡"二元结构"特征显著。

5. 亚洲新兴工业化国家和地区:城乡交错发展

20 世纪 50 年代以后,东南亚一些国家和地区选择"出口导向"发展战略,迅速推进了工业化和城镇化进程,并形成了以大城市和周围地区的高速增长为基本特征的经济、技术和社会发展模式。中心城市的空间范围迅速扩张,在城市边缘出现了规模庞大的城乡交错地带。同时由于交通基础设施的发展,不仅使过去独立发展的城市之间发生了密切的联系,而且沿城市之间的交通线形成了新的工业走廊。

亚洲新兴工业化国家和地区出现的人口向少数大城市集中的趋势,是与其人多地少的基本国情密不可分的,特别是东南亚新兴经济体,在面临巨大人口压力和在国际产业分工中处于不利地位的条件下,依托人力资源优势实施出口导向战略的结果,劳动密集型加工制造业在大城市周边地区蔓延,出现了大量"似城非城,似乡非乡"的"灰色区域"。

三、城市化的经验教训

从国外的经验来看,发达国家的城镇化基本上都是由市场主导的发展进程。在发达国家城镇化的过程中,政府的作用被严格限制在市场经济的"守夜人"角色上。不过,这期间也出现了土地纠纷、劳资矛盾和贫民窟问题突出等现象,这就为政府干预提供了理论和实践的基础。但是,尽管在市场失灵时,政府"有形的手"干预力度越来越大、干预的范围也越来越广,但其本质并未脱离市场主导的轨道。

欧美国家的城市化主要由经济发展推动,城市体系的发展受人口聚集程度和产业发展水平的影响。而中国城镇化的典型特征是政府主导、大范围规划、整体推动,这也是我国城镇化与欧美国家最主要的区别。城镇化具有经济发展的自然属性,但针对特定阶段、各国国情,积极发挥政府调控作用具有十分重要的意义。在这方面,有不少成功的案例和有益的经验。

1. 国外城市化的经验

今天来看，再走原先自由放任的道路已不可能，一方面在于早期城市化是一个新生事物，无经验可循，故采取自发态度；另一方面在于今天城市化不足的国家均为发展中国家，政府具有很大权力。政府主导的城市化成为主要方式，所谓政府主导就是从中央到地方的各级党政机关的相应部门对于城镇、城市的设置、规划、建设选址、土地使用的审批、土地功能的改变、规划许可证、工程许可证、基础设施的建设、改造拆迁等事务有着严格的审批和直接决定的权力。国家战略对城市和地区的城镇化起决定性作用。

(1)注重顶层设计，强化规划指导。以日本为例，二战后，先后编制了全国国土利用规划、都道府县国土利用规划、市町村国土利用规划等各级中长期国土利用与开发规划，1962 年开始又相继制定和实施了 5 次全国综合开发规划，为此后 20 年间的城镇化快速健康发展奠定了良好基础。又比如德国，20 世纪 60 至 70 年代，先后颁布了《地区发展中心建设大纲》《区域规划指导原则》等中长期规划性文件，有力地促进了德国城镇化的健康有序发展。

(2)注重法制建设，强化制度保障。为解决城镇化过程中的"城市病"，促进城市公共卫生、住房建设、治安管理和贫民救济，早在 19 世纪 80 年代，英国就制定了《公共卫生法》，此后又颁布了《贫民窟清理法》《工人住房法》等一系列法律。法国于 1973 年颁布了《城市规划法》，强调对历史街区实施整体保护，较好地协调了城镇化、旧城改造和文化遗产传承之间的关系。

(3)注重循序渐进，强化产业支撑。一般以发展就业门槛低、容量大的劳动密集型产业为先导，吸纳大量农业劳动力进城就业落户，等到积累一定社会财富、转移人员的技能和受教育程度普遍提升之后，及时转变发展方式，培育壮大资本技术密集型产业。以韩国为例，20 世纪 60 年代，在汉城—釜山铁路沿线的中心城市，重点发展劳动密集型出口创汇产业，70 年代形成以釜山为中心的东南沿海经济发展区，为吸纳农村劳动力创造了较大空间；到 80 年代后期，开始大力发展信息技术，实现向技术密集型产业转变的结构升级，促进了城镇化和工业化、信息化、现代化的深度融合、同举并进。

(4)注重基础建设，强化综合交通。以美国为例，在 19 世纪 40 年代就形成了世界上最发达的运河网；19 世纪下半叶开始，建设了贯通东西、深入西部腹地的铁路大动脉。美国境内数以万计的大小城镇通过四通八达的铁路网互联互通，人员、资金、物资等要素流动更加便捷，有力地促进了城镇经济发展，也带动了沿线地区的城镇化。又比如德国，由于具备发达的公路交通网络和便捷的城乡公交系统,人们可以居住在小城镇、工作在大城市,从而有效地缓解了城镇化过程中人口转移和集聚对中心城市形成的压力。

(5)注重社会管理,强化公共服务。例如德国早在19世纪80年代就分别创设了法定疾病保险,法定事故保险和伤残、养老保险,在此基础上不断完善,构建形成了健全的社会保障体系。同时,重视发展职业教育,实行职业教育费用由政府和企业分担的机制,从而为城镇化和工业化的发展提供了有力的智力支持。又比如日本,一方面,努力促进公共服务均等化,充分满足新进城农民转化为市民身份的需求,使其享有与其他城市居民相同的社会保障;另一方面,实施就业促进政策,强制企业对劳动者实行雇佣保障,不得随意解除劳务雇佣关系,避免农民进城后因失业而陷入困境。在20世纪60年代日本工业化、城镇化高速发展时期,政府还直接出面协调劳资双方的聘用关系,引导一些企业采取"集团就职"方式,到农村中学整班招收毕业生进城务工。

(6)注重城乡平衡,强化支农政策。城镇化并不意味着放弃农村、抛弃农民,只有城镇化与农村现代化并举,才能相得益彰、相互促进。这方面,经典的范例是20世纪70年代韩国兴起的"新村运动",韩国政府实施全方位的农村经济、文化建设战略,以村为单位开展各类开发建设项目,推动乡村文化发展,加强对农民的教育培训;同时,着力构建完善的农村现代化法规体系,以《农村现代化促进法》为主体并配套相关规章制度,对土地规划、耕地保护实行了严格的法律约束,从而促进了城镇化与农村现代化同进,有效化解了城镇化过程中可能出现的城乡差距过大、居民收入分配不公等问题。

2. 国际城市化的国际教训

在城镇化过程中,由于指导思想失误,政策引导不当,往往会引发各种矛盾和问题,一些国家和地区的教训也十分深刻。

(1)过度郊区化导致资源环境浪费。在美国和澳大利亚,由于推崇以市场机制为主导的城镇化,出现了"过度郊区化"问题,富裕的家庭离开市中心到郊区居住,广大中产阶级和普通居民也跟随其后移居郊区,导致城市不断向外低密度扩张,城镇住房建设无序开发,对汽车和能源的依赖与消费显著上升。特别是美国,早在20世纪70年代初,郊区人口就已超过中心城市人口,导致了生态环境恶化、土地资源浪费、种族冲突加剧和城市税收基础丧失等后果。

(2)人口过度集聚使得特大型城市负载过重。在日本和韩国,为了提高国土使用效率,推行"空间集聚式城镇化",在核心城市聚集了大量人口。目前,约有25%的日本人聚集东京,20%的韩国人居住首尔。这种人口过度集聚、土地资源高密度开发的模式,不仅造成了区域发展不均衡,使得农村和边缘地区出现产业空心化、人口老龄化等问题,而且也导致了核心城市地价暴涨、一般居民住房困难,以及环境污染、交通拥堵等"城市病"。

(3)城镇化与工业化脱节引发各种经济社会矛盾。典型的是拉美国家,一方面,由于推行"进口替代"工业化战略失误,对外资外债过度依赖,造成本土产业竞争力下降,民族工业萎缩;另一方面,忽视城镇化规模控制,城市人口爆炸式增长。产业支撑缺乏与城市规模失控两方面因素交织,导致城市基础设施严重短缺、贫困发生率和失业率居高不下、贫民窟林立、收入分配不公、社会治安混乱等严重问题,坠入"中等收入陷阱"的泥潭难以自拔。

(4)城乡差距过大危及社会稳定。拉美国家人均农业资源远高于世界平均水平,但一些国家在城镇化过程中,只顾从农村抽取资源、劳动力、资金等要素,掠夺经济剩余,而忽视农业的基础作用,支农政策不力,使得城镇化与农业现代化、城市与农村出现断裂,最终酿成严重后果。在全球化时代推进城镇化过程中,如何处理好农业、农村与农民问题,这是一个直接影响社会和谐稳定的重大问题,也是我国城镇化最重要的问题。

第三节　我国的城镇化进程:问题与反思

中国历史上的长安、汴梁、临安、大都等城市曾经是世界最大的都市,多达百万人口,体现了农业时代城市发展的巅峰。然而,发端于西欧的工业革命让中国逐步落后于这个时代,战争、动乱、外敌入侵、军阀混战的一百多年让我国离城市文明遥不可及,开埠通商造就了上海等少数国际性城市,但中国绝大多数地区仍为农业地区,城镇化进程趋于静止。新中国成立以来,我国的城镇化进程取得了长足发展。

一、我国的城镇化概况

中国城镇化经历了一个艰难曲折的过程。学界关于新中国成立以来的城镇化历程,有三个阶段说:分别是 1949—1978 年的计划经济阶段,1978—2008 年的改革开放 30 年,2008 年以后的新阶段[①]。有五个时期说:1949—1957 年的国

---

① 住房和城乡建设部课题组:《"十二五"中国城镇化发展战略研究报告》,中国建筑工业出版社 2011 年版。

民经济恢复和"一五"计划时期,1958—1963 年的"大跃进"和其后的调整时期,1964—1978 年的"文革"时期,1979—1997 年的改革开放和社会主义市场经济建立时期,1998—2007 年的全面建设小康社会和城镇化快速发展时期。① 有四阶段说:以 1978 年改革开放为分界线,分为前后不同的两个历史阶段,1978 年以前是计划经济体制中的城镇化发展阶段,1978 年以后是经济市场化改革中的城镇化阶段;与改革开放的进程相适应,我国 1979 年以来的城镇化又可以分为两个重要的时期,即快速发展时期和科学发展时期。②

第一个时期:1949—1957 年。新中国成立后,恢复国民经济,稳定物价生产是主要任务。经过三年的努力,工农业各项生产指标达到战前 1936 年的最高水平,与此同时,城市由 1949 年的 136 个,发展为 1952 年的 160 个;城镇人口由 1949 年的 5765 万人增加为 1952 年的 7163 万人,城镇人口增加了 24.2%,城镇化率为 12.5%。

第二个时期:1958—1963 年。这一时期国民经济既取得了"一五"建设的伟大成就,也遭受了"大跃进"等带来的严重损失,国民经济发展遭到重大挫折。全国从 1958 年到 1961 年新增城市 33 个,达 208 个,又减少到 1964 年的 169 个,建制镇减少到 3148 个。城镇人口比重由 1957 年的 15.39% 猛升为 1960 年的19.75%,又下降为 1963 年的 16.84%。

第三个时期:1964—1978 年。在该时期,我国周边国际环境较为紧张,经济发展缓慢,人口流动受到极大制约,导致了城市化进程缓慢,处于停滞状态。加上人口高速增加,城镇化率提高很少,全国城镇人口由 1963 年的 11646 万人增加到 1978 年的 17245 万人,城镇人口比重由 1963 年的 16.84% 上升为 1978 年的 17.92%,平均每年增长 0.07%,城市增加 25 个。

第四个时期:1979—1997 年。改革开放的推进,商品经济不断发展,乡镇工业突飞猛进,以及国家政策的调整,加快了我国城镇化进程。全国城市由 1979 年的 193 个发展为 1997 年的 668 个,增加了 475 个,建制镇由 1978 年的 2859 个发展为 1996 年的 17998 个,城镇人口由 1978 年的 17245 万人发展为 1997 年的 36989 万人,城镇化率由 1978 年的 17.9% 上升为 1997 年的 29.9%。

第五个时期:1998 至今。这一时期,我国经济总量从世界第 7 位升至第 2 位,产业结构从 1997 年的 18.7∶49.2∶32.1 优化调整为 2012 年的 10.1∶

---

① 王克忠等:《论中国特色城镇化道路》,复旦大学出版社 2009 年版;新玉言:《新型城镇化——模式分析与实践路径》,国家行政学院出版社 2013 年版。

② 蔡秀玲:《中国城镇化历程、成就与发展趋势》,《经济研究参考》2011 年第 63 期。

45.3∶44.6。第二、三产业的快速发展为推动城镇化进程提供了坚实的经济基础,第二、三产业的发展成为人口集聚,城市形成的主要推动力。城镇人口由1998 年 41608 万人增加至 2012 年的 71182 万人。1998 年,我国城镇化率达30.4%,标志着我国正式进入城镇化快速发展时期,2011 年,我国城镇化率首次超过 50%,达 51.27%,2012 年较上年上升 1.3 个百分点,为 52.57%。

新中国成立以来,我国城镇化发展历程,如表 3-2 所示。

表 3-2　中国城镇化历程

年　份	总人口（万人）	城镇人口（万人）	城镇化率（%）
1949	54167	5765	10.64
1960	66207	13073	19.75
1970	82992	14424	17.38
1980	98705	19140	19.39
1990	114333	30195	26.41
2000	126743	45906	36.22
2001	127627	48064	37.66
2002	128453	50212	39.09
2003	129227	52376	40.53
2004	129988	54283	41.76
2005	130756	56212	42.99
2006	131448	58288	44.34
2007	132129	60633	45.89
2008	132802	62403	46.99
2009	133450	64512	48.34
2010	134091	66978	49.95
2011	134735	69079	51.27
2012	135404	71182	52.57

二、我国政府城镇化的政策

改革开放以来,随着城镇化的快速推进,中央政府对城镇化规律和我国城镇化问题的认识逐步深化,并日益重视。1978 年 3 月,中央在北京召开第三次全国城市工作会议,强调了城市在国民经济发展中的重要地位和作用,要求城市适应国民经济发展的需要,为实现新时期的总任务做出贡献。自此以后,中央对城市发展和城镇化工作高度重视,制定了各项法律法规和政策性文件,进行科学引导和调控。城镇化及其相关工作,是历次五年计划(规划)重点关注的领域。

国家"八五"计划(1990—1995年)中首次出现"城市化"一词。"八五"计划在"城乡规划建设"一节中提出,"要加强城乡建设的统筹规划。城市发展要坚持实行严格控制大城市规模,合理发展中等城市和小城市的方针,有计划地推进我国城镇化进程,并使之同国民经济协调发展",乡村建设以集镇为重点,以乡镇企业为依托,建设一批具有地方特点的新型乡镇等。

国家"九五"计划(1996—2000年)时期,强调要正确处理全国经济发展与地区经济发展的关系,要突破行政区划界限,以中心城市和交通要道为依托,逐步形成7个跨省区市的经济区域,要加强乡村基础设施建设,有序发展一批小城镇,引导少数基础较好的小城镇发展成为小城市。

国家"十五"计划(2000—2005年)对城镇化问题高度重视,在"实施城镇化战略,促进城乡共同进步"一章中提出,提高城镇化水平,是优化经济结构,促进国民经济良性循环和社会协调发展的重大措施,认为我国推进城镇化的条件已渐成熟,要不失时机地实施城镇化战略;走符合我国国情、大中小城市和小城镇协调发展的多样化城镇化道路,逐步形成合理的城镇体系;有重点地发展小城镇,积极发展中小城市,完善区域性中心城市功能,发挥大城市的辐射带动作用,引导城镇密集区有序发展;加强城镇规划、设计、建设及综合管理,形成各具特色的城市风格,全面提高城镇管理水平等,并提出相应配套改革。随着对城镇化内涵认识的深入,2000年以后,中央不再提"严格控制大城市规模"。

国家"十一五"规划(2006—2010年)开始重视城镇群的作用和农民工问题的解决。在"促进城镇化健康发展"一章中,提出要坚持大中小城市和小城镇协调发展,提高城镇综合承载能力,积极稳妥推进城镇化,逐步改变城乡二元结构,分类引导,鼓励人口进城并转化为城市居民,把城市群作为推进城镇化的主体形态,改革户籍制度,建立健全财政、征地、行政区划设置和管理模式等配套政策等。

国家"十二五"规划(2011—2015年)提出在"十二五"期间提高城镇化4个百分点,提出"按照统筹规划、合理布局、完善功能、以大带小的原则,遵循城市发展客观规律,以大城市为依托,以中小城市为重点,逐步形成辐射作用大的城市群,促进大中小城市和小城镇协调发展。构建以陆桥通道、沿长江通道为两条横轴,以沿海、京哈京广、包昆通道为三条纵轴,以轴线上若干城市群为依托、其他城市化地区和城市为重要组成部分的城市化战略格局,促进经济增长和市场空间由东向西、由南向北拓展"①。

三、城镇化的问题

回顾我国的城镇化历程,我们取得了巨大的成就,但也存在着诸多问题。

1.城镇化严重滞后于工业化

1952 年,我国工业化率为 17.6%,而城镇化为 12.6%,工业化快于城镇化 5 个百分点。1978 年工业化率为 43.1%,城镇化率仅为 17.9%,工业化率快于城镇化 25.2 个百分点。2001 年工业化率为 50.2%,城镇化率为 37.7%,仍落后 12.5%个百分点。2009 年,我国工业化率与城镇化率的比值为 1.16,说明我国城镇化进程正在加快,但仍明显低于合理比例。一般情况下,城镇化率与工业化率的合理比例范围在 1.4∶1 至 2.5∶1 之间,我国比值远小于这个合理区间。从产业结构偏离度②来看,我国的城镇化进程严重滞后,据有关测算,我国农业产值比重下降幅度大于农业就业比重下降幅度,大量剩余劳动力滞留于农村。第二产业重工化速度很快,拉动劳动力转移的能力逐步减弱。这都表现为人口城镇化速度落后于我国的工业化进程,这严重阻碍了我国的经济发展,特别是三农问题的顺利解决。

2.城镇用地粗放,浪费土地资源

国土稀缺和国土粗放利用是我国城镇化的另一大问题。我国城市建设过程中,用地粗放,布局紊乱,效率低下,土地利用度不高,许多城镇存在大量闲置或低效用地。1996—2004 年,城镇人口从 2.99 亿人增加到 5.2 亿,增长 71%,城镇用地从 1.3 万平方公里扩大到 3.4 万平方公里,增加了 1.6 倍,城镇用地面积大大快于人口增加。不仅如此,用地结构不合理,也是我国城市用地的另一突出问题。目前,多数城市工业用地比重偏高,占 30%左右,国外一般不超过 15%。

---

① 《中华人民共和国国民经济和社会发展第十二个五年规划纲要》,第二十章"积极稳妥推进城镇化"。

② 结构偏离度是衡量劳动力结构与产业结构转移是否协调同步的指标。其公式为:结构偏离度 $= \dfrac{y_i/y}{l_i/l} - 1$。式中,$y_i/y$ 为产业结构指标,表示第 i 产业占全国 GDP 的比重;l_i/l 为就业结构指标,表示第 i 产业就业人数占全国就业人数比重。若结构偏离度为 0,表示产业结构与就业结构转移同步城镇化与工业化比较协调;反之,结构偏离度的绝对值越大,就说明二者不同步,即劳动力滞留于农村或人口城镇化滞后于工业化。

2004 年,全国各类开发区 6866 个,规划面积超过 3.86 万平方公里;在建、拟建大学城 46 个,占地面积超过 40 万亩;建设和规划高尔夫球场 306 个,占地 48.8 万亩,大多数省市已经用完规划的土地指标。

3. 城镇体系结构和布局不合理

我国城市数量太少,规模偏小,短缺严重。特别是超过百万人口的大城市少,人口占全国总人口的比重偏低。高收入国家为 32%,中等收入国家为 22.6%,低收入国家为 10.2%,世界平均水平为 16.5%,我国 11.3% 左右。我国小城镇较多,但规模小,功能不完善,基础设施和服务业形不成规模效益,没有集聚效应。各地城市化水平差距很大,大中小城市和区域布局很不协调,无法发挥城市拉动地区经济,形成城市群的优势。

4. 城市同质化严重

许多地方在城镇化过程中,不讲质量,不注意环境保护,不研究自己的特色和个性。在贪大求全,在扩建改造中逐步抹去了本地原有的独特风格和面貌,高楼大厦、灯火阑珊,成为城市同一的色彩,城市趋同化、同质化。部分城市建设中基础设施建设标准低,不配套,不完善,规模缺失,污染严重。

城镇化不仅是城市面积的扩大,经济结构的调整,而且是人的生活方式的变革,是从农民向市民转变的过程,这一过程,涉及的不仅仅是经济,还包括政治、思想、观念、风俗等诸多方面的变革,要求着政府服务和管理理念、方式、制度也需进行相应的调整。尽管我国尝试过多种城镇化模式,但城市发展方针是由国家统一部署的,在实施过程中都有强有力的措施予以配合,涉及人口控制、户籍管理等多方面。即使是农村就地城镇化,也多由基层政府推进。无疑,以政府为主导的城镇化推进方式,能够集中大量的资本、人力和物力,调动多方面资源,在短时间内实现城镇化的发展目标。这种结构性框架虽然在发展初期有其相对优势,但随着城镇化的深入推进,城镇化持续发展的动力不足等问题逐渐凸显。

四、政策建议

城镇化发展的历史表明,不同的政治、经济和社会背景,是决定各国城镇化道路的基本前提;顺应时势、结合国情、有效实施政府调控,既强化基础性公共服务、弥补市场缺陷,又尊重客观规律、避免急于求成,是积极稳妥推进城镇化的重要保障;实行城镇化与工业化、信息化、农业现代化"四化"并举,夯实经济基础,统筹城乡区域发展,是增强城镇化协同性、和谐性、可持续性的必要条件。[1]

应该讲,世界各国城市化道路都无统一的固定模式,都是根据本国国情抉择的。我国是一个13亿人口的大国,所面临的国土、资源、生态、环境等问题的压力,不仅高于全球平均水平,也高于与我们发展水平相近的发展中国家。对于我国城镇发展来讲,最大的挑战是自然资源和生态环境。

借鉴城镇化的国际经验教训,推进我国城镇化发展,必须立足我国人多地少、地区发展差异较大、生态环境脆弱等基本国情,充分用好市场和政府"两只手",坚持统筹城乡发展,加快完善社会管理和公共服务体系,促进城镇化与生态环境保护相协调,走出一条具有中国特色的均衡、协调、可持续发展的城镇化道路。因此,我国在选择城镇化模式时,不能走大规模蔓延式的发展道路,应根据城镇化的发展规律和我国现阶段社会经济状况,考虑如何减小、节约土地、水、矿产、能源资源的城镇化道路。城市发展应该以城市群为主导,大、中、小城市和小城镇并举,多样化协调发展,逐步形成合理的城镇体系。

1. 注重制度创新,加强城镇化的科学规划和法制建设

一方面,要尽快编制出台城镇化发展规划,以提高城镇化质量为核心,统筹考虑产业发展、市政建设、资源环境、人口集聚、公共服务等城市功能,统筹设计大中小城市和小城镇协调发展,统筹城市承载力和进城就业农民工长远发展的需要,加强区域规划、土地规划、城市规划的相互衔接,加强国家级与省级、地市级、县级城镇化发展规划的相互衔接;另一方面,做好法律保障工作,借鉴他国有益经验,有针对性地、前瞻性地,在进城农民宅基地的合理使用、集体建设用地流转、征地制度改革等领域,加大立法工作力度。同时,把经各地实践证明、行之有效的政策措施及时制度化,或转化为法律法规。

2. 注重以人为本,强化城镇化的社会管理和社会服务

人的城镇化是核心,人的城镇化重在农民工市民化。人的城镇化的过程,是农民进入城镇就业并融入城镇生活的过程,就是说,农民工市民化是推进人的城镇化的核心。城镇化要实现包容性增长,"重头戏"是解决好农民工市民化的问题[2]。为此,一是着力推进城乡基本公共服务均等化。加快财税体制改革,增强

---

[1] 杨爱君:《工业化、城镇化与农业现代化的互动发展研究》,《学术论坛》2012年第6期。

[2] 迟福林:《关键是推进人的城镇化》,《经济参考报》,2013年5月15日;迟福林:《以人口城镇化为支撑的公平可持续发展——未来10年的中国》,《经济体制改革》2013年第1期。

地方政府提供基本公共服务的能力,努力使各级政府财力与事权相匹配。本着尽力而为、量力而行的原则,继续健全城乡失业救济、养老保险、医疗服务等社会保障和基本公共服务,加快改革户籍制度,贯彻放宽中小城市和小城镇落户条件的政策。二是千方百计促进就业。坚持实业促进就业,大力发展现代服务业,通过财税手段大力支持小微型企业健康发展,在积极推进产业结构优化升级的同时,根据地区经济发展的实际情况,妥善处理劳动密集型产业的发展,加大对农村地区职业教育发展的支持力度,促进农民就近进城就业。三是加强城乡特别是接合部的社会管理。切实做好保障房分配等关系广大群众切身利益的民生工程的管理,加快城市综合管理的立法进程,完善和创新流动人口和特殊人群管理服务,强化公共安全体系建设,建立健全重大决策、社会稳定风险评估机制,防止产生新的社会矛盾。

3. 注重城乡统筹,推动城镇化与农业现代化相互融合、相互促进

在城镇化中驱动农业现代化,在强化"三农"基础地位中和谐推进城镇化。一是确保土地高效安全利用。坚守 18 亿亩耕地红线不动摇。建立健全严格的耕地保护制度,严格建设项目用地预审,加强农用地转用管理,健全耕地保护的经济激励和制约机制。走节约集约用地的新路,拓展利用土地新空间。二是坚持不懈地加强农业农村基础设施建设。集中力量抓好农田水利建设,加强大江大河治理,抓好中小河流治理、病险水库水闸除险加固、山洪地质灾害防御等防洪薄弱环节建设,继续推进农村饮水安全工程、农村电网改造、无电地区电力建设、农村公路建设和农村危房改造。三是积极推进农业专业化和机械化。提高农民购买农机的补贴,进一步畅通农民贷款渠道、优化贷款环境。四是加大对农村和欠发达地区的文化建设帮扶力度,提高农民科学文化素养。

4. 注重生态环保,促进城镇化可持续发展,建设"智慧城市"

要因地制宜,从实际出发,增强城镇的宜居性、人文性。一是引导和规范城区健康发展。新城区和新城镇的建设,要按照工业区、住宅区和商业区等不同功能区的环境保护要求进行布局,尽量不破坏原有的生态环境;在旧城区的改造中,要着力淘汰落后产能和污染型企业,扩大绿化面积。二是建立健全清洁生产激励机制,对清洁生产企业给予税收、信贷等方面的支持。三是大力推广循环经济发展模式,发展生态农业、生态工业和生态旅游业。四是加强城市群内交通、通信和网络等基础设施建设,通过发展"智慧城市"推动内涵型城镇化发展。智慧城市是继数字城市和智能城市后的城市信息化的高级形态,是信息化、工业化和城镇化的高度融合。发展智慧城市,是提高城镇化质量、缓解当前日益严重的

大城市病的重要举措,建设智慧城市是经济增长的倍增器和发展方式的转换器。智慧城市不仅会改变居民的生活方式,也会改变城市的生产方式,保障城市可持续发展[1]。

第四节　城镇化建设中的难题与探索:以浙江省为例

近现代以来,一个沿海国家的经济发展,首先从该国沿海地区开始,然后沿着内河向内地延伸,同时生产要素和人口在空间上合理聚集,成了一个普遍规律。我国经济发展也经历了类似的情况。改革开放 30 多年来,珠三角、长三角、环渤海等地区率先开放发展,在形成外向型经济格局的同时,形成了人口经济集聚程度较高的城市群,有力地带动了东部沿海地区的迅速发展,成为国民经济重要的增长极。浙江省作为沿海发达地区,也将率先面临城镇化建设的挑战。

一、浙江省的城镇化进程

改革开放以来,浙江省经济社会取得了巨大的成就,经济总量从改革之初的第 20 位左右变为第 4 位,城镇化率从 14％左右上升为 63.2％,民营经济发展迅猛,浙商成为新一代中国商人集团的卓越代表。浙江的经济发展已进入工业化中后期阶段,城市化对经济增长和社会发展的贡献越来越大。正确认识浙江城市化的客观现状、发展机制和存在的问题,对加速实现现代化,促进社会、经济的持续健康发展具有重要意义。

新中国成立以来,浙江的城市化进程经历了曲折的发展过程。1949—1957年,伴随着国民经济的逐步恢复与发展,浙江的城市化水平由 1949 年的 11.8％上升到 1957 年的 14.3％,属正常发展时期。1958—1965 年,由于国民经济的大起大落,导致城镇人口的大进大出,城市化水平陡升陡降,到 1960 年城市化水平骤升到 22.4％,此后又急剧下降到 1965 年的 14.3％,重新回复到 1957 年的水平。1966—1977 年,受“文革”和知识青年上山下乡的影响,城市化进程徘徊、停滞,大体保持在 14％左右。改革开放后,在乡镇企业、个私经济迅速崛起和专业市场蓬勃发展的先导作用下,工业化进程不断加快,同时也由于设市建镇标准的放宽和撤县建市、撤乡扩镇政策的普遍实施,浙江城市化进入快速发展时期。特

---

① 施子海等:《城镇化的国际模式及其启示》,中国改革发展论坛,2013 年 5 月;辜胜阻、王敏:《智慧城市建设的理论思考和战略选择》,《中国人口·资源环境》2012 年第 5 期。

别是 1998 年 10 月,浙江省第十次党代会做出了"不失时机地加快推进我省城市化进程"的战略决策以来,浙江掀起了一股城市化热潮,城市化水平迅速提升到 2001 年底的 42%,若按第 5 次人口普查统计口径,浙江的城市化水平已达 48.6%,这标志着浙江城市化已由乡村型(1%—39%)跨入城乡型(40%—59%)的新的重要发展时期。2012 年,浙江省城镇化率达 63.2%,城乡统筹发展水平居中国前列,比我国平均水平高 12 个百分点左右,新型城市化建设取得显著成效。改革开放以来的浙江城镇化进程如图 3-3 所示。浙江的城乡一体化发展在经过过去五年的发展之后,进入了良性循环,是中国城乡收入差距最小的省份之一。

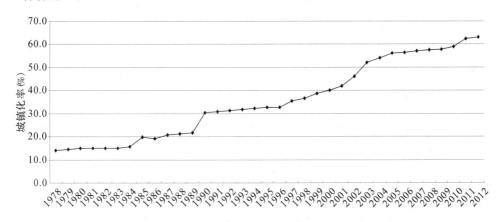

图 3-3 浙江历年城镇化率

浙江城市化进程最为突出的特点是小城镇发展异常迅猛,数量快速增长。浙江乡镇企业起步早、发展快、产业规模大,是支撑工业经济的半壁江山;浙江又是市场大省,专业市场星罗棋布,商品交易年成交额居全国首位。浙江乡镇企业的迅速崛起和专业市场的勃兴,对城市化产生了强大的推动作用。民营经济的快速发展,"一村一品""一镇一品"的产业模式,创造了许多特色鲜明的城镇。工业化推动着城镇化,城镇化又为工业化提供新的助力。农民变为市民,消除工农差别、城乡差别是人们的梦想,也是国家至高的追求。

农村工业化、乡镇企业的发展促使人口、资本、技术、信息等要素迅速向所在地城镇集聚,它既为城市化发展奠定了坚实的产业结构基础,也为城市化发展提供了资金。由于乡镇企业大多为劳动密集型企业,在促进人口集中方面有着特殊作用,从而使城镇规模不断扩大,也直接导致一批新兴城镇的诞生。其次,专业市场的兴起进一步加速了生产要素的集聚,使得市场所在地城镇以及与之关联的大批生产加工型城镇迅速崛起,极大地推进了浙江城市化进程。此外,乡镇企业的崛起和专业市场的发展也对城镇发展提出了新的需求,促使城镇不断完善基础建设,发展与之相适应的第三产业,拓展了城镇功能。总之,以乡镇企业为启动点,在乡村工业化基础上推进的城市化,和以市场为龙头在第三产业蓬勃发展的基础上促进的城市化,是浙江城市化进程中两种主要发展模式①。

二、浙江省小城镇建设的进程与探索②

浙江省的城市化进程中,一大批小城镇顺势而起,成为推动浙江农村工业化的主要载体,成为区域经济发展中的新增长点。小城镇的发展壮大,逐步改变了原有城市——乡村二元并存、对立的格局,逐步消弭二者差别,是基于我国国情的工业化、现代化、城市化的发展结果,也成为我国农民就地转变为市民的一个重要方式。随着新一轮小城镇建设热潮的到来,新型城镇化建设也成为推动城乡一体化进程的重要举措。

1. 小城镇进程的三个阶段

1980 年以来,浙江农村工业化快速发展,农民自发办乡镇企业和经营商业等方式,促成了乡镇工商业蓬勃兴起,各种生产要素向小城镇集聚,这是小城镇自发初始的发展阶段,这一时期建制镇从 1978 年的 167 个增加到 1990 年的 749 个。第二个阶段是小城镇规模扩大发展阶段,乡镇企业产权制度改革全面推进,中大批民营企业成为推动工业化的主要力量。鉴于本省省情,浙江省在 1995 年就开始了小城镇综合改革试点的建设,建制镇的量和质两方面都有了巨大提升。第三阶段是统筹城乡发展的转型升级阶段。21 世纪以来,浙江省推进新农村建设和大力培育中心镇工作,为小城镇发展提供了新的契机,建制镇改为城区街道建制,部分城镇逐步融入大中城市城区。

2. 新的探索:从"镇"到"城"

在城市化和新农村建设的两轮推动下,浙江省经济社会取得了显著发展,但众多小城镇却因各种原因发展不足,城乡割裂、城乡差距拉大;政策不足;缺少系统规划;没有特色;公共基础设施建设差;人口集聚力小;资金投入不足;企业参

---

① 王自亮、钱雪亚:《从乡村工业化到城市化:浙江现代化的过程、特征与动力》,浙江大学出版社 2003 年版;陆立军、王祖强:《专业市场——地方型市场的演进》,上海人民出版社 2008 年版。

② 本部分诸多之处参考贝利梵石小城市建设投资有限公司的内部文稿《浙江新型城镇化建设模式的探索和实践》(2013 年),在此表示感谢。

与少等问题没有得到克服和解决。2010 年底,浙江省在全国率先做出开展小城市培育试点的战略决策,着力破解现阶段城镇发展的困难和问题,加快实现特大镇向小城市转型发展。省委、省政府先后出台了《关于进一步加快中心镇发展和改革的若干意见》《关于开展小城市培育试点的通知》,在长期重点扶持的 200 个中心镇基础上,选取 27 个各方面条件较好的镇,开展小城市培育试点工作,27个试点镇的区域分布如图 3-4 所示。这一改革创新的主要目标在于力图通过政府主导下去探索我国城镇化建设的新道路。变镇为城,有利于基础设施、公共服务、现代文明向农村延伸、覆盖和辐射,促进城乡一体化发展;有利于优化城乡空间布局,缓解大中城市发展压力,实现大中小城市协调发展;有利于探索建立权责一致的乡镇管理体制和运作机制,提升基层社会管理和公共服务水平。

图 3-4　27 个试点城镇的区域分布

　　2011 年起,浙江全面实施小城市培育试点三年行动计划,提出“一年一个样、三年大变样”的目标。试点小城市展现出全新发展气象,成为浙江省稳增长、调结构、惠民生中新的经济增长极。所在县(市、区)按切块总量 2%倾斜的支持政策,省建设厅出台了《关于加强小城市培育试点镇规划建设管理工作的意见》,

省财政厅、省发改委联合出台了《关于省小城市培育试点专项资金管理若干问题的通知》，省政府设立了每年 10 亿元的小城市培育专项资金，并下达了两年共计 18 亿元的发展补助资金，县（市、区）按 1∶3 的比例建立了第一年的 30.2 亿元配套资金，省工商局、省法制办、省编委办、省公安厅也相继出台了扶持政策。

各地把小城市培育试点作为统筹城乡发展的战略节点、推进城市化的新平台、扩大投资拉动内需的最佳结合点，呈现了"60%以上投资增长、28%以上财政增收、18%以上 GDP 增速、2%以上人口集聚"的超常发展态势。2011 年，浙江省 27 个小城市试点镇平均每平方公里人口密度为 6500 人，如果达到国际通行的小城市标准——每平方公里 9000 人，27 个小城市将新集聚 175 万人，对同期浙江城市化贡献率将达 30%左右。统计显示，社会资本占小城市总投入的比例高达 79%，3 年时间投在小城市的政府及社会资金总量可达 3200 亿元。小城市已经成为民资、外资及央企在内各路资本投资浙江、创业浙江的热土、宝地。2012 年，该批试点镇 GDP 同比增长 12.7%；固定资产投资、财政收入分别同比增长 31%和 15.1%。试点以来，该批试点镇建成区新积聚人口 48.3 万人，城镇化率提高了 5.8 个百分点；二、三产业从业人员比重达 88.9%，高出全省 5 个百分点；新增产业共性技术平台 33 个，工业功能区规上企业增加值占比达 73.8%；每万人新增个体工商户 95 户，是全省的 2.5 倍。

3. 小城市培育试点的类型

因地理环境、经济发展水平、经济增长模式和民俗民风的不同，浙江省 27 个试点镇的发展情况也不尽相同。贝利梵石公司在一年多时间内对这些小城市试点镇进行了普查性的调研和考察，将这些城镇的特征概括为全面提升型、台温型、沪杭甬绍型、全新小镇型四种基本类型。

(1)全面提升型：这类城镇发展起步较晚，民众富裕程度不高，镇域人口在五万甚至两万以下，具有一定消费需求；小镇附近的中心城市吸附力较弱，新兴的小城镇因为历史原因缺乏规划，建设和生活水平起点较低；同时由于山地限制，城镇开发建设用地指标矛盾突出。这类城镇主要以位于浙江中西部的山区小镇为主。这类城镇试点需全面提升、整体开发。

(2)台温型：这类小镇民营经济发展良好，居民消费购买力极强；居民资产保护意识较强，拆迁难度较大；小镇大多具有悠久的历史和丰厚的文化积淀；周边中心城市吸附能力较弱；小镇历史规划水平较低，社会公共服务业和现代服务业严重滞后；区域内山多地少，建设用地指标不足，严重制约城镇化建设步伐。这类城镇以台州和温州地区小镇为代表。这类城镇试点需重点提升开发模式。

（3）沪杭甬绍型：这类城镇大多位于平原水网地带，土地稀缺尚未成为城镇发展的主要瓶颈；小镇多以卫星镇的形态分布于大中城市周围，地理位置与中心大中城市较近，交通相对便利，能够承受大城市溢出人口；镇域内现代服务业有一定发展，但严重落后于大中城市，城乡差距较大；历史文化遗存丰沛，地形各异，民俗百态；乡镇绿色生态条件不断改善。这类城镇以杭嘉湖平原和甬绍地区小镇为代表。这类城镇试点以"田园城市"定位为主进行开发。

（4）全新小镇型：此类小镇是各地全新规划建设的城镇，一般在具有集约型土地开发区域，如低山缓坡、海域围垦、建设用地复垦区、生态农场等区域，土地资源相对集中；自然景观优势明显，但缺乏历史文化遗存；此类区域前期规划不足，缺乏前瞻和长远规划，规划复合度不够，常受制于单一的园区建设概念。该类城镇试点需长远规划、自成系统的开发模式。

三、新型城镇化建设目标与难点

1. 新型城镇化的理想图景[①]

新型城镇化建设发展的一切出发点，都应当围绕着人，围绕当地居民的需求，这包括人们对美好生活的向往、对个人才智发挥的需求、对生活状态提升的渴望、对历史文化复兴的希冀等。新型城镇化建设的发展理念需要做到"要地要人要产业、见物见人见文化"的原则，让居民融入城市；发展方式上要集约发展、节约发展、环境友好，避免粗放利用资源；功能品质提升上，要提升建设品位、功能和管理水平，要做精品，建设"让年轻人看到时尚，老年人看到怀旧，外国人看到中国"的小城镇。

"城市"之所以为"城市"，其中，"城"是硬件，是居民生活的载体；"市"是软件，是人与人、人与企业的关系，是经济发展的效率源泉和增长动力。新型城镇化应当围绕"城"的建设、"市"的培育、"人"的需求而来。只有做到这些，我国的城镇化建设才会有新的突破。

故而，理想中的城镇应当在基础设施、工业、商业、住宅、文化、娱乐上有所作为，建立起新的社会结构形态。在产业结构上升级换代，多业兴旺；在生活形态上区别于大城市的快速压抑，形成悠闲舒适的慢生活状态；在文化上传承当地深厚的历史文化传统。

---

① 贝利梵石小城市建设投资有限公司：《浙江新型城镇化建设模式的探索与实践》，内部文稿，2013 年。

2.城镇化的难点

城市(镇)化伴随着工业化和现代化出现,经济发展和经济结构的变迁是推进城市化进程的根本动力。但是,制度的设计和政策的选择,也会对城市化的发展速度和模式产生重要的影响。这种影响作用,有时甚至会超过纯经济因素的影响作用。一系列制度和政策直接影响了浙江省的城镇化进程。新型城镇化建设是一项涉及政策、法律、制度、财政、金融等多方面的系统工程,涉及社会保障制度建设、土地制度、环境和耕地保护政策、城市管理等多部门的工作。解决这些问题,有些是省级层面可以解决,有些则是需要在国家层面破题。

(1)户籍、土地和计划生育难题。

城乡割据的户籍制度对乡村人口向城镇的流动起到了最直接的控制作用。《中华人民共和国户口登记条例》以法律的形式确立了全国统一的城乡分离的户口登记制度,标志着中国以严格限制农村人口向城市流动为核心的户口迁徙制度正式形成。《公安部关于处理户口迁移的规定(草案)》又进一步强化了我国单向的人口迁移限制制度,人口要素流动和积聚渠道被人为堵塞,城镇的积聚效应得不到应有的发挥,城市化进程自然受阻。据统计,浙江数千万农村劳动力从事或兼务非农产业,其中的大部分人虽转移到城镇,但是能够改变户籍身份、享受同等待遇、真正成为城镇居民的依然是少数。

其次是土地政策和宅基地政策。按照土地承包的政策,农民农转非后必须要全部放弃类似于保险机制的土地承包权及其收益,这让有意迁往城镇的农民感到难以接受。在城镇郊区,由于土地开发带来的利益增大,甚至有些已转入城镇户口的人又千方百计地托关系花钱办起了"非转农"来。土地政策成为农民是否愿意转为市民的一个重要制约因素。宅基地政策也影响农民农转非的意愿。在农村,农民可以批宅基地,但转为非农户口后,就只能购买商品房,这对转户农民来说,是一个利益上的损失。尤其是一些大、中城市,农民获得户口的条件是必须购买住房,而城市的房价又高居不下,农民的积累有限,这种以货币构筑的新门槛对普通的农民而言是无法逾越的鸿沟,即使一部分有资金的农民越过了这一门槛,也变相地提高了其迁入成本。

最后是计划生育政策。在城市,一对夫妇只能生一个孩子;而在农村,如果一对夫妇第一胎生的是女孩,那么5年以后还能生第2胎。二者之间的反差导致农村居民不愿进城,而有些城市居民为了生2胎愿意迁到农村。这毫无疑问会在一定程度上制约了城市化进程。

户籍、土地和计划生育等难题,以及由此派生而来的福利、就学、社保等一系列难题成为一张纵横交错的网络,如何破题成为我国政府最大的考验,也是我国新型城镇化道路最大制约。这些问题可以说不是通过城镇化就能解决,而解决这些难题正是城镇化的前提。因此,为增强大城镇人口的凝聚力,应继续改革户籍制度,放开农民在大城镇落户限制,要完善和户籍制度相配套的措施,使落户农民在子女入学、就业、参军、社会保障等方面,均享有城镇居民同等待遇,降低农民进城"门槛"。改革耕地保护和土地流转制度,土地使用制度改革,一方面要从保护耕地出发,制定农村非农用地规划,控制征地规模,规范征地办法,完善征地程序,提高补偿标准,为失地农民提供就业服务和基本生活保障;另一方面要积极探索农民进入大城镇后原有承包地和宅基地的流转制度,明确土地流转的途径和管理办法。

(2)融资问题。

按照 2011 年我国国内生产总值 47.15 万亿元的规模计算,当年城镇基础设施建设所需资金就达到了 4.72 万亿—7.07 万亿元,而我国 2011 年的财政收入为 10.37 万亿元,仅城镇化基础设施一项的建设资金就占全年财政收入的 45.46%—68.18%。中国发展研究基金会认为中国当前农民工市民化的平均成本在 10 万元左右。2011 年,我国的城镇人口达到 6.91 亿人,城镇化率为 51.27%。按照预测,2020 年我国城镇化率将达到 60%,再加上人口的自然增长率,估计将转移农村人口 1.2 亿。如此巨大的资金需求,单一依靠财政资金难以在短期内实现城镇化的快速发展。与此同时,地方财政捉襟见肘,推动城镇化的财政支持严重不足。

城镇化建设以城镇基础设施和公共事业建设为主,承办单位主要是地方政府的相关主管部门,这些部门不具备承贷主体的资格。我国法律明确规定地方政府不得向商业银行和中央银行借款,而地方政府必须通过创新融资方式组建政府投融资平台作为承贷主体。一些地方政府进行了投融资体制探索与创新,将原来由财政拨款的项目通过地方投融资平台等形式到银行贷款融资,解决地方政府资金不足的问题。整体来看,中国的城镇化投融资模式已由早期的政府完全计划控制、财政预算支付,逐步转型为财政资金引导、市场资金配合的市场化融资模式。然而政府的投资主体地位仍然没有根本改观,由社会各方资金共同参与城镇化基础设施建设的投资主体多元化格局尚未形成。[①]

传统建设以银行金融作为配置资源的平台,银行自身特点决定只能按照市场经济规律支持城镇化建设,而不可能独担重任。农村城镇化建设资金巨大,且

---

① 巴曙松:《从城镇化角度考察地方债务与融资模式》,《中国金融》2011 年第 19 期。

城镇化建设中的很多项目具有公共产品的特性,金融企业的逐利特点和城镇化建设的社会效应在短期内存在矛盾,城乡差距较大的二元经济特点又导致资金流向大中型城市,农村区域和小城镇金融缺失现象严重,严重制约了农村城镇化建设的进程。在我国人均金融资源相对稀缺的背景下,各地都在努力破解资金匮乏情况下如何推进城镇化建设的困境。

现阶段,国外比较成熟的融资模式有 BOT(Build-Operate-Transfer)、TOT(Transfer-Operate-Taansfer)、ABS（Asset-Backed-Securitization 资产证券化）、PPP(Private-Public-Project 公私合作)和 PFI(Private Finance Initiative 私人主动融资)等,这些常用融资模式的比较如表 3-3 所示。

表 3-3　五种常见融资模式比较[①]

指标 ＼ 模式	BOT	TOT	ABS	PPP	PFI
项目的所有权	拥有	可能部分拥有,可能没有	不完全拥有,债券存续期内转让给 SPV,还本付息后拥有	部分拥有	拥有
项目经营权	失去	可能部分拥有,可能没有	拥有	部分拥有	可能拥有
融资成本	最高	中	最低	中	较低
短期内资金获得难易程度	较易	易	难	难	较易
融资时间	最长	最短	较长	较短	较短
政府风险	最大	一般(运营期间投资者风险大)	最小	一般	一般
政策风险	大	小	小	一般	一般
对宏观经济的影响	利弊兼具	有利	有利	有利	有利
适用范围	有长期稳定现金流的技术密集型项目	有长期稳定现金流的已建成项目	有长期稳定现金流的项目,在国际市场上筹集资金	政策性较强的准经营性基础项目	有长期稳定现金流的项目、公益项目

---

①　郭兴平、王一鸣:《基础设施投融资的国际比较及对中国县域城镇化的启示》,《上海金融》2011 年第 5 期;许剑铭:《海外城镇化融资路径》,中国改革论坛网,2013 年 5 月 27 日。

借鉴发达国家的经验,可以从四方面改革我们城镇化的投融资机制:其一,改变以政府作为单一主体的投资模式。逐步建立以政府投入为导向,国家、地方、集体、个人和外资多元投资的格局。其二,引入市场机制,采取多元化融资方式。经济发达地区的小城镇可率先将经营性项目推向市场,由市场来选择投资者和经营管理者,并由投资者对项目投资建设、经营管理、收益全过程负责,政府主要是监督,并集中精力投资建设非经营性项目。经济欠发达地区的小城镇则可以在以政府财政投入为主导的同时,在一些纯经营性项目中适当引入企业、个人等投资主体。其三,间接融资。可积极探索和尝试项目 BOT 模式,进行间接融资。这种融资既利用了项目本身的资产价值和有限追索贷款,更为超过项目投资者自身能力的项目建设提供了融资便利。其四,合理利用土地资产进行直接或间接融资,构建区域性土地发展权转移交易中介机构体系。使得不同范围的跨行政区土地发展权转移活动都能寻找到交易费用相对较低的交易中介机构,同时分散整个地区政府直接参与交易的资金风险。浙江省社会资本充足,民营经济发达,应该大胆创新,开发多种金融工具,创造各种金融渠道,为城镇化建设服务。

四、企业参与小城镇建设的探索

城镇化建设,需要政府规划,需要社会参与,需要企业建设,只有结合各方力量,才能真正推动以人为本的城镇化进程。

1. 企业的理想特质

参与新型城镇化建设的房地产企业,必须在理念和认识上达到一定的高度,具有历史感和使命感。只有一个具有相当理想主义色彩的公司,才能在建设过程中不以利润为唯一目的,才能担负起对待所建设的每一块土地,才能打造百年精品。这样的企业,需要有多年房地产开发建设经验,参与过住宅、商业、酒店等多类型产品开发,并具有类似小城镇开发的实践经验;需要在融资、规划、设计、建设、招商、运营等各方面有国内外一流的合作伙伴,能整合多方面优质资源;需要有措施,组建适合小城镇建设模式的内部组织架构,在资金筹措、规划、建筑、文化传承和赢利模式等多领域有创新和探索;需要有所为、有所不为,要选择经济发达、有创新意识、有本地产业支撑适合区域开发建设,做自己最专业的事情。

2. 建设模式架构

参与新型城镇化建设的企业内部需要搭建三大运作平台:投融资平台、开发建设平台和运营管理平台,形成全流程的小城镇建设品质控制与管理。投融资平台,通过设立小城市发展基金等模式,撬动和积聚社会资本共同投入小城镇开发建设,为建设所需资金提供保障。同时通过基金对投资项目的专业筛选、评估和论证,确保小城镇建设的方向性和可行性。开发建设平台,委托专业的规划和建设团队,做到理念保证、品质保证和可持续发展保证。对整个开发流程进行把控,确保资金平衡、产品优质。运营管理平台,开发建设完成后跟进的经营管理团队,将延续对持有物业进行高效管理,进一步保证小城镇建设提升居民生活品质的目的。

3.资金筹措模式

政府引导的小城市发展基金模式是传统政府投资和社会机构投资之外浙江省试点城镇重点探索的资金筹措模式,这种方式既能保证充足稳定的资金来源,同时又能整合社会各方面的优质资源能力,在各个层面同时推进发展。具体组织方式为政府相关部门是基金的发起人,负责基金的业务指导和政策支持;金融机构提供财务和金融支撑;企业负责基金的设立及运作相关工作;同时上述三方另行出资组建基金管理公司作为基金日常管理机构,承担管理基金日常运营、项目投资建议、资金投放等职能。

浙江省民间资本充沛,设立小城市发展基金这种探索创新模式,既能在短时间内吸引大量社会资本投入新型城镇化建设中,为政府解决资金缺口,加快建设进程,又能让优质企业在建设中发挥专业优势,保证小城市建设的品质品位,并通过委托专业的管理团队,保障基金的管理、运作和回报更加市场化,实现多赢结果。

第二部分

城市投资价值分析

第四章　城市投资价值分析

第一节　东部地区城市投资价值分析

临沂市投资价值分析

一、城市概况

临沂市位于山东省东南部,地近黄海,是中国优秀旅游城市、国家园林城市、全国双拥模范城市、国家卫生城市。该市东连日照,西接枣庄、济宁、泰安,北靠淄博、潍坊,南邻江苏连云港市。临沂现辖 3 区(兰山、罗庄、河东)、9 县(郯城、苍山、莒南、沂水、蒙阴、平邑、费县、沂南、临沭),土地面积 17191.2 平方公里,是山东省面积最大的市。2012 年末,全市户籍人口 1100 万人左右。

2012 年,临沂市实现地区生产总值 3012.81 亿元,增长 11.8%;其中,第一产业增加值 291.34 亿元,增长 4.1%;第二产业增加值 1463.45 亿元,增长 13.5%;第三产业增加值 1258.02 亿元,增长 11.5%。三次产业比重由上年的 10.07:49.89:40.04 优化调整为 9.7:48.5:41.8。初步估算,人均 GDP 为 30010 元。

二、形势分析

2001 年,临沂市实现地区生产总值 623.15 亿元;2004 年突破 1000 亿元;2009 年超过 2000 亿元;2012 年超过 3000 亿元,达 3012.81 亿元,是 2001 年的 4.83 倍,年均增长 15.48%(现价计算)。2001 年,临沂市人均生产总值为 6211 元;2004 年超过 1 万元;2009 年超过 2 万元;2012 年超过 3 万元,是 2001 年的 4.84 倍,年均增长 15.53%。如图 4-1 所示,临沂市经济发展较为平稳,随着经济总量的不断扩大,经济社会取得了长足的发展。若要缩小与省内其他城市的差距,临沂市还需保持较快的发展速度。

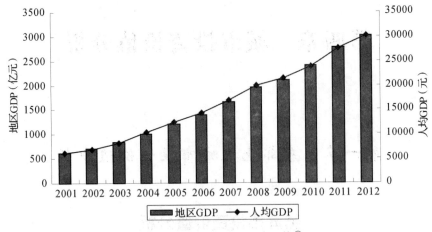

图 4-1　临沂市地区生产总值①

临沂市产业调整如图 4-2 所示。2001 年,该市产业结构为 18.74∶47.71∶33.55;2006 年优化调整为 12.72∶52.02∶35.26;2012 年优化调整为 9.7∶48.5∶41.8。十数年间,第一产业所占 GDP 比重下降了 9.04 个百分点,第二产业所占 GDP 比重微升了近 0.8 个百分点,第三产业所占 GDP 比重提高了 8.25 个百分点。第一产业比重的迅速下降和第三产业比重的迅速上升是临沂市产业结构调整的总特征。

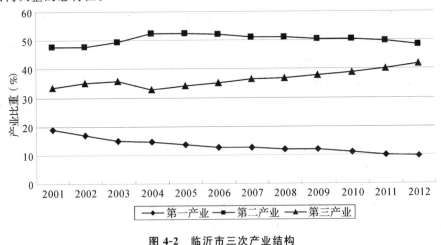

图 4-2　临沂市三次产业结构

---

① 数据来源:《临沂统计年鉴 2012》。

　　根据临沂市现有发展阶段,工业化、城市化将是推动该市经济社会发展的两大主要动力。然而,根据临沂市产业调整方式而言,工业发展的缓慢在一定程度上减弱了该市发展速度。虽然,通过第三产业可以部分带动经济的进步,但第三产业更依赖于第二产业的发展,因此,内生性动力的不足或许是临沂市无法缩小与省内其他城市差距的主要原因。大力发展工业,保持第三产业快速发展更有助于产业均衡,实现赶超式发展。

　　2012 年,山东省实现地区生产总值首次超过 5 万亿元,达 50013.2 亿元,仅次于广东、江苏两省,比上年增长 9.8%,人均生产总值 51768 元,增长 9.2%,按年均汇率折算为 8201 美元。各城市经济总量和人均产出如图 4-3 所示。从经济总量来看,青岛、烟台、济南三市规模最大,分别为 7302.11 亿元、5281.38 亿元和 4812.68 亿元;此外,潍坊、淄博、临沂、东营、济宁等市超过 3000 亿元;莱芜、日照、枣庄是规模最小的 3 个城市;临沂市排在第 7 位。从人均产出来看,东营、青岛、威海三市最高,超过了 9 万元;淄博、烟台、济南超过了 6 万元;聊城、临沂和菏泽三市最低,但也超过 2 万元,在 3 万元左右。青岛市是山东省内经济最发达的城市,临沂市相对而言经济社会发展较为靠后。

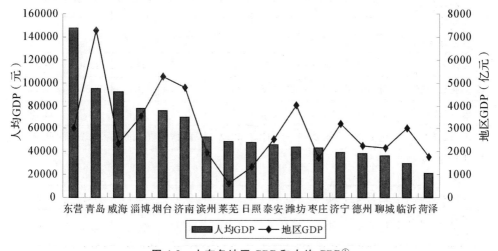

图 4-3　山东各地区 GDP 和人均 GDP①

　　临沂市与部分城市比较如表 4-1 所示。从土地面积、人口、经济增长率、工业总产值、规模企业数等总量指标来看,临沂市表现较好。从地区 GDP、人均GDP、产业结构、财政收入、进出口、外商投资等指标来看,该市表现较为一般,不

———————

　　①　数据来源:各市 2012 年国民经济和社会发展统计公报。

仅次于济南,也次于周边的潍坊、济宁等市。总体来看,临沂市的相对优势并不明显。

表 4-1　山东部分城市基本情况①

指标	单位	临沂	济南	淄博	枣庄	潍坊	济宁	泰安
土地面积	平方公里	17202	7999	5965	4563	16005	11194	7762
年末总人口	万人	1009.06	688.51	455.63	375.27	915.53	812.86	551.39
人口密度	人/平方公里	586.61	860.80	763.82	822.38	572.03	726.14	710.39
地区 GDP	亿元	3012.81	4812.68	3557.20	1702.92	4012.43	3189.40	2547.00
人均 GDP	元	30098	69574	77876	43130	43681	39165	46130
经济增长率	%	12.00	10.60	12.00	10.90	11.00	10.80	11.50
第一产业	%	10.10	5.40	3.60	8.10	10.10	12.10	9.30
第二产业	%	49.90	41.50	60.20	58.90	55.40	53.00	52.20
第三产业	%	40.00	53.10	36.20	33.00	34.50	34.90	38.50
地方财政一般预算收入	亿元	141.26	324.93	203.59	100.12	253.92	207.10	138.12
地方财政一般预算支出	亿元	284.89	396.88	253.19	160.34	358.26	300.39	208.37
规模企业数	个	3374	1417	3133	1635	4130	1260	1608
工业总产值	亿元	5512.62	3941.26	9253.14	3299.01	9081.51	3725.52	4565.97
进口总额	亿美元	32.09	43.53	37.11	2.23	37.24	26.75	6.36
出口总额	亿美元	36.22	60.47	53.24	8.44	103.64	30.70	11.85
外商投资项目数	个	36	86	32	24	69	46	25
合同外资额	亿美元	3.48	14.14	6.32	0.91	12.74	6.15	1.34
实际利用外资额	亿美元	2.69	11.00	4.50	1.20	7.22	7.33	1.00

三、产业定位

临沂市招商引资情况如表 4-2 所示。2001—2012 年新签项目数有所下降,

---

① 数据来源:《山东统计年鉴 2012》,地区 GDP 和人均 GDP 为 2012 年数据,其他为 2011 年数据。

但合同利用外资金额和实际利用外资金额有巨大增长,合同利用外资金额从2001 年的 1.01 亿美元增长至 2011 年的 3.48 亿美元;实际利用外资金额从2001 年的 5038 万美元增长至 2012 年的 2.4 亿美元。利用国内投资方面,临沂市取得了较大进展,单项投资超过 3000 万元的项目,从 2007 年的 205 个增加至2012 年的 483 个,利用资金从 111.1 亿元增长至 305.7 亿元。沃尔沃、德国道依茨、柳工集团、三一重工等国内外一批知名企业入驻该市。

表 4-2　临沂市招商引资情况

年份	国　外			国　内	
	新签投资项目（个）	合同利用外资金额（万美元）	实际利用外资金额（万美元）	投资项目数（个）	国内资金（亿元）
2001	90	10149	5038	—	—
2002	101	17957	10181	—	—
2003	142	32376	24255	—	—
2004	120	55702	48560	—	—
2005	149	67518	36208	—	—
2006	20	52522	33493	—	—
2007	64	72389	42505	205	111.1
2008	33	40300	30314	245	129.9
2009	36	36252	30515	361	168.8
2010	37	32256	32660	484	212.1
2011	36	34797	26885	512	250.5
2012	23	—	24000	483	305.7

　　根据该市"十一五"规划纲要,临沂市定位为"现代商贸物流城、历史文化名城、滨水生态城、新兴旅游城市、交通运输主枢纽城市、鲁南制造业基地和区域性金融中心,建设具有国际知名度的联结长三角、环渤海经济圈的新欧亚大陆桥东桥头堡特大中心城市"。产业政策方面,以市场为导向,以科技进步为动力,以经济效益为核心,一产调优,二产调强,三产调大,形成优势明显、特色突出、市场竞争力强的产业格局。第一产业方面,优化农业结构,大力推进产业化进程,建设九大种植业(粮食、牧草、花生、水果、蔬菜、金银花、茶叶、黄烟、桑园)、六大畜牧业(奶牛肉牛、三元猪、肉羊、肉鸡、兔子、鸭)、五大林业(工业原料林、板栗、杞柳、银杏、苗花卉)和两大渔业(网箱养鱼、池塘养鱼)基地。第二产业方面,重点抓好

机械、建材、食品、木业、医药、化工、纺织服装七大支柱产业,全力打造具有全国影响力的食品、机械及零部件、复合肥、绿色燃料、新型建材、制药等九大基地。第三产业方面,以现代商贸物流、旅游、金融、房地产、信息和文化等产业为重点,在改造提升传统服务业的同时,加快发展新兴和现代服务业,努力提高第三产业的比重。

根据该市"十二五"规划纲要,临沂市定位"鲁南苏北区域性特大中心城市,'两型'社会建设改革示范区和欠发达地区县域经济率先发展示范区",打造在国内外具有影响力和竞争力的联结半岛蓝色经济区、省会城市群经济圈、长三角的鲁南经济文化中心、全国商贸物流中心、鲁南苏北先进制造业聚集区、全国优秀农产品基地。产业政策方面,高起点对接国内外发达地区产业转移,高起点对接海洋经济发展市场需求,高起点对接战略性新兴技术产业化,大力发展战略性新兴产业,加快发展现代服务业,突出发展现代农业,不断提升产业发展层次,尽快形成结构合理、布局科学、高端高质高效的现代产业体系。第二产业方面,深入实施工业强市战略,大力发展节能环保和新能源、新医药和医疗器械、新材料、信息产业等战略性新兴产业;加快改造提升传统产业,重点打造装备制造业基地,大力发展食品、木业、建材、化工、冶金、纺织服装六大产业集群。第三产业方面,发展以商贸物流为基础、以生产性服务业(金融保险、旅游、房地产、科技信息、家庭服务)为重点的现代服务业。第一产业方面,突出发展优势特色产业,加快油料、蔬菜、渔业、畜牧、果茶、苗木花卉、中药材和食用菌八大产业振兴,发展高端高质高效农业和观光休闲农业。

临沂市规模以上工业发展情况如表4-3所示。规模以上工业企业数从2002年的875个增加到2011年的3374个,增加了285.6%;工业增加值从2001年的109.9亿元增长至2012年的1550亿元,提高了13倍多;工业总产值从2001年的383.4亿元增长至2011年的5512亿元,提高了13.38倍。总体来看,临沂工业规模三年左右翻一番,发展极为迅速,显示了该市工业极好的发展空间和潜力。

表 4-3 临沂市规模以上工业发展情况

年份	规模企业数(个)	工业增加值(亿元)	工业总产值(亿元)
2001	—	109.90	383.40
2002	875	135.50	468.19
2003	1185	188.70	629.68
2004	1606	272.20	908.80

续　表

年份	规模企业数(个)	工业增加值(亿元)	工业总产值(亿元)
2005	2286	370.60	1451.73
2006	2542	509.40	1870.43
2007	3013	653.70	2465.14
2008	3702	884.20	3244.05
2009	4151	1057.60	3748.56
2010	4027	1093.00	4593.52
2011	3374	1230.70	5512.62
2012	—	1550.00	—

临沂市主要行业发展如表 4-4 所示。

从规模企业数来看,超过 50 家的行业有 17 个,超过 100 家的行业有 9 个。木材加工等制品业、农副食品加工业、非金属矿物制品业规模企业数最多,分别为 508 家、474 家和 382 家。此外,通用设备制造业、化工、纺织业等企业数也较多。

从主营业务收入来看,超过 100 亿元的行业有 14 个,超过 500 亿元的行业有 3 个。其中,农副食品加工业接近千亿元,产业比重达 16% 以上,木材加工业、黑色金属冶炼及压延加工业为 535.64 亿元和 505.8 亿元,产业比重近 10% 左右。除此之外,化工、非金属矿物制品业也接近 500 亿元。

从行业发展速度来看,超过平均增长倍数(1.48 倍)的行业有 16 个。增长最快的行业有化学纤维制造业、煤炭开采和洗选业、有色金属矿采选业,增长倍数为 4.23 倍、2.89 倍和 2.54 倍。通用设备制造业、有色金属冶炼及压延加工业等增长也近 2 倍左右。

从产业变动幅度来看,提高的有 15 个行业,绝大多数产业比重较为稳定,增减幅度 0.5 个百分点左右。比重提高最多的行业为通用设备制造业、煤炭开采和洗选业、黑色金属冶炼及压延加工业,增加了 1 个百分点以上;农副食品加工业、电力热力生产供应业下降幅度最大,产业比重下降了 2 个百分点以上。

表 4-4　临沂市主要行业发展情况①

行　业	规模企业数（个）	主营业务收入（亿元）		增长倍数（倍）	产业比重（%）		变动幅度（百分点）
		2011 年	2009 年		2011 年	2009 年	
总计	3384	5654.03	3818.58	1.48	100.00	100.00	0
煤炭开采和洗选业	12	150.00	51.90	2.89	2.65	1.36	1.29
黑色金属矿采选业	80	168.02	109.39	1.54	2.97	2.86	0.11
有色金属矿采选业	5	13.30	5.69	2.34	0.24	0.15	0.09
非金属矿采选业	92	64.47	42.15	1.53	1.14	1.10	0.04
农副食品加工业	474	909.65	696.56	1.31	16.09	18.24	−2.15
食品制造业	123	127.69	95.39	1.34	2.26	2.50	−0.24
饮料制造业	45	54.25	43.34	1.25	0.96	1.13	−0.18
纺织业	173	188.95	141.09	1.34	3.34	3.69	−0.35
纺织服装鞋帽制造业	84	73.29	44.66	1.64	1.30	1.17	0.13
皮革毛皮羽毛及其制品业	32	39.06	24.30	1.61	0.69	0.64	0.05
木材加工及木、竹、藤、棕、草制品业	508	535.64	363.65	1.47	9.47	9.52	−0.05
家具制造业	22	19.08	13.92	1.37	0.34	0.36	−0.03
造纸及纸制品业	69	76.80	60.98	1.26	1.36	1.60	−0.24
印刷业	24	22.74	13.17	1.73	0.40	0.34	0.06
文教体育用品制造业	23	19.58	15.86	1.23	0.35	0.42	−0.07
石油加工、炼焦及核燃料加工业	14	74.78	53.13	1.41	1.32	1.39	−0.07
化学原料及化学制品制造业	196	487.76	355.97	1.37	8.63	9.32	−0.70
医药制造业	69	239.86	174.16	1.38	4.24	4.56	−0.32
化学纤维制造业	7	33.25	7.86	4.23	0.59	0.21	0.38
橡胶制品业	20	19.74	10.39	1.90	0.35	0.27	0.08
塑料制品业	109	87.27	52.75	1.65	1.54	1.38	0.16
非金属矿物制品业	382	421.40	303.30	1.39	7.45	7.94	−0.49
黑色金属冶炼及压延加工业	41	505.81	269.34	1.88	8.95	7.05	1.89
有色金属冶炼及压延加工业	41	246.59	130.02	1.90	4.36	3.41	0.96
金属制品业	130	145.15	91.15	1.59	2.57	2.39	0.18

---

① "增长倍数"与"变动幅度"均是以 2011 年数据与 2009 年数据的比较。

行　业	规模企业数（个）	主营业务收入（亿元）		增长倍数（倍）	产业比重（%）		变动幅度（百分点）
		2011 年	2009 年		2011 年	2009 年	
通用设备制造业	229	260.79	131.60	1.98	4.61	3.45	1.17
专用设备制造业	96	268.97	142.60	1.89	4.76	3.73	1.02
交通运输设备制造业	47	83.84	73.16	1.15	1.48	1.92	−0.43
电气机械及器材制造业	72	88.02	51.93	1.70	1.56	1.36	0.20
通信设备、计算机及其他电子设备制造业	18	32.67	22.42	1.46	0.58	0.59	−0.01
仪器仪表及文化、办公用机械制造业	17	8.47	5.89	1.44	0.15	0.15	0.00
工艺品及其他制造业	93	74.88	65.47	1.14	1.32	1.71	−0.39
电力热力生产供应业	21	99.61	145.14	0.69	1.76	3.80	−2.04

　　根据表 4-3、表 4-4 及相关数据，我们对临沂市工业发展有了一定的了解。总体来看，临沂市工业取得了长足发展，产业从小到大，通过本土培育和招商引资，部分行业超常规发展，形成新的具有很强竞争力的产业集群。具体而言，以食品、木材加工为主的轻工业，以建材、冶金、化工、装备制造业为主的重工业，以医药为代表的新兴产业均实现了质和量的飞速提升，产业规模急速扩大，工业强市战略得以实现。随着该市工业基础不断壮大，临沂的工业竞争力也将在区域竞争中占得一席之地。

四、编委会评价

　　临沂市地处鲁南，是我国革命老区，该市地理位置优越，资源丰富，风景优美。临沂南接长三角，北靠环渤海经济区，东临半岛蓝色经济区，近海临港，是鲁南临港产业集聚区的重要组成部分。山东整体经济社会的蓬勃发展，"长三角"和"环渤海"两大经济圈的影响带动，为临沂市提供了绝佳的外部发展环境，相对落后的产业结构，劳动力等资源优势为该市承接产业转移提供了强大的物质基础，良好的工业基础和发展态势，加之各个层面的促进政策，这些诸多优势的集合使得临沂市有了远大的发展前景，也为企业发展提供了卓越的支撑。

　　区位优势：临沂地处"长三角"与"环渤海"两大经济圈的交会处，是"长三角"经济重心和京津唐投资活跃地区的中间地带，是鲁南苏北重要的交通和经济枢纽，位于山东半岛蓝色经济区重要腹地和发展前沿。临沂市近海临港，交通十分便利,已形成海上、空中、公路、铁路相衔接的立体网络。临沂机场为国家二级机场,是鲁南地区最大的民航机场。境内以 4 条过境国道和 14 条省道干线为主,形成四通八达的公路网,公路总体水平和每平方公里密度超过全国平均水平。各条铁路和哈尔滨至长江三角洲的沿海铁路大通道在境内交会贯穿东西南北。临沂市域最近处距岚山港不到 10 公里、日照港 50 公里、连云港 80 公里、青岛港 150 公里,属于港口的强辐射区和发展临港经济的最佳区域。

产业优势:经过多年努力,临沂市已经形成为特色明显、优势突出、产业均衡发展的现代产业体系,食品、木业、冶金、化工、装备制造等产业的发展壮大,极大地提升了该市的产业竞争力。"十二五"期间,临沂将大力培植机械、食品、冶金、木业、化工、医药"六大千亿级主导产业"和一批百亿级骨干企业,培育矿业经济、商城经济、临港经济、民营经济和高新技术产业等新的经济增长点。

政策优势:临沂享受国家中部地区优惠政策、商城国际化的扶持措施,拥有山东省资源节约、环境友好型"两型"社会建设综合改革试点的先行先试权,并被纳入全省精品钢基地规划建设范围。该市市委、市政府极为重视招商引资对区域发展的巨大作用,大力优化投资环境,营造"亲商、安商、富商"的浓厚氛围,为外商投资提供便利。

五、投资建议

根据临沂市的产业发展现状、未来的产业定位及比较优势,我们认为临沂市值得关注的行业如下:装备制造业;化工产业;食品产业。

泰安市投资价值分析

一、城市概况

泰安市地处中国东部沿海经济带和环渤海经济区,位于山东半岛与内陆地区的接合部,是山东省重要的交通枢纽,鲁中地区重要的经济、贸易中心城市,也是国家历史文化名城、国家卫生城市、中国优秀旅游城市。该市北以泰山与济南为界,南与济宁市相连,东与莱芜和临沂地区毗邻,西隔黄河与聊城市相望。泰安现辖 2 区(泰山区、岱岳区)、2 市(新泰市、肥城市)、2 县(宁阳县、东平县),土地面 7761 平方公里。2011 年末,全市常住人口 551.4 万人。

2011年,泰安市实现地区生产总值2304.3亿元,按可比价格计算,比上年增长11.5%。其中,第一产业实现增加值215.0亿元,增长3.8%;第二产业1202.8亿元,增长10.8%;第三产业886.5亿元,增长14.5%。三次产业结构由上年的9.5:53.6:36.9调整为9.3:52.2:38.5,人均生产总值41850元,比上年增长11.1%。

二、形势分析

2001年,泰安市地区生产总值为428.28亿元;2006年突破千亿元;2010年超过2000亿元;2011年该市地区GDP达2304.3亿元,是2001年的5.38倍,年均增长18.42%(现价计算)。2001年泰安市人均产值为7903元;2007年超过2万元;2009年超过3万元;2011年超过4万元,为4.18万元,是2001年的5.3倍,年均增长18.23%。如图4-4所示,泰安市经济发展快速稳定,短时期内取得了很大成就,这既迅速提升了该市的经济实力,也有助于提高人民的生活水平。

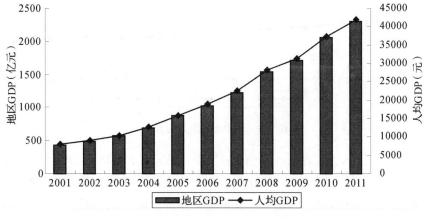

图4-4　泰安市地区生产总值[①]

泰安市产业结构变迁如图4-5所示。2001年,该市三次产业结构为17.47:45.31:37.22;2006年优化调整为11.42:56.58:32.0;2011年优化调整为9.3:52.2:38.5。十数年间,第一产业所占GDP比重下降了8.17个百分点,第二产业所占GDP比重提高了6.69个百分点,第三产业所占GDP比重提高了1.28个百分点。第一产业比重持续下降,第二产业比重先上升后下降,第三产业先下降后上升是泰安产业结构调整的总趋势。

---

① 数据来源:《泰安统计年鉴2011》。

与国内其他城市相比,泰安市产业结构调整有一定的特殊性,即出现了第二产业比重先上升后下降的过程。一般而言,当人均 GDP 在 4 万多元时,第二产业比重相对而言比较稳定,而非迅速下降,泰安在 2006 年第二产业比重达到56.58%的最高值,但到 2011 年则下滑了 4.38 个百分点,这种降幅是比较少见的。虽然该市目前第二产业比重仍在 50%以上,但根据现有的经济发展水平,应该将保持一段时间。处在工业化的中后期阶段,工业化、城市(镇)化仍是社会经济持续变革的主要驱动力。因此,估计在一段时期内,工业的作用仍不可忽视。特别是与山东省内其他城市相比,该市还较为落后,工业仍然是实现地区经济快速发展、赶超发展的主要方式。

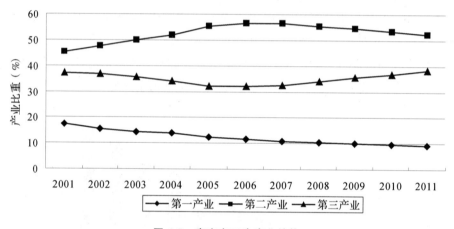

图 4-5　泰安市三次产业结构

2011 年,山东省实现生产总值 45429.2 亿元,比上年增长 10.9%。人均生产总值 47260 元,增长 9.9%,按年均汇率折算为 7317 美元,全省除了莱芜市之外,地区生产总值均超过千亿元。山东各省经济发展情况如图 4-6 所示。从人均产值来看,以石油闻名的东营市高居首位达 13 万元,青岛、威海、淄博和烟台均超过 7 万元;临沂和菏泽最低,仅为 2.75 万元和 1.87 万元;泰安市以 4.18 万元排在第十位。从地区 GDP 来看,青岛、烟台、济南最多,分别为 6615 亿元、4906 亿元和 4406 亿元;日照和莱芜最少,分别为 1214 亿元和 611 亿元;泰安市以 2304 亿元排在第九位。从这两组数据来看,泰安市在山东省内处于中等偏下水平。

泰安市与山东省内周边城市的比较如表 4-5 所示。总体来看,泰安与济南、青岛等省内发达城市有一定差距,在部分指标上又比鲁南地区城市有一定的优势,如在人口密度、地区 GDP、人均 GDP、产业结构高于济宁、临沂、聊城等城市,但在工业企业数、工业产值、进出口总额、外商投资等指标上,泰安市处于劣势。

从这个角度而言,泰安市的工业体系并不发达,经济开放度也落后于其他地区,这将制约泰安市经济的进一步发展。

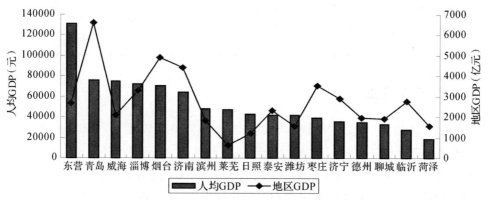

图 4-6　山东各地区 GDP 和人均 GDP[①]

表 4-5　山东部分城市基本情况

指标	单位	泰安	济南	青岛	济宁	莱芜	临沂	聊城
土地面积	平方公里	7762	8076	10903	10686	2246	17184	8678
人口密度	人/平方公里	710.37	852.54	806.67	760.68	581.39	587.21	673.69
总人口	万人	551.39	688.51	879.51	812.86	130.58	1009.06	584.63
地区 GDP	亿元	2304.31	4406.29	6615.60	2896.69	611.88	2770.45	1919.42
经济增长率	%	11.50	10.60	11.70	10.80	10.60	12.00	12.30
人均 GDP	元	41850	64310	75546	35717	46983	27503	32968
第一产业	%	9.30	5.40	4.60	12.10	6.70	10.10	12.70
第二产业	%	52.20	41.50	47.60	53.00	60.50	49.90	56.60
第三产业	%	38.50	53.10	47.80	34.90	32.80	40.00	30.70
规模企业数	个	1608	1417	4727	1260	253	3374	2148
工业总产值	亿元	4565.97	3941.26	12168.59	3725.52	1355.35	5512.62	5278.37
地方财政预算收入	亿元	138.12	324.93	566.14	207.10	39.23	141.26	96.56
地方财政支出	亿元	208.37	396.88	658.06	300.39	59.23	284.89	173.47
进出口总额	亿美元	18.21	104.00	723.17	57.45	35.92	68.31	56.54
项目合同数	个	25	86	647	46	20	36	15

---

① 数据来源:《山东统计年鉴 2012》。

续　表

指标	单位	泰安	济南	青岛	济宁	莱芜	临沂	聊城
合同外资额	亿美元	1.34	14.14	52.88	6.15	2.00	3.48	1.73
实际利用外资额	亿美元	1.00	11.00	36.01	7.33	1.00	2.69	0.80

三、产业定位

2001 年以来,泰安市利用外资增长迅速,合同项目数从 15 个到 165 个,合同利用外资金额从 4285 万美元增长至 17.9 亿美元,实际利用外资金额从 4012 万美元增长为 13.3 亿美元,具体情况如表 4-6 所示。美国马尼托瓦克机械公司、韩国现代重工、日本昭和电缆和中国建材集团、重汽集团、中材集团、蒙牛等国内外一批知名大企业大集团入驻泰安。

表 4-6　泰安市利用外资情况

年份	新签合同项目数(个)	合同利用外资金额(万美元)	实际利用外资金额(万美元)
2001	15	4285	4012
2002	55	12162	7006
2003	71	25003	15017
2004	108	45360	30544
2005	127	78152	52786
2006	94	117279	79694
2007	105	140730	98247
2008	118	168257	117483
2009	129	170155	127763
2010	160	175000	131000
2011	165	179000	133000

根据泰安"十一五"规划纲要,该市定位为"以泰山为依托的历史文化名城和山水园林旅游城市,以现代制造业和旅游业为主导的经济强市,蓝天、碧水、青山的最佳宜居城市"。产业目标为突出加快发展主题,着力增强自主创新能力,加大结构调整力度,积极推进经济增长方式根本性转变,提升农业,做强工业,繁荣服务业,构筑起特色突出、具有较强竞争力的产业结构体系。第一产业方面,调整优化农业结构,围绕种植业、畜牧业、林果花卉渔业产值各占三分之一的目标,

加快农业结构调整步伐,加快建设国家大型优质小麦生产基地、蔬菜生产基地、畜禽生产基地、特色果品生产基地、蚕茧生产基地等五大农业生产基地,着力培植壮大泰山中药材、泰山系列食用菌、泰山板栗、泰山茶、新泰黄花菜、肥城桃、宁阳大枣、东平湖水产 8 个特色产品。第二产业方面,坚持工业强市战略,着力培植汽车、无机非金属材料、输变电设备、化工、食品五大主导产业;大力发展电子信息、新材料、新能源、生物工程四大高新技术产业;改造提升机械、建材、轻纺等传统产业。第三产业方面,强化旅游业龙头地位,加快发展现代物流、餐饮娱乐、社区服务、中介服务、房地产五个重点行业,积极拓展金融、交通运输、信息服务、文化传媒、汽车服务、农村服务六大服务领域。

根据该市"十二五"规划纲要,泰安市定位为"努力建设经济文化强市、打造国际旅游名城"。产业目标为大力发展战略性新兴产业、先进制造业,推动服务业跨越发展,提高农业现代化水平,大力发展高端高质高效产业,加快构建以现代农业为基础、先进制造业和现代服务业为支撑的新型产业体系。第一产业方面,大力发展特色优势农业。调整优化农业结构,加快构建农业生产体系,推进农业向高端高质高效发展,提升农业竞争力。着力培植粮食、蔬菜、油料、种子、畜牧、奶牛、饲料、果品、花卉苗木、速生丰产林、泰山茶、渔业、蚕茧和乡村旅游14 个产业体系,构建高端高质高效农业发展新格局。第二产业方面,强力推进工业转型升级,培强做大汽车、输变电设备、无机非金属材料、装备制造四大优势产业;改造提升煤炭、化工、食品和纺织等传统产业;加快发展新材料、新能源与节能环保、电子信息、生物医药与生物育种四大战略性新兴产业。第三产业方面,推进服务业跨越发展,大力发展物流、科技、工业设计、信息服务、金融、商务服务、服务外包、会展、节能环保、教育培训、总部经济等生产性服务业;全面提升商贸餐饮、房地产、汽车服务、家庭及社区服务业和健康服务业等生活性服务业;积极发展农村服务业;建设旅游文化产业高地。

2011 年,泰安市 1560 家规模以上工业企业实现主营业务收入 4550.2 亿元,比上年增长 26.2%;利润 361.3 亿元,利税 579.5 亿元,分别增长 27.4% 和 26.6%。

产业具体发展情况如表 4-7 所示。

从规模企业数来看,泰安规模以上企业数有 1694 家,超过 50 家企业的行业有 11 个,超过 100 家企业的行业有 7 个。其中,通用设备制造业、非金属矿物制品业和化学原料及化学制品制造业企业数最多,分别为 262 家、194 家和 150 家。此外,农副食品加工业、纺织业、电气机械及器材制造业企业数也较多。

从工业总产来看,超过 100 亿元的行业有 10 个。煤炭开采与洗选业最高,超过 500 亿元,占工业比重的 17.27%;专用设备制造业和化工超过 300 亿元,占工业比重的 10% 以上;非金属矿物制品业、电气机械及器材制造业超过 200 亿元,所占比重超过 5%。

从产业增长倍数来看,平均值为 2.14 倍,超过平均值的行业有 17 个行业。其中,黑色金属矿采选业、工艺品制造业超过 5 倍;非金属矿采选业、石油加工、金属制品业、通用设备制造业、专用设备制造、电气机械及器材制造业等均超过 3 倍。

从产业比重变动幅度来看,增长超过 1 个百分点的行业有 4 个,农副食品加工业增长 1.34 个百分点,通用设备制造业增长 3.67 个百分点,专用设备制造业增长 1.03 个百分点,电气机械及器材制造业增长 2.84 个百分点。产业比重下降超过 1 个百分点的行业也有 4 个,煤炭开采与洗选业下降了 2.36 个百分点,纺织业下降了 1.24 个百分点,黑色金属冶炼及压延加工业下降了 3.91 个百分点,电力热力生产供应业下降了 2.62 个百分点。

表 4-7　泰安市主要行业发展情况[①]

行业 \ 指标	规模企业数（个）	工业总产值（亿元）	增长倍数（倍）	产业比重（%）	变动幅度（百分点）
总计	1694	3193.80	2.14	100.00	0
煤炭开采和洗选业	26	551.48	1.88	17.27	−2.36
黑色金属采矿业	9	10.90	5.91	0.34	0.22
非金属矿采选业	38	22.72	3.05	0.71	0.21
农副食品加工业	134	191.01	2.76	5.98	1.34
食品制造业	45	71.55	1.97	2.24	−0.19
饮料制造业	22	29.71	1.28	0.93	−0.63
纺织业	104	154.10	1.70	4.83	−1.24
纺织服装、鞋、帽制造业	58	59.91	2.32	1.88	0.15
皮革、毛皮、羽毛及其制品业	6	4.74	1.82	0.15	−0.03
木材加工及木、竹、藤、棕、草制品业	29	22.80	2.44	0.71	0.09
家具制造业	7	5.08	1.45	0.16	−0.08

[①]　数据来源:《泰安统计年鉴 2007》《泰安统计年鉴 2010》。产业"增长倍数"与"变动幅度"均是以 2009 年数据与 2006 年数据的比较。

指标\行业	规模企业数（个）	工业总产值（亿元）	增长倍数（倍）	产业比重（%）	变动幅度（百分点）
造纸及纸制品业	25	31.66	2.24	0.99	0.05
印刷业和记录媒介的复制	19	8.44	1.84	0.26	−0.04
石油加工、炼焦及核燃料加工业	8	37.74	3.15	1.18	0.38
化学原料及化学制品制造业	150	327.86	2.00	10.27	−0.72
医药制造业	17	23.72	1.50	0.74	−0.32
化学纤维制造业	2	0.90	0.31	0.03	−0.16
橡胶制品业	21	57.05	2.54	1.79	0.28
塑料制品业	53	44.46	2.69	1.39	0.29
非金属矿物制品业	194	275.12	2.33	8.61	0.71
黑色金属冶炼及压延加工业	21	144.43	1.15	4.52	−3.91
有色金属冶炼及压延加工业	5	19.42	1.98	0.61	−0.05
金属制品业	71	67.90	3.21	2.13	0.71
通用设备制造业	262	356.11	3.19	11.15	3.67
专用设备制造业	104	97.26	3.22	3.05	1.03
交通运输设备制造业	70	147.92	2.35	4.63	0.42
电气机械及器材制造业	129	288.03	3.12	9.02	2.84
通信设备、计算机及其他电子设备制造业	4	2.53	0.55	0.08	−0.23
仪器仪表及文化、办公用机械制造业	17	13.94	2.48	0.44	0.06
工艺品及其他制造业	11	7.52	5.18	0.24	0.14
电力、热力的生产和供应业	18	103.88	1.18	3.25	−2.62

　　根据如上及相关数据，我们对泰安市产业发展有了一定的了解。总体来看，泰安市产业发展形势较好，产业规模增长迅速，部分产业集群苗壮成长，部分产业调整幅度较大，逐步从轻工业向重工业转变，从资源型产业向制造业转变，从低附加值产业向高附加值产业转变。装备制造业是泰安市发展最为迅速、优势最为显著的产业，通用设备制造、专用设备制造、交通运输设备制造和电气机械

及器材制造业均有较大幅度的增长。化工、轻纺、食品、建材等产业规模较大,发展较为平稳。

四、编委会评价

泰安市因泰山闻名世界,是我国历史文化名城,是鲁中地区的经济贸易中心。该市风景秀丽,资源丰富,三次产业发达,特色鲜明。泰安地处鲁中腹地,位于山东省东西接合部,具有良好的交通区位优势,加之毗邻省会济南,发展潜力巨大。总而言之,泰安市具有明显的投资优势,拥有优越的区位交通、完善的配套设施、丰富的矿产资源、合理的产业结构、得天独厚的旅游资源和充足的人力资源,这些因素都为该市的长远发展提供了有力的物质支持。

区位优势:泰安区位优越,交通便利。泰安地处中国东部沿海经济带和环渤海经济区,位于山东半岛与内陆地区的接合部,是华东地区重要的交通枢纽,京沪铁路纵贯南北,京福、京沪高速公路在泰安交会,经高速公路 6 小时内可到达北京、上海、天津、南京、郑州等重要城市,4 小时内可到达青岛、日照、连云港等重要港口。京沪高速铁路在泰安设泰山站,届时 2 个小时可达北京,3 个小时可达上海。泰安距济南国际机场 80 公里,可达诸多国家。

产业优势:紧紧围绕"建设经济文化强市,打造国际旅游名城"的奋斗目标,经过多年的建设,形成了以能源、冶金、机械、电子、化工、建材、纺织、生物医药、食品饮料等行业为骨干的现代工业体系。泰安作为国家重要的粮油、果蔬、畜禽和有机、绿色食品、无公害农产品生产基地,农产品产量和品质居国内领先地位。旅游服务业蓬勃发展。根据该市"十二五"规划,汽车、输变电设备、无机非金属材料、装备制造等优势产业;新材料、新能源与节能环保、电子信息、生物医药与生物育种等战略性新兴产业,以及旅游文化产业将是重点发展的产业。

政策优势:泰安市委、市政府,以改善投资环境为抓手,逐步将泰安打造成为环境优良、安全舒适、适宜人居住和创业的理想城市,招商引资成效显著。该市城市基础设施配套完善,是中国最具安全的区域电网之一;建立了融行政审批、效能投诉等职能于一体的政务服务中心,市政府对高新技术产业开发区充分授权,政府服务快捷高效;在认真执行和落实国家有关外商投资企业的各项优惠政策的基础上,对投资规模大、拉动能力强、鼓励发展的产业和项目,通过财政奖励的办法予以扶持。

五、投资建议

根据泰安市的产业发展现状、未来的产业定位及比较优势,我们认为泰安市值得关注的行业如下:装备制造业;农产品加工及食品产业;文化旅游业。

徐州市投资价值分析

一、城市概况

徐州市地处江苏西北部,华北平原的东南部,为苏、鲁、豫、皖四省交界处,是淮海经济区中心城市,长江三角洲区域中心城市,国家重要的交通枢纽城市,国际性新能源基地,曾获国家历史文化名城、中国优秀旅游城市、全国双拥模范城、国家森林城市等荣誉称号。徐州北邻山东省济宁市,西接安徽省淮北市、宿州市、河南省商丘市,东连连云港市,南壤宿迁市。徐州县辖 5 区(云龙、鼓楼、泉山、铜山、贾汪)、2 市(新沂、邳州)、3 县(丰县、沛县、睢宁),土地面积 11258 平方公里。2012 年末,全市户籍人口 990.53 万人。

2012 年,徐州市完成地区生产总值 4016.58 亿元,按可比价格计算,比上年增长 13.2%,其中,第一产业增加值 382.64 亿元,增长 5.1%;第二产业增加值 1968.51 亿元,增长 14.5%;第三产业增加值 1665.43 亿元,增长 13.4%,三次产业结构为 9.5∶49.0∶41.5。按常住人口计算,人均地区生产总值 46877 元,按当年年均汇率折算达到 7426 美元。

二、形势分析

2001 年,徐州市地区生产总值为 715.71 亿元;2004 年首次超过 1000 亿元;2008 年超过 2000 亿元;2012 年超过 4000 亿元,经济总量是 2001 年的 5.61 倍,年均增长 17.05%(现价计算)。2001 年,徐州市人均生产总值接近 8000 元;2004 年超过 1 万元;2008 年超过 2 万元;2011 年超过 4 万元;2012 年为 4.69 万元,是 2001 年的 5.89 倍,年均增长 17.67%。如图 4-7 所示,徐州市经济增速显著,且呈加速状态,经过 10 多年的快速发展,徐州经济实力有了很大的提高,这有助于平衡江苏省内区域间发展不平衡的现状,带动苏北地区整体水平的提升。

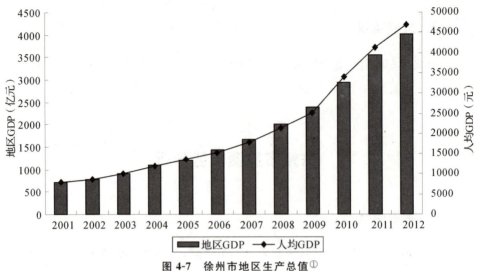

图 4-7　徐州市地区生产总值①

徐州市产业结构调整如图 4-8 所示。2001 年,三次产业结构比重为 17.61：45.77：36.62;2006 年产业结构优化调整为 12.66：51.89：35.46;2012 年优化调整为 9.5：49：41.5。十数年间,第一产业所占 GDP 比重下降了 8.11 个百分点,第二产业上升了 3.23 个百分点,第三产业提高了 4.88 个百分点。第一产业比重的下降和第二、三产业比重的上升是徐州产业结构调整主要特征。

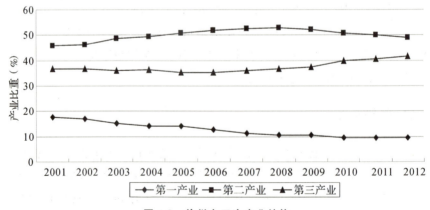

图 4-8　徐州市三次产业结构

近十几年来徐州经济结构调整取得了突破性的进展,第一产业在地区经济中的比重首次下降到 10% 之下,第二、三产业发展较为均衡。这展现了徐州市

---

① 数据来源:《徐州统计年鉴 2012》。

良性发展的格局。在工业化中期阶段,工业在经济中的比重将保持在一定水平,各行业内部开始优化调整,第三产业成为拉动经济发展的重要力量,徐州市经济结构调整中都有所体现。通过工业的升级优化,通过现代服务业的发展,徐州市还将继续推动经济结构的优化,继续降低第一产业在地区经济中的比重,继续推动资源向二、三产业转移,实现经济的快速发展。

2012年,江苏省实现地区生产总值54058.2亿元,按可比价格计算,比上年增长10.1%,经济总量仅次于广东省;人均生产总值68347元,比上年增加6057元。各个地区经济总量和人均产出如图4-9所示。从经济总量来看,苏州、无锡、南京是江苏省内经济规模最大的3个城市,分别为1.2万亿元、7568.15亿元和7201.57亿元;淮安、连云港和宿迁市是经济规模最小的3个城市,均不到2000亿元;徐州市以4016.58亿元排在第5位。从人均产值来看,无锡、苏州最高,超过了11万元;南京、常州、镇江超过8万元;淮安、连云港、宿迁在3万—4万元之间;徐州以4.69万元排在第9位。可看出,无锡、苏州、南京是江苏省内最发达的3个城市,无论是经济规模还是人均产值均远高于其他城市,徐州市在江苏省内排在中等水平。

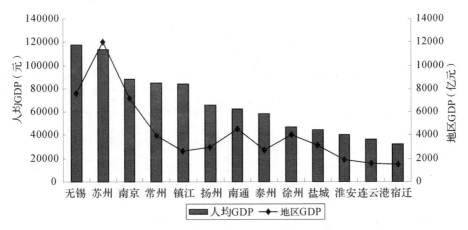

图4-9　江苏各地区GDP和人均GDP①

徐州市与省内发达城市之间的数据如表4-8所示(2011年)。从土地面积、人口、经济增长率等指标来看,徐州市处于前列。从地区GDP、人均GDP、工业企业数、投资、工业总产值、进出口、外商投资等经济指标来看,徐州市处于后列。总体来看,徐州与省内发达城市相比有一定差距,与苏中城市(南通)等相比也稍

---

① 数据来源:各市2012年国民经济和社会发展统计公报。

显落后,在苏北地区则处于发展的排头兵。对徐州市而言,需追赶省内发达地区,拉开与同层次城市间的距离,实现错位竞争、赶超式发展。

表 4-8　江苏部分城市基本情况①

指标	单位	徐州	南京	无锡	常州	苏州	南通	盐城
土地面积	平方公里	11259	6587	4627	4372	8488	8001	16972
年均户籍人口	万人	974.78	634.39	467.26	361.83	639.99	763.90	818.41
年末常住人口	万人	857.26	810.91	643.22	464.97	1051.87	728.91	723.74
城镇化率	%	55.40	79.70	72.20	65.20	71.30	57.60	54.00
人口密度	人/平方公里	761	1231	1390	1063	1239	911	426
地区 GDP	亿元	3551.65	6145.52	6880.15	3580.99	10716.99	4080.22	2771.33
人均 GDP（常住人口）	元	41407	76263	107437	77485	102129	56005	38222
人均 GDP（户籍人口）	元	36435	96873	147244	98969	167454	53413	33862
经济增长率	%	13.50	12.00	11.60	12.20	12.00	12.10	12.80
第一产业比重	%	9.40	2.70	1.80	3.10	1.70	7.00	15.00
第二产业比重	%	50.00	44.90	54.20	54.50	55.60	54.40	47.10
第三产业比重	%	40.50	52.40	44.00	42.40	42.70	38.50	37.80
固定资产投资额	亿元	2201.03	3757.25	3169.18	2223.26	4279.98	2378.36	1586.98
财政总收入	亿元	789.64	1958.00	1722.12	977.79	3328.53	951.65	754.00
地方财政一般预算收入	亿元	318.42	635.00	615.00	350.88	1100.88	373.69	269.04
地方财政一般预算支出	亿元	454.24	666.21	592.67	361.81	1002.63	419.45	407.22
工业企业单位数	个	2788	2508	5241	3638	9904	4912	2590
内资企业	个	2609	1852	3871	2904	5243	3591	2301
外商港澳台商投资企业	个	179	656	1370	734	4661	1321	289
工业总产值	亿元	6950.65	10354.65	14561.97	8270.77	27778.75	8679.82	4360.07
内资企业	亿元	6045.39	6171.85	9130.11	5429.54	9150.52	5283.46	3234.00
外商港澳台商投资企业	亿元	905.26	4182.80	5431.86	2841.23	18628.23	3396.36	1126.07

---

① 数据来源:《江苏统计年鉴 2012》。

续　表

指标	单位	徐州	南京	无锡	常州	苏州	南通	盐城
进出口总额	亿美元	63.10	573.44	724.63	286.33	3008.63	257.75	52.45
实际外商直接投资	亿美元	14.66	35.66	35.05	30.52	90.16	21.66	16.88

三、产业定位

徐州市利用外资情况如表 4-9 所示。从 2001 年至 2012 年,徐州市每年新签外商投资项目数保持稳步增长,从 62 个增加至 211 项;外商合同投资额从 2.9 亿美元增长至 24.39 亿美元,提高了 7.41 倍;实际利用外资额从 2.18 亿美元增长至 17 亿美元,提高了 6.8 倍。美国卡特彼勒、德国蒂森克虏伯、德国利勃海尔、法国圣戈班、韩国斗山、丹麦维斯塔斯等一批世界 500 强和跨国公司入驻该市。

表 4-9　徐州市利用外资情况

年份	当年新签项目数(个)	外商合同投资额(万美元)	当年实际使用外资金额(万美元)
2001	62	29078	21840
2002	119	44060	25023
2003	166	57301	34095
2004	186	75462	32917
2005	173	79955	26056
2006	151	68500	24433
2007	166	47800	44290
2008	122	167700	58251
2009	145	111000	69781
2010	204	—	101330
2011	218	258400	146600
2012	211	243900	170000

根据该市"十一五"规划纲要,徐州市发展目标定位为"保持苏北领先、保持淮海经济区领先、争做江北'两个率先'领头羊"。产业政策为,加大产业结构调整力度,坚定不移地把发展工业经济作为第一方略,优先发展先进制造业和现代服务业,加快建立高效、集约型产业体系,促进三次产业协调发展和全面升级。

　　第二产业方面,做大做强装备制造(打造全国重要的工程机械生产研发基地、区域性大型建材机械和锻压机械生产制造基地及交通装备制造基地)、化学工业、新兴产业(新医药、电子信息、新材料和环保产业)等优势主导型产业;大力发展木材加工、纺织、食品等劳动密集型产业;整合提升建材、冶金、电力等资源开发型产业。第三产业方面,加快发展现代物流、商贸流通、旅游、金融保险、信息、商务等现代服务业。第一产业方面,积极发展现代农业,稳定发展粮食生产,大力发展高效经济作物、优质林果业和特色养殖业;着力培育壮大优质稻麦、特色蔬菜、奶业、特色畜禽、优质林果、食用菌、花卉、特种水产等 10 个优势主导产业;重点建设 15 个农产品生产基地。

　　根据该市"十二五"规划纲要,徐州市定位为"特大型区域性中心城市"。产业政策为:充分发挥科学技术在促进经济社会发展中的重要支撑引领作用,实现高新技术跨越发展、传统产业加速调整、创新型经济加速培育和农业提档升级,形成以现代农业为基础、先进制造业为主体、现代服务业为支撑的产业协调发展新格局。第二产业方面,打造先进制造业基地,做强装备制造、食品及农副产品加工、能源等主导产业;做大新能源、新材料、新医药、物联网、软件和服务外包、环保等六大战略性新兴产业;做优煤盐化工、冶金等传统产业。第三产业方面,加快发展现代服务业,突出发展生产性服务业,创新发展新兴服务业,改造提高传统服务业,加快发展软件开发、国际服务外包、现代物流、文化动漫、旅游服务和商业中介等六大重点现代服务业。第一产业方面,提升现代农业,加快发展高效设施农业,重点做大做强高效设施农业基地和林果、肉鸭、奶业、大蒜、食用菌五大产业体系;重点发展家禽产业、奶牛产业、生猪产业和肉羊产业,发展生态渔业,积极发展休闲观光农业等新兴产业。

　　徐州市工业发展如表 4-10 所示。从规模企业数来看,2001 年有 662 家,2012 年达 2827 家,增加了 3.27 倍;工业产值从 2001 年的 514.35 亿元增加至 2012 年的 8926.62 亿元,提高了 16.35 倍。可看出近些年来,徐州市工业取得了长足的发展,工业规模有了很大的提高,经济实力有了显著提升。

表 4-10　徐州市工业发展情况

年　份	规模以上工业企业数(个)	规模工业总产值(亿元)
2001	662	514.35
2002	743	600.44
2003	835	726.13
2004	1223	924.01

年　份	规模以上工业企业数（个）	规模工业总产值（亿元）
2005	1253	1228.27
2006	1586	1632.55
2007	1941	2143.57
2008	2289	2846.68
2009	3108	3597.50
2010	3412	5112.97
2011	2650	6921.34
2012	2827	8926.62

2012 年,徐州市规模以上工业企业达到 2827 家,比上年增长 6.7%。其中营业收入超百亿元企业 7 家,上市工业企业达到 7 家。规模以上工业增加值比上年增长 17.3%,其中轻、重工业增加值分别增长 16.5% 和 17.7%。全市六大千亿元主导工业产业发展迅速,战略性新兴工业产业实现产值 3356.41 亿元,比上年增长 80.9%,占规模以上工业产值的比重 37.6%,比上年提高 10.8 个百分点;高新技术产业产值 3016 亿元,增长 50.8%,占规模以上工业总产值比重达 33.8%。

徐州市主要产业发展情况如表 4-11 所示。

从产业规模上来看,2012 年有 7 个产值超过 500 亿元,其中,4 个产业产值超过千亿元,装备制造业、食品及农副食品加工业两大产业超过 2000 亿元。煤盐化工、新材料两大产业超过千亿元。信息技术、物联网等新兴产业规模也超过了 250 亿元。

从产业比重来看,500 亿元的产值规模将在工业中占据 5% 左右的比重。以此标准,六大主导产业和四大新兴产业中大都达到这一下限,装备制造业在工业中的比重超过 1/4,食品及农副产品加工业超过 1/5,占该市工业经济的一半以上。

从产业增长速度来看,徐州市主要行业发展迅速,年均增速在 35% 以上。其中,新兴产业发展速度高于主导产业,新材料、物联网、医药等产业发展势头很快,煤盐化工也有不俗的表现。

表 4-11 徐州市主要行业发展情况

行　业	产值(亿元)	产业比重(%)	增长率(%)		
	2012 年	2012 年	2012 年	2011 年	2010 年
装备制造	2605.81	29.19	33.60	41.00	50.00
能源	717.24	8.03	−3.30	30.40	37.30
食品及农副产品加工业	2011.05	22.53	20.90	40.50	41.80
煤盐化工	1671.11	18.72	43.70	73.20	—
冶金	766.14	8.58	24.40	37.60	—
建材	363.95	4.08	21.90	42.20	—
新材料	1229.45	13.77	53.00	—	93.10
生物技术和医药	521.04	5.84	52.70	—	69.60
信息技术和软件业	259.47	2.91	65.80	—	53.90
物联网	268.72	3.01	85.10	—	70.80

根据表 4-10、表 4-11 及相关数据,我们对徐州市产业发展有了一定的了解。总体而言,徐州市工业发展形势非常不错,扭转了过去工业发展颓势的局面,工业规模迅速扩大,成为建设先进制造业工业基地最可靠的保障。主导产业、新兴产业、高新技术产业三种类型强力成长。具体来看,装备制造、食品、煤盐化工、新材料等产值规模超过千亿元,能源、冶金、生物科技、信息产业超过 500 多亿元,形成较大规模的产业集群,部分企业成为行业的领头羊和排头兵,形成了企业—产品—产业—产业链—产业集群良性互动、滚动发展的可喜势头。

四、编委会评价

徐州市历史悠久、人文荟萃、资源丰富,是国家重要的交通要道、军事战略要地和能源基地,享有较高的历史地位和政治地位。作为华东地区的门户城市,现为华东重要的教育、科技、文化、交通、旅游、医疗、会展中心,同时也是江苏省内重要的工商业、金融和对外贸易中心。随着徐州逐步融入长三角经济区,江苏沿海开发上升为国家战略,淮海经济区核心区一体化建设,加上江苏省委、省政府对徐州市淮海经济区中心城市、江苏省重点规划建设的四个特大城市和三大都市圈核心城市之一的定位,为全面提升该市经济发展水平和产业竞争力创造了难得的历史机遇。

区位优势:徐州"东襟黄海,西接中原,南屏江淮,北扼齐鲁",素有"五省通衢"之称,是全国重要的综合性交通枢纽,具有显著的交通优势。京沪铁路、陇海铁路、京沪高铁、徐兰高速铁路在此交会;境内5条国道、20条省道、5条高速公路纵横成网,高速公路通车里程达400多公里,密度在全国地级市中位居前列,北通京津,南达沪宁,西接兰新,东抵海滨。京杭大运河傍城而过贯穿徐州南北,北滨北方第一大湖微山湖;观音机场为国家一类开放口岸,开通香港、台北和其他国内20多条航线。目前,已经形成铁路、公路、水运、航空、输油管道"五通汇流"的现代立体交通体系。京沪高铁使徐州纳入了北京、上海"2小时交通圈",正在加快建设的亿吨内河大港将成为集多功能于一体的综合性、现代化港口。

产业优势:徐州作为老工业基地,工业基础雄厚,加之近年发展,培育壮大了一大批发展强劲的产业,成为"中国工程机械之都"和"国家级新能源高新技术特色产业基地"。全市聚集了数千家规模以上工业企业,基本形成了六大主导产业提升壮大、六大战略性新兴产业迅猛发展、现代服务业扩容提质的发展格局。在主导产业上,装备制造、食品及农副产品加工、商贸物流旅游业均超千亿元规模,是全国最大的工程机械生产基地,多晶硅产量位居亚洲第一、世界第三,形成了从多晶硅到光伏电站的完整产业链。在新兴产业上,新能源、新材料、新医药等六大战略性新兴产业加速崛起,已占全部工业产值的近1/4。特别是矿山物联网和节能环保产业取得了重要突破,矿山物联网在技术研发和产业化应用两个层面都形成了"先发优势"。

政策优势:徐州市位于长三角、环渤海两大经济圈连接带,是淮海经济区20个地市中集聚辐射力最强的中心城市。拥有国家级经济技术开发区、国家对外开放航空口岸、国家大学科技园、国家大学创业园和中德东方鲁尔工业园,构成了国内一流的对外开放载体。该市秉承"以诚招商、以信养商、以利兴商"的招商理念,不断提升政务效率和服务水平,相继荣获中国十佳投资环境城市、现代服务业最佳投资城市、中国十大高效政府等称号,吸引了40多个国家和地区的客商来徐投资。

五、投资建议

根据徐州市的产业发展现状、规划的产业定位及比较优势,我们认为徐州市值得关注的行业如下:装备制造业;生物技术与医药;新材料。

枣庄市投资价值分析

一、城市概况

枣庄市位于山东省南部,东与临沂市平邑县、费县、苍山县为邻,南与江苏省铜山、邳州市接壤,西濒微山湖,北与济宁市的邹城市毗连。枣庄市是山东省重要的能源、建材和煤化工基地,鲁南城市带中心城市之一,是一座新兴旅游城市,有"江北水乡·运河古城"之美誉,获全国双拥模范城市、省级历史文化名城、省级园林城市等荣誉称号。该市下辖5区(市中、薛城、峄城、台儿庄、山亭)、1市(滕州市),总面积4563平方公里。2011年末,全市户籍人口394.4万人。

2011年,枣庄市地区生产总值为1561.68亿元,按可比价格计算,增长10.9%。其中,第一产业增加值126.40亿元,增长2.0%;第二产业增加值920.32亿元,增长12.3%;第三产业增加值514.96亿元,增长10.5%。三次产业结构由上年的8.6:60.1:31.3调整为8.1:58.9:33.0。财政一般预算总收入174.2亿元,增长24.3%;地方财政支出160.34亿元,增长24.3%。人均生产总值41746元,比上年增加4907元,折合6463美元。

二、形势分析

2001年,枣庄市地区生产总值为276.82亿元;2004超过500亿元;2008年首次超过千亿元;2011年,枣庄市地区GDP达到1561.08亿元,是2001年的5.64倍,年均增长19.04%。2001年枣庄市人均生产总值为7708元;2003年超过万元;2006年超过2万元;2009年超过3万元;2011年,该市人均GDP达到4.17万元,是2001年的5.42倍,年均增长18.60%。如图4-10所示,枣庄市经济总体保持高速增长,但近几年来增速有所放缓,说明该市发展到一个新的阶段,即从追求经济总量、增长速度转向追求经济质量、经济结构调整的阶段。这意味着发展模式、发展战略、产业重点、经济政策等各方面都将有较大的变化。

枣庄市产业结构变动如图4-11所示。2001年,该市三次产业结构为15.8:49.9:34.3;2005年,产业结构优化调整为9.93:63.76:26.31;2011年,枣庄产业结构优化调整为 8.1：58.9：33.0。2005 年,枣庄市第一产业所占 GDP 比重首次降到 10% 以下。十数年来,第一产业下降了 7.7 个百分点,第二产业上升了 9 个百分点,第三产业下降了 1.7 个百分点。

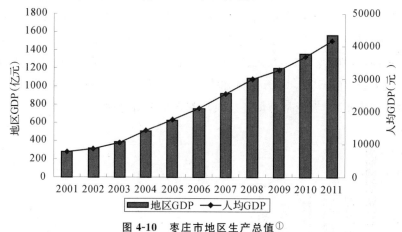

图 4-10　枣庄市地区生产总值①

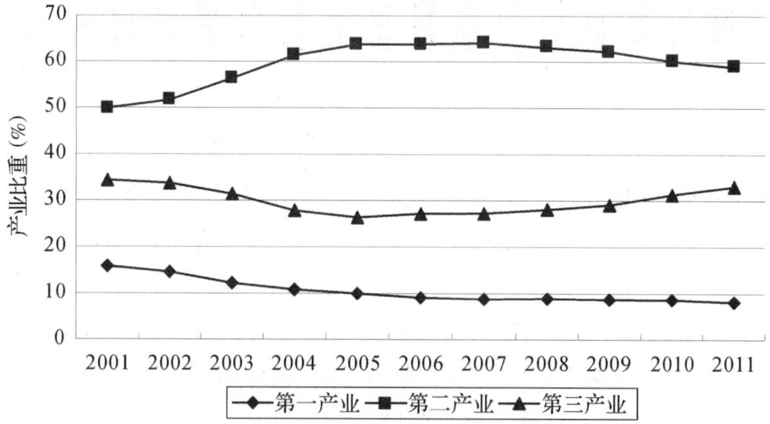

图 4-11　枣庄市三次产业结构

这十数年来,是枣庄市产业结构急剧变动的时期。前几年,该市迅速推进工业化,第一、三产业在地区经济中的比重有了较大的下降;后几年,则是第二产业比重下降,第三产业比重上升的时期。之所以第二产业所占 GDP 比重呈倒"U"形变化,主要原因在于该市的发展阶段和经济结构。依赖于自然资源将容易导致第二产业比重过高,而经济发展到一定阶段,第三产业发展滞后的局面将逐步改观。转型、升级、发展成为枣庄市产业结构调整的优先任务。

---

① 数据来源:《枣庄统计年鉴 2011》。

　　山东省各地区经济发展如图 4-12 所示。从地区生产总值来看,除了莱芜市之外,其他 16 个城市均超过千亿元。其中,青岛市、烟台市、济南市产值最高,分别为 6613.6 亿元、4906.83 亿元和 4406.29 亿元,均排在全国地级城市前列;莱芜市、日照市和菏泽市排在最末,分别为 611.88 亿元、1214.07 亿元和 1475.68 亿元;枣庄市以 1561.68 亿元排在第 14 位。从人均产值来看,东营市、青岛市、淄博市最高,分别为 13.08 万元、7.57 万元和 7.23 万元;菏泽市、临沂市、聊城市排在最末;枣庄市以 4.17 万元排在第 11 位。从总体上来看,枣庄市在山东省处于中等偏下水平,无论是总量还是人均都在中下游之列。

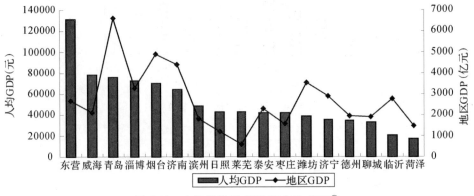

图 4-12　山东各地区 GDP 和人均 GDP[①]

　　山东部分城市基本情况如表 4-12 所示。从人口密度、人均 GDP 两项指标看,枣庄市处于前列水平;从自然资源、经济总量、发展速度、外商投资、进出口、收入水平等各方面指标来看,枣庄市在 7 个城市中均处在最后之列。与其他城市相比,枣庄市人口土地较少,这直接制约了枣庄市采取粗放型增长的空间,制约了土地密集型产业和劳动密集型产业的发展,也影响了企业投资。因此,对枣庄而言,将提前面对产业转型升级的问题。

表 4-12　山东部分城市基本情况[②]

指　　标	单位	枣庄	济南	青岛	潍坊	济宁	临沂	菏泽
土地面积	平方公里	4563	8177	10978	16143	11194	17191	12239
常住人口	万人	386.79	603.27	762.92	867.85	831.31	1041.54	939.44
人口密度	人/平方公里	938.18	697.36	693.7	664.78	402.06	488.18	225.41

---

①　数据来源:山东省统计局,2011。

②　数据来源:《中国城市统计年鉴 2011》,部分数据是省统计局 2011 年数据。

续　表

指　标	单位	枣庄	济南	青岛	潍坊	济宁	临沂	菏泽
地区 GDP	亿元	1561.68	4406.29	6615.60	3541.85	2896.69	2770.45	1475.68
人均 GDP	万元	4.1746	6.4611	7.5780	3.8833	3.5729	2.0869	1.7370
经济增长率	%	10.90	10.60	11.70	11.00	10.80	12.00	14.00
固定资产投资	亿元	823.77	1934.34	3502.54	2603.17	1391.66	1608.62	552.29
工业企业数	个	1708	2156	5895	5231	3696	4151	1932
内资企业	个	1633	1931	3651	4720	3573	3907	1858
港澳台投资企业	个	33	71	359	139	27	81	27
外资企业	个	42	154	1885	372	96	163	47
工业总产值	亿元	2538.64	3950.77	9378.62	6079.21	3224.22	3748.56	1922.99
外商投资新签合同数	个	26	74	647	79	61	36	19
实际利用外资	万美元	21626	98062	186397	67777	41600	30515	8516
地方财政收入	亿元	100.12	325.42	566.00	253.92	207.10	141.26	111.59
进出口总额	亿美元	10.68	104.00	723.17	140.88	57.45	68.31	27.40
城镇居民可支配收入	万元	2.02	2.89	2.86	2.25	2.24	2.42	1.67
农民人均纯收入	元	0.84	1.04	1.24	1.04	0.87	0.80	0.71

三、产业定位

2001—2011 年,枣庄市利用外资有了很大的增长,从原先的千万美元,到现今接近 2.4 亿美元,在全国地级城市中处于前列。"十一五"期间,引进外来固定资产投资过亿元项目 152 个,完成投资 603 亿元,累计到账外资 8.54 亿美元。虽然 2011 年利用外资有所下滑,但市外、省外投资有了巨大的增长。全年新建投资过 5000 万元项目 117 个,其中亿元以上项目 48 个,5 亿元以上项目 14 个,10 亿元以上项目 8 个。韩国 SK、东洋制铁等 21 家国内外 500 强企业入驻枣庄。

表 4-13　枣庄市利用外资情况

年份	项目个数(个)	合同利用外资(万美元)	实际利用外资(万美元)
2001	33	3344	4009
2002	38	10524	4661
2003	32	15316	1681
2004	46	15470	7801

续　表

年份	项目个数(个)	合同利用外资(万美元)	实际利用外资(万美元)
2005	61	22866	10175
2006	47	26359	10328
2007	28	14510	12005
2008	28	28710	17652
2009	26	24173	21626
2010	36	38300	23900
2011	24	9100	12000

　　根据枣庄市"十一五"规划纲要,枣庄经济工作的重心是资源型城市经济转型的结构调整问题,促进产业结构优化升级,实现经济发展由资源开发向综合利用资源转变,由规模型向质量效益型转变。第一产业方面,大力发展现代农业,发展优势农业,发展高效经济作物,建成优质粮生产基地、反季节蔬菜基地,发展畜牧业、林果业和渔业。第二产业方面,走新型工业化道路,发挥资源优势,发展支柱产业,壮大骨干企业,大力实施"三个一批"战略,加快建设"煤化工、能源、建材"三大基地,培育纺织、机电、食品、造纸等优势产业集群。发展高新技术产业,以能源、建材、煤化工为基础,选择新材料、生物技术、精细化工、电子信息等作为主攻方向和发展重点。第三产业方面,繁荣发展服务业,发展新兴流通业、现代服务业,大力发展农村服务业,建设现代物流中心,改造和建设大型现代批发市场,发展文化传媒、房地产、社区服务、信息通信等新兴服务业;提升传统服务业、整合壮大旅游业。

　　根据枣庄市"十二五"规划纲要,该市按照"传统产业新型化、支柱产业多元化、新兴产业特色化"的要求,加快推进产业结构调整和优化升级,促进三次产业在更高水平上协调发展。第一产业方面,加快发展现代农业。构建高产、优质、高效、生态和安全的新型农业产业体系,重点发展"特色、生态、设施、观光"四大现代农业,发展壮大优质专用粮、瓜菜、果品、畜牧、水产、花卉六大主导产业,建设优质商品粮和特色农产品基地。第二产业方面,优化发展工业,以培育壮大接续替代产业,建立现代工业体系为目标,提升改造传统产业,培育发展战略性新兴产业,打造煤化工及精细化工、煤电热能源、水泥、新型建材、机械制造、纺织服装、农副产品加工、战略性新兴产业等八大工业产业集群,加快发展新能源、新材料、电子信息、生物医药等战略性新兴产业。第三产业方面,跨越发展服务业,突出旅游业,发展物流业,提升商贸业,重点加快发展文化旅游、现代物流、专业市场和新兴服务业四大特色服务业,发展运河文化、生态观光、工业遗产、古文化等四大特色旅游业。

2011 年,枣庄市规模以上工业增加值增长 13.0%。其中,轻工业增长 10.5%,重工业增长 13.7%。规模以上工业企业高新技术产业产值 542.3 亿元,占规模以上工业总产值的比重为 16.24%;规模以上工业企业主营业务收入 3386.13 亿元,增长 23.8%。非金属矿物制品、化学制品、纺织、食品制造四大行业增加值增长 14.1%,占规模以上工业的 28.9%;通用设备制造、电气机械及器材制造、专用设备制造 3 个行业增加值增长 22.3%,占规模以上工业的 18.2%;化学原料及化学制品制造业、纺织业、造纸及纸制品业、炼焦业、非金属矿物制品业和通信设备业 6 个行业亏损严重。

枣庄部分产业发展如表 4-14 所示。

从工业总产值来看,超过百亿元的产业有 7 个。其中,煤炭开采和洗选业、非金属矿物制品业、化学原料和化学制品制造业规模最大,分别为 452.53 亿元、266.21 亿元和 256.21 亿元。除此之外,通用设备制造业、农副食品加工业、纺织业等均超过百亿元规模。

从产业比重来看,超过 10% 的三大产业是煤炭开采和洗选业、非金属矿物制品业、化学原料和化学制品制造业,煤炭开采和洗选业接近 20%。八大产业集群均在产业经济中占有较高的比重。

从产业发展速度来看,多数产业在 4 年时间内实现了翻番。其中,电气机械及器材制造业在 2006 年还没进入统计,然而,2009 年则取得了 120 亿元产值的规模,是发展最快的产业。仪器仪表制造业也取得了 21 倍的增幅。除了这两个行业之外,其他增长超过 3 倍的产业也较多。

从产业比重变动幅度来看,大都产业在经济中所占比重变动幅度较小,除了个别产业。煤炭开采和洗选业、非金属矿物制品业是下降幅度最大的两个产业;电气机械及器材制造业、通用设备制造业是增长幅度最大的两个产业。

表 4-14　枣庄部分行业发展情况(2006—2009 年)[①]

行　　业	工业总产值（亿元）	产业比重（%）	增长倍数（倍）	比重变动（%）
煤炭开采和洗选业	452.53	17.83	1.62	−3.11
非金属矿采选业	47.43	1.87	1.43	−0.62

① 数据来源:历年《枣庄统计年鉴》。

行　　业	工业总产值 (亿元)	产业比重 (%)	增长倍数 (倍)	比重变动 (%)
农副食品加工业	126.13	4.97	1.85	−0.13
食品制造业	73.21	2.88	2.33	0.53
饮料制造业	35.09	1.38	1.64	−0.22
纺织业	112.78	4.44	1.76	−0.36
纺织服装、鞋、帽制造业	93.97	3.70	2.37	0.73
木材加工及木、竹、藤、棕、草制品业	44.00	1.73	2.19	0.22
造纸及纸制品业	77.65	3.06	1.75	−0.27
印刷业和记录媒介的复制	25.45	1.00	3.40	0.44
文教体育用品制造业	73.20	2.88	2.08	0.25
石油加工、炼焦及核燃料加工业	52.10	2.05	1.29	−0.97
化学原料及化学制品制造业	256.21	10.09	2.21	1.39
医药制造业	24.48	0.96	1.62	−0.17
橡胶制品业	37.79	1.49	3.12	0.58
塑料制品业	46.04	1.81	2.35	0.34
非金属矿物制品业	266.21	10.49	1.50	−2.85
金属制品业	52.80	2.08	1.83	−0.08
通用设备制造业	220.81	8.70	3.00	3.19
专用设备制造业	65.39	2.58	2.74	0.79
交通运输设备制造业	25.91	1.02	1.62	−0.18
电气机械及器材制造业	120.82	4.76	—	—
通信设备、计算机及其他电子设备制造业	28.24	1.11	2.73	0.34
仪器仪表及文化、办公用机械制造业	6.46	0.25	21.18	0.23
工艺品及其他制造业	32.85	1.29	2.58	0.34
电力、热力的生产和供应业	73.91	2.91	1.30	−1.36

通过表 4-14 等数据，我们对枣庄市产业发展有了一定的了解。总体而言，枣庄市已形成门类齐全的现代产业体系，八大产业集群规模均超百亿元，主导产业、支柱产业在产业体系中占据了较大的比重，为该市经济的进一步发展打下了

良好的基础。然而,八大产业主要以传统产业为主,产业附加值较低、依赖资源突出。产业转型升级、发展替代产业、接续产业成为枣庄市产业政策的重点任务,即在逐步降低对资源型产业、低附加值产业依赖的同时,发展部分新兴产业,实现主导产业的新旧交替。

四、编委会评价

枣庄市地处鲁南经济区和淮海经济区,境内资源丰富,是山东重要的能源化工基地。随着经济的高速增长,土地、劳力、资源短缺的问题逐步显现。为此,实现地区资源优势产业向竞争优势产业的转变,成为该市产业发展的重点。良好的产业基础和区位优势,加之外商投资的涌入,点亮了枣庄经济转型升级的方向。

区位优势:枣庄区位优势显著,交通便利。枣庄是鲁南地区重要的物流集散中心,鲁南经济带区域城市之一。京沪铁路、京福高速公路、建设中京沪高速铁路、104国道、206国道从枣庄穿境而过,京杭大运河在枣庄境内航道94公里,可常年通航千吨级船舶,港口货物吞吐能力1000多万吨;2小时经济圈内有日照、连云港两大出海口和徐州、济南两大机场;目前正在启动建设的枣临铁路和高速公路,建成后距日照海港不足1个小时的车程。

产业优势:经过多年建设,枣庄从以煤炭等资源为主的城市,转变为轻重工业并举、传统与新兴共荣的产业格局。煤化工及精细化工、煤电热能源、水泥、新型建材、机械制造、纺织服装、农副产品加工、战略性新兴产业等八大工业产业集群名副其实,部分产业优势明显,特色鲜明。随着"十二五"规划的实施,部分产业将有更大的发展空间。

政策优势:枣庄市积极实施经济国际化战略,加快与国际接轨的步伐,建立和完善了标准化的服务机构、制度。为了鼓励外商投资和优化投资环境,相继出台了一系列的政策和规定,成立了专门服务投资者的结构,大力改善投资环境,为投资者营造了比较宽松的政策环境、法制环境和服务环境,配套完整的外商服务体系日臻完善。

五、投资建议

根据枣庄市的产业发展现状、未来的产业定位及比较优势,我们认为枣庄市值得关注的行业如下:煤化工;装备制造业;农副食品加工制造业。

镇江市投资价值分析

一、城市概况

镇江市位于江苏省西南部,长江下游南岸,地处长江三角洲的顶端,是长江三角洲地区重要的港口、工贸和风景旅游城市,是国家历史文化名城、中国优秀旅游城市、国家卫生城市、国家园林城市。镇江东南接常州市,西邻南京市,北与扬州市、泰州市隔江相望。该市现辖 4 区(京口、润州、丹徒、新区)、3 市(句容、丹阳、扬中),全市土地总面积 3847 平方公里。2011 年末,全市总人口 271.86 万人。

2011 年全市实现地区生产总值 2311.45 亿元,按可比价计算比上年增长 12.3%。其中,第一产业增加值 100.77 亿元,增长 5.5%;第二产业增加值 1272.39 亿元,增长 12.7%;第三产业增加值 938.29 亿元,增长 12.6%,产业比重由上年的 4.1∶56.4∶39.5 优化调整为 4.4∶55.0∶40.6。人均地区生产总值(按常住人口计算)73981 元,增长 11.2%,按现行汇率计算折合 11741 美元。

二、形势分析

2001 年,镇江地区生产总值不到 500 亿元;2006 年突破 1000 亿元,为 1044.83 亿元;2011 年突破 2000 亿元,为 2311.45 亿元,是 2001 年的 4.95 倍,年均增长 17.41%(现价计算)。2001 年,镇江人均产值为 1.75 万元;2007 年突破 4 万元;2011 年超过 7 万元,为 7.4 万元,是 2001 年的 4.23 倍,年均增长 15.55%。镇江市经济增长情况如图 4-13 所示。从图中可看出,该市经济长期保持在高速增长水平,经济总量和人均产值在全国地级城市中处于前列。

镇江市产业结构调整情况如图 4-14 所示。2001 年,镇江三次产业结构比重为 7.4∶56.6∶36.0;2005 年优化调整为 4.4∶60.5∶35.1;2011 年优化调整为 4.4∶55.0∶40.6。十数年间,第一产业所占 GDP 比重下降了 3 个百分点,第二产业比重下降了 1.6 个百分点,第三产业比重上升了 4.6 个百分点。第一、二产业比重的下降和第三产业比重的上升是该市产业结构调整的主要趋势。

从产业结构来看,21 世纪初,镇江市已经进入工业化中期阶段,第一产业在经济中的比重和地位逐步下降,第二产业比重保持 50% 以上的高比重状态,但

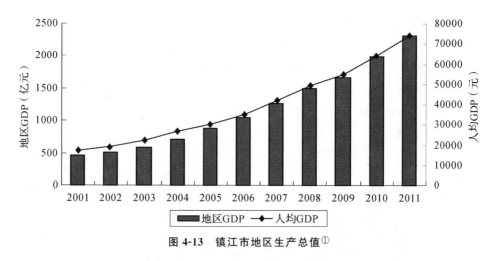

图 4-13　镇江市地区生产总值①

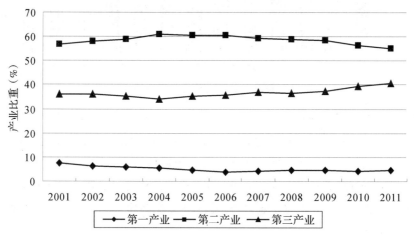

图 4-14　镇江市三次产业结构

有下降的态势。根据镇江人均产值过万美元的现实,该市已步入工业化的后期阶段,在这个阶段,现代化、城市化进程大大加快,工业化将重点发展高端制造业和新兴产业,升级转型的任务加重。随着产业的调整,现代服务业在国民经济中的比重和重要性大大提高。鉴于沿海外向型经济和中国作为世界制造业大国的地位,镇江第二产业比重下降的速度较为缓慢,但第三产业将得到长足的发展。

　　2011 年江苏各地区经济产量如图 4-15 所示。2012 年,江苏省地区 GDP 为4.95 万亿元,接近 5 万亿元,仅次于广东省,居全国第二位;无论是经济总量还是人均 GDP,江苏省均处于我国省市中的第一梯队。从江苏省内来看,苏州市

---

① 　数据来源:《镇江统计年鉴 2012》。

成为首个超过万亿元的城市,为 1.07 万亿元,无锡、南京紧随其后,为 6880 亿元和 6145 亿元;宿迁、连云港、淮安市排名最后三位,但均超过千亿元;镇江市以2311 亿元排在第 10 位;从人均产出来看,无锡市、苏州市人均 GDP 高达 10 万元以上,常州、南京、镇江均超过 7 万元,淮安、连云港、宿迁在 2.7 万—3.6 万元之间;镇江市排在第 5 位。从图 4-15 可看出,镇江市在江苏省内属于规模小但较发达的城市。

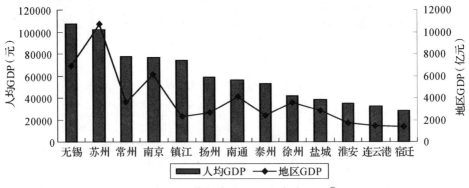

图 4-15 江苏各地区 GDP 和人均 GDP[①]

镇江市与部分城市比较如表 4-15 所示。总体来看,镇江市在苏南地区处于后列,与苏中城市相比,优势也逐步缩小。如镇江市在固定资产投资、外商投资、工业总产值、工业企业数等方面已经落后于周边城市,部分指标仅高于泰州市。这意味着镇江市在产业转型升级中,第二产业的优势已经逐步被苏中地区赶上。对镇江市而言,建立新的产业优势,建立新的经济增长点,推动经济转型发展成为一个重要的任务。

表 4-15 江苏部分城市经济社会基本情况[②]

指 标	单位	南京	无锡	常州	苏州	镇江	扬州	泰州
土地面积	平方公里	6587	4627	4372	8488	3847	6591	5787
常住人口	万人	810.91	643.22	464.97	1051.87	313.43	446.30	462.60
人口密度	人/平方公里	1231	1390	1063	1239	815	677	799
城镇化率	%	79.70	72.20	65.20	71.30	63.00	57.90	56.80
地区 GDP	亿元	6145.52	6880.15	3580.99	10716.99	2311.45	2630.30	2422.61

---

① 数据来源:《江苏统计年鉴 2012》。

② 数据来源:《江苏统计年鉴 2012》。

续　表

指　标	单位	南京	无锡	常州	苏州	镇江	扬州	泰州
人均GDP	元	76263	107437	77485	102129	73981	58950	52396
经济增长率	%	12.00	11.60	12.20	12.00	12.30	12.20	12.10
第一产业比重	%	2.70	1.80	3.10	1.70	4.40	7.00	7.20
第二产业比重	%	44.90	54.20	54.50	55.60	55.00	54.30	54.00
第三产业比重	%	52.40	44.00	42.40	42.70	40.60	38.70	38.80
固定资产投资额	亿元	3757.25	3169.18	2223.26	4279.98	1226.94	1475.43	1197.65
地方财政一般预算收入	亿元	635.00	615.00	350.88	1100.88	181.90	218.08	218.00
地方财政一般预算支出	亿元	666.21	592.67	361.81	1002.63	202.90	264.37	262.02
工业企业单位	个	2508	5241	3638	9904	2173	2584	2489
内资企业	个	1852	3871	2904	5243	1592	2176	2146
外商港澳台商投资企业	个	656	1370	734	4661	581	408	343
工业总产值	亿元	10354.65	14561.97	8270.77	27778.75	5207.67	6772.79	5813.13
社会消费品零售总额	亿元	2697.10	2142.02	1236.10	2829.58	664.07	853.74	651.17
实际外商直接投资	亿美元	35.66	35.05	30.52	90.16	18.08	21.03	14.17
进出口总额	亿美元	573.44	724.63	286.33	3008.63	100.75	101.40	110.88
从业人员	万人	468.34	386.00	277.72	609.32	190.26	303.81	286.65

三、产业定位

镇江市利用外资情况如表 4-16 所示。从 2001—2011 年,该市实际利用外资金额从 3.26 亿美元增长至 18.08 亿美元,利用外资的规模有了巨大增加,在全国城市中处于前列。目前,已有 80 多个国家和地区的 3000 多家公司和财团在镇江投资,累计吸纳外资 126 亿美元。世界 500 强 38 家,中石油、中国二重等 25 家央企这两年在镇江投资总额超过 870 亿元。

表 4-16　镇江市利用外资情况

年份	协议利用金额(万美元)	实际利用金额(万美元)
2001	53499	32637
2002	104070	52276
2003	178880	80554

续　表

年份	协议利用金额（万美元）	实际利用金额（万美元）
2004	268110	121462
2005	321651	59590
2006	157438	73034
2007	233144	106354
2008	233400	120175
2009	280457	144081
2010	232524	161462
2011	220300	180800

根据该市"十一五"规划，镇江市定位为国家历史文化名城、长江三角洲重要的港口、风景旅游城市和区域中心城市之一。产业政策主要体现为：第一产业方面，发展现代农业，加快发展优质粮油、优质肉奶、特色水产、高效园艺、生态经济林和观光休闲农业等六大类特色农业；依托平原圩区、丘陵地带和部分沿江地区，重点发展生态农业和高效农业，打造三大板块，平原圩区重点发展优质稻米和小麦，丘陵地带重点发展畜禽养殖、花卉苗木、优质林桑果茶等，沿江地区重点发展特色水产业。第二产业方面，努力打造长三角重要的先进制造业基地；进一步壮大机械（电气机械及器材、金属制品、专用设备和通用设备）、化工（精细化工和煤化工、盐化工、建材化工、医药化工）、造纸三大主导产业；加快培育电子信息、新材料、电力、交通设备、食品五大优势产业；重点培育壮大化工、电子信息、造纸、五金工具、工程电器、汽摩零部件、船舶及船用设备、眼镜、醋业、木业等10个产业集群，积极培育工程机械、自行车等一批产业集群。第三产业方面，重点发展生产性服务业，大力培育新兴服务业，全面提升传统服务业，重点发展现代物流业、旅游业、商贸流通业、信息服务业、科技服务业、商务服务业、金融服务业、房地产业、大文化产业、居民服务业十大领域服务业。

根据该市"十二五"规划纲要，镇江市定位现代化山水花园城市。产业政策为：着力强化各类产业发展要素整合，以发展创新型经济和服务型经济为主导，推动产业由低端向高端转型，由低附加值向高附加值转变，提升产业国际竞争力，构建技术先进、资源节约、环境友好的现代产业体系，加快形成"三二一"产业结构。第二产业方面，大力发展战略性新兴产业，重点发展壮大新材料、新能源、海洋工程、航空制造、电子信息五大战略性新兴产业，尽快形成爆发式新增长点；加快培育生物医药、节能环保、物联网等产业；根据长三角先进制造业重要基地的定位,该市大力发展装备制造,重点打造重型装备、特种船舶及配套、汽车及配套(含新能源汽车)、电力电器制造、工程机械制造等五大先进装备制造基地,培育和延伸航空配套、风能装备和海洋工程装备等重点产业链;加快改造化工、造纸等传统产业;推进特色产业品牌化,促进眼镜、自行车、调味品、纺织服装、木业加工等特色传统产业的优化升级;强化制造业与信息化融合发展。第三产业方面,加速发展现代服务业,重点发展现代物流、现代商贸、现代旅游、现代金融、文化创意、科技信息等六大产业。第一产业方面,按照优质、高效、外向、生态、安全的要求,大力推进农业规模化、产业化、标准化、信息化发展,建立现代农业产业体系;大力发展高效特色农业,发展设施农业、高效园艺、有机稻米、特色养殖、经济林木和休闲观光体验农业,打造农业及农产品特色品牌,形成品牌效益。

2011 年,镇江市拥有规模以上工业企业 1968 家,其中大中型工业企业 212 家。全年规模以上工业企业完成总产值 5202.96 亿元,比上年增长 30.1%。按轻重工业分,轻工业、重工业完成总产值 968.73 亿元和 4234.23 亿元,比上年分别增长 18.6% 和 33.0%。其中,通信电子设备、仪器仪表、电气机械、化学原料及制品制造业完成工业总产值 308.31 亿元、110.36 亿元、608.02 亿元和 885.21 亿元,比上年分别增长 50.3%、69.5%、28.3% 和 39.2%;全年销售收入超 50 亿元企业 13 家、利润超 5 亿元企业 110 家,比上年分别增加 5 家、35 家。

镇江市工业领域发展数据如表 4-17 所示。

从规模企业单位数来看,超过 100 家的行业有 11 家。其中,金属制品业、交通运输设备制造业、电气机械及器材制造业企业数最多,均超过 250 家,分别为 380 家、312 家和 284 家。除了这些行业之外,通用设备制造业、化学原料及化学制品制造业也超过 200 家。

从工业总产值来看,超过 100 亿元产值的行业有 13 个,超过 500 亿元产值的产业有 2 个。其中,化学原料及化学制品制造业、电气机械及器材制造业产值最高,分别为 692.68 亿元和 571.69 亿元,这两个行业的产业比重均超过 10%,在 13%—17% 之间。除了这些行业之外,交通运输设备制造业、金属制品业、通用设备制造业产值规模均超过 200 亿元,产业比重都超过 5%。

从行业发展速度来看,平均增长倍数为 3.15 倍,超过平均值的行业有 13 个,相对而言,轻工业发展速度低于平均数的较多,装备制造业、冶金、化工发展速度超过平均数的较多。其中,仪器仪表制造业、饮料制造业和化学纤维制造业是增速最快的三个行业,分别为 13.92 倍、9.9 倍和 6.04 倍。除此之外,黑色金属冶炼及压延加工业、电气机械及器材制造业发展速度也较快,增长倍数均超过

5 倍。食品、纺织服装、电力等是增速较慢的产业。

从产业变化幅度来看,产业比重增加的行业有 14 个,大体而言,发展速度低于平均数的行业,产业比重均有不同程度的下降。上升最快的行业是电气机械及器材制造业、仪器仪表制造业和通信设备制造业,产业比重分别增加了 5.16个百分点、3.26 个百分点和 2.38 个百分点。下降最快的行业是造纸业、金属制品业、电力生产供应业,产业比重下降均超过 2 个百分点。

表 4-17　镇江主要行业发展情况(2005—2010 年)[①]

行　　业	单位数(个)	工业总产值(亿元)	产业比重(%)	增长倍数(倍)	产业变化幅度(百分点)
总计	2125	4190.42	100.00	3.15	0
黑色金属矿采选业	6	23.54	0.56	5.88	0.26
非金属矿采选业	24	16.95	0.40	0.94	−0.95
农副食品加工业	36	70.22	1.68	1.46	−1.93
食品制造业	16	13.77	0.33	1.38	−0.42
饮料制造业	7	7.26	0.17	9.90	0.12
纺织业	166	105.63	2.52	1.99	−1.46
纺织服装、鞋、帽制造业	182	106.90	2.55	2.83	−0.29
皮革、毛皮、羽毛(绒)及其制品业	106	36.94	0.88	2.60	−0.18
木材加工及木、竹、藤、棕、草制品业	15	122.06	2.91	2.21	−1.24
家具制造业	11	5.10	0.12	3.54	0.01
造纸及纸制品业	47	215.72	5.15	2.10	−2.57
印刷业和记录媒介的复制	43	13.76	0.33	2.88	−0.03
文教体育用品制造业	51	41.70	1.00	2.13	−0.47
石油加工、炼焦及核燃料加工业	9	80.17	1.91	4.76	0.65
化学原料及化学制品制造业	266	692.68	16.53	3.27	0.62
医药制造业	23	16.66	0.40	2.52	−0.10
化学纤维制造业	6	13.59	0.32	6.04	0.16
橡胶制品业	28	13.51	0.32	1.48	−0.36

[①] 数据来源:《镇江统计年鉴 2011》《镇江统计年鉴 2006》。之所以 2011 年规模以上工业企业数少于 2010 年数据,原因在于统计口径的不一样。

行　业	单位数（个）	工业总产值（亿元）	产业比重（%）	增长倍数（倍）	产业变化幅度（百分点）
塑料制品业	113	51.71	1.23	2.07	−0.64
非金属矿物制品业	199	226.24	5.40	3.37	0.35
黑色金属冶炼及压延加工业	40	208.74	4.98	5.73	2.25
有色金属冶炼及压延加工业	77	99.38	2.37	2.76	−0.33
金属制品业	380	283.25	6.76	2.32	−2.41
通用设备制造业	282	243.23	5.80	3.04	−0.20
专用设备制造业	93	85.12	2.03	3.30	0.09
交通运输设备制造业	312	299.30	7.14	3.30	0.32
电气机械及器材制造业	284	571.69	13.64	5.06	5.16
通信设备、计算机及其他电子设备制造业	150	211.75	5.05	5.95	2.38
仪器仪表及文化、办公用机械制造业	54	176.77	4.22	13.92	3.26
工艺品及其他制造业	70	37.65	0.90	3.30	0.04
电力、热力的生产和供应业	9	79.04	1.89	1.42	−2.28

　　根据表 4-17 和相关数据，我们对镇江市产业发展情况有了一定的了解。该市轻重工业发展较为均衡，产业主导和支柱产业主要为装备制造业、化工、造纸、纺织服装、冶金等，产业规模均达上百亿乃至千亿元规模，形成了自身的具有较大竞争力的特色产业。从近几年数据来看，镇江市正处于产业结构转型升级的关键阶段，产业发展速度以及在国民经济中的地位、比重均有较大幅度的调整。总体而言，该市正处于从轻工业向重工业和装备制造业、重化工业转型的阶段。虽然部分传统工业已经有较大规模，但增长速度日趋下降。

四、编委会评价

　　镇江市地处长三角，风景优美，人文荟萃，是一座区位优势独特、资源条件优越的港口型开放城市。作为中国沿海开放城市，是江苏南京都市圈核心层城市、长三角重要的港口、工贸和旅游城市，镇江市在各个方面具有优势。改革开放以来，大量外资的引入迅速改变了镇江市的经济面貌，也推动着镇江经济长足的发展。近几年来，镇江产业转型升级加速，随着诸多新兴产业的崛起，将为镇江的未来增添更多光彩。

区位优势：该市区位优势显著，交通便利。镇江西距南京 50 公里，东距上海200 公里，处于上海经济圈和南京都市圈的交会点，区位优势突出。沪宁铁路、沪宁高速、扬溧高速公路、312 国道、104 国道贯穿全境，已建成通车的润扬长江公路大桥和正在开工建设的沪宁高速铁路、城际轻轨、镇泰过江通道将使镇江的区位优势更加明显。长江境内自然岸线长 270 公里，其中深水岸线 87 公里，镇江港是中国主枢纽港，两岸直航后开放的 15 个河港之一，与世界 72 个国家和地区的 288 个港口直接通航。

产业优势：镇江市产业基础较强，产业特色明显。全市初步形成了机械、化工、造纸三大主导产业和电子信息、新材料、电力、交通设备、食品五大特色产业，建立了船舶及船用设备、汽摩零部件、化工、电子信息、造纸、五金工具、工程电器、眼镜、醋业、木业等多个产业集群。拥有世界产能第一的造纸生产线，世界五强之一的锚链生产基地，亚洲最大的工程塑料生产基地，全国最大的醋酸生产企业和铝箔包装材料定点生产基地，国内汽车行业最大的发动机缸体铸造企业。随着"十二五"规划的制定实施，镇江市的优势产业、主导产业和新兴产业将获得更大的发展。

政策优势：作为改革开放的前沿城市之一，经过多年的探索，该市已经形成了成熟的利用外资的政策，也建立了稳定、高效的政府管理机制，政府的服务意识、服务理念、服务方式的好坏直接关乎外商投资的成败。地域、政策、产业、管理等各个方面的优势，决定了镇江市投资环境优秀，也成为外来投资的首选之地。

五、投资建议

根据镇江市的产业发展现状、未来的产业定位及比较优势，我们认为镇江市值得关注的行业如下：装备制造业；化工业；电子信息产业。

第二节　中部地区城市投资价值分析

黄石市投资价值分析

一、城市概况

黄石位于长江中游、湖北东南部，是我国中部地区重要的原材料工业基地和国务院批准的沿江开放城市,先后获得国家园林城市、全国科技进步示范市、全国创业先进城市等称号。该市东北临长江,与黄冈市隔江相望,北接鄂州市,西靠武汉市、江夏区,西南与咸宁市为邻,东南与江西省武宁县、瑞昌市接壤。全市现辖4区(黄石港、西塞山、下陆、铁山)、1县(阳新)、1市(大冶)和1个国家级经济技术开发区(黄石经济技术开发区),总面积4583平方公里。2011年末,全市常住人口243.46万人。

2011年,黄石市实现地区生产总值925.96亿元,按可比价格计算,比上年增长15.8%。其中,第一产业增加值68.81亿元,增长4.6%;第二产业增加值577.56亿元,增长20.9%;第三产业增加值279.59亿元,增长10.1%。三次产业比重为7.4:62.4:30.2,与上年相比,第一产业增加值占GDP比重下降0.4个百分点,第二产业增加值占GDP比重上升5.2个百分点,第三产业增加值占GDP比重下降4.8个百分点。2011年,全市人均生产总值达到38074元,比上年增长33.9%。

初步计算,2012年,黄石市地区生产总值突破千亿元大关,达到1040亿元,比上年增长12%。

二、形势分析

2001年,黄石市地区生产总值为208.2亿元;2008年突破500亿元;2012年突破1000亿元大关,达1040亿元,是2001年的5倍,年均增长15.94%(现价计算)。2001年,黄石人均GDP为8842元;2003年超过1万元;2008年超过2万元;2011年超过3万元;2012年达4.3万元左右,是2001年的4.84倍,年均增长15.61%。具体如图4-16所示,黄石市经济保持较快增长水平,经济总量和人均产出均有很大幅度提高,为地区经济保持省内领先水平提供了保证。

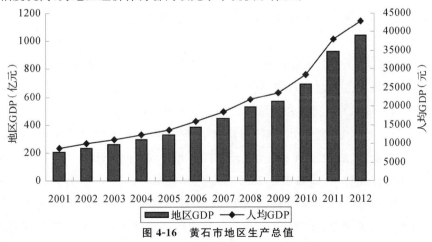

图4-16　黄石市地区生产总值

黄石市产业结构调整如图 4-17 所示。2001 年,该市三次产业比重为 9.27：51.50：39.23；2006 年优化调整为 8.27：55.22：36.52；2011 年优化调整为 7.40：62.40：30.20。十数年间,第一产业所占 GDP 比重下降了 1.87 个百分点,第二产业所占 GDP 比重上升了 10.9 个百分点,第三产业所占 GDP 比重下降了 9.03 个百分点。第二产业比重的迅速上升和第三产业比重的显著下降是该市产业结构调整的主要特征。

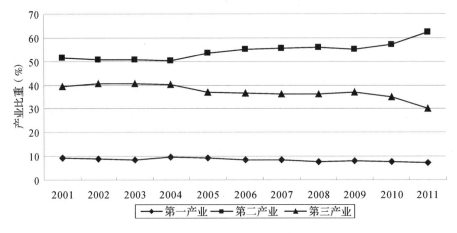

图 4-17　黄石市三次产业结构

根据黄石产业结构,该市早已处在工业化的中期阶段,第二产业在地区经济中长期保持在 50%—60% 的水平。这一阶段是工业持续推进的阶段,表现为第二产业的优化升级,是从资源型产业向其他转型的关键阶段。对黄石市而言,保持传统产业优势的同时,还需大力推进接续产业和替代产业的发展。与此同时,继续实现农业的产业化和工业化,大力发展第三产业也成为必然的要求,最终实现产业的均衡发展,形成具有特色的现代产业体系,增强产业竞争力。

初步估算,2012 年湖北省地区生产总值达到 22250.16 亿元,居全国第 9 位,中部六省第 2 位。地区 GDP 同比增长 11.3%,人均 GDP 达 38501 元(按常住人口计算)。2011 年湖北省各地区经济总量和人均产出如图 4-18 所示。从经济总量来看,武汉市、宜昌市和襄阳市经济规模最大,分别为 6762.2 亿元、2140.7 亿元和 2132.22 亿元；神农架、天门市、潜江市和仙桃四个省直属单位最低,都在 400 亿元以下；黄石市以 925.96 亿元排在第 8 位。从人均产出来看,武汉、宜昌、鄂州最高,分别为 6.83 万元和 5.26 万元和 4.67 万元；荆州、黄冈和恩施最低,在 2 万元之下；黄石市以 3.81 万元排在第 6 位。武汉市为湖北省内的经济中心,也是全国重要的城市之一。黄石市经济在湖北省内处于中等偏上水平。

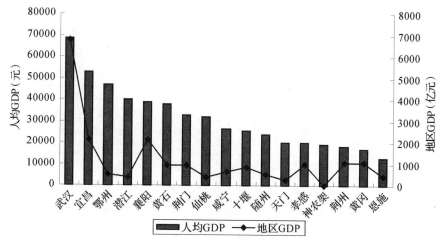

图 4-18　湖北各地区 GDP 和人均 GDP①

　　黄石市与周边城市比较如表 4-18 所示。与武汉、宜昌、襄阳等省内大城市相比,黄石市各项指标都较为落后,特别是工业企业数、工业总产值等方面,落后较多,在进出口总额和外商直接投资方面处于前列,与这三个城市相比,黄石规模较小但均量指标并不落后。与鄂州、咸宁等周边城市相比黄石市优势较为明显,主要在于黄石规模较大。总体看来,黄石市优势不显著,劣势也不明显。最大的挑战在于城市间处于相似的发展水平,故而带来了较大的区域间竞争。发挥紧靠武汉优势,主动融入武汉,发挥错位竞争,将有助于黄石市的长期发展。

表 4-18　湖北部分城市基本情况

指　标	单位	黄石	武汉	宜昌	襄阳	鄂州	咸宁
土地面积	平方公里	4586	8494	21084	19728	1594	9861
常住人口(万人)	万人	243.46	1002.00	406.85	552.72	105.10	246.79
人口密度	人/平方公里	530.88	1179.66	192.97	280.17	659.35	250.27
地区 GDP	亿元	926.00	6756.20	2140.70	2132.20	490.90	652.00
第一产业比重	%	7.43	2.94	11.25	13.68	12.43	18.22
第二产业比重	%	62.38	48.16	60.50	57.08	59.03	47.44
第三产业比重	%	30.19	48.98	28.24	29.25	28.54	34.36

①　数据来源:《湖北统计年鉴 2012》。

续　表

指　　标	单位	黄石	武汉	宜昌	襄阳	鄂州	咸宁
人均 GDP	元	38074	68315	52673	38671	46756	26448
经济增长率	％	15.80	12.50	16.10	16.00	16.00	15.80
固定资产投资	亿元	597.45	4263.24	1189.92	1134.74	336.85	563.08
工业企业数	个	477	1856	911	1154	414	620
工业增加值	亿元	481.54	2458.75	1100.46	1034.60	272.04	279.34
工业总产值	亿元	1603.12	8778.11	3195.74	3276.97	901.18	950.22
内资企业	亿元	1214.06	6345.73	2923.28	2665.96	853.05	872.58
外商港澳台企业	亿元	389.06	2432.39	272.46	611.01	48.13	77.64
国有企业	亿元	42.32	3690.52	538.77	143.70	14.44	15.07
地方财政一般预算收入	亿元	53.84	673.26	113.98	97.41	26.31	35.56
地方财政一般预算支出	亿元	127.88	765.04	238.09	248.14	56.69	122.86
进出口总额	亿美元	22.09	227.90	22.89	10.03	3.41	2.94
外商直接投资	亿美元	3.26	27.47	1.85	3.13	1.19	1.71

三、产业定位

黄石市实际利用外资情况如图 4-19 所示。2001 年该市利用外资 1.45 亿美元,2011 年为 3.45 亿美元,增长了 1 倍多。"十一五"期间,黄石市累计实际利用外资 14.88 亿美元,居全省第 2 位,年均增长 8.05％。沃尔玛、日本丸红、中信集团、宝钢集团、中粮集团、中冶集团、中国铝业等世界 500 强企业在黄石均有较大投资。

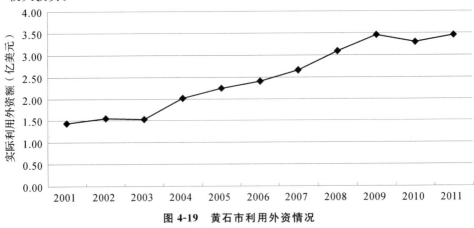

图 4-19　黄石市利用外资情况

　　根据该市"十一五"规划纲要,黄石定位为区域性中心城市。第二产业方面,强力推进新型工业化,改造提升冶金、建材、能源等传统产业,形成特钢及延伸加工、铜及延伸加工、水泥及新型建材、铝及延深加工、煤炭及电力等五大产品板块;培育壮大接续产业,重点发展纺织服装、轻工食品、机械制造、高精度板材、化工等具有一定基础和发展潜力的产业,形成有梯次、有层级、有接替的接续产业集群;大力发展高新技术产业,集中培育发展光机电一体化、电子信息、生物医药等领域。第一产业方面,推进农业产业化、农村工业化,建设蔬菜、畜牧、水产、林业四大优质农产品产业带和吴茱萸、油茶、苎麻、黑芝麻、绢丝丽蚌、优质家禽六大特色基地,逐步形成大集中、小分散、分工明确、优势互补的农业产业化基地布局;重点发展具有比较优势的粮油制品加工、水产品加工、畜禽制品加工、果蔬饮品加工及苎麻、竹木加工。第三产业方面,突破性发展服务业,坚持以消费需求为导向,以企业为主体,加快物流业、商贸业、交通运输业、旅游业、金融保险业、信息服务业、中介服务业、社区服务业发展。

　　根据该市"十二五"规划纲要,黄石市发展定位为"打造'三基地一枢纽'[①],强化武汉城市圈副中心城市地位,建设现代化区域性中心城市"。产业政策为:以加快转变经济发展方式、提升产业整体竞争力为目标,按照"培育新兴、改造传统、壮大接续、提升三产、集群发展"的思路,大力推进经济结构的战略性调整,推动传统产业和高新产业、重工业和轻工业、现代服务业和现代农业协调发展,实现经济发展由主要依靠二产业带动向三次产业协调带动转变,着力构建结构优化、技术先进、清洁安全、附加值高、吸纳就业能力强、与资源型城市转型相适应的现代产业体系。第二产业方面,推进工业结构的战略性调整,培育发展新材料、新能源、电子信息、节能环保、生物技术及医药等五大战略性新兴产业;做强做大装备制造、食品饮料、纺织服装、化工等四大接续替代产业;改造提升钢铁、有色、建材等传统支柱产业。第三产业方面,提高现代服务业发展水平,统筹发展生产性、生活性服务业,改造提升传统服务业,加快发展现代物流和商贸业,推进服务业与制造业的融合发展。第一产业方面,促进特色现代农业稳步发展,发展高产、优质、高效、生态、安全农业,重点发展种植业、畜牧业、水产业、林特业等具有一定比较优势的特色农业。

　　2001—2012年黄石市规模以上工业发展情况如表4-19所示。从规模企业数来看,从2001年的273家增加至2012年的512家;规模工业总产值从

---

　　①　中部地区先进制造业基地,全国特钢、铜产品精深加工基地,辐射鄂东赣北皖西的现代物流中心和综合交通枢纽。

2001 年的 146.65 亿元增长至 2012 年的 1758.1 亿元,提高了近 11 倍;规模工业增加值从 2001 年的 60.95 亿元增长至 2012 年的 537.64 亿元,提高了 7.82 倍。

表 4-19　规模以上工业发展情况

年　份	规模以上工业企业数(个)	规模以上工业总产值(亿元)	规模以上工业增加值(亿元)
2001	273	146.65	60.95
2002	284	166.20	70.60
2003	298	190.06	83.24
2004	361	318.36	113.95
2005	297	387.84	141.86
2006	341	528.06	180.33
2007	415	709.16	211.19
2008	574	886.55	264.42
2009	626	864.62	269.40
2010	158	1160.63	353.78
2011	419	1588.70	522.36
2012	502	1758.10	537.64

2012 年,全市规模以上工业完成增加值 537.64 亿元,同比增长 16.6%;完成总产值 1758.1 亿元,同比增长 12%。其中,轻工业完成产值 232.5 亿元,同比增长 18.4%;重工业完成产值 1525.7 亿元,同比增长 11%。轻工业增速高于重工业 7.4 个百分点,轻重工业比为 13.22∶86.78。全市规模以上工业企业突破 500 家,达到 502 家,比上年净增 83 家。其中,产值亿元以上工业企业达到 234 家,比上年增加 35 家;产值 10 亿元以上企业 23 家,比上年减少 1 家;产值百亿元以上企业为 3 家。

黄石市主要行业发展情况如表 4-20 所示。从产业规模来看,2011 年,有色金属冶炼及压延加工业超过 400 亿元;黑色金属冶炼及压延加工业超过 200 亿元;黑色金属矿采选业、非金属矿物制品业、通用设备制造业三个行业超过 100 亿元,纺织服装和电力接近百亿元;食品饮料制造业、有色金属矿采选业超过 50 亿元。从增长速度来看,黄石主要行业增长速度年均在 20% 以上。其中,有色金属矿采选业、黑色金属矿采选业、通用设备制造业平均增速超过 38%;化学原料及化学制品制造业、专用设备制造业、交通运输设备制造业等行业超过 35%。电力、冶金等行业增速较慢。

表 4-20　黄石市主要行业发展情况

行　业	工业总产值(亿元)				增长率(%)				
	2011 年	2010 年	2009 年	2008 年	2011 年	2010 年	2009 年	2008 年	平均
全部	1588.70	1160.63	876.00	865.57	33.00	39.50	0.30	21.30	23.53
煤炭开采和洗选业	8.98	8.78	8.83	6.68	19.60	1.30	15.15	56.30	23.09
黑色金属矿采选业	112.76	84.36	54.54	40.73	27.30	52.40	25.38	50.80	38.97
有色金属矿采选业	77.05	45.76	30.81	28.37	93.60	40.40	9.17	22.80	41.49
食品、饮料制造业	53.32	38.07	27.18	22.42	24.00	40.00	21.60	30.10	28.93
纺织、服装鞋帽制造业	98.08	29.40	24.80	22.21	43.00	30.00	19.70	11.30	26.00
化学原料及化学制品制造业	44.47	34.79	29.25	23.91	48.80	21.00	18.69	54.30	35.70
医药制造业	9.49	9.52	7.94	4.31	30.90	20.00	38.54	14.00	25.86
非金属矿物制品业	135.60	101.80	72.00	66.37	44.60	42.10	7.80	30.60	31.28
黑色金属冶炼及压延加工业	294.91	203.26	170.25	201.35	28.70	36.40	−14.68	29.60	20.01
有色金属冶炼及压延加工业	426.25	299.40	201.46	242.14	45.30	50.00	−13.34	6.00	21.99
金属制品业	10.27	26.09	20.75	23.44	95.80	26.30	−14.78	21.00	32.08
通用设备制造业	119.34	79.60	29.66	22.64	9.50	43.90	22.27	79.00	38.67
专用设备制造业	48.00	26.00	16.78	9.45	56.70	29.30	42.10	22.10	37.40
交通运输设备制造业	16.59	16.87	13.30	8.11	41.10	35.30	49.20	14.80	35.10
电气机械及器材制造业		49.64	40.19	27.49		33.10	32.43	7.00	24.18
电力、热力生产供应业	97.37	21.46	64.96	63.76	51.50	5.90	1.92	2.60	15.48

　　根据表 4-19、表 4-20 及相关数据,我们对黄石市产业发展情况有了一定的了解。作为资源型城市,冶金(黑色金属、有色金属)业是该市最大的行业,占据了 1/3 以上工业产值,加上装备制造、金属制品、建材、化工等行业,重工业所占比例远远高于其他城市。随着接续产业和替代产业的培育发展,食品饮料、纺织服装、医药等产业取得了长足的发展,这有助于产业平衡,也有利于地区经济的均衡发展。

四、编委会评价

　　黄石市历史悠久,资源丰富,交通便利,环境优美。作为我国中部地区重要的原材料工业基地,一大批重工业项目落户于此,矿产、煤炭、冶金、建材等产业成为该市的支柱产业,推动着该市的工业化进程。产业空间布局的再调整以及地区经济发展的需要逐步改变着该市的产业格局,轻工业开始发力,重工业开始向新材料领域、高端制造业转型升级,这将为黄石创造更好的未来。

区位优势:黄石市地理区位优越,交通便利。黄石是全国 53 个重点港口城市和 133 个客货主枢纽城市之一,处于京广、京九两条铁路大动脉与京珠、沪蓉、大广、杭瑞四条高速公路和长江黄金水道的交会地带,是承东启西、贯南通北之地。黄石长江大桥和鄂东长江大桥使黄石与我国中部东西轴线区域的各个城市都形成了顺畅的连接,沿高速公路至上海 8 小时、南京 6 小时、合肥 4 小时、九江 1 小时、武汉 1 小时。水运依托长江可上溯宜昌、重庆,下至南京、上海,直达出海口。黄石港是长江十大良港之一,为国家一类开放口岸,海关、商检、边检等服务设施完善,5000 吨级货轮可长年往返。

产业优势:黄石工业基础雄厚。依托丰富的矿产资源,黄石成为国家开发建设的重点区域,形成了以冶金、能源、建材等重工业产业为支柱的现代产业体系。改革开放以来,该市工业迅速发展,现已形成黑色金属、有色金属、建材、能源、机械制造、纺织服装、食品饮料、化工医药等八大主导产业集群,形成了一批优势产业,建立了一批大型企业,创造了大量优势产品。"十二五"规划的实施,将进一步推动该市产业结构的调整力度,也将为该市产业发展创造更多的机遇和发展空间。

政策优势:作为资源枯竭型城市,黄石市争取到了一系列国家级的优惠政策。"十二五"时期,黄石将继续处于发展的政策高地,享受国家促进中部崛起"两比照"、资源型城市转型、"两型社会"建设综合配套改革等政策和湖北省长江经济带开放开发、武汉城市圈建设等政策,被列入国家科技进步、创业促就业、棚户区改造公共租赁房、3G 电子政务等试点城市。与此同时,国家实施经济转型升级、扩大内需、发展战略性新兴产业等政策将为黄石市未来加快发展提供重大机遇。

五、投资建议

根据黄石市的产业发展现状、未来的产业定位及比较优势,我们认为黄石市值得关注的行业如下:装备制造业;纺织服装业;医药化工业。

开封市投资价值分析

一、城市概况

开封市位于黄河中下游平原东部,地处河南省中东部,是中国八大古都之一、中国历史文化名城、中国优秀旅游城市、全国双拥模范城、全国创建文明城市工作先进城市,也是河南省中原城市群和沿黄"三点一线"黄金旅游线路三大中心城市之一。该市东与商丘市相连,西与省会郑州毗邻,南接许昌市和周口市,北依黄河,与新乡市隔河相望。开封市现辖 5 区(龙亭区、顺河回族区、鼓楼区、禹王台区、金明区)、5 县(杞县、通许县、尉氏县、开封县、兰考县)。土地总面积 6266 平方公里。2011 年末,全市总人口 543 万。

2011 年,开封市地区生产总值实现 1093.64 亿元,增长 12.9%,在"十二五"开局之年成功跃上"千亿 GDP"新台阶。其中,第一产业增加值 237.5 亿元,增长 4.1%;第二产业增加值 429.3 亿元,增长 18.1%;第三产业增加值 363.8 亿元,增长 13.2%。三次产业结构由上年的 23.7:43.2:33.1 调整为 21.7:45.0:33.3;二、三产业占生产总值的比重上升到 78.3%。全市地方财政总收入完成 68.7 亿元,增长 31.9%,地方财政一般预算支出完成 145.2 亿元,增长 24.7%。

二、形势分析

2001 年,开封地区生产总值为 252.35 亿元;2007 年突破 500 亿元;2011 年突破千亿元,为 1093.64 亿元,是 2001 年的 4.33 倍,年均增长 15.99%(现价计算)。2001 年,开封市人均产值为 5379 元;2007 年突破 1 万元;2011 年突破 2 万元,为 2.34 万元,是 2001 年的 4.35 倍,年均增长 16.03%。新世纪以来,开封市的经济总量和增长情况如图 4-20 所示,从图中可看出,开封经济增长较不平稳,受经济大环境的影响程度较大。

开封市产业结构变动趋势如图 4-21 所示。2001 年,开封三次产业比重为 31.8:35.8:32.4;2005 年优化调整为 29.7:40.2:30.1;2011 年优化调整为 21.7:45.0:33.3。十数年间,该市第一产业所占 GDP 比重下降了 10.1 个百分点,第二产业所占 GDP 比重上升了 9.2 个百分点,第三产业所占 GDP 比重上

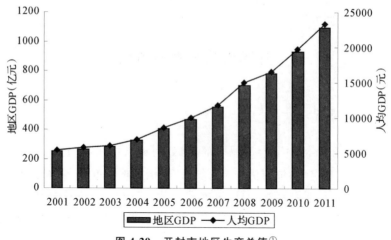

图 4-20　开封市地区生产总值①

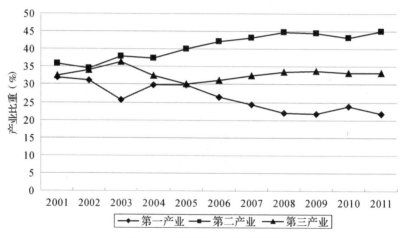

图 4-21　开封市三次产业结构

升了 0.9 个百分点。第一产业逐步下降,第二产业显著上升,第三产业平稳发展是该市产业变动的总趋势。

　　从产业结构来看,21 世纪初该市仍处在传统农业社会,三大产业所占比重较为均衡,第一产业在经济结构中占有重要的地位,第二、三产业发展滞后。经过十年的发展,开封从传统的农业社会向工业社会迈进有了巨大的进展,但总体而言,仍与其他地区和城市有一定的差距。开封市第一产业所占 GDP 比重仍高达 20%,如果保持每年降低一个百分点的速度,则该市还将有十年左右的高速发展期。快速推进工业化,从工业化的初期阶段走向中期阶段,大力发展轻工

———————————

①　数据来源:《开封统计年鉴 2011》。

业,逐步发展重工业,进而提升产业结构是诸多地区经济发展的经验,也将是开封市产业结构优化升级的趋势。

2011 年,河南各地区经济总量和人均产值如图 4-22 所示。河南省地区 GDP 从 2010 年的 2.23 万亿元增长为 2.72 万亿元,总量位居全国第 5 位,千亿元城市从 11 个增加到 14 个。从经济总量来看,郑州市、洛阳市和南阳市最高,分别为 4912.7 亿元、2717 亿元和 2228.8 亿元;济源市、鹤壁市和漯河市最低,分别为 409.5 亿元、510.9 亿元和 767.1 亿元;开封市以 1093.6 亿元排在第 13 位。从人均产值来看,济源市、郑州市和三门峡市最高,分别为 6.06 万元、5.69 万元和 4.75 万元;驻马店市、商丘市和周口市最低,均低于 2 万元;开封市以 2.33 万元排在第 13 位。从经济总量和人均产值来看,郑州市是河南省当之无愧的经济核心,也是中原城市群的核心城市,中部地区能与之相比的城市只有武汉市。开封市无论是从总量还是人均产值来看,与省会城市有一定差距,与省内其他城市相比也有一段距离。

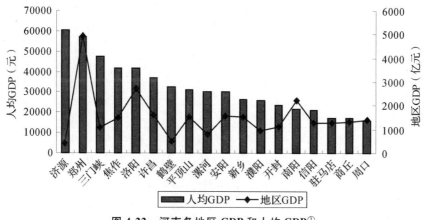

图 4-22　河南各地区 GDP 和人均 GDP[①]

开封市与周边城市的基本情况比较如表 4-21 所示。开封市各项指标处于中等水平。人口、土地面积仅大于许昌,但经济指标低于许昌市。地区 GDP、经济增长率、人均 GDP、外商投资、固定资产投资、产业结构、工业总产值均处于最后列,虽然工业企业数较多,但平均企业规模远小于其他地区。总体而言,开封市的欠发达表现在方方面面,对该市而言,大力发展第二产业,加大投资力度,扩大企业规模,是该市推动经济快速发展的必要方式,而如何发挥后发优势,实施正确的经济发展战略显得尤为必要。

---

① 数据来源:各市 2011 年国民经济和社会发展统计公报。

表 4-21   河南部分城市基本情况①

地区	单位	开封	郑州	洛阳	商丘	新乡	许昌	周口
土地面积	平方公里	6444	7446	15200	10704	8169	4996	11959
人口密度	人/平方公里	829.76	1293.31	462.86	857.63	739.21	980.06	1023.79
年末总人口	万人	534.70	963.00	703.54	918.01	603.86	489.64	1224.35
地区 GDP	亿元	1093.60	4912.70	2717.00	1317.90	1501.00	1588.70	1414.70
经济增长率	%	12.90	13.20	12.50	10.50	14.60	14.70	10.60
人均 GDP	元	23387	56949	41484	17267	26297	36885	15801
第一产业比重	%	23.65	3.08	8.09	26.19	13.21	11.39	29.77
第二产业比重	%	43.21	56.17	60.18	46.52	57.69	68.51	45.42
第三产业比重	%	33.13	40.74	31.74	27.29	29.10	20.10	24.81
工业企业	个	1183	2720	1821	782	1261	1286	1080
内资企业	个	1159	2575	1775	762	1216	1252	1064
港澳台商投资企业	个	9	62	15	8	17	15	7
外商投资企业	个	15	83	31	12	28	19	9
工业总产值	亿元	979.93	5913.76	4132.31	1359.44	2173.32	2496.65	1500.71
当年新签项目	个	25	91	33	10	24	17	16
当年实际使用外资	万美元	12882	190015	120475	10385	32902	21277	15763
固定资产投资	亿元	506.58	2756.98	1768.80	845.66	1211.26	829.36	813.70
第一产业从业人员比重	%	2.21	0.21	0.39	0.70	1.38	0.21	2.43
第二产业从业人员比重	%	31.24	46.44	44.16	29.23	47.01	46.46	27.49
第三产业从业人员比重	%	66.56	53.35	55.45	70.07	51.61	53.33	70.08

三、产业定位

开封市利用外资情况如表 4-22 所示。从 2001 年到 2011 年,该市实际利用外资从 1036 万美元增长至 2.34 亿美元,利用外资金额有了显著提高。其中,"十一五"期间,该市引进到位省外资金 630 亿元,利用外商直接投资 3.5 亿美元,增速较快。目前,泰国正大、新加坡亚太集团、北京汇源、南京雨润、广东科龙、辅仁药业、奇瑞汽车、晋开煤炭等国内外知名企业投资该市。

---

① 数据来源:国研网数据库,2010 年;地区 GDP、经济增长率和人均 GDP 为 2011 年数据。

表 4-22　开封市利用外资情况

年份	批准外商投资企业(个)	合同利用外资(万美元)	实际利用外资(万美元)
2001	11	2587	1036
2002	13	3058	1048
2003	8	5550	1494
2004	20	7646	1802
2005	27	6199	2306
2006	16	15253	3148
2007	23	25134	5207
2008	14	15617	6511
2009	9	7256	7520
2010	25	57507	12882
2011		26736	23451

　　根据开封"十一五"规划,该市城市功能定位为中国历史文化名城、国际文化旅游城市;中原城市群纺织、食品、化工、医药、机械设备制造基地,文化、旅游、教育中心;中部地区旅游休闲城市。开封产业政策为:大力实施工业强市战略,加快建设社会主义新农村,推进工业化、城镇化、农业现代化和文化旅游产业化,实现由农业大市向工业强市的跨越。第二产业方面,培育"四区一带"①,辐射带动周边产业集群,努力打造中原城市群纺织、食品、化工、医药、机械设备制造基地。第一产业方面,加强优质粮、棉、油生产基地建设,重点建设国家级大型优质专用小麦生产基地;以规模化养殖为重点,加快优质畜产品生产和加工基地建设;进一步抓好特色农林业的发展,集中布局,连片开发,规模经营;重点扶持瓜菜、林果、花卉等产业的发展,大力发展农产品精深加工业、冷藏保鲜业和林产品加工业。第三产业方面,大力实施文化旅游带动战略,全面发展服务业;加快旅游、交通运输、商贸流通、餐饮、公用事业等传统服务业的改造提升,大力发展现代服务业和新兴服务业;着力发展文化旅游产业,以文化旅游业、会议展览业、文艺演出业、文化艺术品业、影视传媒业、出版发行业、娱乐休闲业、文化培训业和新兴文化产业九大重点产业为载体,形成主业突出,特色鲜明的文化旅游产业结构。

---

　　①　指经济技术开发区(含黄龙工业区)、杏花营工业区、边村工业区、汪屯工业区四个工业聚集区和尉氏—通许—杞县—兰考纺织产业聚集带。

　　根据开封市"十二五"规划纲要,开封城市功能定位为中国历史文化名城、国际文化旅游城市,中原经济区核心区,中原特色产业及现代制造业基地,中部地区休闲宜居城市。开封市产业政策为:强力实施工业强市战略,走新型工业化道路,加快构建现代产业体系,提升改造传统产业,大力发展现代服务业和现代农业,积极培育战略性新兴产业,推动三次产业协调发展。第二产业方面,重点做大做强汽车及零部件、装备、化工、新材料、食品、纺织服装、光伏、木业、生物医药、电子信息工业十大产业集群。第一产业方面,深入推进农业结构调整,大力发展现代畜牧业,形成生猪、奶牛、肉牛、家禽、肉羊五大产业优势集聚区;促进特色高效农业发展,加快发展绿色农业和生物农业。第三产业方面,以文化、旅游产业(文化旅游业、文艺演出业、工艺美术业、饮食文化业、休闲娱乐业、会展收藏文化业、新兴文化产业)为龙头,改造提升商贸、餐饮、房地产等传统服务业,加快发展物流、金融、科技、信息等现代服务业,大力培育研发、创意、社区服务等新兴服务业。

　　2011年全市全部工业增加值453.41亿元,比上年增长18.7%。其中规模以上工业增加值355.01亿元,增长23.6%;规模以下工业增加值100.43亿元,增长5.7%。工业对经济增长的贡献率为57.8%,拉动经济增长7.5个百分点。分轻重工业看,轻工业完成增加值155.82亿元,增长20.6%;重工业完成增加值199.18亿元,增长25.9%。在1080家规模以上工业企业中,亏损企业26个,比上年增加15个,增长136.4%。

　　开封市主要产业发展情况如表4-23所示。

　　从规模企业数来看,超过50家的行业有8个,超过100家的有3个。农副食品加工业、木竹加工制品业、非金属矿物制品业是企业数最多的三个行业,分别有172家、133家和105家;除此之外,化学原料及化学制品制造业、通用设备制造业企业数也较多。

　　从从业人数来看,超过1万人的行业有7个。其中,纺织业、农副食品加工业和木竹加工制品业人数最多,分别有3.23万人、2.7万人和2.4万人;此外,化学原料及化学制品制造业、通用设备制造业从业人员也超过2万人。

　　从主营业务收入来看,超过50亿元的产业有8个,超过百亿元的产业有2个,分别是农副食品加工业和纺织业,这两个产业所占比重均超过10%。除了这两个行业外,通用设备制造业、化学原料及化学制品制造业主营业务收入接近百亿元,专用设备制造业超过80亿元。

　　从增长倍数来看,主营业务收入增长超过2倍的产业有19个,超过3倍的有8个。石油加工、印刷业和通信设备制造业是增长最快的三个行业,分别增长了 14.11 倍、9.93 倍和 5.7 倍。除了这些之外,皮革、交通运输设备制造业和仪器仪表制造业增长速度也较快。

从产业变动幅度来看,增幅最大的产业有农副食品加工业和纺织业,产业比重增加幅度均超过 2 个百分点,非金属矿物制品业和交通运输设备制造业产业比重增加幅度也超过 1 个百分点;下降最快的产业有造纸业和化学原料及化学制品制造业,产业比重下降均超过 1 个百分点。

表 4-23　开封市主要行业发展情况[①]

行　　业	规模企业数（个）	从业人数（人）	主营业务收入（亿元）	产业比重（%）	增长倍数（倍）	产业变动幅度（%）
总计	1184	247683	1003.05	100.00	2.10	0
农副食品加工业	172	27053	133.25	13.28	2.53	2.27
食品制造业	45	4786	13.74	1.37	1.79	−0.24
饮料制造业	31	5556	20.44	2.04	2.31	0.19
纺织业	68	32291	106.20	10.59	2.63	2.13
纺织服装、鞋、帽制造业	23	4628	9.46	0.94	2.53	0.16
皮革、毛皮、羽毛及其制品业	16	4125	19.38	1.93	3.66	0.82
木材加工及木、竹、藤、棕、草制品业	133	24053	78.37	7.81	2.23	0.47
家具制造业	36	5670	21.17	2.11	2.61	0.41
造纸及纸制品业	16	3075	7.99	0.80	0.68	−1.67
印刷业和记录媒介的复制	5	554	2.78	0.28	9.93	0.22
文教体育用品制造业	14	1879	5.43	0.54	2.25	0.04
石油加工、炼焦及核燃料加工业	4	519	2.54	0.25	14.11	0.22
化学原料及化学制品制造业	86	21710	92.19	9.19	1.82	−1.42
医药制造业	25	4730	16.33	1.63	2.02	−0.06
橡胶制品业	31	6573	30.31	3.02	2.01	−0.13
塑料制品业	32	3174	12.07	1.20	3.18	0.41
非金属矿物制品业	105	19737	56.38	5.62	2.92	1.58
黑色金属冶炼及压延加工业	16	1856	9.99	1.00	1.89	−0.11

[①] "产业倍数"与"产业变动幅度"均是以 2010 年数据与 2007 年数据的比较。

续　表

行　　业	规模企业数（个）	从业人数（人）	主营业务收入（亿元）	产业比重（%）	增长倍数（倍）	产业变动幅度（%）
有色金属冶炼及压延加工业	47	6039	55.09	5.49	1.91	−0.55
金属制品业	55	9027	23.67	2.36	3.30	0.86
通用设备制造业	89	20670	97.39	9.71	1.95	−0.73
专用设备制造业	57	17759	80.73	8.05	2.12	0.09
交通运输设备制造业	18	6614	19.91	1.99	4.58	1.07
电气机械及器材制造业	16	2249	7.21	0.72	1.12	−0.63
通信设备、计算机及其他电子设备制造业	4	2065	13.11	1.31	5.70	0.83
仪器仪表及文化、办公用机械制造业	10	2231	5.70	0.57	3.20	0.19
工艺品及其他制造业	15	1795	8.36	0.83	1.50	−0.34
电力、热力的生产和供应业	7	5619	49.82	4.97	1.92	−0.46

根据表 4-23 和相关数据，我们对开封市产业发展情况有了一定的了解。数据显示，开封市产业发展较为迅速，产业分布较为均衡，产业规模达到一定水平。纺织、食品、化工、机械制造业均超过百亿元规模，形成了具有竞争力的产业集群，是该市的主导产业、支柱产业，也基本实现了该市"十一五"规划制定的目标，但医药产业发展较为一般，无论产业规模还是产业增长速度均处于中等水平。轻工业方面，开封市食品和纺织发展迅速，产业规模较大；重工业方面，化工和机械制造产业规模较大，但发展速度一般。开封市电子信息产业发展较为迅速，显示了一定的发展空间。

四、编委会评价

开封市地处中原腹地，历史悠久、资源丰富、交通便利，是中国久负盛名的城市。该市紧靠省会郑州，是中原城市群的重要城市。虽该市经济发展较为落后，但随着郑汴一体化的快速推进，以及中原城市群和中原经济区的快速发展，开封市的各种优势将成为推动该市赶超发展的重要基础，开封市将逐步成为企业投资中部地区的重要基点。

区位优势：开封地处中原，交通便利，区位优势显著。连接"欧亚大陆桥"的陇海铁路和连霍高速横贯东西全境,京九、京广铁路左右为邻,310、220、106 国道纵横交会,加上在建数条高速公路,开封已形成干支结合、四通八达的公路交通新格局,使开封成为国内少有的高速公路密集交织的城市。独特的交通优势增强了名城吸引力和辐射力。

产业优势:开封市工业基础较好,门类比较齐全,已经形成大中小型企业配套,轻重工业协调发展的格局。经过多年发展,纺织、医药、食品、电力、机械、仪表、冶金、建材行业已形成一定规模,建设了纺织、食品、专用设备制造和化工、医药五大支柱产业,并在生物制药、新型建材等新领域取得较好的业绩,一批大型骨干企业在全国、全省占有重要地位。第二产业发展良好的同时,该市第一产业(畜牧业)和第三产业(文化旅游业)均建成了颇具特色、富有竞争的特色产业。

政策优势:为了吸引外商投资,开封市在土地、税收、财政方面对投资者以一定的优惠,并对投资该市导向的产业予以扶持,对国际、国内大企业,以及超过一定数额的投资予以更多的优惠。在此基础上,该市极力改善投资环境,提高政府服务水平,这些都将提升该市的竞争力和吸引力。

五、投资建议

根据开封市的产业发展现状、未来的产业定位及比较优势,我们认为开封市值得关注的行业如下:食品行业;纺织服装业;机械制造业。

该市的文化旅游业也值得关注。

宜昌市投资价值分析

一、城市概况

宜昌市位于湖北省西部,地处长江中上游接合部,渝鄂湘三省市交会地,上控巴蜀、下引荆襄,以"三峡门户""川鄂咽喉"著称,是全国文明城市、国家园林城市、国家卫生城市、中国优秀旅游城市。该市东邻荆州市和荆门市,南抵湖南省石门县,西接恩施土家族苗族自治州,北靠神农架林区和襄阳市。宜昌现辖 5 区(夷陵区、西陵区、伍家岗区、点军区、猇亭区)、5 县(远安县、兴山县、秭归县、长阳土家族自治县、五峰土家族自治县)、3 市(宜都市、当阳市、枝江市),土地面积2.16 万平方公里。2012 年末,全市常住人口 408.83 万人,户籍人口 398.97

万人。

2012 年,宜昌市实现生产总值 2508.89 亿元,比上年增长 12.6%。其中,第一产业增加值 305.20 亿元,增长 4.6%;第二产业增加值 1513.08 亿元,增长 14.7%;第三产业增加值 690.61 亿元,增长 11.3%,三次产业结构为 12.2：60.3：27.5。按常住人口计算,人均地区生产总值 61517 元,增长 12.3%。

二、形势分析

2001 年,宜昌市地区生产总值为 410.34 亿元;2008 年首次超过 1000 亿元;2011 年超过 2000 亿元;2012 年宜昌市地区 GDP 为 2508.89 亿元,是 2001 年的 6.11 倍,年均增长 18.23%(现价计算)。2001 年,宜昌市人均生产总值超过 1 万元大关;2007 年超过 2 万元;2009 年超过 3 万元;2011 年超过 5 万元;2012 年,宜昌市人均 GDP 为 6.15 万元,是 2001 年的 5.96 倍,年均增长 18%。如图 4-23 所示,2001—2006 年,宜昌市发展速度并不快,但近几年来,宜昌市经济增势显著,经济总量和人均产值有了很大程度的提高。经济的快速发展有助于巩固、提升宜昌市在湖北省内、在中部地区的经济地位。湖北省副中心城市的定位意味着宜昌市不仅自身实力需高出周边城市,还需成为带动区域经济增长的核心力量。

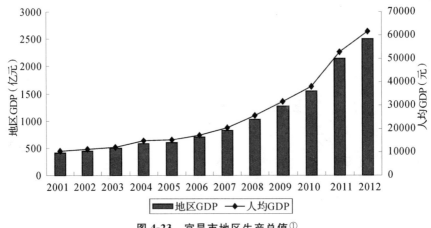

图 4-23   宜昌市地区生产总值①

宜昌市产业结构调整如图 4-24 所示。2001 年,宜昌市三次产业比重为 15.39：54.60：30.01;2006 年优化调整为 13.00：51.04：35.04;2012 年优化

---

① 数据来源:国研网数据库。

调整为 12.2：60.3：27.5。十数年间,第一产业所占 GDP 比重下降了 3.19 个百分点,第二产业所占 GDP 比重上升了 5.7 个百分点,第三产业所占 GDP 比重下降了 2.51 个百分点。第一、三产业比重的下降和第二产业比重的上升是该市产业结构调整的主要特征。

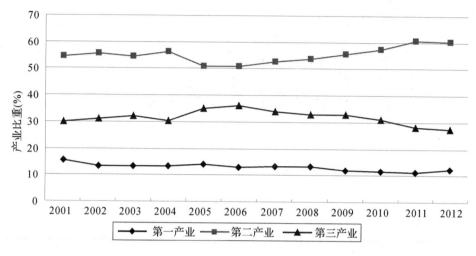

图 4-24　宜昌市三次产业结构

总体而言,宜昌市产业调整速度比较缓慢,第一产业在地区经济中还占有较高比重。宜昌市产业结构较为独特之处在于第二产业比重已经超过 60%,但第一产业比重还在 10% 以上,主要原因在于重工业的超前发展。国内外经济发展的经验教训显示,从农业—轻工业—重工业的发展道路有助于均衡实现资源配置的优化、产业结构的提升、经济总量的扩大和人均收入的提高;而从农业—重工业—轻工业的发展道路,虽然能够快速扩大经济总量和人均产值,但却不利于实现劳动力等资源的转移,降低第一产业在经济中比重,也无法形成有竞争力的产业结构,经济扭曲较为严重。对宜昌市而言,调整优化产业结构将成为推动经济增长的重要任务。

2012 年,湖北省各地区经济数据如图 4-25 所示。从经济总量来看,有 8 个城市超过千亿元,省会武汉市最高,达 8000 亿元以上,宜昌和襄阳次之,均超过 2500 亿元;潜江、天门、神农架最低。从人均 GDP 来看,武汉最高,接近 8 万元,宜昌次之,超过 6 万元,鄂州再次之,超过 5 万元;恩施、黄冈不到 2 万元。武汉市当之无愧为湖北省的经济中心,在整个中部地区也是最重要的中心城市。宜昌市在湖北省内是副中心城市,经济总量和人均产出均处于第二位,但与武汉市相比还有较大差距。

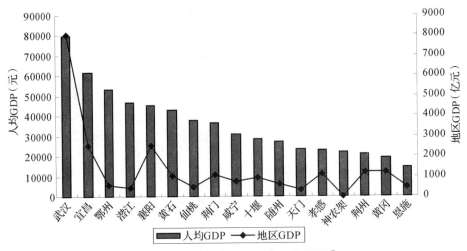

图 4-25　湖北各地区 GDP 和人均 GDP①

　　宜昌市与省内部分城市发展情况比较如表 4-24 所示。从土地、经济总量、产业结构、人均 GDP、经济增长率、固定资产投资、工业总产值、财政收支、进出口总额等指标来看，宜昌市均处于前列，部分指标仅次于武汉市，与襄阳市相比，也有一定优势，但优势微弱。在工业企业数、外商投资企业产值、外商投资额等指标上，宜昌市与武汉、襄阳有一定差距。宜昌与襄阳紧邻，使得两个城市在定位为省内副中心城市时，面临着对方很强的竞争性。优势互补、竞争合作，错位发展成为相互促进、共同进步的必然要求。

表 4-24　湖北部分城市基本情况②

指　　标	单位	宜昌	武汉	襄阳	十堰	荆门	荆州
土地面积	平方公里	21084	8494	19728	23680	12404	14092
常住人口	万人	406.85	1002.00	552.72	334.81	287.99	570.40
人口密度	人/平方公里	192.97	1179.66	280.17	141.39	232.18	404.77
地区 GDP	亿元	2140.70	6756.20	2132.20	851.30	942.60	1043.10
第一产业比重	%	11.25	2.94	13.68	11.38	17.66	25.42
第二产业比重	%	60.50	48.16	57.08	53.08	52.45	43.03
第三产业比重	%	28.24	48.98	29.25	35.53	29.89	31.55

①　数据来源：各市 2012 年国民经济和社会发展统计公报。

②　数据来源：《湖北统计年鉴 2012》。

续 表

指　标	单位	宜昌	武汉	襄阳	十堰	荆门	荆州
人均 GDP	元	52673	68315	38671	25427	32765	18288
经济增长率	%	16.10	12.50	16.00	11.00	15.60	13.40
固定资产投资	亿元	1189.92	4263.24	1134.74	522.37	590.63	771.42
工业企业数	个	911	1856	1154	505	709	713
工业增加值	亿元	1100.46	2458.75	1034.60	386.49	480.77	355.18
工业总产值	亿元	3195.74	8778.11	3276.97	1362.27	1732.84	1182.36
内资企业	亿元	2923.28	6345.73	2665.96	754.80	1599.40	1064.50
外商港澳台企业	亿元	272.46	2432.39	611.01	607.47	133.44	117.86
国有企业	亿元	538.77	3690.52	143.70	84.05	35.68	90.23
地方财政一般预算收入	亿元	113.98	673.26	97.41	66.70	39.39	44.33
地方财政一般预算支出	亿元	238.09	765.04	248.14	185.09	125.34	197.18
进出口总额	亿美元	22.89	227.90	10.03	2.86	5.36	9.80
外商直接投资	亿美元	1.85	27.47	3.13	1.07	1.87	0.74

三、产业定位

宜昌市利用外资情况如表 4-25 所示。从外商直接投资来看,宜昌市从原先不到一亿美元,增长至两亿美元左右,有较大幅度的提高。"十一五"期间,该市引进产业项目 864 个,实际到位资金 766 亿元。温德姆、三井、韩国 LS 集团、法国欧莱雅集团、比利时英博集团、中国保利集团公司、中国长江三峡集团公司、中国交通建设股份有限公司、华润置地有限公司、中国葛洲坝集团公司、中国电信股份有限公司、中国东方资产管理公司、中化集团、华润电力、长航集团等世界知名企业和 30 多家央企投资宜昌。

表 4-25　宜昌市利用外资情况

年份	当年新签项目数(个)	外商合同投资额(万美元)	直接利用外资(万美元)
2001	33	16852	6436
2002	47	24895	7507
2003	40	74496	8405
2004	43	31974	9305
2005	28	13559	10498

续　表

年份	当年新签项目数(个)	外商合同投资额(万美元)	直接利用外资(万美元)
2006	18	22557	11545
2007	19	19062	13615
2008	17	48828	16013
2009	18	42580	18136
2010	10	6798	20652
2011	11	—	22900
2012	19	—	18520

根据该市"十一五"规划纲要,宜昌市定位为"世界水电旅游名城、世界最大的水电基地、国际性旅游名城和长江中上游区域性中心城市"。第二产业方面,强力推进新型工业化,做大做强电力、化工(磷化工、煤化工、盐化工等)、食品饮料、医药等支柱产业,改造提升装备制造、轻纺、建材、冶金等传统产业,突破性发展电子信息、光机电一体化、新材料等高新技术产业。第一产业方面,大力发展现代农业,做大做强水果、畜牧、蔬菜、水产、茶叶、中药材六大特色产业,做大做强农产品加工企业。第三产业方面,大力发展以旅游业为龙头的现代服务业,突破性发展旅游业,大力发展商贸物流、金融保险、信息服务、中介服务等现代服务业,积极发展房地产、社区服务和文化产业等需求潜力大的产业。

根据该市"十二五"规划纲要,宜昌市定位为"省域副中心城市和长江中上游区域性中心城市"。产业政策方面坚持先进制造业和现代服务业"双轮驱动"战略,经济结构优化升级,先进制造业、战略性新兴产业、现代服务业和现代农业快速发展。第二产业方面,大力发展先进制造业,着力打造装备制造(汽车及零部件、船舶及配套设备、金属制品及深加工、电气电缆、通用设备、专用设备)、化工(磷化工、煤化工、盐化工、洗化用品及橡胶制品)、食品(酒及软饮料制造、精制茶加工、果蔬加工、水产品加工、畜禽产品加工、粮油制品)三个千亿级产业,加快改造提升食品、建材、轻纺等产业,不断提高制造业竞争力。加快发展生物、新材料、电子信息、新能源、节能环保等高新技术产业和战略性新兴产业。第三产业方面,突破性发展现代服务业。推动服务业与制造业融合发展,改造提升传统服务业,加快发展现代服务业,积极培育新兴服务业,着力构建和完善与先进制造业发展相适应的生产性服务体系,与宜居宜旅宜业城市相适应的消费性服务体系,与公共服务均等化要求相适应的公共服务体系,促进现代服务业跨越式大发展,重点发展旅游业、物流业、金融保险、商贸服务、房地产、中介家庭服务业。第一产业方面,着力构建现代农业产业体系,大力发展特色农业、高效农业、设施农业、都市农业,构建百亿现代柑橘、茶叶、蔬菜、畜牧、水产、食用油产业体系,加快培育烟叶、中草药等特色产业。

宜昌市规模以上工业发展情况如表 4-26 所示。规模以上工业企业数从 2001 年的 364 家增加到 2012 年的 1010 家,提高了 1.77 倍;工业总产值从 2001 年的 208.12 家增长至 2011 年的 3195.74 家,提高了 14.35 倍;工业增加值从 2001 年的 77.67 亿元增长至 2012 年的 1298.9 亿元,提高了 15.72 倍。21 世纪成为宜昌市工业蓬勃发展的时期,工业规模有了巨大的增长。

表 4-26　宜昌市规模以上工业发展情况

年　份	工业企业数(个)	工业总产值(亿元)	工业增加值(亿元)
2001	364	208.12	77.67
2002	382	222.04	83.03
2003	430	274.85	106.72
2004	515	412.72	188.13
2005	523	555.86	247.01
2006	580	691.74	282.04
2007	661	910.38	374.55
2008	948	1187.72	452.22
2009	1095	1531.11	570.43
2010	1251	2118.74	747.47
2011	863	3195.74	1100.46
2012	1010	0	1298.90

2012 年,宜昌市规模工业企业达到 1010 家,比上年增加 147 家。全市规模以上工业增加值 1298.90 亿元,增长 16.7%,分轻重工业看,轻工业实现增加值 376.80 亿元,增长 18.5%,重工业实现增加值 922.11 亿元,增长 15.9%,轻重工业比重为 29:71。全年规模工业实现主营业务收入 3715.40 亿元,增长 23.5%。从主要产业看,化工行业实现产值 1211.53 亿元,同比增长 26.6%;装备制造业产值 779.52 亿元,同比增长 4.3%;食品行业产值 747.25 亿元,同比增长 25.7%;电力行业产值 283.9 亿元,同比增长 17.5%;医药行业产值 108.25 亿元,同比增长 21.0%;新材料产值 328.08 亿元,同比增长 17.4%。

宜昌市各个行业发展情况如表 4-27 所示。

从规模企业数来看,超过 50 家的行业有 7 个,超过 100 家的行业有 2 个。非金属矿物制品业企业数最多,为 158 家;农副食品加工业其次,有 125 家。此外,饮料制品业、煤炭开采与洗选业超过 90 家,化学原料及化学制品制造业超过 80 家。

从工业增加值来看,超过 50 亿元的行业有 3 个,超过 100 亿元的行业有 2 个。电力热力生产供应业、化学原料及化学制品制造业、饮料制造业是规模最大的三个行业,工业增加值分别为 200.89 亿元、133.11 亿元和 55.4 亿元,所占比重为 26.88%、17.81% 和 7.41%。除此之外,非金属矿物制品业,交通运输设备制造业产业规模也较大。

从产业发展速度来看,平均增长倍数为 2 倍,超过平均增速的行业有 21 个。其中,黑色金属冶炼及压延加工业增长倍数为 17.81 倍,专业设备制造业达 11.67 倍,文教体育用品制造业、电气机械及器材制造业、木材加工业等增速在 5 倍左右,煤炭开采和洗选业、造纸业超过 4 倍。

从产业变动幅度来看,产业比重增加超过 1 个百分点的行业有 7 个,降低超过 1 个百分点的行业有 2 个。黑色金属冶炼及压延加工业提高了 3.91 个百分点,化学原料及化学制品制造提高了 2.89 个百分点,非金属矿物制品业增加了 2.61 个百分点;电力热力生产供应业和有色金属冶炼及压延加工业是下降幅度最大的两个行业,分别减少了 18.9 和 1.17 个百分点。

表 4-27　宜昌市主要行业发展情况[①]

行　　业	企业数（个）	工业增加值（亿元）		产业倍数（倍）	产业比重（%）		变动幅度（百分点）
		2010 年	2007 年		2010 年	2007 年	
总计	1251	747.47	374.56	2.00	100.00	100.00	0
煤炭开采和洗选业	90	6.92	1.65	4.19	0.93	0.44	0.49
黑色金属矿采选业	9	1.95	1.37	1.42	0.26	0.36	-0.10
非金属矿采选业	79	26.70	12.95	2.06	3.57	3.46	0.11
农副食品加工业	125	33.00	12.58	2.62	4.41	3.36	1.06
食品制造业	42	17.67	8.73	2.03	2.36	2.33	0.03
饮料制造业	95	55.40	22.20	2.50	7.41	5.93	1.49

---

① 数据来源:《宜昌统计年鉴 2011》。"产业倍数"与"变动幅度"均是以 2010 年数据与 2007 年数据的比较。

行　　业	企业数（个）	工业增加值（亿元）		产业倍数（倍）	产业比重（%）		变动幅度（百分点）
		2010 年	2007 年		2010 年	2007 年	
纺织业	46	10.43	7.44	1.40	1.39	1.99	-0.59
纺织服装、鞋帽制造业	19	3.22	1.30	2.47	0.43	0.35	0.08
木材加工及木、竹、藤、棕、草制品业	17	2.53	0.51	4.98	0.34	0.14	0.20
造纸和纸制品业	40	8.20	1.84	4.45	1.10	0.49	0.61
印刷和记录媒介复制业	21	5.49	2.19	2.51	0.73	0.59	0.15
文教体育用品制造业	5	1.13	0.20	5.62	0.15	0.05	0.10
化学原料和化学制品制造业	81	133.11	55.88	2.38	17.81	14.92	2.89
医药制造业	23	24.73	8.98	2.75	3.31	2.40	0.91
橡胶制品业	7	4.03	2.60	1.55	0.54	0.70	-0.16
塑料制品业	48	7.82	2.55	3.06	1.05	0.68	0.36
非金属矿物制品业	158	43.45	12.00	3.62	5.81	3.20	2.61
黑色金属冶炼和压延加工业	6	32.77	1.77	18.51	4.38	0.47	3.91
有色金属冶炼和压延加工业	10	14.87	11.83	1.26	1.99	3.16	-1.17
金属制品业	42	8.04	3.69	2.18	1.08	0.98	0.09
通用设备制造业	69	23.63	9.28	2.55	3.16	2.48	0.68
专用设备制造业	32	12.27	1.05	11.67	1.64	0.28	1.36
交通运输设备制造业	34	27.56	13.28	2.07	3.69	3.55	0.14
电气机械及器材制造业	42	19.83	3.49	5.68	2.65	0.93	1.72
通信设备、计算机及其他电子设备制造业	18	2.57	2.45	1.05	0.34	0.65	-0.31
仪器仪表及文化、办公用品机械制造业	7	2.55	0.82	3.12	0.34	0.22	0.12
电力、热力生产和供应业	43	200.89	168.41	1.19	26.88	44.96	-18.09

　　根据表 4-26、表 4-27 及相关数据，我们对宜昌市各个行业发展有了一定的了解。可以看出，宜昌市工业逐步从单一行业向多行业发展。电力热力生产供应业 2007 年在工业中所占的比重高达 45%，经济发展严重依赖于该行业的增长速度，电力、化工、食品饮料是宜昌市规模最大的三个产业。近几年来随着多个行业的兴起，轻重工业比重逐步优化，化工、食品饮料、冶金、建材、装备制造业等行业取得了长足的发展，产业比重逐步提高，显示了这些行业较好的发展空

间。根据该市产业调整趋势,现有支柱和主导产业还将继续强化在经济中的地位和作用。

四、编委会评价

宜昌市地处长江中上游,以长江三峡、葛洲坝两大世界级水利工程闻名于世。该市风景秀丽、资源丰富、地理显要、交通便利。作为沿江开放城市,该市综合实力在中部地区和长江沿线城市中位居前列,是我国加工贸易梯度转移重点承接地。作为湖北省副中心城市,宜昌在省内具有重要的定位和政策支持。随着化工、食品、装备制造、建材、冶金、电力等一批产业的迅猛发展,该市的工业竞争力将得到极大提升。

区位优势:宜昌市地理区位优势显著,交通极为便利。宜昌在长江经济带中,宜昌东接武汉,西连重庆,是东部发达的经济科技与西部丰富资源的接合部,是长江沿线重庆和武汉之间区域中心城市,是中国实施西部大开发战略由中线进入西部的起点,是西部大开发的东大门。宜昌铁路、航空、水运及高速公路四通八达,是鄂西渝东的交通枢纽。长江黄金水道流经市域237公里,宜昌港为长江八大港口之一,枝城港为全国四大煤炭中转港之一。宜昌正在成为华中地区的重要交通枢纽。

产业优势:宜昌市工业基础雄厚,配套能力较强。目前,该市已初步形成了以化工、食品医药、电力和装备制造四大支柱产业为主体的工业体系,化工、装备制造、食品三大产业朝千亿级产业规模迈进。冶金、建材、电力等传统产业稳步发展,电子、医药、新能源等产业朝气蓬勃。随着"十二五"规划的制定实施,宜昌三大产业均将取得长足的发展,宜昌在长江沿线城市带中的地位和作用还将继续提升。

政策优势:西部大开发战略、中部地区崛起战略和三峡工程后扶持规划,为宜昌充分发挥后发优势、沿江优势、节点优势,争取国家政策支持,承接国际国内资本和产业加速转移,营造了良好的外部环境。随着湖北省委、省政府全面实施"两圈一带"战略,宜昌具有省域副中心城市、鄂西生态文化旅游圈、长江经济带新一轮开放开发三个战略的叠加效应,为宜昌抢占发展制高点,切实增强影响力和带动力,创造了十分有利的条件。

五、投资建议

根据宜昌市的产业发展现状、未来的产业定位及比较优势,我们认为宜昌市值得关注的行业如下:食品饮料制造业;化工产业;机械制造业。该市的旅游、物流业也值得关注。

永州市投资价值分析

一、城市概况

永州市位于湖南西南部,五岭北麓,湘粤桂三省区接合部,是湖南省四大历史文化名城之一,是中国瑶族文化和楚文化的发祥地之一。湘江经西向东穿越零祁盆地,潇水自南至北纵贯全境,该市东接郴州市,东南抵广东省清远市,西南达广西区贺州市,西连广西区桂林市,西北挨邵阳市,东北靠衡阳市。永州现辖2区(冷水滩、零陵)、9县(祁阳、东安、双牌、道县、宁远、江永、江华、新田、蓝山)和金洞、回龙圩2个管理区,土地面积2.24万平方公里。2012年末,全市常住人口525.82万人。

2012年,永州全市实现地区生产总值1059.60亿元,增长11.0%,经济总量迈上千亿元台阶。其中,第一产业完成增加值244.17亿元,增长4.5%;第二产业完成增加值410.61亿元,增长14.0%;第三产业完成增加值404.82亿元,增长12.0%;全市三次产业结构比重由上年的24.1∶38.3∶37.6调整为23.0∶38.8∶38.2,第一产业下降1.1个百分点,第二产业提高0.5个百分点,第三产业提高0.6个百分点。按常住人口计算,人均地区生产总值20239元,同比增长10.4%。

二、形势分析

2001年,永州市地区生产总值不到250亿元;2007年突破500亿元,达506.39亿元;2012年首次超过千亿元,为1059.6亿元,是2001年的4.25倍,年均增长14.22%(现价计算)。2001年,该市人均GDP不到5000元;2008年突破1万元,为1.15万元;2012年超过2万元,为2.02万元,是2001年的4.59倍,年均增长15.14%。如图4-26所示,永州市经济保持在较快增长水平,近几年来增势更为显著。由于总体水平较低、底子差,该市还需要长期保持高速增长,才能改变经济社会较为落后的局面,才能追赶省内发达地区,实现人民生活水平的逐步提高。

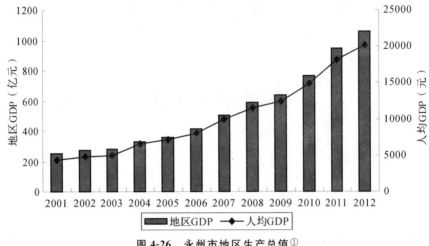

图 4-26　永州市地区生产总值①

永州市产业结构调整如图 4-27 所示。2001 年,三次产业结构比重 33.64∶27.89∶38.47;2006 年优化调整为 28.83∶27.75∶43.42;2012 年优化调整为23.0∶38.8∶38.2。十数年间,第一产业所占 GDP 比重下降了 9.64 个百分点,第二产业上升了 10.91 个百分点,第三产业所占 GDP 比重下降了 0.25 个百分点。第一产业比重的迅速下降和第二产业比重的持续上升是该市产业结构调整的总特征。

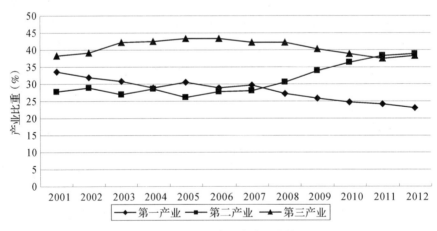

图 4-27　永州市三次产业结构

从产业结构来看,永州市已经进入工业化的快速发展期,处于从农业经济向工业经济过渡的重要阶段。对我国欠发达地区而言,找寻推动经济增长的持续

---

① 数据来源:国研网统计数据库。

力量,实现经济起飞,以工业化为核心变革经济结构是重要的任务。对永州市而言,进入工业化和城镇化的二轮驱动阶段将成为改变永州的主要动力。通过发展工业,培育适合地区比较优势产业,建立主导产业部门,实现农业资源向工业的优化配置,是实现该市经济社会飞跃不可避免的阶段。

湖南省各地区经济发展情况如图 4-28 所示。2012 年,湖南省实现地区生产总值 22154.2 亿元,比上年增长 11.3%;人均地区生产总值 33480 元,增长 10.7%。从经济总量来看,有 12 个城市超过千亿元,比上年新增 4 个城市;长沙市、岳阳市、常德市是规模最大的三个城市,分别为 6399.91 亿元、2199.92 亿元和 2038.5 亿元;张家界、湘西是规模最小的城市,不到 400 亿元;永州市以 1059 亿元排在第 9 位。从人均产出来看,长沙、湘潭和株洲市最高,分别为 8.89 万元、4.62 万元和 4.5 万元;永州、湘西和邵阳排在最末,分别为 2.02 万元、1.54 万元和 1.44 万元。长沙市是湖南省的经济中心,经济总量和人均产出均排在最前列,永州市在湖南省内处于中下水平,与省内发达地区有较大差距,与省内平均水平也有一定距离。

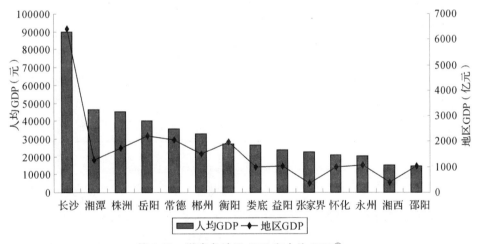

图 4-28 湖南各地区 GDP 和人均 GDP[①]

永州市与湖南省内部分城市经济社会发展情况比较如表 4-28 所示(2012 年)。从 GDP、产业结构、固定资产投资、工业增加值、外商投资、进出口等主要经济指标来看,长沙市、株洲市、郴州市处于前列,永州市各项指标仅高于邵阳市。在固定资产投资、财政支出、外商投资等反映经济增长潜力的指标上,永州市虽然落后但差距并不大;在工业、进出口等反映经济实力的指标上,永州市差

---

① 数据来源:各市 2012 年国民经济和社会发展统计公报。

距较大。总体来看,永州市还将继续加大投资,发展工业才能逐步赶上其他地区水平。

表 4-28   湖南部分城市基本情况

地区	单位	永州	长沙	湘潭	株洲	郴州	衡阳	邵阳
土地面积	平方公里	22441	11819	5006	11262	19388	15310	21000
人口	万人	525.82	714.66	278.10	395.80	463.30	716.00	801.34
地区 GDP	亿元	1059.60	6399.91	1282.35	1759.40	1517.30	1957.70	1028.410
经济增长率	%	11.00	13.00	12.30	11.80	12.40	11.80	11.70
第一产业	%	23.00	4.30	8.60	8.30	10.30	16.50	24.40
第二产业	%	38.80	56.10	59.70	60.60	58.00	48.50	38.70
第三产业	%	38.20	39.60	31.70	31.20	31.70	35.00	36.90
人均 GDP	元	20239	89903	46247	45032	32855	27258	14425
固定资产投资	亿元	802.90	4011.96	893.86	1150.50	1098.40	1072.38	761.61
地方财政一般预算收入	亿元	59.47	490.65	84.78	135.40	119.70	133.38	53.66
地方财政一般预算支出	亿元	214.03	616.59		22.80		305.69	246.50
工业增加值	亿元	216.56	2309.62	667.38	767.70	819.00	803.88	348.70
进出口总额	亿美元	2.90	86.93	20.73	21.50	27.80	20.24	4.73
新签协议数	个	29	94	80		66	111	15
实际利用外资额	亿美元	5.42	29.77	5.86		7.50	6.04	1.14
省外项目	个	400	165		288		558	
省外资金	亿元		456.65		195.30	268	195.37	489.23

三、产业定位

永州市利用外资情况如表 4-29 所示。从新签项目个数来看,从原来的个位数增加至十位数,但与 2005 年左右的引资高峰比,还是有所下滑;利用资金额有了巨大的增长,从原先的不到 1500 万美元增长至现今的 5.42 亿美元,增幅巨大。"十一五"期间,全市利用外资 14.8 亿美元、内联引资 583 亿元。一批国内外知名企业入驻,为永州市经济长远发展提供了巨大助力,纺织服装、制鞋、电子、玩具、农产品加工等劳动密集型产业,能源矿产开发加工、装备制造、商贸物流、文化旅游、高新技术是投资重点领域。

表 4-29　永州市利用外资情况

年份	当年新签项目个数（个）	外商合同投资额（万美元）	当年实际使用外资额（万美元）
2001	7	499	1379
2002	14	2494	2018
2003	34	7490	5075
2004	82	24532	13322
2005	88	28000	15380
2006	97	32000	22456
2007	60	35455	27557
2008	27	—	30389
2009	27	—	33500
2010	32	—	39345
2011	29	—	46000
2012	29	—	54200

根据该市"十一五"规划纲要,永州市定位为"先进制造业基地、优质农产品加工供应基地、生态文化旅游休闲基地、现代物流中转基地"。产业政策为以项目为支撑,以工业为主导,以农业为基础,以城镇为依托,突出特色产业,改造传统产业,发展新兴产业,壮大支柱产业,加快推进"三化"进程。第二产业方面,大力推进工业化,培育汽车和机电制造、食品加工、竹木林纸、制药、冶金化工、能源、建材、轻纺等八大优势产业,打造汽车、卷烟、造纸、制药、食品加工五大产业集。第一产业方面,大力推进农业产业化,培育国家大型优质商品粮基地、优质果基地、"三品"蔬菜基地、烤烟优质原料生产基地、优质草场基地、油茶基地、工业原料林基地、牲畜养殖基地等八大生产基地以及特色养殖加工基地和国家绿色产品基地;发展优质稻、优质烟、优质果、优质蔬菜、畜禽、水产养殖、油料作物、林业等八大主导产业,扩大茶叶、药材等经济林面积。第三产业方面,积极发展商贸流通、旅游、房地产和现代服务业。

根据该市"十二五"规划纲要,永州市定位为"对接东盟先导区、承接产业聚集区、现代物流实验区、生态旅游示范区和湘粤桂省际中心城市"。第一产业方面,推进农业生产的基地化、标准化、机械化和信息化,加快农业农村现代化。壮大农业主导产业,建设优质稻基地,重点发展瘦肉型猪、优质家禽、名特优水产品以及地方优质品种,壮大优势畜牧业,抓好烤烟、柑橘、油茶、经济林木和特色农产品等规模生产,做大做强优势产业。大力发展集生产、经济、生态、文化、休闲、观光于一体的新型农业,创新农业经营方式。第二产业方面,实施"工业强市"战略,加速新型工业化,促进转型升级,加快培育电子信息、生物、新能源、新材料等新兴产业,发展壮大装备制造、食品烟草、制药等优势产业,改造提升矿产品加工、特色轻工、建材加工等传统产业和承接产业转移步伐。第三产业方面,加速壮大升级,发展金融、物流、旅游、餐饮、社区服务、房地产等现代服务业。

四、编委会评价

永州地处三省交界,风景秀丽,资源丰富。因历史等诸多因素,永州市经济社会发展较为落后。21世纪以来,全市经济快速发展,产业建设成效明显,基础设施水平不断提升,城镇化加速推进,政府职能加快转型,发展环境不断优化,推动永州经济社会进入快速发展期。湘南开发开放战略的实施和对接东盟的全面启动,永州经济社会发展进入重要战略机遇期。抢抓中部崛起、湘南开放开发、承接沿海产业转移和对接东盟等历史性机遇,将为永州市创造优越的外部环境,也将为企业的发展提供充足的政策支持。

区位优势:永州的地理区位环境优越,交通便利。该市是湖南唯一与"两广"接壤的地区,是内地直达香港、澳门、海南的主要通道,是我国华南与华北两大经济区的重要接合部,是沿海的内地,内地的前沿,地理区位得天独厚。该市交通便利,铁路、公路网络遍布市内,湘桂铁路、洛湛铁路、207国道、322国道、二广高速公路、泉南高速公路、永连公路都贯穿全境及九条省道在境内纵横交错,形成新的交通枢纽。永州零陵机场已开通长沙、海口、广州、深圳、昆明、北京、西安、成都、海口、三亚等20个城市的航班。

产业优势:永州市紧紧围绕该市资源、成本优势,大力培育有带动性、牵引力的产业,通过招商引资培育产业集群,在先进装备制造、电子信息、新材料新能源、农产品精深加工、矿产品精深加工、生物医药、纺织制鞋等产业取得了长足发展,培育了汽车、卷烟、造纸、食品、建材、制药等支柱产业。农业领域,永州市初步建成百万亩优质稻、商品菜、工业原料林、优质水果、油茶林和30万亩优质烤烟等规模特色基地。工农业相互促进,相互发展。永州市持续国内外产业转型升级的推动以及"十二五"规划的实施,将进一步推动这些产业迅猛发展。

政策优势:为积极承接沿海产业转移,湖南省委、省政府明确提出,要把永州建设成为"全省承接产业转移的重要示范基地和对外开放的排头兵",蓝山、宁远、道县、新田被列为全省承接产业转移试点县,制定实施《关于加快湘南地区开发开放的决定》,赋予永州先行先试权利,出台了一系列扶持政策,集中力量支持永州承接产业转移和加强基础设施建设。永州市在提高投资软环境的同时,改善政府管理,增强服务意识,提高服务水平,这些都将成为该市经济社会发展的重要组成。

五、投资建议

根据永州市的产业发展现状、未来的产业定位及比较优势,我们认为永州市值得关注的行业如下:食品医药产业;纺织服装产业;机械制造产业。

运城市投资价值分析

一、城市概况

运城市位于山西省南端,处晋、陕、豫黄河金三角地区中心位置,与陕西、河南两省隔黄河相望,是"中国十大魅力城市""中国金融生态城市""中部最佳投资城市""跨国公司最佳投资城市"。该市北依吕梁山与临汾市接壤,东崎中条山和晋城市毗邻,西南与陕西省渭南市、河南省三门峡市隔黄河相望。运城市现辖1区(盐湖)、2市(永济、河津)、10县(临猗、芮城、万荣、稷山、新绛、闻喜、夏县、绛县、平陆、垣曲),土地面积1.4万平方公里。2012年末,全市常住人口519.46万人。

2012年运城市实现地区生产总值1068.1亿元,比上年增长7.8%。其中,第一产业增加值177.0亿元,增长6.4%;第二产业增加值491.8亿元,增长7.5%;第三产业增加值399.3亿元,增长8.6%,三次产业比重为16.6:46.0:37.4,对经济增长的贡献率分别为13.3%、44.9%和41.8%。人均地区生产总值20618元,比上年增长7.2%,按2012年平均汇率计算为3266美元。

二、形势分析

2001年,运城市地区GDP不到200亿元,为193.5亿元;2006年超过500亿元;2011年超过1000亿元;2012年达1068.1亿元,是2001年的5.52倍,年均增长17.07%(现价计算)。2001年,运城市人均GDP为3990元;2006年突破1万元,为1.1万元;2012年突破2万元,为2.06万元,是2001年的5.17倍,年均增长 16.41%。如图 4-29 所示,从增幅上来看,运城市经济发展速度较快,经济总量和人均产出均有较大幅度提高。但从具体增速来看,运城经济波动幅度较大,部分年份经济发展较为缓慢。

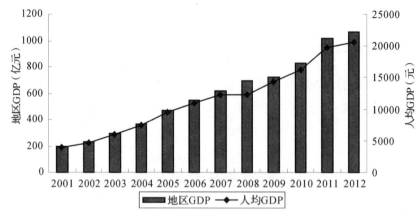

图 4-29　运城市地区生产总值①

运城市产业结构调整如图 4-30 所示。2001 年三次产业结构比重为 16.64：53.44：29.92;2006 年优化调整为 10.91：56.15：32.93;2012 年调整为 16.57：46.05：37.88。十数年间,第一产业所占 GDP 比重下降了 0.07 个百分点,第二产业所占 GDP 比重下降了 7.39 个百分点,第三产业比重提高了 7.46 个百分点。第一、二产业比重的下降和第三产业比重的上升是该市产业结构调整的总特征。

总体而言,运城市产业调整速度比较缓慢,且出现了其他地区所未有的情况,如第一产业比重大幅度下降之后,却又重新大幅度反弹;还表现在第一产业在地区经济中还占有较高比重的时候,第二产业比重却已经下降。运城市产业结构调整路径显示该市工业带动力不足,这是资源型城市的通病。主要表现为经济总量快速增长的同时,第一产业比重下降幅度很小,没有足够的能力促使农业领域资源向工业领域转移。工业化的常态形式是资源从第一产业向第二、三产业转移,通过第二产业的持续提升来拉动整个经济结构的不断改进。资源型工业往往表现为个别产业规模超大,但无上下游产业链,从而无法实现规模优势向竞争优势的转变。对运城而言,发挥资源优势,建立优势产业,延伸产业链,并逐步发展接续产业,直接关系到该市产业结构调整的速度,也关乎着该市经济发展的前景。

---

①　数据来源:国研网数据库。

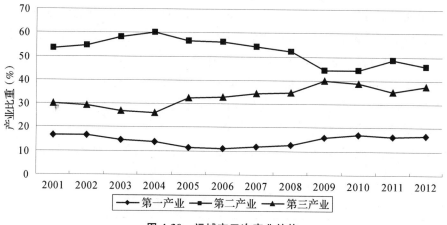

图 4-30 运城市三次产业结构

2012 年,山西省实现地区生产总值 12112.8 亿元,比上年增长 10.1%。人均地区生产总值 33628 元,按 2012 年平均汇率计算为 5327 美元。各个地区经济总量和人均产值如图 4-31 所示。从经济总量来看,2012 年有 7 个城市超过千亿元,比上年增加 2 个。太原、长治、吕梁是规模最大的 3 个城市,分别为 2311.43 亿元、1328.60 亿元、1230.40 亿元;阳泉、忻州是经济规模最小的两个城市,不到 650 亿元;运城市排在第 5 位。从人均产值来看,朔州、太原是最高,均超过了 5 万元,晋城、阳泉其次,超过 4 万元;运城、忻州最低,刚刚超过 2 万元。省会太原市是山西省内经济最发达的城市,但与省内其他城市相比优势并不显著,与中部其他省会城市相比有较大差距。运城市在山西省内处中等偏下水平。

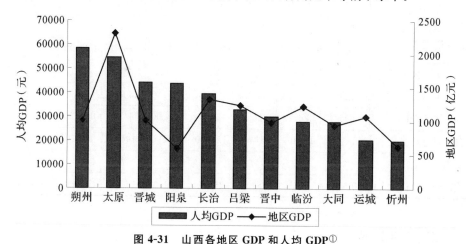

图 4-31 山西各地区 GDP 和人均 GDP①

---

① 数据来源:各市 2012 年国民经济和社会发展统计公报。

　　山西省部分城市比较如表 4-30 所示。从土地面积、人口、规模企业数、固定资产投资等指标来看,运城市排在前列;从人均 GDP、经济增长率、工业增加值、产业结构、财政预算收支来看,排在后列;从地区 GDP、新签投资协议数、进出口总额等指标来看,排在中等水平。总体而言,运城市部分指标虽然较为靠后,但是差距并不很大,这也为运城市追赶其他城市提供了可能。对于运城市而言,首要任务就是提高经济增长速度,大力发展工业,提高第二产业在地区经济中的比重,实现农业领域资源向工业领域的转变,进而通过工业化和城市化的双轮驱动,提升经济质量。

表 4-30　山西部分城市基本情况

地　区	单位	运城	太原	晋城	长治	晋中	临汾	朔州
面积	平方公里	14106	6988	9490	13864	16408	20275	10700
人口	万人	519.46	440.00	229.14	336.97	328.68	436.70	173.50
人口密度	人/平方公里	368.25	629.65	241.45	243.05	200.32	215.39	162.15
地区 GDP	亿元	1068.10	2311.43	1011.60	1328.60	985.90	1220.50	1007.10
经济增长率	%	7.80	10.50	11.00	10.60	10.20	10.10	11.10
第一产业	%	16.60	1.60	4.10	4.00	8.40	6.60	5.00
第二产业	%	46.00	44.80	64.60	67.40	54.70	62.20	59.20
第三产业	%	37.40	53.60	31.30	9.20	36.90	31.20	35.80
人均 GDP	元	20618	54440	44206	39523	30073	28019	58205
财政预算收入	亿元	41.50	215.67	82.90	133.50	99.20	110.80	84.30
财政预算支出	亿元	192.60	277.51	129.70	201.80	178.70	223.00	138.80
规模企业数	个	429	440	223	342	479	380	238
工业增加值	亿元	423.80	782.96	—	879.30	480.90	—	569.90
固定资产投资	亿元	826.80	1320.63	655.00	867.00	744.10	822.50	610.60
进出口总额	万美元	106405	847400	123500	114890	49466	82554	25687
新签协议数	个	4	14	1	3	7	3	2
实际利用外资	万美元	1017	78200	25775	27929	12004	13611	13400

三、产业定位

　　运城市利用外资情况如表 4-31 所示。2001—2012 年该市利用外资情况较为平稳,保持在数千万美元,按全口径统计则达数亿美元。“十一五”期间,该市引进上亿元项目170余项,累计引资896.7亿元。中国盐业、中国五矿、中国铝业、华润、汇源等一批国内著名企业投资该市,食品饮料、建材、冶金等行业是关注重点。

表 4-31 运城市利用外资情况

年份	当年新签项目数(个)	外商合同投资额(万美元)	实际使用外资额(万美元)
2001	2	1500	1355
2002	7	2545	2355
2003	12	8545	3642
2004	10	5818	1913
2005	10	7781	2547
2006	17	9224	4759
2007	12	8030	2070
2008	9	14268	25297
2009	4	2900	4215
2010	9	2756	5545
2011	4	1189	20089
2012	4	4250	1017

根据该市"十一五"规划纲要,运城市定位为"山西省新型加工制造业基地和高效生态农业基地,建成晋陕豫黄河金三角地区工贸旅游中心城市"。第一产业方面,以建设"高效生态农业基地"为目标,以大力推进农业产业化为方向,加快发展高效生态农业、设施农业和品牌农业,大力发展特色农业和农业产业化企业,培育苹果、葡萄、山楂、芦笋、蚕桑、中药材等一批特色种植业基地和梅花鹿、奶牛、优种猪、肉鸡、大黄牛等一批特色养殖业基地,发展高产、优质、高效、生态、安全农业。第二产业方面,大力推进新型工业化,加快产业结构优化升级,优化和发展冶金和焦炭两大传统支柱产业;通过加大改革力度,建设项目等途径培育装备制造业、新型化工产业、新型材料产业、农副产品加工业、中医药产业等五大新的支柱产业,实现传统产业新型化、新兴产业规模化。第三产业方面,加快发展现代服务业,物流业、旅游业、金融保险业、房地产业、社区服务业、广播电视业、信息服务业、中介服务业。

根据该市"十二五"规划纲要,运城市定位为"山西省乃至黄河中游地区的现代农业基地、先进制造业基地、现代物流基地、特色文化旅游基地和现代化区域中心城市"。第一产业方面,加快发展现代农业,以建设全省现代农业示范区为引领,大力发展设施农业、特色农业、有机农业、品牌农业和农产品加工业、流通业,做强特色产业。重点发展粮食(小麦、玉米)、果业(苹果、梨、葡萄、樱桃、红枣、鲜食枣、山楂、石榴、核桃等)、棉花、蔬菜、养殖、观光休闲农业等主导产业,推动从传统农业大市向现代农业强市转变。第二产业方面,大力推进工业新型化,奋力建设工业强市,改造提升钢铁、焦炭、煤炭、铜、电力、建材等传统产业,培育壮大现代装备制造、铝镁深加工、医药、新能源、新材料等新兴产业,大力发展农产品加工、纺织服装业,加快传统产业新型化、新兴产业规模化和优势产业集群化,构筑运城特色现代产业体系。第三产业方面,大力推进三产规模化,促进产业结构优化升级,加快推进经营业态高端化、文化产品系列化、旅游服务品牌化、现代物流规模化,建设山西省乃至黄河中游地区现代物流基地和特色文化旅游基地,培育物流商贸业、文化旅游业支柱产业,不断提高现代服务业在全市经济中的比重。加快发展以物流、金融、信息为重点的生产性服务业,大力发展以商贸业、家庭服务业、中介服务业为重点的生活性服务业;加快发展文化旅游业。

运城市规模以上工业发展情况如表 4-32 所示。工业企业数从 2001 年的 421 家增加至 2012 年的 434 家,微增 3.09%;规模以上工业增加值从 2001 年的 68.47 亿元增长至 2012 年的 344.3 亿元,增长 4.03 倍;规模以上工业总产值从 2001 年的 201.23 亿元增长至 2011 年的 1661.74 亿元,增长 7.26 倍。从数据来看,运城市工业发展较为一般,工业增加值与工业产值的差距越来越大,说明该市低附加值、粗放型工业的局面没有实现好转。

表 4-32 运城市规模以上工业发展情况

年份	规模以上工业企业数(个)	规模以上工业企业增加值(万美元)	规模以上工业总产值(万美元)
2001	421	68.47	201.23
2002	429	86.79	245.36
2003	433	125.36	347.83
2004	506	157.88	433.80
2005	486	183.08	510.61
2006	494	222.20	676.30
2007	449	247.31	839.12
2008	453	267.61	952.44
2009	520	238.44	1820.10

年份	规模以上工业企业数（个）	规模以上工业企业增加值（万美元）	规模以上工业总产值（万美元）
2010	564	294.10	1261.90
2011	405	419.80	1661.74
2012	434	344.30	—

运城市主要行业发展情况如表 4-33 所示。

从产业规模上来看，黑色金属冶炼及压延加工业、有色金属冶炼和压延加工业是规模最大的行业，主营业务收入超过 300 亿元；炼焦业超过 200 亿元；化工、电气机械及器材制造业超过 100 亿元；电力热力生产供应业、医药制造业不到50 亿元。

从所占比重来看，该市五大传统产业中，电力热力生产供应业所占比重不到2%；黑色金属冶炼及压延加工业、有色金属冶炼及压延加工业、炼焦业均超过了15%；电气机械及器材制造业超过了 10%；化工、农副食品加工业超过了 5%。

从产业发展速度来看，各大产业均有一定幅度波动，相对而言，农副产品加工业发展较为平稳且速度较快；电力热力生产供应业则属于平稳但速度较慢的行业。主要因为国内外经济环境的冲击，冶金、炼焦、化工发展速度较快但波动较大。

表 4-33　运城市主要行业发展情况

行业	主营业务收入（亿元）	比重（%）	增长率（%）				
			2012 年	2011 年	2010 年	2009 年	2008 年
全部	1590.40	100.00	6.10	40.30	48.10	−18.20	5.20
黑色金属冶炼及压延加工业	348.60	21.92	6.40	36.70	72.40	−20.30	9.10
有色金属冶炼及压延加工业	302.20	19.00	6.60	30.30	48.80	−34.20	−3.60
炼焦业	255.40	16.03	1.40	39.00	50.50	−25.30	17.40
化学原料及化学制品制造业	140.60	8.84	9.10	40.30	51.30	−29.80	6.80
电力热力生产供应业	31.60	1.99	17.10	−24.00	4.30	28.80	4.90
农副食品加工业	92.40	5.81	35.40	67.60	38.80	—	−3.80
医药制造业	25.30	1.590	12.20	22.50	−2.80	—	—
电气机械及器材制造业	161.20	10.14	−12.20	34.40	55.00	—	—

根据表 4-32、表 4-33 及相关数据，我们对运城市产业发展有了一定的了解。凭借能源资源的优势，运城市通过进口大量金属矿建立了以钢铁、有色金属冶炼

为主的冶金业,化工、炼焦、电力等相关产业也得到较大发展,成为该市的传统支柱产业,在地区工业经济中的比重超过半数以上。随着农副食品、机电装备、医药等新兴产业的支持培育,已经成为举足轻重的力量,这些产业快速发展有助于改变现有的产业格局,平衡轻重工业比例,也为该市的转型发展提供重要的支持。

四、编委会评价

运城市位于山西省西南端,地处晋、陕、豫黄河金三角地区中心位置,是山西省能源重化工业基地和新兴工业基地。该市资源丰富、产业基础较好,国家扩大内需和促进中部崛起战略深入实施,不断完善的软硬发展环境都为运城市承接国内外产业转移、加快转型跨越发展创造了良好条件。"十二五"时期,运城市进入工业化跃升期和城镇化加速期,将为转型跨越发展提供难得的历史机遇,整体形势有利于该市加快转型、跨越发展。

区位优势:运城市黄金区位,设施完善。该市承东启西,贯通南北,辐射中原,是连接中西部的"桥头堡"。侯(马)西(安)铁路横亘东西,南(大)同蒲(州)铁路纵贯南北。高速公路四通八达,全市高速公路居全省第一。大(同)运(城)、运(城)风(陵渡)、运(城)三(门峡)、东(镇)济(源)等几条高速公路连华北、接中原、达西北,北上太原、南下西安、东去郑州都有高速公路直达,运城中心城市到各县市一小时经济圈已经形成。运城机场已开通北京、上海、天津、重庆、广州、深圳、厦门、成都、哈尔滨、沈阳、太原、昆明、武汉、乌鲁木齐、海口、三亚等国内重要航线。

产业优势:运城市是山西能源重化工基地的重要组成部分,也是山西省新兴的工业基地。良好的原材料工业基础和丰富的农产品资源,加快推进了新型工业化、农业现代化、城镇特色化进程。近年来,初步形成了具有区域特色的铝电材联营、钢铁和镁业等冶金产业群,日用化工、煤化工和医药产业群,机械及精密铸造产业群,新型材料、玻璃器皿等亮点产业群,农副产品加工产业群,旅游业等六大产业群体。"十二五"期间,该市将加快推进农业现代化、工业新型化、三产规模化、市域城镇化、城乡生态化,促进运城由传统农业大市向现代农业强市转变,由原材料工业大市向现代制造业强市转变,由文物资源大市向文化旅游强市转变,由人口大市向人才强市转变,由内陆开放不足地区向承接产业转移示范区转变。

政策优势:作为建设国家资源型经济转型综合配套改革试验区、循环经济试点市和建设晋陕豫黄河金三角区域协调发展综合试验区,将为转型、跨越发展提供有力的政策支撑。加之该市在交通、水利、电力等各个基础设施方面加大投资,显著地改善了投资环境。公共服务型政府的推进建设,将有助于改进投资软环境,为企业投资提供更为规范的服务。

五、投资建议

根据运城市的产业发展现状、未来的产业定位及比较优势,我们认为运城市值得关注的行业如下:机电装备制造业;冶金业;农副食品加工和制造业。

第三节　西部地区城市投资价值分析

成都市投资价值分析

一、城市概况

成都市,四川省省会,位于四川省中部,是全国统筹城乡综合配套改革试验区,是西南地区的科技中心、商贸中心、金融中心和交通、通讯枢纽。该市东北与德阳市、东南与资阳市毗邻,南面与眉山市相连,西南与雅安市、西北与阿坝藏族羌族自治州接壤。成都市辖9区(锦江、青羊、金牛、武侯、成华、龙泉驿、青白江、新都、温江)、6县(金堂、双流、郫县、大邑、蒲江、新津)4市(都江堰、彭州、邛崃、崇州),总面积1.24万平方公里。2011年末,全市户籍人口1163.3万人,常住人口1407.1万人。

2011年,成都市实现地区生产总值6854.6亿元,比上年增长15.2%。其中:第一产业实现增加值327.3亿元,增长3.7%;第二产业实现增加值3143.9亿元,增长19.8%;第三产业实现增加值3383.4亿元,增长12.4%。第一、二、三产业比例关系为4.8:45.8:49.4。全年地方公共财政收入680.7亿元,比上年增长30.1%,其中税收收入487.2亿元,增长30.9%。全年公共财政支出858.0亿元,增长12.6%。按常住人口计算人均生产总值48755元,增长10.3%。

二、形势分析

2001 年,成都市地区生产总值为 1322.05 亿元;2005 年增长到 2370.76 亿元;2010 年突破 5000 亿元;2011 年,成都市地区 GDP 达 6854.6 亿元,居全国城市前列,是 2001 年的 5.18 倍,年均增长 17.94%(名义价格计算)。2001 年,成都市人均生产总值为 1.3 万元;2005 年突破 2 万元;2007 年突破 3 万元;2010 年突破 4 万元;2011 年达 4.87 万元,是 2001 年的 3.75 倍,年均增长 14.2%。如图 4-32 所示,成都市经济发展保持高速状态,这迅速提升了该市的经济总量,也提高了在全国城市中的排名。

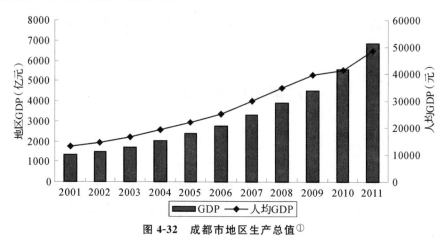

图 4-32　成都市地区生产总值①

成都市三次产业结构如图 4-33 所示。2001 年,成都市三次产业所占 GDP 比重为 9.0∶37.1∶53.9;2005 年调整为 7.7∶42.4∶49.9;2011 年优化调整为 4.8∶45.8∶49.4。十数年间,第一产业所占 GDP 比重下降了 4.2 个百分点,第二产业上升了 8.7 个百分点,第三产业下降了 4.5 个百分点。第二产业所占 GDP 比重显著提高以及第一、三产业 GDP 比重的下降,是成都市产业结构调整的主要特征。

总体来看,成都市三次产业比重较为合理。第二产业比重的稳步提高,意味着该市仍在推进工业化进程,从发展阶段等角度来判断,重工业化是该时期主要的任务,但已从工业化中期向后期阶段逐步迈进。根据国内外发展经验,第一产业持续下降;第二产业稳定,内部结构优化;第三产业比重持续提高是经济结构优化调整的主要趋势。在我国,产业结构调整基本表现为第二产业比重上升

---

① 数据来源:国研网。

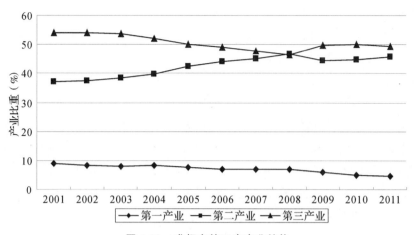

图 4-33　成都市的三次产业结构

这一方面说明工业化、城市化依旧是经济发展的主动力,体现为产业从低附加值、低技术、高消耗向高附加值、高科技、低消耗的产业逐步转移;另一方面,又与我国特殊的投资结构分不开。拉动经济的"三家马车"中,消费不足、出口乏力,只有依靠大量的投资拉动经济的增长。

　　四川省 21 个地区经济总量和人均总量如图 4-34 所示。2011 年,四川省内经济总量首次超过 2 万亿元,超千亿的城市有 7 个,除了成都市之外,其他 6 个城市均为首次。成都市地区 GDP 高达 6854.6 亿元,远远高于省内其他城市,也是西部仅次于重庆的经济大市。排在之后的分别是绵阳市和德阳市,地区 GDP

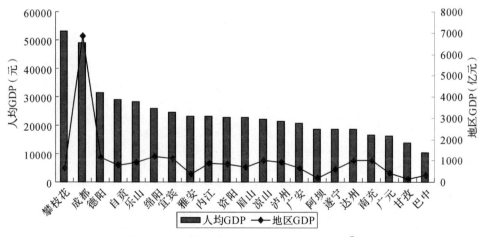

图 4-34　四川各地区人均 GDP 和地区 GDP[①]

─────────────

①　数据来源:《四川统计年鉴 2012》。

分别为 1189.10 亿元和 1137.40 亿元;甘孜、巴中和雅安排在最后,分别是 152.23 亿元、343.39 亿元和 350.13 亿元。从人均 GDP 来看,攀枝花、成都和德阳市最高,分别为 5.31 万元、4.87 万元和 3.14 万元;巴中、甘孜和广元最低,分别为 1.04 万元、1.39 万元和 1.62 万元;从经济总量和均量来看,成都市在四川省内处于一枝独秀的地位,是当之无愧的经济中心。这是优劣并存的态势。从优势来说,成都市可以更好地吸引四川省内的人才、资源、科技、金融、交通、产业等各方面资源,做大做强城市经济,提升成都市在西南地区,乃至于全国城市中的地位。劣势在于,各城市之间并非简单的竞争关系,同样存在着合作、互补的关系。当成都市周边城市均处在较低的发展水平时,不利于城市之间的分工合作,形成良好的产业集群,不利于成都市的长远发展,这也是成渝经济区最大的问题。

与西南各重要城市相比较,成都市有较大的优势,无愧于西部地区的中心城市。具体各项指标如表 4-34 所示。从各项指标来看,成都市与西部其他重要城市相比,具有较大优势,部分总量指标仅次于直辖市重庆市。西安、昆明、南宁等市与成都市有一定差距。从如上指标来看,成都市在整个西部地区是经济水平最好的城市之一。良好的经济环境为成都市吸引外资、提升产业结构提供了最佳的物质基础。

表 4-34　西部主要城市主要指标[①]

城市名称	单位	成都	重庆	南宁	贵阳	昆明	西安	兰州	银川
土地面积	平方公里	12121	82269	22112	8034	21015	10108	13085	9491
年末总人口	万人	1163	3330	711	376	544	792	323	162
地区生产总值	亿元	6854.60	10011.40	2211.40	1383.10	2509.60	3864.20	1360.00	986.70
人均 GDP	元	48755	34500	31173	31085	38831	45390	42076	48374
第一产业	%	4.77	8.44	13.81	4.53	5.33	4.48	2.94	4.77
第二产业	%	45.86	55.37	37.51	42.43	46.27	43.92	48.27	53.23
第三产业	%	49.36	36.20	48.67	53.05	48.40	51.60	48.79	42.00
地方财政预算内收入	亿元	680.69	1488.33	186.29	187.09	317.69	318.55	86.49	96.62
地方财政预算内支出	亿元	857.87	2570.24	302.31	277.38	441.73	494.58	175.48	147.25
固定资产投资总额	亿元	4944.02	7579.45	1950.86	1600.59	2275.53	3352.12	950.58	720.56
城乡居民储蓄余额	亿元	5944.77	7045.99	1581.03	1251.04	2615.65	4155.65	1480.16	725.26
职工平均工资	元	42363	40042	40119	38673	41645	41679	38968	49938

---

① 数据来源:《中国统计年鉴 2012》。

城市名称	单位	成都	重庆	南宁	贵阳	昆明	西安	兰州	银川
社会消费品零售总额	亿元	2861.28	3487.81	1073.15	584.33	1271.73	1965.98	639.72	274.47
货物进出口总额	亿美元	379.06	292.18	25.10	65.50	120.22	125.79	18.79	12.10

三、产业定位

成都市利用外资情况如表 4-35 所示。无论是合同利用外资金额还是实际利用外资金额均有了巨大的增长,特别是近两年达到 50 亿美元。成都市利用外资远远高于东部城市。外商投资迅猛增长的同时,利用内资也有了较大的增长,如 2009 年利用省外内资 1448 亿元。2012 年,世界 500 强中的 215 家投资蓉城,主要投资于工业,其次服务业,再次农业。工业领域投资主要涉及电子信息、汽车、航空制造、食品加工等;服务业领域投资主要涉及金融保险、商业零售、房地产等。

表 4-35　利用外资情况[①]

年份	合同利用外资金额（亿美元）	实际利用外资金额（亿美元）
2001	4.4	3.1
2002	5.5	4.0
2003	7.8	5.0
2004	15.3	7.5
2005	14.5	5.5
2006	20.5	7.6
2007	—	11.4
2008	50.6	22.5
2009	16.7	28.0
2010	—	48.6
2011	51.2	65.5

根据成都市"十一五"规划纲要,该市定位为中西部地区创业环境最优、人居环境最佳、综合竞争力最强的现代特大中心城市。"十一五"期间,要抓住国内外

---

① 数据来源:成都市历年经济和社会发展统计公报。

产业向西部转移的机遇,将承接产业转移与提升产业结构结合起来,努力实现工业新跨越,增创服务业新优势,开拓现代农业新局面,增强产业竞争能力。第二产业方面,坚持走新型工业化道路,积极发展高技术产业,用先进适用技术改造传统产业,引导产业集群发展,加快发展循环经济,把成都建成以高技术产业为先导、现代制造业为基础的新型工业基地。做大做强电子信息、机械制造、医药、食品、冶金建材、石油化工、航空航天等主导产业和优势产业;积极发展天然气应用、机车制造、光电、新材料、生物能源、核技术等新兴产业。第三产业方面,增创服务业新优势,巩固和增强成都作为西南地区科技、商贸、金融中心和交通、通信枢纽的地位。大力发展文化产业、旅游产业,打造"休闲之都",构建"会展之都",改造提升传统商贸流通,构建现代物流中心,巩固提升金融中心地位,加快发展信息服务业,促进发展房地产业。第一产业方面,发展休闲农业,发展高产、优质、高效、生态、安全农业,发展生态农业和特色农业,建设生猪、家禽、水产、茶叶、柑橘、猕猴桃、蔬菜、食用菌、林竹、花卉等优势特色农产品标准化生产基地。

根据成都市"十二五"规划纲要,该市定位为"世界现代田园城市",通过五年努力,把成都建成中西部地区创业环境最优、人居环境最佳、综合竞争力最强的现代特大中心城市。产业战略为:加快产业结构调整,抢占高端产业发展制高点,推动重点产业高端化,大力发展战略性新兴产业,逐步建立以现代服务业和总部经济为核心、以高新技术产业为先导、以强大的现代制造业和现代农业为基础的市域现代产业体系。第三产业方面,优先发展现代服务业。加快发展现代物流业、商务服务业、文化创意产业、会展产业等先导服务业,加快提升金融业、商贸业、旅游业等支柱服务业,加快培育电子商务、服务外包、数字新媒体、健康产业等新兴服务业,构建可持续发展的国际化、专业化、集约化、均衡化的服务业体系,努力建设全国服务业区域中心和改革创新示范区,建成服务西部、面向全国、走向世界的现代服务业基地。第二产业方面,大力发展高新技术产业,加快发展电子信息、生物医药、新能源、新材料、航空航天、节能环保等高新技术产业,抢占高端产业发展制高点,把成都市建设成为具有国际影响力的高新技术产业基地;提升发展现代制造业,推动汽车、食品、制鞋及箱包皮具、家具等优势产业以及石化、冶金建材等产业的细分行业向产业高端升级。第一产业方面,加快发展现代农业,建成"西部第一,全国领先"的现代农业基地和国家现代农业示范区,建设现代农业优势特色产业基地。建成集中连片的粮油、蔬菜、花卉苗木、食用菌生产基地,加快发展标准化生猪、家禽养殖基地。

2011 年,成都市全部工业增加值 2610.8 亿元,比上年增长 20.5%。规模以上工业企业实现增加值 2185.3 亿元,增长 22.3%。在规模以上工业中,轻工业增加值增长 18.3％,重工业增加值增长 25.0％。电子通信产品制造业、医药工业、食品饮料及烟草业、机械工业、石油化学工业和建材冶金工业六大重点行业完成增加值 1614.8 亿元,比上年增长 21.8％,占全市规模以上工业的比重为 73.9％。

2008—2010 年,成都市主要工业行业发展情况如表 4-36 所示。

从规模企业个数来看,超过 50 家的行业有 20 个,超过 100 家的行业有 15 个。其中,通用设备制造业、金属制品业、非金属矿物制品业企业数最多,分别为 407 家、301 家和 287 家。此外,农副食品加工业、电气机械及器材制造业企业数也较多,均在 280 家以上。

从工业总产值来看,超过百亿的行业有 19 个。其中,通信设备制造业、交通运输设备制造业、电气机械及器材制造业规模最大,分别为 731 亿元、606.51 亿元和 411.02 亿元。除了这些行业之外,通用设备制造业、专用设备制造业产值均超过三百亿元,三百亿产值的行业规模,意味着该行业的产业比重超过 5％,也意味着这些产业已经成为支柱产业,通信设备制造业高达 12.58％,交通运输设备制造业达 10.44％。

从行业发展速度来看,平均增速为 1.43 倍,超过平均速度的有 12 个行业。其中,工艺品制造、电力热力生产与供应、通信设备制造业、家具制造业增速最快,均超过 2 倍。除此之外,通用设备制造、纺织服装业增长速度也较高。

从产业比重增长幅度来看,有 17 个行业比 2008 年有提高,有 17 个行业比 2008 年有所下降。总体来看,大多数产业发展较为平稳。黑色金属冶炼及压延加工业、有色金属冶炼及压延加工业、交通运输设备制造业、医药制造业是降幅较大的行业,产业比重减少了 1—2 个百分点;通信设备制造业、电力热力生产供应、通用设备制造业、家具制造业产业比重增加了 1—4 个百分点。

表 4-36　成都市主要行业发展情况①

行　业	企业个数(个)	工业总产值(亿元)		增长倍数(倍)	产业比重(亿元)		产业增幅(百分点)
		2010 年	2008 年		2010 年	2008 年	
全部	3887	5809.70	4071.40	1.43	100.00	100.00	0
农副食品加工业	203	285.33	212.31	1.34	4.91	5.21	−0.30
食品制造业	158	159.34	118.64	1.34	2.74	2.91	−0.17
饮料制造业	96	139.81	107.77	1.30	2.41	2.65	−0.24

① 《成都统计年鉴 2008》、《成都统计年鉴 2011》。

续　表

行　业	企业个数(个)	工业总产值(亿元)		增长倍数(倍)	产业比重(亿元)		产业增幅(百分点)
		2010 年	2008 年		2010 年	2008 年	
烟草制品业	3	167.71	107.67	1.56	2.89	2.64	0.25
纺织业	47	39.99	34.88	1.15	0.59	0.86	−0.27
纺织服装、鞋、帽制造业	31	42.46	24.42	1.74	0.73	0.60	0.13
皮革、毛皮、羽毛(绒)及其制品业	145	193.63	144.53	1.34	3.33	3.55	−0.22
木材加工及木、竹、藤、棕、草制品业	44	27.54	27.33	1.01	0.47	0.67	−0.20
家具制造业	143	202.20	99.19	2.04	3.48	2.44	1.04
造纸及纸制品业	92	64.27	40.62	1.58	1.11	1.00	0.11
印刷业和记录媒介的复制	100	84.86	66.36	1.28	1.46	1.63	−0.17
石油加工、炼焦及核燃料加工业	9	37.66	35.18	1.07	0.65	0.86	−0.21
化学原料及化学制品制造业	271	266.33	223.70	1.19	4.58	5.49	−0.91
医药制造业	173	213.60	202.12	1.06	3.68	4.96	−1.28
化学纤维制造业	6	11.19	8.05	1.39	0.19	0.20	−0.01
橡胶制品业	23	20.30	12.41	1.64	0.35	0.30	0.05
塑料制品业	162	150.06	103.96	1.44	2.58	2.55	0.03
非金属矿物制品业	287	301.15	191.17	1.58	5.18	4.70	0.48
黑色金属冶炼及压延加工业	64	210.64	233.96	0.90	3.63	5.75	−2.12
有色金属冶炼及压延加工业	58	176.29	166.75	1.06	3.03	4.10	−1.07
金属制品业	301	256.62	185.64	1.38	4.42	4.56	−0.14
通用设备制造业	407	369.25	204.75	1.80	6.36	5.03	1.33
专用设备制造业	212	304.81	206.32	1.48	5.25	5.07	0.18
交通运输设备制造业	213	606.51	491.18	1.23	10.44	12.06	−1.62
电气机械及器材制造业	280	411.02	297.49	1.38	7.07	7.31	−0.24
通信设备、计算机及其他电子设备制造业	171	731.00	350.87	2.08	12.58	8.62	3.96
仪器仪表及文化办公用机械制造业	61	38.35	47.08	0.81	0.66	1.16	−0.50
工艺品及其他制造业	21	59.37	11.30	5.25	1.02	0.28	0.74
电力热力生产与供应	40	160.00	55.52	2.88	2.75	1.36	1.39

如上数据显示,成都市工业体系中,重工业和高新技术产业占主导地位。工业化向中后期转变的趋势较为明显。目前,机械工业、电子通信产品制造业、食品饮料及烟草业、石油化学工业、建材冶金工业和医药工业是成都市六大支柱行业,这些行业的企业规模、工业总产值和发展速度均较高。具体而言,机械工业、食品饮料和烟草行业、化工行业、电子通信设备制造业已经具备了冲刺千亿产业的能力;医药工业虽然规模较小,但是发展前景很好,具有较高的赢利水平;冶金建材工业增速则逐步放缓,在经济规模中的比重也逐步缩小。总体而言,交通运输设备制造业、通信设备制造业、化学原料和化学制品制造业、农副食品加工业更胜一筹。除了如上六大主导行业之外,家具制造业、电力热力生产供应业也表现出较好的发展势头。

四、编委会评价

成都作为中国西南地区重要的内陆中心城市之一,是国务院确定的中国西部物流和商贸中心、金融中心、科技中心和交通枢纽、通信枢纽以及中国重要的高新技术产业基地、现代制造业基地、现代服务业基地和现代农业基地。在工业体系、交通区位、金融科技、人力资源等方面均具有很大的优势,在电子、生物、高新材料、光学、光纤通信、航空航天技术等领域具有较强的综合优势和技术开发能力。随着西部大开发和产业、资本向中西部转移,成都市的投资价值日益显著,且已经成为外资投资的重点区域。

区位优势:成都市是我国西南地区的特大中心城市,区位优势显著。成都交通便利,是中国西南地区重要的铁路运输枢纽,宝成(宝鸡—成都)线、成渝(成都—重庆)线、成昆(成都—昆明)和达成(达县—成都)线均在成都交会。成都是西南地区最大的公路枢纽,是中国 45 个公路主枢纽城市之一,是中国公路密度最大的城市之一,高速公路密度位居全国第一。成都市所辖 10 区、4 市、6 县全部通高速公路,位居西部第一。成都现已开通国际城市的航线 29 条,距市区 16 公里的成都双流国际机场是中国内陆最大的航空枢纽,旅客吞吐量和货运吞吐量均居中西部机场第一位。

产业优势:成都市聚集了一大批境内外知名企业,形成了较为完整的产业链条,上下游相关产业配套逐渐成熟,并且拥有数量众多的训练有素的产业工人,为成都的相关产业发展奠定了良好的基础。随着六大主导产业的逐步壮大,将带动一大批相关企业的发展,形成相关产业集群。该市鼓励外资投向汽车、石油化工、冶金建材、装备制造等先进制造业,电子信息、新能源、新材料、生物医药、航空航天、节能环保等高新技术产业,总部经济、金融、物流、软件及服务外包、电子商务、文化创意、旅游、教育培训、健康产业等现代服务业,设施农业、农产品精深加工等现代农业。

政策优势:作为"西部大开发"和成渝经济区中的重要城市,成渝经济区建设将进一步加快,有利于把成都市建设成为西部经济发展中重要的增长极。成都市承担着推动中国西南地区的区域经济均衡发展的重要任务,经国务院批准的《成都市统筹城乡综合配套改革试验总体方案》将在"十二五"期间全面实施,成为成都市未来发展最现实的优势。这些优惠政策,加之良好的政府服务水平,将为企业投资提供良机。

五、投资建议

根据成都市的产业优势、产业发展规划及其比较优势,我们认为如下产业值得投资关注:通信设备制造业;机械制造业;化工产业。除此之外,轻工业领域中的食品行业、家具制造业也值得注意。

广安市投资价值分析

一、城市概况

广安市位于四川东部,呈扇形分布于川中丘陵与川东平行岭谷两大地形区之间,是三峡库区发展的接力带,有"川东门户"之称,是中国优秀旅游城市、国家商标战略实施示范市、国家园林城市、国家卫生城市、省级文明城市。广安东南与重庆市垫江县、长寿区、渝北区、合川区接壤,西部与重庆市潼南县、蓬溪县和南充市相邻,北部与南充市和达州市毗连。该市辖 1 区(广安区)、3 县(岳池县、武胜县、邻水县)、1 市(华蓥市),土地面积 6344 平方公里。2010 年末户籍总人口 466.2 万人,常住人口 320.54 万人。

2011 年,广安市地区 GDP 总量为 659.9 亿元,同比增长 15.3%。其中,第一、二、三产业增加值分别为 125.3 亿元、339.1 亿元和 195.5 亿元,分别增长 4.0%、22.3%和 11.9%;对经济的贡献率分别为 5.4%、70.3%和 24.3%。三次产业结构由 2010 年的 20.5∶48.2∶31.3 调整为 19.0∶51.4∶29.6,第一产业比重已下降至 20%以下,第二产业比重升至 50%以上。全市工业化率为 40.2%。人均生产总值将突破 2 万元,初步估算为 2.05 万元。

二、形势分析

2001 年,广安市地区生产总值为 138.54 亿元;2007 年超过 300 亿元,为 338.83 亿元;2010 年超过 500 亿元;2011 年为 659.90 亿元,是 2001 年的 4.76 倍,年均增长 16.97%(现价计算)。2001 年广安市人均 GDP 为 3150 元,2005 年超过 5000 元;2008 年超过 1 万元;2011 年预计达 2.05 万元,是 2001 年 6.5 倍,年均增长 20%。如图 4-35 所示,广安市经济增速较快,特别是 2007 年以来,经济增长较以往又有提高,显示了该市经济发展有很强的后劲。虽人均产值较低,但较以往相比也有了很大进步。保持经济继续快速发展,将有助于广安市改变目前落后的经济发展现实,壮大该市经济实力和经济竞争力。

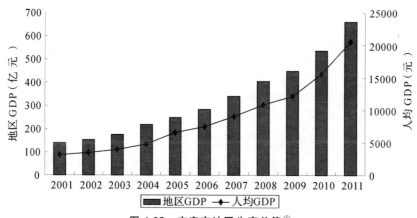

图 4-35　广安市地区生产总值①

广安市产业结构变动如图 4-36 所示。2001 年,广安市三次产业结构比重为 31.0∶33.01∶35.99;2005 年产业结构优化调整为 27.73∶37.18∶35.09;2011 年产业结构优化调整为 19.0∶51.4∶29.6。十数年间,第一产业所占 GDP 比重下降了 12 个百分点,第二产业所占 GDP 比重上升了 18.39 个百分点,第三产业所占 GDP 比重下降了 6.39 个百分点。经过十年时间,广安市改变了原有传统农业社会的产业结构,通过第二产业的发展,推动工业化来带动整个社会的经济变迁,实现了从农业社会向工业社会的巨大转变。虽然,广安市正处于工业化的中期阶段,但原有的发展已经为将来打下一定的基础。如何将地区的社会经济发展与整个国家的经济社会发展结合起来,成为该市最重要的任务之一。

---

① 数据来源:国研网数据库。

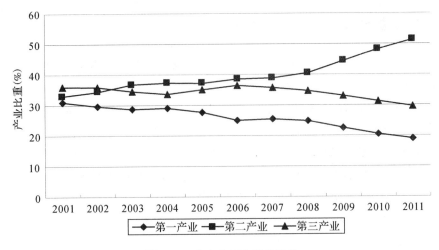

图 4-36　广安市三次产业结构

　　根据以往的地区发展经验,当第一产业占 GDP 比重低于 20%,第二产业占 GDP 比重高于 50% 时,该地区将从工业化初期转向工业化中期。这一时期,也是重工业快速发展,产业结构逐步完善,地区经济总量快速增长的时期。在这一阶段,社会经济发展体现为工业化和城镇化的"双轮"驱动,将极大地改变现有经济格局,通过外向型经济的发展模式,来充分推动本地经济的快速增长,改变现有的经济面貌。广安市如果发展顺利,将有 10 多年的发展机遇期。但广安产业结构也有较大缺陷。根据我国其他地区发展,当一个地区经济走向工业化中期阶段的下限,即人均 GDP 在 2 万—3 万元时,广安市相对而言,人均产量还较为落后,这有可能成为制约广安发展的瓶颈。如何将这种落后劣势转为后发优势,将极大考验广安市政府的管理能力和水平。

　　四川省各地区经济总量和人均产值如图 4-37 所示(2010 年)。从地区生产总值来看,成都市以 5551.33 亿元的 GDP 远远超出其他城市,是四川省唯一超过千亿元的城市,绵阳、德阳分别以 960 亿元和 921 亿元位列第 2、3;甘孜和阿坝均不到 150 亿元,排在最后;广安市以 537.22 亿元排在第 14 位。2011 年,四川省地区 GDP 超过 2 万亿,成都市位居全国第 10 位,绵阳、德阳、宜宾、南充、达州、凉山 6 个市(州)地区 GDP 总量首次突破千亿元大关。从人均产值来看,攀枝花、成都市人均 GDP 均超过 4 万元,德阳、自贡、乐山、绵阳在 2 万元以上,巴中不到 1 万元,其他城市处于 1 万—2 万元之间,广安市以 1.56 万元排在第 14 位。无论是经济总量还是人均产出,广安市在四川省内 21 个市(州)中均处于靠后位置,这意味着该市还需要较长一段时间的发展才能赶上全省平均水平。

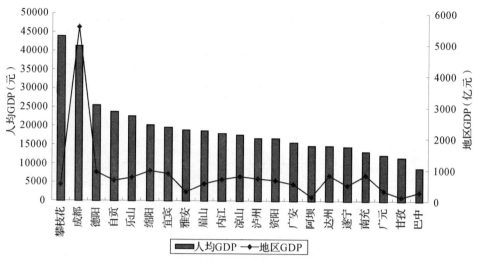

图 4-37 四川各地区 GDP 和人均 GDP[①]

广安市与四川省内其他城市的比较如表 4-37 所示。从各方面指标来看,广安市优势都不太突出,无论是土地面积、人口,还是经济增长率、工业企业数、外商投资等指标。广安市与广元、遂宁、内江等市相比,产业结构和人均 GDP 两项指标较高。广安市的落后,主要在于固定投资少,工业薄弱。而投资少也是工业薄弱的一个重要原因。因此,加大投资,提高工业比重和经济实力,是广安市推动经济发展,也是缩小与其他城市差距的主要手段。

表 4-37 四川省部分城市基本情况[②]

指标	单位	广安	成都	泸州	广元	遂宁	内江	南充
土地面积	平方公里	6344	12132	12228	16319	5325	5386	12479
人口密度	人/平方公里	505.26	947.14	410.79	190.51	716.30	790.07	602.39
年末总人口	万人	320.54	1149.07	502.32	310.89	381.43	425.53	751.72
地区 GDP	亿元	659.90	5551.33	714.81	321.87	495.23	690.28	827.82
经济增长率	%	15.30	15.00	16.50	15.90	14.30	20.10	15.30
人均 GDP	元	20500	48510	16698	11750	14498	18022	13212
第一产业比重	%	19.00	5.14	15.22	23.77	22.09	16.28	24.36
第二产业比重	%	51.40	44.69	56.48	39.04	51.43	60.78	48.51

① 数据来源:《四川统计年鉴 2011》。
② 数据来源:国研网数据库。

续　表

指标	比重	广安	成都	泸州	广元	遂宁	内江	南充
第三产业比重	％	29.60	50.17	28.30	37.18	26.48	22.94	27.14
地方财政一般预算内收入	亿元	21.28	526.94	47.59	16.73	17.77	20.39	32.26
地方财政一般预算内支出	亿元	97.54	777.38	126.54	221.32	88.85	92.48	185.61
固定资产投资	亿元	383.42	4255.37	460.40	480.15	495.40	350.93	656.66
工业企业数	个	330	3887	581	313	453	574	515
内资企业数	个	320	3545	568	303	443	562	507
港澳台商投资企业数	个	2	117	3	2	2	4	5
外商投资企业数	个	8	225	10	8	8	8	3
工业总产值	亿元	606.59	5809.73	949.18	320.23	709.47	1292.56	1124.58
当年新签项目数	个		294	4		9	7	12
当年实际使用外资金额	万美元	3334	485575	3051	1810	2289	4637	1842
第一产业从业人员比重	％	58.05	0.13	0.82	0.70	0.06	0.93	1.00
第二产业从业人员比重	％	19.25	52.84	52.16	18.71	49.60	52.36	26.48
第三产业从业人员比重	％	22.70	47.03	47.03	80.59	50.34	46.71	72.51

三、产业定位

广安市利用外资情况如表 4-38 所示。总体来看,广安市利用外资规模较小,项目数不多,近两年利用外资数超过千万美元,在一定程度上体现了该市的投资环境在不断提高。与此相应,该市的利用市外资金率有很大提高。如 2011 年,广安全年引进重庆项目 264 个,到位资金 173.1 亿元,为融入重庆一小时经济圈,对接优势产业取得了很好成效;与广东、浙江、台湾等产业发达地区和重点大型企业开展对接,全年签约引进项目 537 个,到位资金 401.8 亿元,同比增长 29.6％。

表 4-38　广安市利用外资情况

年份	当年新签项目数（个）	外商合同投资额（万美元）	当年实际使用外资金额（万美元）
2001	4	2915	24
2002	3	1657	1354
2003	2	824	1753
2004	3	854	346
2005	2	27	411
2006	3	358	205
2007	0	1000	140
2008			105
2009	5		307
2010	2		2432
2011			3334

　　根据广安市"十一五"规划纲要,该市牢牢把握发展这个第一要务,继续发挥三大优势(政治、资源、区位),着力做好三篇文章(资源型工业、特色农业和旅游业),以工业化带动农业产业化,推动城镇化。具体而言,第二产业方面,坚定不移地走工业强市之路,大力培育优势产业、骨干企业和产业集群,扩大工业总量,提高工业质量,增强核心竞争力;发展优势特色产业,发展能源产业、壮大农产品加工业、发展机电配套工业、整合提升建材建筑业、引进发展高新产业。第一产业方面,大力发展特色农业,稳定发展粮油产业,加速发展畜禽产业(牛、羊和小家禽),大力发展优质果业(优质脐橙、杂柑、柚类),加快发展蔬菜产业,积极发展农村劳务产业。第三产业方面,加快发展旅游服务业,坚持旅游兴市发展战略,培育红色旅游、生态休闲度假游、民俗文化观光游三大品牌;大力发展商贸流通业,大力发展社区服务业,支持发展金融保险业,积极发展中介服务业。

　　根据广安市"十二五"规划纲要,广安市定位为成渝经济区重要的经济增长极,川东渝北地区中心城市,川东综合交通枢纽,内陆对外开放示范窗口。具体而言,第二产业方面,坚定不移地实施工业强市战略,坚持走新型工业化道路,打造成渝经济区的精细化工基地、新能源基地、新材料基地、有色金属加工基地、汽车及汽摩零部件制造基地、特色农产品加工和供应基地;发展壮大能源、汽摩零部件为主的装备制造、建材、食品加工和轻纺等五大传统支柱产业,培育发展化工、电子信息和有色金属加工等三大新兴支柱产业,延伸和完善产业链,积极打造产业集群;积极培育战略性新兴产业,发展新材料、生物、节能环保等产业。第一产业方面,大力发展现代农业,打造特色农产品加工供应基地,创建国家现代农业示范市;大力发展优质粮油、优质生猪、优质蔬菜、优质柑橘等主导产业,培育壮大草食畜禽、速生林竹、优质蚕桑、优质水产等特色产业;打造国家大型商品粮基地、蔬菜标准化生产基地、优质商品猪战略保障基地、优质柑橘基地、生态渔业基地和林木良种基地。第三产业方面,加快发展服务业,建设红色旅游基地、商贸物流基地,积极发展金融、信息、中介、商务、社区等现代服务业。

2011 年,广安规模以上工业实现增加值 265.1 亿元,同比增长 24.9%,对经济的贡献率达 60.3%,比上年提高 1.4 个百分点,拉动经济增长 9.2 个百分点。全年新增规模以上工业企业 58 户,年末规模以上工业企业总户数为 383 户,实现总产值 905.2 亿元,同比增长 48.8%,其中新增企业实现总产值 42.4 亿元。轻工业总产值为 401.6 亿元,同比增长 48.1%;重工业总产值为 503.6 亿元,同比增长 49.4%。规模以上工业增加值增长 24.5%。

近几年来,广安市工业发展情况如图 4-38 所示。2006 年,广安市全部工业增加值仅为 72.6 亿元,比上年增长 25.3%;2008 年全部工业增加值超过百亿元;2011 年超过 200 亿元,达到 265.1 亿元,比上年增长 24.5%。6 年内,广安市工业取得了巨大增长,年均近 25% 的增长率意味着该市每三年时间将翻一番。工业的迅猛发展将极大提升广安的经济发展质量,壮大该地区的经济实力,也为该市的产业发展提供更好的物质基础和产业基础。

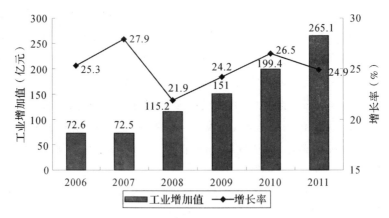

图 4-38 广安市全部工业增加值和增速

广安市主要产业发展情况如表 4-39 所示。

从业规模来看,2011 年,广安市五大产业产值为 634.1 亿元,比 2010 年增加近 200 亿元,其中,农产品加工、机械制造和煤炭业是该市产业规模超百亿的三大产业,建材、电力也均超过 50 亿元。

从产业比重来看,农产品加工业和机械制造业占全部工业产值的比重均超过 1/5,是该市当之无愧的两大产业,煤炭、建材和电力占工业经济比重也超过 5％以上,在 6—14％之间。从发展速度来看,机械制造是增长最快的产业,农产品加工和建材其次,煤炭和电力增长速度最慢。

总体而言,广安市的产业呈分散发展态势,即产业不是朝主导产业集中,而是其他产业开始迅速发展。如五大产业规模在一年内比重下降了 1.4 个百分点,这说明其他产业发展速度更快。随着工业化进程的加快,部分行业将成为主导产业,行业门类也随着产业结构的内部调整而增加,实现经济发展的良性循环。

表 4-39　广安主要行业发展情况①

行　业	2011 年		2010 年	
	总产值(亿元)	占全部比重(％)	总产值(亿元)	占全部比重(％)
农产品加工	182.5	20.2	129.4	21.0
机械制造	184.4	20.4	110.8	18.0
煤炭	122.7	13.6	87.0	14.1
建材	89.6	9.9	61.6	10.0
电力	54.9	6.1	50.9	8.4
五大产业总计	634.1	70.1	439.7	71.5

根据表 4-39,我们对广安市产业发展情况有了一定的了解。广安市虽第二产业占经济比重超过 50％,但总体经济实力不强,产业规模较小。相对于其他城市一个行业产值超千亿的规模,广安全部工业经济产值也不到千亿。从广安市工业经济自身来看,主导产业和支柱产业优势显著,产业规模远远超过其他产业,特别是机械制造、农产业加工和煤炭业规模较大。从发展前景来看,广安市工业经济发展较快,将会有其他产业崛起,形成新的优势产业和主导产业,加之该市第一产业从业人员比重还高达 50％以上,转移农村劳动力,劳动密集型产业将有一定的发展空间。引进大企业,发展大项目,整合产业链,是广安市产业发展壮大的必由之路。

---

① 数据来源:历年《广安经济和社会发展统计公报》。

四、编委会评价

广安市地处四川东部，是四川的东大门，山清水秀，资源丰富。作为四川诸多地级城市之一，广安市近些年来发展迅速，然而由于各方面因素，该市工业基础薄弱，经济较其他城市落后。随着"西部大开发"从基础设施向产业推动转变，加之成渝经济区的建设，广安市紧邻重庆市的地域优势将逐步显现，这有助于广安市今后参与地区分工，融入成渝经济区，实现地区经济的跨越式发展。

区位优势：广安市区位优势显著，交通网络健全。该市处于成渝经济圈的重要节点，承接成都、重庆的经济辐射，全市五区市县均处于重庆"一小时经济圈"内。境内交通便捷，铁路、公路、水路一应俱全。贯穿全境的襄渝铁路复线即将建成，兰渝铁路开工在即。广安至重庆、广安至成都高速公路全线贯通，到重庆仅需 1 小时，到成都仅需 2.5 小时。境内国道、省道贯穿全境，县乡公路星罗棋布，市区到县率先在全省实现了半小时通达。嘉陵江、渠江直通长江黄金水道，可容千吨级船舶通过。

产业优势：经过长期建设，广安市工业产业开始发展壮大，产业优势已然突出，电力、煤炭、建材、装备制造、农产品加工五大传统产业优化升级，整体实力显著增强；化工、有色金属等潜力产业和新能源、新材料、电子信息等战略性新兴产业快速崛起，加快形成新的增长点。随着《成渝经济区区域规划》的实施，广安的优势产业将更好地承接重庆产业转移。《规划》中将广安建成成渝经济区精细化工基地、新能源基地、新材料基地、有色金属加工基地、汽摩零部件制造基地、特色农产品加工供应基地、红色旅游基地、商贸物流基地和川东渝北地区中心城市，内陆对外开放示范窗口的宏伟目标将为广安市的长远发展提供发展方向。

政策优势：国家加快推进经济发展方式转变，把扩大内需作为经济发展的基本立足点和长期战略方针，把支持贫困地区加快发展摆在了更加突出位置，进一步支持地震灾区发展振兴，积极培育战略性新兴产业，实施新一轮"西部大开发"战略，加快建设成渝经济区，为包括广安在内的西部地区提供了难得的历史性发展机遇；广安被国家确立为川渝合作示范区、国家西部承接产业转移示范区，广安经济开发区升级为国家级经济技术开发区，广安被四川省纳入秦巴山区扶贫开发规划范围，五区市县被认定为革命老区，将获得前所未有的政策支持。

五、投资建议

根据广安市的产业发展现状、未来的产业定位及比较优势,我们认为广安市值得关注的行业有:机械制造业;农副食品加工业;煤炭业。

柳州市投资价值分析

一、城市概况

柳州,又称龙城,位于广西壮族自治区的中北部,是区域性中心城市、中国优秀旅游城市、历史文化名城。该市东与桂林市的龙胜县、永福县和荔浦县相连,西与河池市的环江县、罗城县和宜州市接壤,南与来宾市的金秀县、象州县、兴宾区和忻城县毗邻,北与湖南省的通道县,贵州省的黎平县、从江县交界。柳州市辖 4 区(城中区、鱼峰区、柳南区、柳北区)、6 县(柳城县、柳江县、鹿寨县、融安县、融水苗族自治县、三江侗族自治县),总面积 1.86 万平方公里。2011 年末,全市总人口 374.8 万人。

2011 年,柳州市实现地区生产总值 1579.72 亿元,按可比价格计算,比上年增长 10.8%。其中,第一产业实现增加值 135.86 亿元,第二产业实现增加值 1003.68 亿元,第三产业实现增加值 440.17 亿元。产业结构从上年的 8.32∶63.86∶27.82 优化调整为 8.6∶63.54∶27.86。人均生产总值为 41832 元。

二、形势分析

2001 年,柳州市地区生产总值仅为 283.68 亿元;2005 年突破 500 亿元;2009 年首次超过千亿元大关;2011 年,柳州市实现地区 GDP 达 1579.72 亿元,是 2001 年的 5.57 倍,年均增长 18.8%(现价计算)。2001 年,柳州市人均产值不到万元;2003 年突破 1 万元;2007 年突破 2 万元;2011 年超过 4 万元,为 4.18 万元,是 2001 年的 5.07 倍,年均增长 17.73%。如图 4-39 所示,2004 年以来,柳州市经济发展呈加速态势,社会经济水平有了很大的提高和明显的改善,从侧面显示了西部部分地区强劲的发展势头,这为缩小地区差异提供了可能。

柳州市产业结构变动情况如图 4-40 所示,2001 年该市三次产业结构比重为 13.89∶42.24∶43.87;2005 年优化调整为 11.51∶51.97∶36.51;2011 年优化调整为 8.6 ∶ 63.54 ∶ 27.86。十数年间,第一产业所占 GDP 比重下降了 5.29 个百分点,第二产业所占 GDP 比重上升了 21.3 个百分点,第三产业下降了 16.11 个百分点。第一、三产业比重的下降和第二产业比重的上升是该市经济结构调整的主要特征。

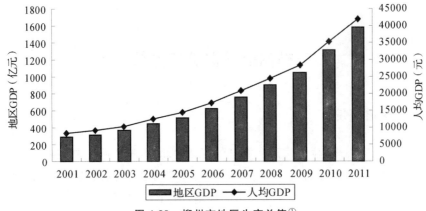

图 4-39 柳州市地区生产总值①

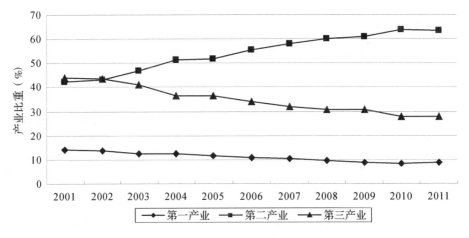

图 4-40 柳州市三次产业结构

柳州市产业结构调整与其他城市的显著不同之处在于,其他城市的工业化进程基本上是农业的现代化,是农村劳动力的转移和资源的再配置。柳州市的工业化主要是第三产业比重的迅速下降,第一产业比重下降程度较小。柳州市这种特殊的产业结构变动估计和该城市的工业化进程和城市化方式有关。从经

① 数据来源:《柳州统计年鉴 2012》。

济发展的基本经验而言,伴随工业化的深化,第一产业在国民经济中的地位将下降,在国民产业中的比重也将低于5%。根据现有的发展趋势,柳州市将在"十二五"期间完成第一产业比重下降至5%的界限,这也就意味着今后5年柳州市产业结构将有巨大的改变,第三产业比重将有所上升。

　　广西各地区经济总量和人均产值如图4-41所示(2012年数据)。2011年广西地区生产总值首次突破万亿元,为1.17万亿元,人均地区生产总值为25315元,且有4个城市成为千亿元城市。从自治区内部各地区来看,社会经济发展水平有着较大差异。从地区GDP总量来看,南宁、柳州和桂林是规模最大的三个城市,分别为2211.51亿元、1579.72亿元和1327.57亿元;贺州、北海、来宾和崇左等市产值均不到500亿元。从人均产值来看,防城港、柳州两市超过4万元,北海、南宁超过3万元,贵港和河池最低,均在1.53万元左右。从经济总量和人均产值来看,柳州市都是广西最发达的城市,无论是实力还是作用都将成为自治区的副中心城市。

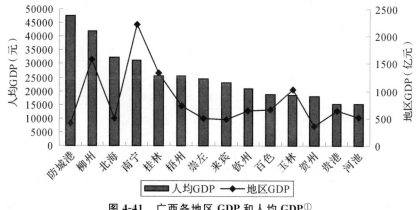

图4-41　广西各地区GDP和人均GDP①

　　广西壮族自治区内部分城市的经济社会发展的基本情况如表4-40所示。从地区GDP、人均GDP、固定资产投资、财政、工业产值等经济指标来看,柳州市优势较为显著,部分指标超过了省会城市南宁市;但从土地面积、人口、经济增长率、外商投资、工业企业数等指标来看,柳州市部分指标已经落后于其他城市,原先优势逐步缩小。对柳州市政府而言,应保持柳州市在广西的工业地位和经济地位,提高城市在自治区内的领先优势,实现社会经济发展水平快速提高,提高人民生活水平,在省内率先实现小康社会及和谐社会建设。

---

　　① 　数据来源:《广西统计年鉴2012》。

表 4-40　广西部分城市经济社会基本情况[①]

指　标	单位	南宁	柳州	桂林	梧州	钦州	河池
土地面积	平方公里	22112	18617	27809	12588	10879	33508
地区生产总值	亿元	2211.51	1579.72	1327.57	735.24	646.65	518.13
第一产业	亿元	306.31	135.86	247.11	96.47	156.01	119.65
第二产业	亿元	846.34	1003.68	615.08	460.91	290.73	227.32
第三产业	亿元	1058.85	440.17	465.37	177.86	199.91	171.16
人均 GDP	元	31173	41832	25512	25394	20896	15323
经济增长率	%	113.50	110.80	111.80	113.80	120.10	103.30
年末总人口	万人	711.50	374.80	521.80	327.64	391.17	401.78
就业人员	万人	409.10	223.70	—	33.04	234.00	194.20
第一产业	万人	204.80	98.10	—	1.37	119.80	125.80
第二产业	万人	70.90	47.60	—	9.19	63.70	17.70
第三产业	万人	133.40	77.90	—	22.48	50.50	50.60
固定资产投资	亿元	2018.94	1305.56	1140.20	632.87	557.78	435.78
财政收入	亿元	363.52	229.60	141.94	76.14	123.14	50.72
一般预算支出	亿元	302.31	184.29	232.67	119.00	96.63	141.94
工业企业单位数	个	914	776	617	406	231	224
工业总产值	亿元	1725.29	2872.39	1262.39	1016.00	940.56	390.38
进出口总额	万美元	251042	20889	95655	79616	298226	78614
实际外商直接投资	万美元	37339	35142	34530	20619	41131	861

三、产业定位

　　柳州市利用外资如表 4-41 所示,总体来看,该市外商直接投资金额呈逐年上升态势,招商引资取得较好成效,从年均引资 2000 万美元提高至 3.5 亿美元。初步估计,"十一五"期间,柳州实际利用外资总额 6.78 亿美元,共签约市外境内项目 2200 个,市外境内累计到位资金 1260.65 亿元。特别是一些大企业的入驻,壮大了该市部分产业,极大地提升了产业链和产业竞争力,如汽车工业等领域。

---

　　①　数据来源:《广西统计年鉴 2012》。

表 4-41　柳州市利用外资情况

年份	新签外商投资项目数(个)	合同利用外资金额(万美元)	外商直接投资金额(万美元)
2001	12	4389	1839
2002	24	23922	5018
2003	18	2611	6272
2004	20	3716	4048
2005	20	4725	3534
2006	18	8593	6303
2007	25	31198	5173
2008	22	—	9958
2009	6	—	10200
2010	—	—	5468
2011	—	—	35100

　　根据该市"十一五"规划纲要,柳州市定位为西部新型制造业基地、建设创新型城市、品牌城市、最佳创业城市。产业规划中,第二产业方面,强化工业主导地位,加速工业化进程,做大做强工业柳州,坚持工业立市、工业兴市,实施"工业主导"战略,发展壮大三大支柱产业,大力促进汽车、机械、冶金支柱产业的优化升级。改造提升化工、制糖、造纸、建材、日化等五大传统优势产业。培育发展新材料、生物制药、机电仪一体化与电子信息、新能源及环保等四大具有相对优势新兴产业。第一产业方面,发展优势农业产业。加快产业结构调整,大力发展农业优势产业,不断提高畜牧水产业的比重,形成一批农业商品基地。环城经济圈内区域,以都市农业、生态休闲观光农业为主,重点发展科技含量高,现代化生产程度高的蔬菜、瓜果和特色养殖;环城经济圈外围柳江、柳城、鹿寨 3 县,重点发展粮食、糖蔗、蔬菜、水果、桑蚕、短周期工业原料竹林、速生丰产林、畜牧、水产等大宗农林产品,以及淮山、莲藕、黄栀子、食用菌等特色产品;北部典型山区融安、融水、三江县,突出地方特色,重点发展茶叶、油茶、毛竹、水果、肉牛以及中药材、罗汉果、食用菌等,形成各具特色的优势农业产业带(区)。第三产业方面,建设区域性的现代生产性服务业中心,建设区域性现代物流中心城市,坚持先进制造业和现代服务业并举,重点发展生产服务业,全面提升传统服务业(商贸流通),大力培育新兴服务业(中介、科技、教育、文化、医疗、社区、房地产业、旅游业)。

　　根据该市"十二五"规划纲要,柳州市定位为先进制造业基地,现代商贸物流中心,具有国际水平的广西柳州汽车城,国内综合交通运输枢纽,西江经济带龙头城市,工业名城、历史名城、文化名城和旅游名城,以工业为主、全面发展的中心城市。产业发展政策为:大力实施经济质量升级规划,推动传统制造业向现代先进制造业升级、传统农业向现代农业升级、传统服务业向现代服务业升级,实现柳州由传统工业城市向现代工业城市转型、由二产主导城市向二三产共同主导城市转型。其中,第二产业方面,推动传统制造业向现代先进制造业升级,全力推动工业产业结构由"354"格局(汽车、冶金、机械三个支柱产业,化工、制糖、建材、造纸、日化五个优势产业,新能源环保、机电一体化、新材料、生物制药四个新兴产业)向"543"格局(汽车、钢铁、机械、化工、有色金属新材料五个支柱产业,制糖、建材、造纸、日化四个优势产业,新能源环保、机电一体化、生物制药三个新兴产业)转变。第三产业方面,大力发展生产性服务业,积极发展消费性服务业,突出发展新兴服务业,努力打造"柳州服务"品牌,提高服务业现代化水平。建设区域物流中心,建设旅游名城,抓好金融服务、科技服务、信息服务、会展服务、中介服务和总部经济等高端生产性服务业,建设桂中区域消费中心。第一产业方面,推动传统农业向现代农业升级,做大做强粮食、糖蔗、蔬菜、水果等支柱产业,培育桑蚕、茶叶、中药材、食用菌、竹木、油茶等优势产业,加快发展养殖业,发展都市农业、观光农业。

柳州市规模以上工业企业发展情况如图 4-42 所示。2006 年,柳州规模以上工业总产值为 897.31 亿元;2009 年达 1771.60 亿元,翻了一番;2011 年为 2886.72 亿元。短短 6 年时间,工业总产值增加了 2.21 倍。工业领域的快速扩张强化了柳州市工业城市的定位,也增强了该市部分产业优势,扩大了产业集群的规模。

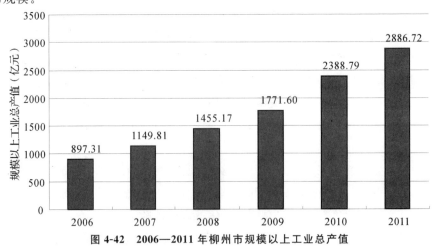

图 4-42　2006—2011 年柳州市规模以上工业总产值

2011年,柳州市全部工业总产值3150亿元,比上年增长20.1%,其中,规模以上工业总产值2886.72亿元,增长20.7%。工业增加值935.70亿元,增长12.1%,其中,规模以上工业增加值833.58亿元,增长13.5%。规模以上工业销售产值2761.24亿元,增长19.7%。

柳州市主要产业发展情况如表4-42所示。柳州市主要以汽车工业、冶金工业和机械工业等重化工业为主。规模以上汽车、冶金、机械三大支柱行业工业总产值2165.89亿元,比上年增长17.51%,所占比重分别为40.17%、22.99%和11.87%,对规模以上工业总产值增长的贡献率为65.10%。汽车工业规模以上总产值超过千亿,是当之无愧的支柱产业,冶金和机械也是规模较大的产业,是支柱和主导产业。

具体到每个行业分类,超过百亿元的产业有4个,超过500亿元的有2个,超过千亿元的有1个。交通运输设备制造业、黑色金属冶炼及压延加工业、专用设备制造业是产值规模最大的三个产业,分别为1170.59亿元、619.03亿元和227.07亿元,前两个产业比重超过20%,专用设备制造业超过7%。此外,化学原料及化学制品制造业、烟草业产值规模也较大,但这些行业产业比重均低于5%。

从行业增长率来看,2009年和2011年间,各个产业大都超过10个百分点以上的增长波动,变动幅度很大,显示了产业发展的波动性和不均衡性。如交通运输设备制造业2009年的增长率高达45.3%,而2011年降低至15.13%,变动幅度为30个百分点;黑色金属冶炼及压延加工业2009年的增长率为−0.6%,而2011年为22.28%,变动幅度超过22个百分点;纺织业2009年的增长率为14.54%,而2011年变化为53.24%,变动幅度近40个百分点。

从产业比重的变动幅度来看,与2009年相比较,2011年黑色金属冶炼及压延加工业、非金属矿物制品业、专用设备制造业、纺织业等有所上升,电力热力生产供应业、有色金属冶炼及压延加工业、化工、农副食品加工、烟草业等有所下降。总体而言,产业结构变化幅度较小。

表 4-42　柳州主要产业规模以上工业总产值①

年　份 行　业	2011 年			2009 年		
	总产值 （亿元）	增长率 （%）	产业比重 （%）	总产值 （亿元）	增长率 （%）	产业比重 （%）
规模以上总产值	2886.72	20.70	100.00	1767.52	20.50	100.00
汽车工业	1159.49	15.33	40.17	755.83	46.80	42.76
冶金工业	663.79	20.14	22.99	—	—	—
机械工业	342.61	20.14	11.87	—	—	—
黑色金属冶炼及压延加工业	619.03	22.28	21.44	354.77	−0.60	20.07
电力热力生产供应业	81.08	10.15	2.81	60.31	6.20	3.41
交通运输设备制造业	1170.59	15.13	40.55	767.08	45.30	43.40
有色金属冶炼及压延加工业	17.63	−23.19	0.61	21.63	−21.90	1.22
非金属矿物制品业	80.09	33.14	2.77	38.90	42.50	2.20
专用设备制造业	227.07	23.86	7.87	128.03	3.80	7.24
化学原料及化学制品制造业	101.17	34.47	3.50	65.69	−7.60	3.72
农副食品加工业	75.02	35.90	2.60	46.65	8.96	2.64
纺织业	33.97	53.24	1.18	17.29	14.54	0.98
烟草业	83.54	27.49	2.89	60.11	15.30	3.40
医药制造业	14.35	16.01	0.50	10.38	18.90	0.59
电气机械及器材制造业	42.05	66.33	1.46	23.77	30.40	1.34

　　根据图 4-42 和表 4-42 等相关数据,我们对柳州市产业发展有了一定程度的了解。总体来看,柳州市作为西南地区重要的工业城市和广西壮族自治区的工业基地,工业发达,产业基础雄厚,产业优势较为突出。具体而言,以汽车工业为代表的工业发展迅速;机械、冶金等产业形成了较大规模,产业集群和产业链逐步建立;医药、电气机械、建材等产业发展迅速,具有一定产值规模;电力热力生产供应、建材、农副食品加工业、烟草业均接近百亿产值规模,具有很大的发展空间,但产业发展空间和发展速度有所差异,部分产业波动较大。

---

　　① 数据来源:《柳州市国民经济和社会发展统计公报 2011》和《柳州市国民经济和社会发展统计公报 2009》。

四、编委会评价

柳州市是以工业为主、综合发展的区域性中心城市和交通枢纽,是山水景观独特的历史文化名城。该市资源丰富、风景秀丽、区位优势显著、产业结构完善,是我国汽车零部件生产基地、国家汽车及零部件出口基地,成为广西信息化与工业化"两化融合"试点城市。柳州是中国内陆走向东盟的重要通道城市。随着中国—东盟自由贸易区的加快建立,北部湾经济区的开发建设,以及泛北部湾、泛珠三角等区域合作的深入开展,柳州有望在多区域合作和产业转移中实现共赢发展,成为中国内陆与东盟双向往来的产品加工贸易基地和物流中转基地。柳州的加工贸易与现代物流蕴藏着巨大的投资商机。

区位优势:柳州位于长三角、珠三角与西南经济圈、东盟经济圈的交汇地带,是中国西南出海大通道集散枢纽城市,是中国—东盟自由贸易区的物流中转站,也是东部产业西向梯度转移的重要节点城市,在多区域合作中有着重要的战略地位。柳州是沟通西南、中南、华东和华南地区的交通枢纽,是全国十大铁路枢纽之一。铁路连接湘、渝、黔、滇、粤五省市,是沟通西南与中南、华东、华南地区的铁路中枢。柳州是中国 45 个公路主枢纽城市之一,境内有桂海、宜柳高速公路贯通,公路运输 4 小时可达南部海岸港口。柳州是国家一类口岸,柳江航运可上溯贵州,下航港澳。柳州白莲机场达到国家 4D 级标准,民航可直达北京、上海、广州等地。

产业优势:柳州是中国西南地区的工业重镇、广西工业中心和最大的制造业基地,目前拥有多个大型企业,形成了以汽车、机械、冶金为支柱,化工、制药、林纸、制糖、建材、烟草、纺织等产业并存的工业体系。汽车工业是第一支柱产业,是全国唯一同时拥有中国三大汽车集团整车厂的城市,微型客货车、轿车、商务用车、轻中重型载货车及专用车、改装车等车型齐全;冶金工业以钢材和有色金属冶炼及深加工为主;机械工业以工程机械、空压机、预应力锚具等产品为代表。加之该市的交通区位优势,加工贸易和物流业也有很大发展前途。

政策优势:持续推进"西部大开发"战略,缩小区域差距是我国的国家战略。加之中国—东盟自由贸易区的建设,泛北部湾城市群的发展,将给这些区域带来很好的外部环境。柳州市作为我国西南地区各方面条件均为优越的城市,投资环境优越,随着柳州成为我国汽车零部件生产基地、国家汽车及零部件出口基地,成为广西信息化与工业化"两化融合"试点城市,柳州市的投资服务环境和投资政策将为该市的赶超发展、率先发展提供更多的政策支持。

五、投资建议

根据柳州市的产业发展现状、未来的产业定位及比较优势,我们认为柳州市值得关注的行业如下:交通运输设备制造业;装备制造业;非金属矿物制品业。物流业也值得关注。

六盘水市投资价值分析

一、城市概况

六盘水市位于中国贵州西部,地处川、滇、黔、桂四省接合部,是长江上游和珠江上游的分水岭,是以能源原材料为主要产业的重工业城市,西南地区重要的煤炭钢铁工业基地,有"江南煤都""中国凉都"之美誉。该市东邻安顺地区,南连黔西南布依族苗族自治州,西接云南省曲靖市,北毗毕节地区。全市国土总面积9965平方公里,辖2区(六枝特区、钟山区)、2县(盘县、水城县)和钟山、红果2个省级经济开发区。2012年末,全市常住人口285.9万人。

2011年,六盘水市生产总值为613.39亿元,比上年增长16.6%。分产业看,第一产业增加值为31.60亿元,增长1.9%;第二产业增加值为384.69亿元,增长20.1%;第三产业增加值为197.10亿元,增长12.6%。三次产业比重为5.15:62.72:32.13。与上年相比,第一产业、第三产业比重分别下降0.68个百分点和1.47个百分点,第二产业比重上升2.15个百分点。据初步估计,2012年,全市实现地区生产总值738.65亿元,比上年增长16%。

二、形势分析

2001年,六盘水市地区生产总值不到百亿元,为97.97亿元;2007年实现地区GDP 300亿元;2011年超过600亿元;2012为738.65亿元,是2001年的7.54倍,年均增长20.27%(现价计算)。2001年,六盘水市人均生产总值为3385元;2008年超过1万元;2011年超过2万元;2012年为2.58万元,是2001年的7.6倍,年均增长20.39%。如图4-43所示,六盘水市经济保持高速增长水平,这迅速改变了该市经济社会较为落后的局面,为追赶其他发达区域提供了可能。20%左右的年均增长率高于大多城市,如果一直保持该速度,则经济总量和人均产值近 4 年将翻一番,这将极大增强该市的经济实力,也将有助于迅速提高民众的生活水平。

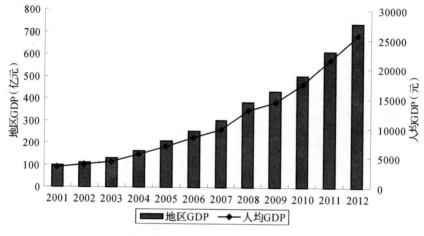

图 4-43　六盘水市地区生产总值①

六盘水市产业结构变动如图 4-44 所示。2001 年,该市三次产业比重为 13.7∶49.2∶37.1;2006 年优化调整为 7.8∶58.8∶33.4;2011 年优化调整为 5.15∶62.72∶32.13。十数年间,第一产业所占 GDP 比重下降了 8.55 个百分点,第二产业所占 GDP 比重上升了 13.52 个百分点,第三产业所占 GDP 比重下降了 4.97 个百分点。第二产业比重的迅速上升和第一、三产业的相应下降是该市产业结构调整的主要特征。

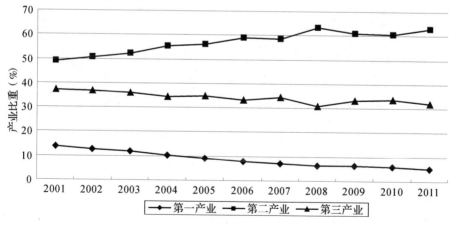

图 4-44　六盘水市三次产业结构

---

①　数据来源:中国统计年鉴数据库。

从该市产业结构和经济发展水平可看出,该市产业已经严重偏向于第二产业,但是人均 GDP 不到 3 万元。一般而言,第二产业比重高,人均 GDP 产值也高。六盘水市出现的这种问题主要原因在于第二产业依赖资源采掘业,该市体现的特征正是资源型城市的通病,即产业结构与经济发展水平脱节。对于这类城市而言,面临着两方面的重要问题:第一方面,是如何从单一的资源型产业向多元化产业过渡,实现产业均衡发展,培育接续产业和替代产业;第二方面是如何提升原有产业,延伸产业链,形成产业集群,提高产业竞争力。这成为六盘水市必须克服的两大难题。

2011 年,贵州省实现地区生产总值 5701.84 亿元,比上年增长 15%;人均生产总值 16413 元,比上年增长 16.1%。贵州省各地区经济总量和人均 GDP 如图 4-45 所示。从经济总量来看,贵阳市和遵义市是仅有的超过千亿元的两个城市,分别为 1383.07 亿元和 1121.46 亿元;安顺市、铜仁市和黔西南州地区 GDP 最低,不到 400 亿元;六盘水市以 613.86 亿元居第四位。从人均 GDP 来看,贵阳市、六盘水市和遵义市最高,分别为 3.17 万元、2.15 万元和 1.83 万元,其他城市均不超过省平均水平,铜仁市、毕节市和黔东南州不到 1.2 万元。可看出,六盘水市在贵州省内是仅次于贵阳和遵义的第三强城市。

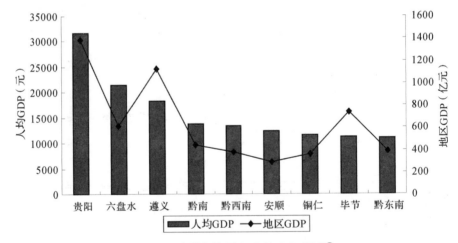

图 4-45 贵州各地区 GDP 和人均 GDP[①]

贵州省部分地区经济社会发展比较如表 4-43 所示。从土地面积、人口、城镇居民可支配收入等各项指标来看,六盘水市较为落后。从经济总量、人均 GDP、产业结构、工业产值、职工工资、固定资产投资、财政收支指标来看,六盘水

---

① 数据来源:《贵州统计年鉴 2012》。

市有一定优势。总体来看,六盘水市是贵州省内较为发达的地区,但与贵阳、遵义等市有一定差距,部分总量指标还低于毕节。

表 4-43　贵州部分城市基本情况

指标	单位	六盘水	贵阳	遵义	安顺	毕节	铜仁	黔南
土地面积	平方公里	9965	8034	30762	9267	26853	18003	26197
年末常住人口	万人	285.00	439.33	610.00	228.00	652.00	308.00	321.00
地区生产总值	亿元	613.39	1383.07	1121.46	285.55	737.41	357.72	443.59
第一产业比重	%	5.20	4.60	13.50	15.60	18.20	29.00	16.70
第二产业比重	%	62.70	42.40	44.00	39.40	46.40	27.90	41.30
第三产业比重	%	32.10	53.00	42.50	45.00	35.40	43.10	42.00
经济增长率	%	16.60	17.10	17.00	15.00	16.80	15.50	15.50
人均 GDP	元	21522	31712	18335	12472	11295	11622	13765
规模以上工业增加值	亿元	282.01	365.23	427.11	72.34	194.84	50.60	121.69
全社会固定资产投资	亿元	558.63	1600.59	813.62	243.35	830.87	424.01	458.81
社会消费品零售额总额	亿元	157.61	584.33	350.62	83.93	150.38	89.88	117.12
财政一般预算收入	亿元	70.84	187.09	84.62	26.51	80.76	28.41	39.20
财政一般预算支出	亿元	146.71	277.31	256.36	101.05	246.46	164.39	162.39
单位从业人员	万人	22.18	70.91	30.34	14.44	23.90	14.80	16.87
在岗职工年平均工资	元	39448	38674	39699	35301	33048	34304	35610
城镇居民人均可支配收入	元	16371	19420	17426	16300	17135	13846	16983
农民人均纯收入	元	4437	7381	5216	4367	4210	4002	4633

三、产业定位

六盘水市招商引资情况如表 4-44 所示。从利用国外资金来看,该市保持了千万美元左右,每年引进项目仅有数项,对该市资本积累作用不大;但引进市外资金取得了丰硕的成果,项目数超过百项,引进资金从 40 亿元增长至 200 多亿元。自 2003 年起至 2011 年底,全市共引进项目 1854 个,实现招商引资到位资金 649.06 亿元。"十一五"期间,招商引资实际到位资金年均保持在 20% 左右的增长速度,同期固定资产投资的比重保持在 30% 左右的水平。其中,世界 500 强之一建材业巨头法国拉法基集团、华润集团、粤电集团等公司入驻该市。

表 4-44　六盘水市招商引资情况

年份	外商项目 （个）	外商直接投资额 （万美元）	市外投资项目 （个）	实际利用金额 （亿元）
2005	6	1872	216	36.12
2006	—	460	225	42.03
2007	3	1040	77	49.79
2008	1	1410	134	60.57
2009	1	703	79	74.52
2010	2	1841	87	85.68
2011	3	2982	481	237.00

　　根据该市"十一五"规划纲要,六盘水市将大力实施科教兴市、人才强市、生态立市、开放带动和可持续发展战略。第一产业方面,大力推广优良品种和农业适用技术,在抓好粮食生产的同时,切实加快农业结构调整;稳定发展烤烟、油菜等传统经济作物,大力发展草食畜牧、蔬菜、马铃薯、茶叶、中草药和经果林等特色农业。第二产业方面,加快经济结构调整,大力发展优势特色产业,大力发展工业经济,做大做强煤炭、电力、钢铁、建材等传统产业;大力发展煤化工和高载能产业;加快发展其他产业;围绕主导产业,大力发展矿山机械、机电产品及其他配套产业;积极发展医药工业和日用消费品工业;积极培育电子信息、新型材料、生物技术等高新技术产业。第三产业方面,大力发展服务业,着重发展商贸流通、交通运输、市政服务等行业,积极培育现代物流业,大力发展并规范信息、法律、咨询、会计、公证、经纪、代理等现代服务业,积极培育旅游产业;加快发展社区服务业。

　　根据该市"十二五"规划纲要,六盘水市定位为"产业集聚的现代工业城市、交通便捷的枢纽城市、宜业宜居的生态人文城市",建设成为西南地区重要的能源、资源深加工、装备制造业基地;西南地区重要交通枢纽和物流中心;川、滇、黔、桂四省(区)接合部的贵州西部区域性中心城市。第二产业方面,大力实施工业强市战略,加快新型工业化发展步伐,建成西南、华南地区的能源、装备制造、资源精深加工基地,做强做优煤炭产业,加快发展电力产业,支持冶金建材等产业健康发展,大力发展煤化工产业,积极发展装备制造业,大力培育特色产业(特色农产品加工业、高新产业、医药工业、特色旅游商品)和战略性新兴产业(新能源、新材料、生物制药、节能环保、现代物流业)。第一产业方面,大力推进农业产业化,重点发展马铃薯、畜产品、蔬菜、烤烟、茶叶、果品、中药材、生姜、油料等产业,稳定发展生猪、家禽,突出发展优质肉牛、肉羊等畜牧业。第三产业方面,大力发展服务业,努力培育新的经济增长点,努力构筑"旅游避暑休闲中心、亚高原体育运动中心、贵州西部区域现代物流中心、金融服务中心和科教文化服务中心"。

2012 年,六盘水市实现工业总产值为 1199.88 亿元,同比增长 23.5%;完成规模以上工业增加值 364.42 亿元,同比增长 21.6%;全市规模以上工业企业实现工业销售产值 1171.39 亿元,同比增长 26.2%。

四、编委会评价

六盘水市是贵州省的重工业城市,以煤炭能源著称。该市资源丰富,产业基础较好。因地理位置的局限,长期以来,该市经济没有实现应有的发展。我国"西部大开发"战略的实施,以及我国产业结构的转移升级,为包括六盘水市在内的各个地区带来难得的机遇,产业基础较好,地理位置优越的区域将有更大的发展空间。国家和省级的支持和要求,"毕水兴经济带"的建设,西部地区重要的能源、资源深加工基地的规划,将推动六盘水市加速发展、加快转型、跨越发展,为六盘水带来更多的政策保障。

区位优势:六盘水区位优势明显。位于川、滇、黔、桂接合区域中部,是"攀西—六盘水资源综合开发区"的重要组成部分,与昆明、成都、重庆、贵阳、南宁五个省会城市的距离均在 500 公里范围内。境内有贵昆铁路、内昆铁路、水柏铁路、株六复线、盘西铁路、六盘水南编组站,六沾复线正在建设。以水黄高等级公路、国道主干线、水盘公路、盘百公路为主干,县乡村三级公路纵横交错的公路网络已经形成,基本形成了北上四川入江、南下广西入海、东出湖南到华东、西进云南入东南亚的铁路十字大通道,有"四省立交"之称。六盘水市在西南地区重要的交通枢纽地位将更加凸显。

产业优势:六盘水市能源、矿产、水资源极为丰富,依托资源优势,该市在煤炭、电力、建材、冶金、机械制造等方面建立了自身的优势产业,形成了部分知名企业。随着该市进入从工业化初期向中期过渡的重要阶段,新材料、新能源、新医药以及现代服务业的快速崛起为新兴产业的培育、传统产业的升级和经济发展方式的转变提供了强大支撑,"十二五"时期,将是六盘水市实现跨越式发展非常重要的时期。

政策优势:六盘水市享受国家和贵州省多项优惠政策,在充分用足政策的前提下,积极制定促进本地发展的"小政策"和有效措施,在财税扶持政策、差异化产业政策、土地支持政策等方面突出六盘水招商优势。该市坚持把软环境建设同硬环境建设同步,树立发展第一意识、招商服务意识、服务责任意识,全面提升投资环境,招商、亲商、安商,塑造让客商舒心的魅力人文环境,努力提升城市品位,提高知名度。

五、投资建议

根据六盘水市的产业发展现状、未来的产业定位及比较优势,我们认为六盘水市值得关注的行业如下:能源工业(煤炭、电力);非金属矿物制品业;绿色农业。

曲靖市投资价值分析

一、城市概况

曲靖市位于云南省东部,地处云贵高原中部,滇东高原向黔西高原过渡地带。该市东与贵州省、广西壮族自治区接壤,南与文山州、红河州、昆明市相连,西与昆明市东川区接界,北与昭通市、贵州省的威宁县毗邻,自古为祖国内地入滇门户,素有"滇黔锁钥""云南咽喉"之称。曲靖市现辖 1 区(麒麟区)、7 县(沾益、马龙、富源、罗平、师宗、陆良、会泽)、1 市(宣威市)和 1 个国家级经济技术开发区(曲靖经济技术开发区),土地面积 28904 平方公里。2012 年末,全市总人口 637.39 万人。

2012 年,曲靖市实现生产总值 1400.2 亿元,按可比价格计算比上年增长13%,其中:第一产业实现增加值 262.3 亿元,增长 7.3%;第二产业实现增加值742.9 亿元,增长 15.5%;第三产业实现增加值 395 亿元,增长 11.8%,三次产业结构为 18.7:53.1:28.2。人均 GDP 达到 23662 元。

二、形势分析

2001 年,曲靖市实现地区生产总值 231.85 亿元;2006 年超过 500 亿元;2010 年超过 1000 亿元;2012 年,该市地区生产总值达 1400.2 亿元,是 2001 年的 6.04 倍,年均增长 17.9%(现价计算)。2001 年,曲靖人均生产总值 4231 元;2007 年超过 1 万元,达 1.13 万元;2011 年超过 2 万元;2012 年该市人均 GDP 为2.36 万元,是 2001 年的 5.59 倍,年均增长 17.13%。如图 4-46 所示,曲靖市经济发展较为平稳,增速明显,无论是经济总量还是人均产出均有了巨大的提高,这将逐步改变该市的经济社会面貌,也有助于曲靖在周边地区竞争中占得先机,成为滇中城市群内重要的经济增长极。

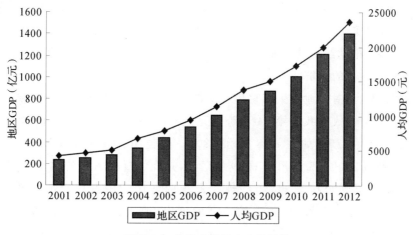

图 4-46　曲靖市地区生产总值①

　　曲靖市产业结构调整趋势如图 4-47 所示。2001 年,该市三次产业结构比重为 23.5∶44.1∶32.4;2006 年优化调整为 18.21∶53.92∶27.9;2012 年优化调整为 18.7∶53.1∶28.2。十数年间,第一产业所占 GDP 比重下降了 4.8 个百分点,第二产业所占 GDP 比重上升了 9 个百分点,第三产业所占 GDP 比重下降了 4.2 个百分点。第一、三产业比重的下降和第二产业比重的上升是曲靖产业调整的主要趋势。

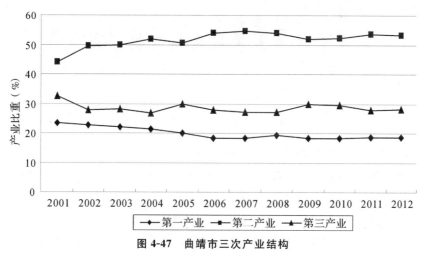

图 4-47　曲靖市三次产业结构

---

① 数据来源:中国统计年鉴数据库。

从产业结构调整速度来看,该市产业结构变化较慢,21 世纪初,第一产业在地区经济中占有近 1/4 的比重,但 10 年后还占有近 1/5 的比重,对地区经济仍起着重要作用。虽然该市第二产业比重超过了 50％,但工业化的带动力不够强劲,无法快速实现资源从农业向工业转变,这降低了经济增长的速度和质量。大力发展工业,推动经济的工业化,带动第一、三产业从传统产业向现代产业转变成为曲靖市重要的经济任务。

2012 年,云南省地区生产总值首次超过 1 万亿元,为 10309.8 亿元,比上年增长 13.0％,成为我国第 24 个跨入万亿 GDP 大关的省份。云南省各地区经济总量和人均产值如图 4-48 所示。2011 年,昆明、曲靖地区 GDP 均超过千亿元,分别为 2509.58 亿元和 1209.9 亿元,是经济规模最大的城市;怒江、迪庆二州则均不到百亿元,是经济规模最小的地区。从人均产出来看,昆明市、玉溪市均超过 3 万元,是人均最高的城市;迪庆、曲靖均超过 2 万元;除此之外的地区人均产出均不到 2 万元,最低的昭通市仅为 8877 元。从经济总量和人均产出来看,曲靖市在云南省内成为仅次于省会昆明的第二大城市。

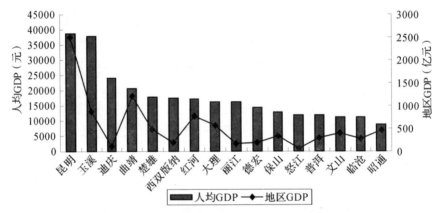

图 4-48　云南各地区 GDP 和人均 GDP[①]

曲靖市与云南省内部分城市比较如表 4-45 所示。从人口、经济总量、人均产值、企业数、工业产值、外商投资等各项指标来看,曲靖市仅次于省会昆明市,但与昆明有较大差距。具体来看各项经济指标,曲靖市也只能看成欠发达地区的较发达地区而已。曲靖与其他城市均处于相似的发展阶段,处在亟须大力发展工业的阶段。这意味着地区间存在一定的产业竞争,对资源、资本等各方面存

---

①　数据来源:《云南统计年鉴 2012》。

在着类似的需要。故而,如何突出地区产业优势,形成具有竞争力的产业体系,建立特色产业成为曲靖市面临的产业发展难题。

表 4-45　云南部分城市基本情况

地区	单位	曲靖	昆明	玉溪	楚雄	普洱	大理	丽江
面积	平方公里	28904	21473	15285	29258	45385	29459	20600
总人口	万人	632.27	643.90	230.60	268.70	254.60	346.00	124.60
人口密度	人/平方公里	218.75	298.00	150.70	91.70	56.00	117.30	58.70
地区 GDP	亿元	1209.90	2509.58	876.60	482.50	301.19	568.50	178.50
人均 GDP	元	20588	38831	37913	17899	11795	16388	14234
第一产业	%	18.60	5.70	9.20	22.40	29.70	23.00	18.10
第二产业	%	53.50	45.30	64.40	42.50	33.80	39.70	38.30
第三产业	%	27.90	49.00	26.40	35.10	36.50	37.30	43.60
企业单位数	个	390	1099	352	183	116	208	78
工业总产值	亿元	1203.54	2226.65	1115.80	299.47	94.74	351.52	70.86
进出口总额	亿美元	2.46	101.09	2.86	1.00	1.70	1.84	0.38
协议投资项目	个	5	82	5	2	1	7	3
实际投资金额	亿美元	0.79	8.13	0.32	0.13	0.01	0.22	0.03

三、产业定位

曲靖市利用外资情况如图 4-49 所示。2001 年,曲靖外商直接投资额为 406 万美元,2011 年达 7900 万美元,提高了 18.45 倍。虽然投资总量较小但增速较快。2008—2012 年,利用外资水平逐步提高。全市共批准外商投资企业 26 户,累计利用外资 1.62 亿美元;国内资金到位规模明显扩大,全市共实施招商引资项目 902 个,累计实际到位市外国内资金总额 950.3 亿元,5 年年均增长 24.4%。招商项目涉及农业、能源、基础设施建设等多个行业和领域。

根据曲靖市"十一五"规划纲要,第一产业方面,巩固和加强农业基础地位,提高农业现代化水平。建设"双六"优质基地工程①(建成 6 个 100 万以上和 6 个

---

① 6 个 100 万以上的基地为:550 万头标准化肉猪、100 万头(只)商品牛羊(肉牛 30 万头、肉羊 70 万只)、150 万亩优质饲料玉米、150 万亩优质马铃薯、120 万亩速生丰产林、100 万亩以上国际型优质烤烟生产基地。6 个 50 万以上的基地为:50 万头以上大河乌猪仔猪繁育、50 万亩以上优质水稻、50 万亩以上双低油菜、50 万亩以上啤酒饲料大麦、50 万亩以上商品蔬菜、50 万亩以上优质干水果生产基地。

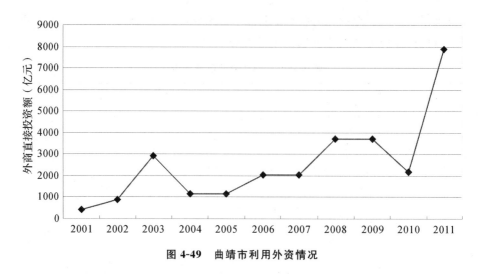

图4-49　曲靖市利用外资情况

50万以上的优质农产品基地),培育壮大粮油种子产业、畜牧产业、薯类产业、蔬菜花卉水产产业、茧丝绸产业、林果产业等六大主导产业。第二产业方面,推进新型工业化进程,初步形成整体优势明显、区域特色鲜明、骨干地位突出、充满生机与活力的新型工业体系。重点围绕培育六大支柱产业群(烟草及配套产业、能源产业、化工产业、矿冶产业、汽车和机械制造产业、生物资源开发创新产业)和建设五大基地(中国优质烟草生产和加工基地、西南重要的能源基地、西南重要的化工基地、西南重要的轻型汽车工业基地、西南重要的绿色食品加工基地),发展"一带三园七区"。巩固提高烟草及配套产业,大力发展能源产业,壮大化工产业,深度培育矿冶产业,着力培育汽车和机械制造产业,做大做强生物资源开发创新产业。第三产业方面,大力发展现代服务业,改造传统服务业,拓展新兴服务业。积极发展文化产业,做强做大文艺娱乐、广播影视、出版经销、体育健身和乡村文化五大产业。整合提升旅游业,大力发展以现代物流业为重点的生产服务业,提高物流、研发、融资、中介、信息等现代生产服务业的服务水平。

根据该市"十二五"规划纲要,曲靖市定位为"云南现代农业强市、新型工业强市、安全文明卫生园林宜居的珠江源大城市,出省入滇的重要交通枢纽,云南重要的产业基地和区域物流中心"。第一产业方面,推进农业现代化,加快社会主义新农村建设,实现由传统农业向现代农业、由农业大市向农业强市的跨越,努力把曲靖建成云南省重要的产业型、生态型、效益型现代农业基地。提升粮油、烤烟、畜牧优势产业,做强蔬菜、花卉、魔芋、蚕桑、水产品优势特色产业,做大以泡核桃为主的木本油料和中药材新兴特色产业等十大优势特色产业。第二产业方面,加快新型工业化进程,实施工业强市战略,坚持扩大总量与调整结构并举、改造提升传统优势产业与发展新兴产业并重的方针,改造提升能源(煤炭、电力、石油和天然气)、烟草及配套产业、化工、冶金、建材等传统优势产业;大力发展轻工业和以汽车为重点的装备制造业;积极培育新能源、新材料、生物资源开发等新型产业。第三产业方面,大力发展现代服务业。坚持生产性服务业与生活性服务业并举,以加快发展商贸、现代物流、旅游、金融保险等服务业为重点,着力提升住宿餐饮、批发零售等传统服务业,加快培育壮大科技推广、信息传输、租赁咨询和家政服务等新兴服务业,发展服务外包产业,把曲靖建成云南桥头堡建设的区域物流中心、滇中城市经济圈商贸服务中心和康体休闲旅游区。

2012 年全年,曲靖市全部工业增加值实现 657.32 亿元,按可比价计算增长 15.2%,拉动 GDP 增长 7.3 个百分点,对经济增长贡献率为 56.4%。规模以上工业企业实现增加值 486.1 亿元,增长 17.2%,其中,轻工业实现增加值 174.7 亿元,增长 11.9%;重工业实现增加值 311.4 亿元,增长 20.6%。全市 460 户规模以上工业企业共实现利润 29.4 亿元,同比下降 8.1%;利税总额 189.6 亿元,同比增长 4.81%。

曲靖市工业发展情况如表 4-46 所示。2001 年规模企业增加值为 81.25 亿元,2012 年则达 486.1 亿元,年均增长 19.77%[①];规模企业总产值从 2001 年的 151.98 亿元增长至 2011 年的 1203.54 亿元,年均增长 23.37%。总体来看,曲靖工业发展较为迅速。

表 4-46　曲靖市规模以上工业发展情况

年份	规模以上工业企业数(个)	规模以上工业企业增加值(亿元)	规模以上工业总产值(亿元)
2001	—	81.25	151.98
2002	—	101.80	185.72
2003	189	104.30	219.61
2004	207	125.90	293.10
2005	285	149.20	360.20
2006	302	145.80	503.31
2007	116	229.90	615.40
2008	495	384.50	797.22
2009	459	328.40	812.71

---

①　因规模以上工业企业在 2011 年按新的统计,故有所变化。

年份	规模以上工业企业数(个)	规模以上工业企业增加值(亿元)	规模以上工业总产值(亿元)
2010	532	365.70	1005.84
2011	390	394.50	1203.54
2012	460	486.10	—

曲靖市主要行业发展情况如表4-47所示。

从产业规模来看,超过100亿产值规模的行业有两个,分别是烟草制品业和煤炭开采和洗选业,达153.8亿元和128.3亿元,所占产业比重为31.64%和26.39%;电力热力生产供应业和炼焦业其次,分别为42.1亿元和34.1亿元,所占产业比重为8.66%和7.02%;化学原料及化学制品制造业和有色金属冶炼及压延加工业再次,分别为27.9亿元和26.3亿元,所占比重为5.74%和5.41%。从产业比重来看,如上行业均超过了规模以上工业增加值总额的5%,均达到了主导产业的规模。

从产业发展速度来看,全部工业增加值五年间的平均速度为14.5%,规模以上工业平均速度为14.7%。超过平均速度的行业依次为煤炭开采和洗选业、黑色金属冶炼及压延加工业、非金属矿物制品业、交通运输设备制造业、炼焦业,平均增长率分别为28%、27.1%、26.6%、16.2%和15.2%;烟草纸制品、电力热力生产供应业、化学原料及化学制品制造业、有色金属冶炼及压延加工业低于平均增速,平均增长率分别为8.6%、9.46%、12.7%和13.3%。

从产业发展波动程度来看,烟草制品业、黑色金属冶炼及压延加工业、有色金属冶炼及压延加工业较为稳定,煤炭开采和洗选业、非金属矿物制品业等其次;交通运输设备制造业、炼焦业波动程度较大。

表4-47　曲靖市主要行业发展情况(2008—2012年)

行　业	工业增加值(亿元)			增长率(%)			
	2012年	比重(%)	2010年	2008年	2012年	2010年	2008年	平均
全部工业	657.32	—	468.70	385.00	15.20	14.90	12.40	14.50
规模以上工业	486.10	100.00	365.70	310.20	17.20	15.10	12.60	14.70
烟草制品业	153.80	31.64	114.00	93.20	11.00	10.80	5.10	8.60
电力热力生产供应业	42.10	8.66	69.50	50.30	6.40	8.10	2.70	9.46
煤炭开采和洗选业	128.30	26.39	64.50	44.80	31.80	19.90	52.50	28.00

续　表

行　业	工业增加值(亿元)				增长率(%)			
	2012 年	比重(%)	2010 年	2008 年	2012 年	2010 年	2008 年	平均
炼焦业	34.10	7.02	29.80	—	4.00	33.80	—	15.20
有色金属冶炼及压延加工业	26.30	5.41	28.90	31.90	3.40	16.30	1.10	13.30
黑色金属冶炼及压延加工业	13.10	2.69	5.14	13.70	44.10	26.90	11.30	27.10
化学原料及化学制品制造业	27.90	5.74	23.60	24.90	9.70	20.60	18.70	12.70
非金属矿物制品业	12.70	2.61	11.50	—	21.20	40.10	—	26.60
交通运输设备制造业	3.70	0.76	2.68	1.30	42.80	−19.30	16.20	16.20

　　根据表 4-46、表 4-47 及相关数据,我们对曲靖市产业发展有了一定的了解。曲靖市工业发展达到一定水平,形成了部分具有优势的产业,规模经济逐步显现,但总体来看,产业集聚度不够,低附加值产业较多。烟草制品业和煤炭业是超过百亿的两大产业,但均受制于国家的长期发展规划;冶金、化工、建材业、汽车等产业取得了一定发展,显示了较好的发展前景。

四、编委会评价

　　曲靖地处滇、黔、川、桂四省区接合部,位于泛珠江经济区、南贵昆经济带的中心地带,区位优势显著,资源丰富。作为云南第二大城市,该市具有巨大的发展空间,滇中经济圈的规划运作也将大大提升曲靖在云南省内的经济地位,加之中国—东盟自由贸易区的强力推进,将给曲靖、给云南、给整个大西南带来巨大的发展空间。曲靖作为中国—东盟自由贸易区、泛珠三角区域合作的叠加区,有利于加大与国际国内经济体的合作与开发力度,为加快建设开放型经济提供重要条件。抓住现有机遇推动经济社会长足发展,主动融入国内外大开放格局,成为我国西部欠发达地区的主要选择。

　　区位优势:曲靖地处贵州、四川、广西三省区接合部,位于中国内地和东南亚两大市场之间,是云南通向内地的东大门。随着东盟自由贸易区的建立,凸显出背靠大西南、面向东南亚的明显战略区位优势,在昆明、贵阳、南宁等区域中心城市的生产要素集聚辐射过程中起着不可替代的传承作用。213、320、324、326 国道穿境而过,昆曲、曲陆、曲胜等高速公路贯穿全市,贵昆、南昆铁路和盘西支线纵贯 8 个县(市)区,东下贵州至沿海,北上四川进中原,西到昆明抵东南亚。曲靖形成了以四条国道、两条铁路为主的路网结构，即将建设的昆明新机场增添了空中运输的便利条件，形成进出便捷、市内联网的交通格局。

产业优势：曲靖工业门类相对齐全，是国家和云南省工业生产力布局的重点地区，现已形成了以煤炭、电力、化工、卷烟、机械汽车等重要产业为主体，包括35个大类的门类相对齐全、有较强规模优势和配套协作能力的工业体系；是云南"西电东送""云电送粤"的重要基地，已经成为全省重要的能源、化工、冶金基地，为承接东部资本和产业转移提供了较好的工业基础。

政策优势：随着滇中经济圈规划，曲靖被规划为国家主体功能区、重点开发区，这为曲靖更好地利用滇中及其周边地区的资源和市场，加快经济发展，打造珠江源经济圈，提升珠江源大城市经济辐射力提供了较好的政策支撑。根据国家有关政策，曲靖市出台了《曲靖市鼓励外来投资若干优惠政策》及系列配套规定、办法和制度，在土地、财税扶持、建设工程、贷款贴息、风险投资等方面给予最大限度的优惠和扶持，努力营造招商的舆论环境、亲商的社会环境、便商的服务环境、扶商的政策环境和护商的法制环境。

五、投资建议

根据曲靖市的产业发展现状、未来的产业定位及比较优势，我们认为曲靖市值得关注的行业如下：煤炭开采与洗选业；冶金业；非金属矿物制品业。

铜川市投资价值分析

一、城市概况

铜川市地处陕西省中部，位于关中城市群和陕北能源化工基地的接合部，是关中经济带的重要组成部分。该市南邻咸阳，北接延安，是全国爱国主义教育基地、省级卫生城市和省级绿化模范城市，是西北乃至全国重要的能源和建材工业基地。铜川现辖3区（王益区、印台区、耀州区）、1县（宜君县）和省级经济技术开发区，总面积3882平方公里。2011年末，全市常住人口83.82万人。

2011年，铜川全市实现生产总值234.53亿元，比上年增长16%，连续6年经济增长速度保持在15%以上。其中，第一产业实现增加值17.41亿元，增长7.3%；第二产业实现增加值149.31亿元，增长18%；第三产业实现增加值67.81

亿元,增长 14.2%。三次产业构成由上年的 7.6：62：30.4 调整到 7.4：63.7：28.9。按常住人口计算,全市人均生产总值为 28034 元,较上年增长 15.7%。

二、形势分析

2001 年,铜川市地区生产总值为 37.08 亿元;2007 年突破 100 亿元;2011 年突破 200 亿元,达到 234.53 亿元,是 2001 年的 6.32 倍,年均增长 19.81%(现价计算)。2001 年,铜川市人均生产总值为 4448 元;2006 年突破 1 万元;2010 年突破 2 万元;2011 年为 2.8 万元,是 2001 年的 6.3 倍,年均增长 19.75%。如图 4-50 所示,新世纪以来,铜川市经济一直高速增长,总量和人均具有很大的提高,增速处于全省、全国地级城市前列。

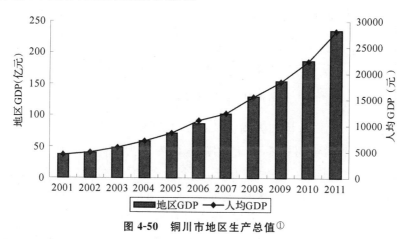

图 4-50　铜川市地区生产总值①

铜川市产业结构变动如图 4-51 所示。2001 年,该市三次产业结构比重为 10.38：44.28：45.34;2005 年优化调整为 8.17：53.83：38.0;2011 年优化调整为 7.4：63.7：28.9。十数年间,第一产业所占 GDP 比重下降了近 2.98 个百分点,第二产业所占 GDP 比重上升了 19.42 个百分点,第三产业下降了 16.44 个百分点。从图中可看出,铜川市第二产业在地区经济中的比重直线上升,成为该市最重要的产业。

这十多年来,该市工业化呈加速态势,已进入工业化中期阶段。作为资源型城市,虽然经过不断调整,但该地区经济对资源的依赖程度依旧很高,接续产业发展较慢,部分高能耗、低附加值产业退出速度很慢,第二产业比重太高,第三产业比重严重不足,三次产业结构比重很不合理。就目前产业发展趋势来看,第二

---

①　数据来源:《陕西统计年鉴 2011》。

产业比重还将保持在很高水平、短期内产业结构以工业为主的局面难以改观。优化三产结构,发展接续产业和替代产业,有侧重的培育现代服务业,推进现代农业的发展,成为该市产业调整的主方向。

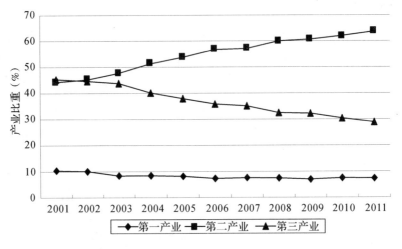

图 4-51　铜川市三次产业结构

陕西各地区生产总值和人均产值如图 4-52 所示。从地区生产总值来看,2011 年,有 6 个城市超过千亿元。其中,西安市为 3864.21 亿元,榆林市为 2292.25 亿元,咸阳市为 1359.05 亿元,列全省前 3 位;铜川市、杨凌示范区排在最末。从人均 GDP 来看,榆林市、延安市、西安市排在前列,分别为 5.24 万元、4.06 万元和 3.83 万元;汉中、安康、商洛排在最后,均不到 1.5 万元;铜川市排在第七位。从总量和均量来看,铜川市在陕西省内处于中等偏下位置。对铜川市而言,同属资源型城市,铜川市在总量和均量上远远不如榆林、延安等市。

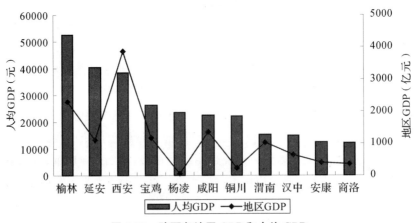

图 4-52　陕西各地区 GDP 和人均 GDP

　　铜川与省内部分城市数据比较如表 4-48 所示。从土地、人口、GDP、工业企业数、外商投资等指标来看,铜川市均处于落后地位,仅在人口密度、产业结构、从业人员结构等方面处于前列。铜川市作为一个中小城市,总量指标与周边城市相比有一定差距,但铜川市并未显示出作为中小型资源城市所应有的经济特色和产业特色。虽有煤炭、建材等支柱产业,但产业规模、附加值均不高。提升经济总量,提高人均产值,体现经济特色,推动产业由小变大、由弱变强,是改变经济格局的必经阶段,也有助于该市做成"小而精"城市。

表 4-48　陕西部分城市基本情况①

指　标	单位	铜川	西安	延安	榆林	宝鸡	咸阳
土地面积	平方公里	3882	10108	37037	43578	18131	10196
人口密度	人/平方公里	219.76	773.32	61.43	82.41	208.91	506.45
年末总人口	万人	85.31	781.67	227.51	359.11	378.78	516.38
地区 GDP	亿元	234.53	3864.21	1113.35	2292.25	1175.75	1359.05
经济增长率	%	15.20	14.50	12.20	13.30	15.00	14.20
人均 GDP	元	22317	38343	40621	52437	26201	22469
第一产业比重	%	6.94	4.05	7.56	5.38	10.56	18.03
第二产业比重	%	61.07	42.02	70.84	66.10	60.89	49.70
第三产业比重	%	31.99	53.92	21.60	28.52	28.55	32.27
地方财政一般预算收入	亿元	10.08	181.40	90.47	91.18	30.14	31.67
地方财政一般预算支出	亿元	33.81	276.85	156.93	171.08	102.21	107.17
工业企业数	个	124	1131	110	737	518	629
内资企业数	个	122	989	108	732	495	587
港澳台商投资企业数	个	0	30	0	2	7	16
外商投资企业数	个	2	112	2	3	16	26
工业总产值	亿元	196.48	2468.27	910.12	1415.59	995.99	943.64
新签外商直接投资协议	个	2	65	1	3	4	24
当年实际使用外资金额	万美元	500	121872	366	3510	3600	4058
第一产业从业人员比重	%	0.70	0.24	1.67	2.59	1.52	1.05
第二产业从业人员比重	%	50.55	42.37	36.12	28.36	45.46	40.89
第三产业从业人员比重	%	48.75	57.39	62.21	69.06	53.02	58.06

---

　　① 　数据来源:国研网,部分数据为 2009 年数据。

三、产业定位

铜川市利用外资如表 4-49 所示,该市引资金额在百万美元级别,"十一五"期间,累计利用外资近 3000 万美元,从数额上看远远落后其他城市。在引进内资方面,有较大成果,五年来累计实施招商引资项目 680 多个,到位资金 200 亿元。中国华能集团、国电集团、中铝集团、陕有色、陕煤化、台湾旺旺食品、浙江声威水泥等一批央企和大型企业集团在铜投资。随着企业投资规模不断扩大,将有助该市产业结构调整和转型。

表 4-49 铜川市利用外资情况

年份	新签外商直接投资协议合同数(个)	外商合同投资额(万美元)	当年实际使用外资额(万美元)
2001	2	54	36
2002	4	8515	175
2003	2	907	230
2004	2	1109	284
2005	5	350	323
2006	10	2943	1096
2007	3	3450	410
2008	5		365
2009	2		500
2010	—		—

根据铜川市"十一五"规划纲要,该市坚持走新型工业化道路,加快产业结构优化升级,进一步壮大特色优势产业,大力发展新兴产业和服务业。第二产业方面,强力打造陕西铝产品加工基地、陕西优质水泥生产基地、渭北煤炭基地、火电基地、西部电源生产基地等五大基地和优势产业集群,振兴陶瓷产业,整合提升机械制造业,做强食品产业,做大医药产业。第三产业方面,积极发展服务业,大力发展旅游业、商贸物流业,优先发展交通运输业,有序发展金融保险业,大力发展会计、法律、职介、咨询、评估、担保等中介服务业,积极发展电子商务业,重点发展房地产业,加快发展社区服务业,积极培育医疗保健、教育培训、美容健身等产业。第一产业方面,全面提升壮大果业(苹果、大樱桃、核桃),加快发展畜牧业(奶牛业),大力发展中药材种植业(黄芩、柴胡、党参),积极发展蔬菜种植业,重

点建设线辣椒、秋甘蓝、旱菜、马铃薯、大蒜、洋葱和日光温室设施栽培等六大基地。

根据铜川市"十二五"规划纲要，该市定位为养生保健、生态休闲城市，力争提升壮大优势产业，做大做强接续产业，大力发展第三产业。第二产业方面，坚持走新型工业化道路，按照"依托资源、突出特色、彰显优势、延伸产业链、提高附加值"的思路，以重大项目为抓手，大力发展煤电、铝业、水泥和接续产业四大产业集群，着力打造能源重化工、现代建材、铝工业和农产品加工四大基地，加快发展壮大接续产业，大力发展先进装备制造业（汽车零部件、航空业零部件、矿山机械、输变电设备、机电设备制造）。扩大医药产业规模，积极培育战略性新兴产业（生物质能、太阳能等可再生能源、高分子复合材料、耐磨材料、新型功能材料、高性能结构材料、纳米技术及材料、新型建筑材料）。第三产业方面，大力发展服务业，建设全国优秀旅游城市，商贸物流业，培育发展会展业，加快发展金融业。第一产业方面，按照"稳粮、优果、兴牧、增药、促林（草）"的发展思路，优化农业产业结构，重点发展壮大果、牧、药、菜和农副产品加工五大特色产业，建设全国名优果业基地。

2011年，铜川市完成工业增加值133.81亿元，同比增长18.2%。其中，规模以上工业增加值123.81亿元，增长19%；规模以上工业产销率达到97.7%；规模以上工业企业实现主营业务收入313.77亿元，较上年增长35.1%。

主要产业发展情况如表4-50所示。

从产业增加值来看，超过10亿的产业有三个，分别是煤炭、非金属矿物制品业和电力。煤炭产业规模近百亿。除此之外，有色金属冶炼及压延加工业、食品制造业产业规模也尚可。

从产业比重来看，超过10%的产业有两个，分别是煤炭产业、非金属矿物制品业，煤炭产业接近60%；医药产业不到0.5%；食品制造业、装备制造业不到5%。七大产业比重占90%左右。

从产业增长率来看，食品制造业增长最快，平均增幅78.73%；煤炭产业、医药制造业、非金属矿物制品业发展较为平稳，年增长率均在20%。

表 4-50 主要行业发展情况[①]

行 业	增加值（亿元）	比重（%）	增长率（%）				
	2011 年	2011 年	2001 年	2010 年	2009 年	2008 年	平均
全部	133.81	100.00	18.20	19.00	17.30	32.50	21.75
煤炭行业	79.99	59.79	18.40	23.40	27.90	33.10	25.70
非金属矿物制品业	14.46	10.81	24.80	30.50	30.20	16.70	25.55
有色金属冶炼及压延加工业	7.69	5.75	4.90	26.70	10.40	14.40	14.10
电力生产与供应业	11.68	8.73	6.90	17.90		150.50	58.43
食品制造业	4.31	3.22	101.80	41.50	92.90		78.73
医药制造业	0.64	0.48	27.20	27.30	43.50		32.67
装备制造业	3.37	2.52	10.40	24.50			17.45
纺织业				13.40	56.50		34.95

从表 4-50 及相关数据,我们对铜川市产业结构有了一定的了解。就目前来看,煤炭产业是该市最主要的产业,占据了工业半壁江山。煤炭、非金属矿物制品、有色金属冶炼及压延加工业、电力生产与供应业占工业的 83% 的比重。这四个产业也是该市当之无愧的支柱产业。然而,这四大产业均为资源依赖型产业,附加值低,能耗高,这不利于该市经济的长远发展。食品制造业、装备制造业两大接续产业和替代产业也形成了一定规模,有一定的增长速度,这有利于这些产业的兴起,并逐步替代传统产业。医药制造业发展速度较快,但规模太小,还需一段时日才能在区域经济中占据一席之地。

四、编委会评价

铜川市地处陕西中部,紧靠咸阳和延安,区位优势显著,加之资源丰富、历史悠久,已经成为渭北地区一座新兴的综合性城市。近年来,随着国家级关中—天水经济区的规划实施,铜川被列为次核心城市、全国资源型可持续发展试点城市、陕甘宁革命老区生态能源经济协调发展试验区成员城市,这有助于该市的转型发展,为该市提供了前所未遇的机遇。

---

① 数据来源:历年《铜川经济和社会发展统计公报》,2011 年增长率为工业增加值增长率,其他年份为总产值增长率。

区位优势：铜川区位优越，交通条件便利，距省会西安和咸阳国际机场均 60 公里，是全国南北大动脉之一，包茂高速公路纵贯全境，陇海铁路重要支线咸铜、梅七两条铁路通达重点企业和煤矿。省道 208 线、305 线穿境而过。西铜第二条高速公路即将通车，途经铜川东西方向的凤（凤翔）大（大荔）、凤（凤翔）合（合阳）两条高速公路和西安至铜川城际铁路即将开工。随着西安城市北扩、行政中心和经济中心北移，西安—铜川一体化进程的加快，在产业、经贸、资金、信息等方面的联系更加紧密，铜川已经融入了西安半小时经济圈，铜川的区位优势将更加凸显。

产业优势：作为资源型城市，煤炭、建材、陶瓷、冶金、电力是该市支柱产业和优势产业，这些产业也正逐步成为陕西重要的能源重化工、现代建材、铝工业基地。随着工业强市战略的实施，该市坚持做大做强支柱产业，培育壮大新兴产业，改造提升传统产业，目前拥有以铝冶炼、煤炭、建材、陶瓷、纺织、机电、医药、食品等为骨干的 30 多个工业门类，食品制造业、装备制造业、医药制造业均蓬勃发展。

政策优势：铜川定位为关中—天水经济区的次核心城市，也是全国资源型可持续发展试点城市，是陕甘宁革命老区生态能源经济协调发展试验区成员城市，在区域发展格局中的地位进一步凸显。"十二五"期间，《关中—天水经济区发展规划》《陕甘宁革命老区振兴规划》《铜川资源型城市转型规划》《陕西省人民政府关于促进铜川资源型城市可持续发展的若干意见》将全面实施，为铜川加快城市转型、培育战略性新兴产业提供了前所未有的历史机遇。

五、投资建议

根据铜川市的产业发展现状、未来的产业定位及比较优势，我们认为铜川市值得关注的行业如下：食品制造业；非金属矿物制品业；煤炭业。

乌海市投资价值分析

一、城市概况

乌海市是位于内蒙古自治区西部的一座新兴工业城市，地处黄河上游，东临鄂尔多斯高原。该市处华北与西北的接合部，是东北、华北通往西北的重要交通枢纽，同时也是"宁蒙陕甘"经济区的接合部和沿黄经济带的中心区域，是新疆、甘肃、宁夏经济开发运行的东大门，在国家实施的"西部大开发"战略中占有重要位置。该市南与宁夏石嘴山市隔河相望,西接阿拉善草原,北靠肥沃的河套平原。乌海市现辖海勃湾、乌达、海南 3 个行政区,总面积 1754 平方公里。2011 年末,全市常住人口 54.14 万人。

2011 年,乌海市实现地区生产总值 483.24 亿元,按可比价格计算,比上年增长 17.5%,连续 16 年实现两位数增长,其中,第一产业增加值 4.36 亿元,增长 5%;第二产业增加值 351.95 亿元,增长 19.7%;第三产业增加值 125.27 亿元,增长 12.1%。三次产业结构由上年的 1:71.7:27.3 调整为 0.9:73.1:26.0。按常住人口计算,乌海市人均 GDP 达到 89830 元,比上年增长 15.8%,按年均汇率计算折合 1.39 万美元。

二、形势分析

2001 年,乌海市地区生产总值为 43.92 亿元;2005 年突破百亿元,达 125.6 亿元;2008 年突破 200 亿元;2009 年突破 300 亿元;2011 年乌海市地区 GDP 为 483.24 亿元,是 2001 年的 11 倍,年均增长 27.24%(现价计算)。2001 年,乌海市人均产值超过 1 万元,为 1.09 万元;2004 年突破 2 万元;2007 年突破 4 万元;2011 年,乌海市人均 GDP 接近 9 万元,是 2001 年的 8.2 倍,年均增长 23.6%。如图 4-53 所示,乌海市经济一直保持在高速发展水平,经济总量和人均产出有了飞跃性的增长,这极大改变了该市的经济面貌和人们的生活水平,也为该市的进一步发展打下了良好的基础。

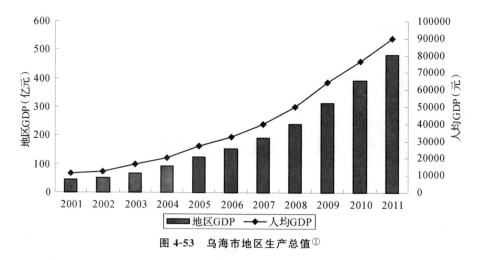

图 4-53 乌海市地区生产总值①

———————
① 数据来源:国研网数据库。

乌海市产业结构调整方式如图 4-54 所示。2001 年,该市三次产业结构为
2.87∶65.13∶32;2005 年优化调整为 1.62∶63.01∶35.37;2011 年调整为 0.9∶
73.1∶26.0。十数年间,该市第一产业所占 GDP 比重下降了近 2 个百分点,第
二产业所占 GDP 比重上升了近 8 个百分点,第三产业所占 GDP 比重下降了 6
个百分点。第一、三产业比重的下降和第二产业比重的上升是乌海市该阶段产
业调整的主要趋势。

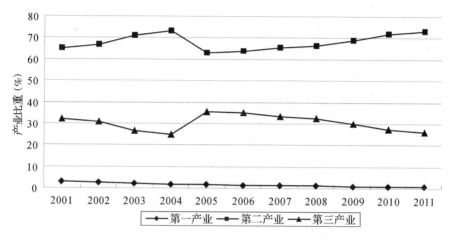

图 4-54　乌海市三次产业结构

从产业结构而言,乌海市早已实现了进入发达社会的产业界限,即第一产业
比重低于 5%。但是,该市产业结构也有着完全不同的一面。根据其他地区的
发展经验,当经济社会达到一定阶段时,第二产业比重将有所下降,第三产业比
重上升至 50% 以上的水平。整个经济发展和产业结构的调整是从“一二三”转
变为工业化时代的“二三一”,进而调整至“三二一”。这一道路虽然有所波折,但
大体方向不会改变。乌海市现有的产业结构完全违背了以往的经验,根本上的
原因在于该市资源型城市的地位,从而导致了部分产业在经济结构中的特殊规
模,这也改变了产业结构转型升级的路径。对资源型城市而言,产业结构的调
整,更多是接替产业的培育,现有产业的优化。

2011 年,内蒙古全区实现地区生产总值 14246.11 亿元,比上年增长
14.3%,人均生产总值达到 57515 元,增长 13.8%,按年均汇率计算折合为 8905
美元,内蒙古成为我国经济发展最快的省级区域。从地区经济来看,12 个市
(盟)中,有 6 个超过千亿元。鄂尔多斯、包头、呼和浩特是经济总量最大的三个
城市,分别为 3218.5 亿元、3005.4 亿元和 2177.26 亿元;乌海市与兴安盟、阿拉
善盟同列,是自治区内经济规模最小的 3 个市(盟)。从人均产值来看,阿拉善、

鄂尔多斯和包头是最高,均超过了 10 万元大关,分别为 16.8 万元、16.1 万元和 11.2 万元;乌兰察布、赤峰、兴安是最低的 3 个区域;乌海市以 8.98 万元排在第 4 位。虽然乌海市经济总量规模较小,但人均产值很高,体现了国内诸多资源型城市的特征,如以铜闻名的铜陵市,以钢闻名的新余市等。

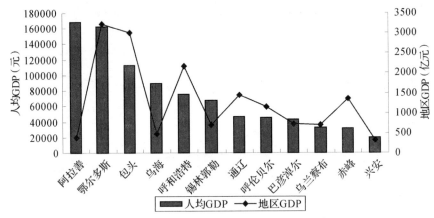

图 4-55 内蒙古各地区 GDP 和人均 GDP[①]

内蒙古部分城市发展情况如表 4-51 所示。从各项指标来看,反映总量的土地面积、常住人口、地区 GDP、固定资产投资、工业总产值等指标方面,乌海市处于后列;反映相对指标的产业结构、经济增长率、人均 GDP 等,乌海市处于前列。总体来看,乌海市属于规模小,但是发展水平高的城市。从国内其他城市发展形势来看,规模小的城市比规模大的城市更容易发展,这主要在于小城市只要有某一产业,甚至某一企业取得了成功,就将拉动整个人均水平的提高,但风险也显而易见,当该产业或企业遇到困难时,则整个城市经济都有着巨大的波动。

表 4-51 内蒙古部分城市发展指标[②]

地 区	单位	乌海	呼和浩特	包头	鄂尔多斯	乌兰察布	巴彦淖尔
土地面积	平方公里	1700	17200	27700	86800	55000	64400
常住人口	万人	53.45	287.36	265.61	194.95	214.06	166.92
地区 GDP	亿元	391.36	1865.71	2460.80	2643.23	567.60	603.33
第一产业比重	%	0.95	4.90	2.70	2.68	16.55	19.73
第二产业比重	%	71.68	36.39	54.11	58.69	52.28	56.30

① 数据来源:《内蒙古统计年鉴 2012》。

② 数据来源:《内蒙古统计年鉴 2011》。

续　表

地　区	单位	乌海	呼和浩特	包头	鄂尔多斯	乌兰察布	巴彦淖尔
第三产业比重	%	27.37	58.71	43.19	38.63	31.17	23.97
人均 GDP	元	73801	65518	93441	138109	26459	36048
经济增长率	%	19.70	13.00	16.00	19.00	11.00	13.50
固定资产投资	亿元	238.72	881.24	1800.50	1892.40	274.88	565.21
一般预算收入	亿元	33.66	126.76	139.18	239.08	17.33	38.28
一般预算支出	亿元	63.22	177.28	204.96	318.79	140.03	123.53
规模企业单位数	个	168	320	715	451	429	282
工业总产值	亿元	545.32	1188.52	2412.24	2681.07	677.42	777.46

三、产业定位

乌海市利用外资情况如表 4-52 所示,总体来看,该市利用外资规模较小,投资项目在个位数,实际利用资金在千万美元级别。与此同时,利用市外资金有了巨大的增长,从 2005 年的 41.24 亿元提高至 2011 年的 203 亿元。包钢、湖北宜化、江西黑猫、东方希望、赛马水泥、内蒙古华油、陕西重卡、东北制药、上海利康等知名企业的项目相继落户该市,提高了该市优势产业、特色产业的竞争力,促进了产业多元、产业链延伸和升级。

表 4-52　乌海市利用外资情况

年份	当年新签项目个数（个）	外商合同投资额（万美元）	当年实际使用外资金额（万美元）
2001	2	16	542
2002	6	104	837
2003	2	950	0
2004	4	1984	1012
2005	93	5935	1507
2006	4	1282	147
2007	3	417	298
2008	3	—	651
2009	1	—	—
2010	—	—	2923
2011	—	—	5952

根据乌海市"十一五"规划纲要,该市定位为"四大基地"和"一个中心",即自治区氯碱煤焦化工业基地、特色冶金工业基地、能源建材工业基地和葡萄生产基地以及区域性人流、物流、商流、资金流和信息流服务中心。产业政策方面,调整产业(产品)结构,引导和促进工业向经济开发区、农业向园区集中,优化产业布局。第二产业方面,提升能源、化工、建材、特色冶金四个主导产业整体技术水平,加快发展非资源型加工业(机械工业和轻工业),积极发展高新技术产业(精细化工、特种氧化铝、沥青炭纤维、高纯硅等)。大力发展中蒙制药、玻璃工艺制品、农畜产品加工和葡萄酒等产业;加快发展 PVC 型材、管材和各种膜、革加工业;积极发展铝合金、铝镁合金、铝塑材料制品加工业。第一产业方面,加快发展"生态、高效、特色"农业。重点围绕产业化发展方向,培育壮大葡萄、蔬菜、乳肉(生猪、肉羊、奶牛、家禽)三个产业,抓好龙头企业和中介组织建设,带动基地发展。第三产业方面,重点围绕建设"小三角"区域服务中心的目标,改造提升商贸流通、运输物流、餐饮、酒店和娱乐等传统服务业,大力发展旅游、房地产、社区服务等新兴服务业,加快发展金融保险和信息、中介等现代服务业。

根据该市"十二五"规划纲要,乌海市定位为区域中心城市,国家最大的 PVC 生产交易基地、国家重要的煤焦化工生产交易基地和跨区域生产性物流基地,引领"小三角"地区成为呼包银经济带和自治区新的经济增长极。产业政策方面,加快经济转型,构筑现代产业体系。第一产业方面,做精第一产业,发展特色现代都市农业,构筑"安全、特色、精品"农业产业体系,重点发展壮大葡萄和蔬菜业,加快发展花卉苗木业,启动特色渔业养殖,优势特色农业基本实现产业化经营。第二产业方面,实现集中集聚集约发展,依托资源,壮大发展现有能源、化工、建材、冶金等支柱产业;延伸资源,大力发展精细化工产业;超越资源,积极发展接续替代产业,力争申请成为西部地区承接产业转移示范区,主动承接发达国家和发达地区优质产业转移,积极培育装备制造、PVC 模具、五金及机械加工为接续支柱产业。第三产业方面,提升第三产业,优先发展现代物流业、金融、商务、科技、信息等生产性服务业;繁荣发展旅游业、商贸、房地产、社区、养老等生活性服务业;积极培育节能环保、文化创意、汽车服务业等新兴服务业。

2005—2011 年,乌海市规模以上工业发展情况如图 4-56 所示。增加值从 62 亿元增长至 286.43 亿元,提高了 4.62 倍,年均增长 23.1%。从发展速度来看,该市工业增速较为显著。其中,2011 年,该市 155 户规模以上工业企业增加值增长 21.1%。全市规模以上工业企业主营业务收入 752.35 亿元,比上年增长 42.99%;实现利润 50.4 亿元,比上年增长 6.98%。

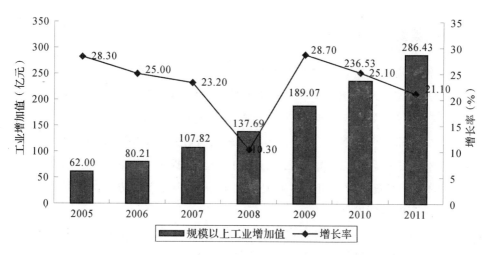

图 4-56　2005—2011 年规模以上工业增加值及其增长速度

乌海市部分产业发展情况如表 4-53 所示。从行业增长的角度来看,近几年来,各个行业比较差距较大,煤炭开采与洗选业增速最快且平稳,冶金业波动最大,其他产业近年表现较差,从原先的高速增长迅速转为低速。

表 4-53　近年乌海主要产业增长率[①]　　　　　　　　　　单位:%

行　　业	2012 年	2011 年	2010 年	平均
总计		21.10	25.10	23.10
煤炭开采与洗选	42.50	23.80	25.10	30.47
炼焦	3.90	8.20	61.40	24.50
化学原料及化学制品	−9.80	16.50	33.00	13.23
非金属矿物制品业	3.10	23.10	13.10	13.10
冶金	−32.00	23.00	−26.30	−11.77
电力热力生产与供应	1.90	24.70	15.80	14.13

乌海市是建立在煤炭等资源开采利用上的工业城市,该市产业的发展主要围绕着相关资源而形成,如电力、焦炭、冶金、建材等。从这个角度来看,乌海市的产业发展严重受制于社会对资源的需求情况。从国内外情况看,自然资源的需求为派生需求,易受下游产业发展的制约,也受国际资源价格的波动影响。故提升产业链,做强做大该市的部分产业,将有助于该市经济的持续、稳定发展。

---

① 数据来源:历年《乌海市经济和社会发展统计公报》,2012 年为 1—9 月份数据。

四、编委会评价

乌海市资源丰富，素有"塞外煤城""乌金之海"的美誉，是一座资源、原材料富集的工业型城市。该市矿产资源储备量大、易开采，有助于发展诸多产业，如化工、建材、冶金等。该市地理位置优越，是华北和西北地区交汇处，东北、华北通往西北的重要交通枢纽，是西北地区的东大门，是"宁蒙陕"经济区的中心和沿黄经济带的中间环节，这为该市建设区域中心城市提供了诸多可能。加之，国家对西部地区、对资源型城市转型的大量政策，资金财税等各方面的倾斜，也极大地刺激该市的迅猛发展。

区位优势：乌海市交通区位优势显著，作为西部重要的交通枢纽和交汇处，乌海市处于数个经济规划区内，是内蒙古规划中小三角地区中心城市和自治区的氯碱煤化工基地。乌海城市基础设施齐全，交通条件便利，110、109 国道、包兰铁路穿市而过，建有乌海站、乌海西站两个铁路客货站和 8 个铁路货运站，年运输能力 2000 多万吨，109 国道一级公路已建成，丹东—拉萨高速路和乌海机场完成了机场航站区和飞行区扩建，实现了北京、呼市的直飞，开通了乌海—西安—广州和乌海—呼市—上海航线，打通了与"珠三角"和"长三角"的联系，已形成乌海便捷的交通运输体系。

产业优势：作为传统支柱产业，乌海市煤炭等资源型产业取得了长足的发展，确立了在地区经济中的重要地位，冶金、建材、化工、电力等产业也有了不错的进展。近年来，乌海市委、市政府加快培育壮大优势特色产业，全力打造国家重要的新型化工基地，围绕煤化工和氯碱化工产业，集中组织实施了一批投资规模大、经济效益好、带动能力强的重点项目。一大批煤化工、精细化工项目进展顺利，焦炉煤气液化、重型汽车生产、LED 灯、电缆、高岭土、陶瓷等项目将发挥产业结构调整优势，工业经济结构调整取得重大突破。"十二五"规划的制定实施，将进一步改善、提升、优化经济结构，为诸多产业的发展创造良好的机遇。

政策优势：我国正处于加快推进工业化和城镇化的重要战略机遇期，对能源重化工产品会保持持续旺盛的市场需求，以乌海为中心的"小三角"区域具备承接产业转移的比较优势。国家深入推进"西部大开发"，将给予西部地区财政、税收、投资、金融、产业、土地、价格、生态建设、人才、帮扶等十大政策；特别是"呼包银"重点经济区上升为国家战略，将该区域明确为国家新能源和原材料基地、大西北地区内陆开放战略高地；再加上中央即将出台的促进内蒙古经济社会加快发展指导意见，都为乌海市发展提供了有力的政策保障。

五、投资建议

根据乌海市的产业发展现状、未来的产业定位及比较优势,我们认为乌海市值得关注的行业如下:煤炭开采与洗选业;建材业;化工业。

玉溪市投资价值分析

一、城市概况

玉溪地处云贵高原西缘,位于滇中部,素有"云烟之乡""花灯之乡""聂耳故乡"的美誉,获"国家园林城市""国家卫生城市""中国十佳休闲宜居生态城市""中国十佳和谐发展城市"等荣誉称号。该市北部连接省会昆明,东南连接红河,西北毗邻楚雄,西南与思茅接壤。全市现辖1区(红塔区)、8县(江川、澄江、通海、华宁、易门、峨山、新平、元江),土地总面积15285平方千米。2012年末,全市常住人口233万人。

2012年,玉溪市地区生产总值首次突破1000亿元,达1000.2亿元,比上年增长12.2%,其中,第一产业增加值97.4亿元,增长7.0%;第二产业增加值624.0亿元,增长13.0%;第三产业增加值278.8亿元,增长11.8%。产业结构由上年的9.2∶64.4∶26.4优化调整为9.74∶62.39∶27.87。初步估算,玉溪市人均GDP达42927元。

二、形势分析

2001年,玉溪市地区生产总值为271.38亿元;2008年超过500亿元;2012年首次超过千亿元大关,是2001年的3.68倍,年均增长12.74%(现价计算)。2001年,玉溪市人均生产总值为1.34万元;2007年超过2万元;2010年超过3万元;2012年达4.29万元,是2001年的3.2倍,年均增长11.37%。如图4-57所示,玉溪市经济总体上发展良好,但速度较为一般,故经济社会水平提升较慢。近几年来,玉溪市经济增速明显加快,这有助于巩固玉溪市在云南省内的经济地位,更是玉溪市实现全面建设小康社会的基本前提。

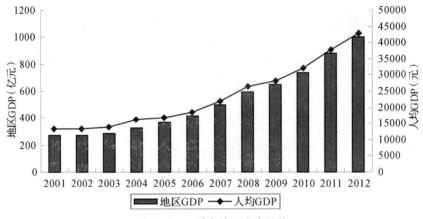

图 4-57　玉溪市地区生产总值

玉溪市产业结构变动如图 4-58 所示。2001 年该市产业结构为 10.4：66.9：22.7；2006 年优化调整为 10.9：59.3：30.03；2012 年优化调整为 9.74：62.39：27.87。十数年间，第一产业所占 GDP 比重下降了 0.66 个百分点，第二产业所占 GDP 比重下降了 4.51 个百分点，第三产业所占 GDP 比重上升了 5.17 个百分点。第一、二产业比重的下降和第三产业比重的上升是该市产业调整的主要特征。

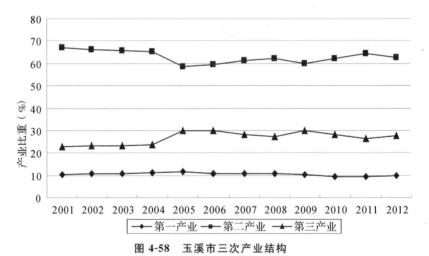

图 4-58　玉溪市三次产业结构

总体上来看，玉溪市产业结构调整速度很慢，除了由于该市很早以来第二产业比重就达到很高水平，降低了调整的空间外，更重要的原因在于经济发展缓慢，带动产业结构调整的动力不足。对欠发达地区而言，工业化和城镇化的二轮驱动，将不断地带动着整个社会经济实现跃升，从一个发展水平提升到另一个发展水平。因为带动力不足，玉溪市的第一产业所占比重难以继续下降，发展现代服务业的速度不够,而最主要的原因在于玉溪市工业结构的转型升级较慢。改变玉溪发展现状的主要方式之一,是要培育发展多个主导产业,实现对烟草产业的替代,通过新兴产业的发展壮大升级来改变玉溪经济结构,来带动整个经济的持续快速健康发展。

2012 年,云南省地区生产总值首次超过 1 万亿元,为 10309.8 亿元,比上年增长 13.0%,成为我国第 24 个跨入万亿 GDP 大关的省份。云南省各地区经济总量和人均产值如图 4-59 所示。2011 年,昆明、曲靖二市地区 GDP 均超过千亿元,分别为 2509.58 亿元和 1209.9 亿元,是经济规模最大的城市;怒江、迪庆二州则均不到百亿元,是经济规模最小的地区;玉溪市为 876.6 亿元,位居第三位。从人均产出来看,昆明市、玉溪市均超过 3 万元,是人均最高的城市;迪庆、曲靖均超过 2 万元,除此之外地区的人均产出均不到 2 万元,最低的昭通市仅为 8877 元。从经济总量和人均产出来看,玉溪市在云南省是较为发达的城市。

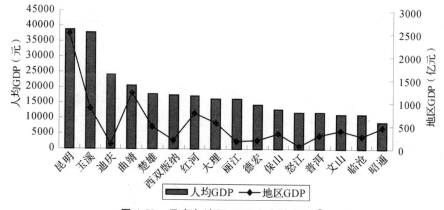

图 4-59　云南各地区 GDP 和人均 GDP[①]

玉溪市与云南省内部分城市比较如表 4-54 所示。从土地面积、总人口、人口密度等指标来看,玉溪市较为靠后,但从地区 GDP、人均 GDP、产业比重、企业数、进出口、外商投资等指标来看,玉溪市仅次于省会昆明市和曲靖市,与昆明市有一段距离,与曲靖市只在毫厘之间。总体来看,玉溪市经济在云南省内属于发达地区,但由于云南省整体经济的不发达,故而玉溪市的各项经济指标还有很大的提升空间,随着其他城市奋力追赶,玉溪市的相对优势也在逐步缩小。

---

① 　数据来源:《云南统计年鉴 2012》。

表 4-54　云南部分城市基本情况

地　区	单位	玉溪	曲靖	昆明	楚雄	普洱	大理	丽江
面积	平方公里	15285	28904	21473	29258	45385	29459	20600
总人口	万人	230.60	632.27	643.90	268.70	254.60	346.00	124.60
人口密度	人/平方公里	150.70	218.75	298.00	91.70	56.00	117.30	58.70
地区 GDP	亿元	876.60	1209.90	2509.58	482.50	301.19	568.50	178.50
人均 GDP	元	37913	20588	38831	17899	11795	16388	14234
第一产业	%	9.20	18.60	5.70	22.40	29.70	23.00	18.10
第二产业	%	64.40	53.50	45.30	42.50	33.80	39.70	38.30
第三产业	%	26.40	27.90	49.00	35.10	36.50	37.30	43.60
企业单位数	个	352	390	1099	183	116	208	78
工业总产值	亿元	1115.80	1203.54	2226.65	299.47	94.74	351.52	70.86
进出口总额	亿美元	2.86	2.46	101.09	1.00	1.70	1.84	0.38
协议投资项目	个	5	5	82	2	1	7	3
实际投资金额	亿美元	0.32	0.79	8.13	0.13	0.01	0.22	0.03

三、产业定位

　　玉溪市招商引资情况如表 4-55 所示。2006—2011 年,玉溪市招商引资有了很大提高,国内招商引资方面,从 36 亿元增长至 115 亿元,招商项目达 200 多个;国外招商引资方面,实际利用外资从 1500 多万美元增长至近 4000 万美元,有了很大幅度的提高。美国 IDG 资本、泰国 TCC 集团、西班牙爱西贝特集团公司、香港力高、摩德瑞迅、香港德恒光电等企业入驻该市,涉及农林、矿电精深加工、烟草配套、设备制造等领域。

表 4-55　玉溪市招商引资情况

年　份	市外项目 (个)	市外资金 (亿元)	国外项目 (个)	合同外资金额 (万美元)	实际使用外资 (万美元)
2006		36.00			1537.00
2007	172	48.10			1831.00
2008	175	61.70	3	576.86	1819.00
2009	175	73.20	2	1342.30	1805.00
2010	209	94.10	7	2188.60	3231.00
2011	220	115.00	2	2174.40	3795.50

根据该市"十一五"规划纲要,玉溪市继续实施"生态立市、烟草兴市、工业强市、农业稳市"战略,落实"三优一特"(烤烟、矿电、旅游和特色县域经济)经济发展思路,全力建设生态市。第一产业方面,在重视粮食生产、巩固烤烟种植的基础上,调整种植结构,在抓好传统产业巩固提升的同时,加快特色农产品的发展步伐,大力发展畜牧业和林果业。第二、三产业方面,围绕"三优一特"经济发展思路,在巩固"两烟"及配套产业的基础上,做强矿电产业,打造旅游文化产业,建设三大产业支柱集群,加大经济结构调整力度,加快产业优化升级,发展高新技术产业,大力推进清洁生产,发展循环经济,大力发展金融、保险、物流、信息和法律服务等现代服务业。

根据该市"十二五"规划纲要,玉溪市坚持实施"生态立市、烟草兴市、工业强市、农业稳市、文化和市"战略和"三优一特"经济发展思路。第一产业方面,加快农业现代化,发展现代农业,构建烤烟、蔬菜、油菜、竹子、核桃五大种植基地,建设生猪、家禽养殖基地。第二、三产业方面,坚持"三优一特"经济发展思路,加快产业结构调整升级,建设七大产业基地,形成以三大支柱产业为支撑,新兴产业为先导、县区多样性特色经济繁荣发展、有序接替的现代产业体系。加快两烟及配套、矿电、旅游文化三大优势产业建设;大力培育生物医药、新材料新能源、装备制造、现代物流、房地产等新兴产业;大力发展生产性服务业,积极发展生活性服务业,加快金融保险、中介、信息等服务业发展,加快传统服务业改造升级,逐步提高服务业占生产总值的比重。

玉溪市规模以上工业发展情况如表 4-56 所示。2001 年,规模以上工业增加值为 163.72 亿元,2012 年接近六百亿元,达 598.9 亿元,增长了 2.65 倍,年均增长 12.7%左右;2001 年规模以上工业总产值为 237.65 亿元,2011 年超过千亿元,达 1115.8 亿元,增长了 3.69 倍,年均增长近 14%。2012 年,玉溪市工业完成增加值 598.9 亿元,增长 12.7%;轻工业完成增加值 388.0 亿元,增长 10.9%。

表 4-56 玉溪市规模以上工业发展情况

年份	规模以上工业企业数 (个)	规模以上工业企业增加值 (亿元)	规模以上工业总产值 (亿元)
2001	214	163.72	237.65
2002	—	147.60	235.42
2003	—	158.70	268.54

续　表

年份	规模以上工业企业数 （个）	规模以上工业企业增加值 （亿元）	规模以上工业总产值 （亿元）
2004	—	174.20	334.90
2005	284	190.50	394.41
2006	292	214.30	461.00
2007	—	276.90	621.00
2008	325	327.79	781.45
2009	342	341.40	751.71
2010	352	398.60	944.45
2011	352	542.20	1115.80
2012	—	598.90	—

2011 年,玉溪市完成工业增加值 542.2 亿元,增长 16.1％。其中,卷烟及配套产业完成增加值 353.8 亿元,增长 16.8％;矿电产业完成增加值 160 亿元,增长 14.6％。卷烟及配套产业占全部工业增加值的 65.25％,矿电产业占全部工业增加值的 29.5％,两者合计占 94.75％。2011 年全市工业总产值 1337.2 亿元,增长 21.3％。其中,卷烟及配套产业完成产值 433.5 亿元,增长 17.6％;矿电产业完成产值 709.8 亿元,增长 21.7％。卷烟及配套产业产值占全部产值的 32.42％,矿电产业产值占全部产值的 53.08％,两者合计占全部产值的 85.5％。

根据相关数据,我们对玉溪市工业发展有了一定的了解。该市作为一座工业城市,主要建立在两大产业基础之上,即烟草和矿电产业。这两大产业规模巨大,在地区经济中占有举足轻重的地位,是经济发展的支柱力量。但玉溪市工业发展的问题也极为明显。烟草和矿电两大产业主要依靠资源优势,玉溪工业以轻工业为主,轻工业共同的问题在于产业链较短,对整个经济的带动性不强。这也是该市产业结构调整缓慢,经济发展不快的主要原因。做大产业规模,发展多元产业,形成产业均衡发展成为玉溪市必然的追求。

四、编委会评价

玉溪市风景秀丽,资源丰富,特色产业显著,以烟草业著称。作为云南省较为发达的城市,该市具有较好的经济基础。因为产业较为单一,故发展的局限也较为明显,表现为资源型产业和烟草等特殊产业发达,这在一定程度上挤压了其他产业的发展空间，也不利于经济的快速发展。我国"西部大开发"向纵深推进和中国—东盟自由贸易区的不断进展，对云南省和玉溪市来说，都意味着难得的开放机遇。做好桥头堡，成为链接国内与东南亚国家的桥梁和中介，成为资金、产品、物流、信息等各项资源的必经之地，这将极大提升整个地区的发展水平。

区位优势：玉溪市区位优势显著，交通便利。该市地处云南省中部，中心城区距省会昆明仅85公里，是连接东盟的重要门户和交通枢纽。北上经昆明可达国内各大城市，南下可直通东南亚、南亚各国，是中国西南部的重要交通枢纽。现已建成以国道高速公路为龙头，市内经济干线为骨架的高等级公路网。连接中国内地与东南亚的泛亚铁路东线、中线，昆曼、昆河高速公路在玉溪交汇，铁路公路四通八达，紧邻的昆明机场开通国内国际多条航线。

产业优势：玉溪市根据本地实际，紧紧围绕本地优势，发展特色产业，将经济发展与环境保护紧密联合起来。根据现有资源和产业优势，玉溪市坚持"三优一特"经济发展思路，做大做强卷烟及配套产业、矿电产业和旅游文化三大产业集群。围绕这些主导产业，玉溪市制定实施了诸多规划，推动三大产业集群发展。此外，装备制造、生物医药、新能源新材料等战略性新兴产业培育发展步伐加快。随着"十二五"规划的制定实施，玉溪市在冶金建材、机械制造、基础设施、现代物流、生物医药、新能源、新材料、农业及生物资源开发等产业方面也将迎来发展的良好机遇。

政策优势：玉溪市在现有的国家、省级层面政策基础上，还制定了《中共玉溪市委、玉溪市人民政府关于进一步加强招商引资工作的实施意见》等系列文件。这些政策措施的出台，为玉溪市全面强化招商引资工作健全了政策法规，完善了服务机制，强化了干部作风，为全市经济社会发展奠定了坚实的基础。玉溪将在"环境招商"上下大功夫，大力提升政务环境、人文环境、信用环境、法制环境、社会环境，努力为外来投资企业提供良好服务，创造重商、亲商、扶商、安商的一流投资环境。

五、投资建议

根据玉溪市的产业发展现状、未来的产业定位及比较优势，我们认为玉溪市值得关注的行业如下：卷烟及配套产业；矿电产业；文化旅游业。

自贡市投资价值分析

一、城市概况

自贡市位于四川南部,处于成渝经济区的轴心地带和川南城市群几何中心,以"千年盐都、南国灯城、恐龙之乡"享誉中外,是世界地质公园、国家级历史文化名城、全国优秀旅游城市、全国卫生城市、全省统筹城乡综合配套改革试点市、省级园林城市。该市东邻隆昌、泸县,南界江安、南溪、宜宾,西与犍为、井研毗邻,北靠威远、内江。自贡现辖 4 区(流井区、贡井区、大安区、沿滩区)、2 县(荣县、富顺),辖区面积 4372.6 平方公里。2012 年末,全市户籍人口 328.46 万人。

2012 年,自贡市实现地区生产总值 884.80 亿元,比上年增长 13.9%。其中,第一产业增加值 109.39 亿元,增长 4.8%;第二产业增加值 529.26 亿元,增长 16.7%;第三产业增加值 246.14 亿元,增长 11.8%。三次产业结构由上年的 12.7∶58.8∶28.5 调整为 12.4∶59.8∶27.8。人均地区生产总值 32787 元,按照可比价计算增长 13.2%。

二、形势分析

2001 年,自贡市地区生产总值为 153 亿元;2009 年突破 500 亿元,为 541.05 亿元;2012 年达 884.8 亿元,是 2001 年的 5.78 倍,年均增长 17.38%(现价计算)。2001 年,自贡市人均生产总值为 5575 元;2006 年突破 1 万元;2010 年突破 2 万元;2012 年突破 3 万元,是 2001 年的 5.88 倍,年均增长 17.57%。如图 4-60 所示,自贡市一直保持在高速增长水平,经济总量和人均产出具有很大提高,显示了该市强劲的增长空间和潜力,有助于巩固自贡在四川省内的经济地位。

自贡市产业结构调整如图 4-61 所示。2001 年,该市三次产业比重为 20.5∶45.1∶34.4;2006 年优化调整为 18.12∶46.11∶35.77;2012 年优化调整为 12.4∶59.8∶27.8。十数年间,第一产业所占 GDP 比重下降了 8.1 个百分点,第二产业所占 GDP 比重提高了 14.7 个百分点,第三产业所占 GDP 比重下降了 6.6 个百分点。第一、三产业比重的下降和第二产业比重的上升是该市产业结构调整的主要特征。

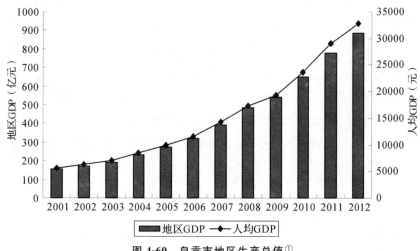

图 4-60　自贡市地区生产总值^①

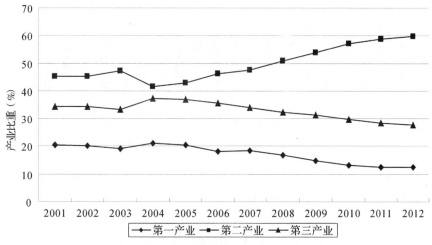

图 4-61　自贡市三次产业结构

　　近些年来,自贡市工业化进程取得了长足发展,在地区经济中的地位和作用迅速提高,成为推动经济增长的主要力量。目前,该市已经进入工业化的中期阶段,发展重工业和制造业成为工业化的主要方向。重工业化是我国经济结构现阶段调整的目标,也是诸多城市现所处的发展阶段。故对自贡市而言,将面临省内外许多城市共同的难题,即产业升级转型乏力,产业同质化严重的困境。配置具有竞争力的产业集群成为自贡市工业发展的挑战。

　　2012 年,四川省实现地区生产总值 23849.8 亿元,按可比价格计算,比上年

①　数据来源:中国统计年鉴数据库。

增长 12.6%;人均地区生产总值 29579 元,增长 12.3%。21 个市州经济情况如图 4-62 所示。从经济总量来看,四川现有 9 个城市规模超过千亿元,成都、绵阳、德阳市是地区 GDP 最多的 3 个城市,分别为 8138.94 亿元、1346.42 亿元和1280.2 亿元;巴中、雅安、广元是经济规模最小的三个城市,不到 500 亿元;自贡市排在第 12 位。从人均产出来看,攀枝花、成都、德阳最高,分别为 6.03 万元、5.76 万元和 3.59 万元;广元、甘孜、巴中最低,不到 2 万元;自贡市排在第 4 位。成都市不仅是四川省的经济中心,在全国也具有重要的地位,自贡市在四川省内处于中上水平。

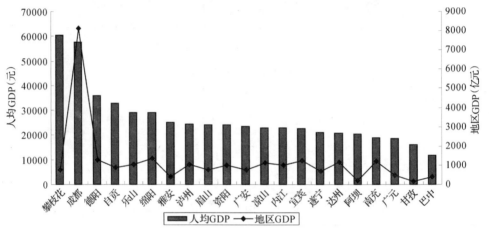

图 4-62 四川各地区 GDP 和人均 GDP①

四川省部分城市发展情况如表 4-57 所示(2012 年)。从经济增长率、人均GDP、产业结构、进出口等指标来看,自贡市处于中上水平;从土地面积、人口、工业、固定资产投资、外商投资等指标来看自贡市处于后列。总体来看,自贡市指标的落后主要体现在总量指标上,而非经济社会发展水平的落后。对自贡市而言,土地、人力资源在省内不占优势,外商投资、工业规模也不占优势。"做大、创优、独特"成为发展工业体系的重要方向。

表 4-57 四川部分城市基本情况

指 标	单位	自贡	成都	德阳	乐山	绵阳	泸州	内江	宜宾
土地面积	平方公里	4373	12390	5818	12827	20249	12242	13340	13283
人口	万人	271.32	1417.80	391.50	355.12	464.00	425.00	426.58	546.57
地区 GDP	亿元	884.80	8138.94	1280.20	1037.75	1346.42	1030.45	978.18	1242.76

---

① 数据来源:各市 2012 年国民经济和社会发展统计公报。

指　标	单位	自贡	成都	德阳	乐山	绵阳	泸州	内江	宜宾
经济增长率	%	13.90	13.00	13.00	14.40	13.30	14.80	13.60	14.10
人均GDP	元	32787	57624	35945	29222	29018	24317	22931	22737
第一产业	%	12.40	4.30	—	11.90	16.30	13.90	16.70	14.60
第二产业	%	59.80	46.60	—	62.10	52.40	60.60	62.40	62.30
第三产业	%	27.80	49.10	—	26.00	31.30	25.50	20.90	23.10
固定资产投资	亿元	435.10	5890.10	730.90	651.38	932.20	671.15	460.32	748.80
地方预算收入	亿元	32.99	781.00	75.50	70.40	80.40	82.79	30.93	82.97
地方预算支出	亿元	128.80	982.30	166.70	168.71	—	212.46	142.03	219.03
规模企业数	个	500	—	1077	635	—	601	535	—
工业增加值	亿元	404.40	2589.00	653.50	601.63	570.10	461.34	—	620.00
进出口总额	亿美元	8.70	475.40	30.80	9.45	22.10	1.86	3.13	7.77
新签合同数	个	—	226	—	103	—	—	19	—
外商投资额	亿美元	0.20	85.90	1.90	1.27	2.10	0.51	1.67	0.45

三、产业定位

自贡市招商引资情况如表 4-58 所示。从利用外国资金的数据来看,该市利用外资有较大波动,但实际利用外商资金从原先的 800 多万美元增长至 2000 多万美元,有一定幅度增加。利用市外资金方面,"十一五"期间,累计到位市外项目资金 610 亿元,是"十五"期间的 8.82 倍。华润、庞大、苏宁、国美、东联、大象电子等一批企业在农业、医药、汽车零部件、饮料、设备制造、商贸等领域有广泛投资。

表 4-58　自贡市利用外资情况

年份	当年新签项目个数(个)	外商合同投资额(万美元)	当年实际使用外资金额(万美元)
2001	155	2852	817
2002	235	3448	1733
2003	208	245	1823
2004	4	495	1995
2005	5	367	430
2006	3	3543	669

续 表

年份	当年新签项目 个数（个）	外商合同投资额 （万美元）	当年实际使用外资金额 （万美元）
2007	2	1928	2540
2008	6	—	1511
2009	2	—	241
2010	4	—	1504
2011	—	—	2062

根据该市"十一五"规划纲要，自贡市定位为"中国西部重要的盐化工基地、机械成套设备研发制造基地、特色新材料研发基地和四川新材料出口基地，建成结构合理的工业城市、独具特色的旅游城市"。产业政策为：坚持走新型工业化道路，实施工业强市战略，全面推进老工业城市改造，发展壮大盐化、机械、新材料产业集群，加快发展化纤纺织和农产品加工产业，促进产业结构优化升级。其中，第二产业方面，坚持工业强市战略，着力培育和发展盐化、机械、新材料三大优势产业集群和化纤纺织、农产品加工业等支柱产业；大力支持电子信息、新型建材、医药以及环保等新兴产业的发展。第一产业方面，优化农业结构，积极发展优质粮食、生猪、黑山羊、水果、笋竹、茶桑药、蔬菜、近郊休闲农业等八大优势特色农业。第三产业方面，大力发展服务业，全力打造休闲度假旅游目的地，改造提升商贸流通服务业，大力发展信息、金融、咨询等现代服务业，积极发展房地产和社区服务业。

根据该市"十二五"规划纲要，自贡市定位为"立足川南，融入成渝，建设成渝经济区西南部区域中心城市"，国家节能环保装备制造及国家新材料产业化基地、全省区域性次级综合交通枢纽、区域现代物流及商贸中心、区域科教文卫体高地、中国独具特色的文化旅游目的地。第二产业方面，加快结构优化升级，走科技创新支撑的新型工业化道路。培育壮大战略性新兴产业，大力发展节能环保装备产业，加快发展新材料产业，积极发展生物产业，培育发展潜在新兴产业（新能源、汽车、信息）；改造提升传统产业，提升机械及装备制造业，做优盐及盐化产业，壮大农产品加工业，改造化纤纺织等传统产业。第三产业方面，加速发展服务业，提升服务业发展水平；建设区域商贸中心，打造区域现代物流中心，建设中国独具特色的文化旅游目的地，促进房地产业健康发展，发展金融、信息、养老等服务业。第一产业方面，大力发展现代农业，推动优势特色农业集聚升级，稳定粮食生产，建设优质生猪、肉牛、黑山羊、禽兔、水产、水稻、特色蔬菜、柑橘、竹椒茶等九大现代农业产业基地。

2012 年,自贡市拥有规模以上工业企业户数为 500 户,完成总产值 1341.51 亿元,同比增长 17.5%;完成增加值 404.4 亿元,同比增长 17.3%。机械、盐化、新材料三大主导产业完成现价总产值 910.55 亿元,占全市规模以上工业的比重 67.9%。战略性新兴产业完成增加值 119.3 亿元,占比达到 29.5%。

该市历年工业发展情况如表 4-59 所示。从规模以上工业企业数来看,2003 年该市有 239 家,2012 年增加至 500 家企业,提高了 1.09 倍;规模以上工业总产值从 86.77 亿元增长至 1341.51 亿元,提高了 14.46 倍;全部工业总产值从 2001 年的 178.67 亿元增长至 2011 年的 1342.92 亿元,提高了 6.51 倍。总体来看,该市规模以上工业发展较快,工业规模迅速扩大。

表 4-59　自贡市规模以上行业发展情况

年份	规模以上工业企业数(个)	规模以上工业总产值(亿元)	全部工业总产值(亿元)
2001	—	86.77	178.67
2002	—	107.25	209.54
2003	239	123.81	229.75
2004	269	177.37	221.30
2005	311	265.31	363.02
2006	350	361.59	474.65
2007	419	492.86	558.10
2008	499	652.56	669.41
2009	542	809.41	880.43
2010	577	1113.65	1201.95
2011	486	1330.92	1342.92
2012	500	1341.51	—

自贡市主要行业发展如表 4-60 所示。

从产业规模来看,超过 50 亿元的产业有 5 个,超过百亿规模的产业有 3 个。其中,通用设备制造业、农副食品加工业、化学原料及化学制品制造业是规模最大的三个行业,分别为 370.16 亿元、156.10 亿元和 143.43 亿元,所占产业规模为 33.4%、14.09% 和 12.94%。此外,非金属矿物制品业、金属制品业规模也较大,产业规模在 5% 左右。

从产业增长速度来看,平均增幅超过 30% 的行业有 9 个,超过 40% 的行业有 3 个。其中,塑料制品业、医药制造业和专用设备制造业增速最快,分别为 42.47%、41.73% 和 40.1%。除此之外,非矿物制品业、煤炭开采和洗选业发展速度也较快。就发展平稳度来看,食品加工、机械制造业较为稳定。

从成本费用利润率来看,超过 10% 的行业有 4 个,冶金业、医药制造业、专用设备制造业是利润率最高的行业,在 10%—24% 之间。此外,饮料制造业、通用设备制造业利润率也较高。

表 4-60   自贡市主要行业发展情况[①]

行 业	规模企业数（个）	工业总产值（亿元）	产业比重（%）	增长率（%）				成本费用利润率（%）
				2010 年	2011 年	2012 年	平均	
总计	577	1108.17	100.00	23.30	21.80	16.80	20.63	6.48
煤炭开采和洗选业	39	46.59	4.20	50.50	19.40	42.10	37.33	3.71
非金属矿采选业	12	24.89	2.25	−1.20	32.20	3.30	11.43	3.48
农副食品加工业	48	156.10	14.09	40.00	26.50	25.20	30.57	2.92
食品制造业	16	15.82	1.43	45.50	26.50	8.10	26.70	5.12
饮料制造业	15	14.83	1.34	—	—	—		9.96
纺织业	7	13.59	1.23					2.18
化学原料及化学制品制造业	62	143.43	12.94	39.00	18.50	2.40	19.97	5.49
医药制造业	9	16.10	1.45	68.10	41.30	15.80	41.73	12.05
化学纤维制造业	2	13.57	1.22	−1.20	−0.70	15.00	4.37	3.10
塑料制品业	21	22.89	2.07	51.00	42.90	33.50	42.47	5.39
非金属矿物制品业	56	54.54	4.92	61.40	32.50	20.20	38.03	4.94
黑色金属冶炼及压延加工业	6	12.46	1.12	51.70	28.80	19.80	33.43	10.56
有色金属冶炼及压延加工业	13	32.59	2.94	81.30	12.80		32.37	23.88
金属制品业	26	51.89	4.68	24.00	35.30	20.00	26.43	5.73
通用设备制造业	135	370.16	33.40	24.50	25.50	23.50	24.50	8.27
专用设备制造业	20	22.71	2.05	50.20	40.00	30.1	40.10	11.42
交通运输设备制造业	8	13.22	1.19	—	—	—		1.39
电气机械及器材制造业	17	27.38	2.47	5.90	9.20	23.40	12.83	4.63
电力热力的生产和供应业	3	4.82	0.43	20.70	46.80	34.90	34.13	3.62

---

①   数据来源:《自贡统计年鉴 2011》。

根据表 4-59、4-60 及相关数据,我们对自贡市工业经济发展有了一定的了解。近些年来,自贡市工业发展迅速,传统优势产业和新兴产业具有不俗的表现,一大批行业规模有了较大的增长,取得了很好的成效。具体而言,机械制造、化工、食品、冶金等产业形成较大规模,产业链和产业集群建设逐步深入,产品具备了较强的竞争力,医药、装备制造等新兴产业增速较快,这有助于自贡市形成结构合理的工业体系。

四、编委会评价

自贡地处川南,紧邻成渝,资源丰富,人文荟萃,科技实力雄厚。该市在"十二五"期间,定位为成渝经济区西南部区域中心城市,重点建设"一枢纽两新城三基地",即建设区域次级综合交通枢纽,再造一座"产业新城"和"自贡新城",建设新型工业化产业示范基地、现代服务业发展基地和科技创新基地。这些宏大战略的实施,将极大地改变自贡市的经济社会面貌,也将更好地推进地区经济的崛起。目前,该市已基本形成优势产业突出、科研实力较强、商贸设施完善等比较优势。经济社会发展整体进入工业化中期阶段,产业发展、技术创新、基础设施建设等领域都具有巨大的发展空间。

区位优势:自贡区位优势明显,交通便利。自贡拥有立足川南、融入成渝、辐射西部的良好地理位置,具有强劲的经济、商务拓展和辐射潜力。自贡正全力建设全省次级综合交通枢纽,构建城市中心区到外环 15 分钟、市域半小时、川南 1 小时、成渝 2 小时经济圈的快速交通网络,连接各市的多条高速公路、铁路均开工建设或已通车,将有力改善该市的交通状况。

产业优势:自贡是因盐设市的老工业城市,工业门类齐全,优势产业突出,加工配套能力强,现已形成以盐及盐化工、机械装备、新材料为支柱的工业格局,是四川省综合加工制造能力最强的地区之一。如今该市正打造 1000 亿机械装备制造业、500 亿盐及盐化工产业和 500 亿新材料产业,国家节能环保装备制造及国家新材料产业化基地,以节能环保装备为主的千亿机械产业、盐及盐化工产业、新材料、生物等产业正在迅猛崛起。

政策优势:为了支持地区经济发展,自贡市委、市政府将招商引资作为经济发展的主抓手,投资拉动,项目推动,部门联动,旗帜鲜明促进开放合作。综合运用国家新一轮"西部大开发"、国家老工业基地调整改造、成渝经济区发展、统筹城乡综合配套改革、国家高新技术产业开发区以及承接产业转移等普惠、特惠、长惠相结合的优惠政策体系,对招商引资项目进行政策扶持,并在要素支持、资源配置上予以倾斜。对特别重大的产业项目,可"一事一议",享受特殊优惠政策,努力将该市打造成"开放合作、环境优越、充满活力、富有效率"的投资高地。

五、投资建议

根据自贡市的产业发展现状、规划的产业定位及比较优势,我们认为自贡市值得关注的行业如下:机械制造业;盐化工产业;新材料产业。

巴中市投资价值分析

一、城市概况

巴中市地处中国地理版图的腹心,位于四川盆地东北部大巴山南麓。该市东临达州,南接南充,西抵广元,北与陕西汉中接壤,距重庆市 450 公里,南距成都市 400 公里,北距西安市 650 公里。该市现辖 2 区(巴州、恩阳)、3 县(南江、通江、平昌),辖区面积 1.23 万平方公里。2011 年末,全市常住人口330 万人。

2012 年,巴中市实现地区生产总值 390.4 亿元,按可比价格计算,比上年增长 13.9%,增速比全省、全国平均水平分别高出 1.3 个、6.1 个百分点;三次产业结构为 23.8:42.9:33.3,与上年相比,第一、三产业分别下降 1.3 个、1.1 个百分点,第二产业上升 2.4 个百分点。2012 年,巴中人均 GDP 为 11823 元,比上年净增 1390 元,按可比价计算比上年增长 13.6%。

二、形势分析

2001 年,巴中市地区生产总值不到百亿元,仅为 86.49 亿元;2008 年超过200 亿元;2012 年接近 400 亿元,为 390.4 亿元,是 2001 年的 4.51 倍,年均增长14.80%(现价计算)。2001 年,巴中市人均 GDP 为 2482 元;2008 年为 6806 元;2011 年超过 1 万元;2012 年为 1.18 万元,是 2001 年的 4.76 倍,年均增长15.54%。如图 4-63 所示,巴中市经济增长较为平稳,近几年增速明显加快,显示了该市有较好的发展潜力。经济增长的提速,有助于推动该地区经济社会面貌的根本性改变,也将极大提高人民的生活水平。

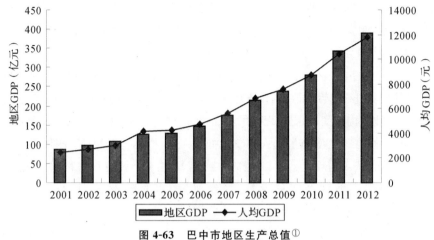

图 4-63　巴中市地区生产总值①

　　巴中市产业调整如图 4-64 所示。2001 年,巴中三次产业比重为 47.22：
17.41：35.37;2006 年优化调整为 41.51：21.13：37.36;2012 年优化调整为
23.8：42.9：33.3。十数年间,第一产业所占 GDP 比重下降了近 24 个百分点,
第二产业所占 GDP 比重上升了近 26 个百分点,第三产业所占 GDP 比重微降了
2 个百分点。第一产业比重的迅速下降和第二产业比重的快速上升是该市产业
结构调整的总特征。

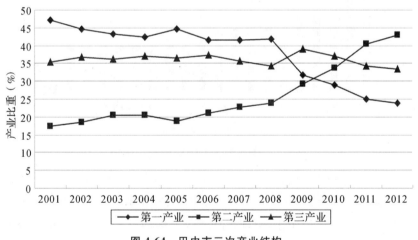

图 4-64　巴中市三次产业结构

　　从产业结构来看,21 世纪初,巴中市仍旧是经济较为落后地区,第一产业是该
市最重要的产业,还未达到刘易斯的"二元经济"发展阶段,仍处于传统经济层面。

———————

　　① 数据来源:中国统计年鉴数据库。

根据发展经济学的有关理论,传统经济向现代经济转变的核心在于资本的积累,通过资本的积累来实现工业化,以工业作为经济发展的火车头,拉动经济持续增长,最终实现经济社会的巨大变革,根本改变地区的经济社会面貌。如图 4-64 所示,近 10 年来,巴中市工业有了长足发展,在地区经济中的地位和作用有了巨大的提高,但整体来看,该市传统经济的比重还很大,该市的工业化还有很长的路要走,这不仅体现在产业结构的变迁,更表现在民众收入的增长,生活水平的提高等各个方面。

四川省各地区经济总量和人均总量如图 4-65 所示。2011 年,四川省内经济总量超千亿的城市有 7 个,除了成都市之外,其他 6 个城市均为首次。成都市、绵阳市和德阳市地区经济总量最大,分别为 6854.60 亿元、1189.10 亿元和 1137.40 亿元;甘孜、巴中和雅安排在最后,分别是 152.23 亿元、343.39 亿元和 350.13 亿元;巴中市以 343.39 亿元排在第 19 位。从人均 GDP 来看,攀枝花、成都和德阳市最高,分别为 5.31 万元、4.87 万元和 3.14 万元;巴中、甘孜和广元最低,分别为 1.04 万元、1.39 万元和 1.62 万元。从经济总量和均量来看,巴中市为四川省内的落后地区,经济社会发展水平很低。

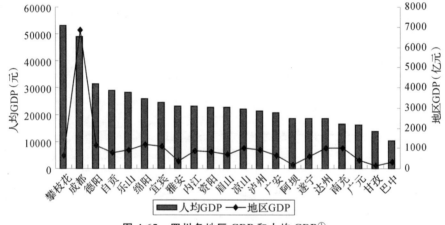

图 4-65　四川各地区 GDP 和人均 GDP[①]

巴中市与部分城市比较如表 4-61 所示。从各项指标来看,巴中市不仅低于省内发达地区成都和绵阳二市,也落后于达州、广元等欠发达城市。虽然,遂宁、广安等市人口均少于巴中市,但固定资产投资额均高于巴中。投资额决定着资本量,资本则引领经济增长,投资的缺乏,直接影响着巴中市经济的长远发展。对巴中市而言,发挥区域内的比较优势,扩大投资规模,优化产业结构,培育优势产业,缩小与其他地区差距,成为该市长期的发展任务。

---

① 数据来源:《四川统计年鉴 2012》。

表 4-61　四川部分城市主要经济指标

地　区	单位	巴中	成都	绵阳	广元	遂宁	广安	南充	达州
土地面积	平方公里	12000	12000	20000	16000	5000	6000	12000	16000
常住人口	万人	329.63	1407.08	462.00	249.00	326.01	321.00	628.53	548.56
城镇化率	%	31.26	67.00	41.84	34.66	39.95	30.93	37.55	34.31
人口密度	人/平方公里	275	1173	231	156	652	535	524	343
地区 GDP	亿元	343.39	6950.58	1189.11	403.54	603.36	659.90	1029.48	1011.83
人均 GDP	元	10438	49438	25755	16225	18528	20572	16388	18474
第一产业比重	%	25.13	4.71	16.75	20.77	23.36	18.98	23.31	23.00
第二产业比重	%	40.48	45.23	51.85	44.64	51.28	51.38	50.88	52.61
第三产业比重	%	34.39	50.06	31.39	34.59	25.35	29.64	25.80	24.39
固定资产投资	亿元	320.22	4995.65	880.90	498.24	536.38	425.08	713.60	676.84
规模企业数	个	131	3130	765	309	419	370	481	452
工业总产值	亿元	305.51	7568.26	1676.38	462.11	1002.55	898.88	1345.22	1047.32

三、产业定位

巴中市招商引资情况如表 4-62 所示。从利用外资情况来看,巴中市对外开放没有起色,仅在百万美元间。但巴中市对内开放有了巨大的提高,招商引资到位资金从 2002 年的 6 亿多元增长到 63 亿元。2012 年,巴中市实现招商引资履约项目 245 个,投资总额达到 1063.71 亿元,到位资金 193.97 亿元,同比增长2.1 倍。中国交通建设集团、大唐集团、华润集团等世界 500 强企业已在巴中落户;海螺水泥、碧桂园、雨润集团、盘兴集团、建丰林业等国内 500 强、行业龙头企业 20 多家进驻巴中,近期台资企业达芙妮集团也投资巴中市。

表 4-62　巴中市招商引资情况

年　份	国　外	市　外	
	直接投资额(万美元)	项目数(个)	到位资金(亿元)
2001	112	—	—
2002	363	153	6.57
2003	—	136	11.56
2004	75	—	15.72
2005	23	62	17.05

续　表

年　份	国　外	市　外	
	直接投资额(万美元)	项目数(个)	到位资金(亿元)
2006	47	124	12.24
2007	67	63	9.44
2008	51	62	13.79
2009	64	68	20.21
2010	102	60	22.1
2011	—	128	63.3

　　根据巴中市"十一五"规划纲要,该市将实施工业强市战略。产业政策上,第一产业方面,培育壮大优势产业,发展优质、高效、生态、安全农业,培育增收致富产业,如绿色产业(优质粮油产业、食用菌产业、中药材产业、饮料产业、干果产业)、畜牧产业(生猪、肉牛、南江黄羊)和劳务产业。第二产业方面,立足市场和资源,以项目为载体,以科技为支撑,走新型工业化路子,培育壮大绿色产业、矿产能源产业,努力提升工业企业整体素质,快速扩大工业经济总量,着力提高工业经济运行质量,努力把巴中建设成为秦巴山区绿色经济核心区和面向大城市现代制造业的配套加工基地;壮大绿色产业(食品饮料)、中药材、纺织服装业;开发矿产能源产业(冶金、建材、水电、天然气、煤炭)。第三产业方面,全面提升旅游业,改造提升传统服务业(商贸业、房地产业),重点发展现代服务业(现代金融、现代物流、信息服务业)。

　　根据巴中市"十二五"规划纲要,该市定位为"联结川陕渝的重要区域交通枢纽,秦巴地区重要的区域性中心城市,川陕接合部重要的商贸和物流中心,四川重要的生态农业、红色旅游、清洁能源化工产业基地和绿色经济示范区"。产业政策方面:立足资源优势和产业基础,调整优化产业结构,加大产业投资力度,推进产业跨越发展。着力突破发展特色工业,积极发展生态农业,大力发展现代服务业。第二产业方面,突破发展特色工业,构筑以天然气产业、农产品加工业、矿产资源开发和新兴产业("3+1"产业)为支撑的工业体系,促进工业发展实现新突破;大力发展农产品加工业(食品工业、现代医药、林产品加工);加快发展天然气产业(清洁能源、天然气化工);有序发展矿产业(新型建材、黑色金属、煤炭);努力培育新兴产业(清洁能源及可再生能源、生物制药产业、化工新材料、电子信息产业)。第一产业方面,积极发展生态农业,优化发展种植业,大力发展养殖业。第三产业方面,加快发展现代服务业,做大生态红色旅游产业,加快建设商贸和物流中心,积极发展其他现代服务业。

2012 年,巴中市实现工业增加值 102.1 亿元,同比增长 16.6%,对经济增长贡献率为 27.7%,拉动经济增长 3.9 个百分点。其中,规模以上工业实现增加值 95 亿元,同比增长 17.3%;轻工业实现增加值 58.8 亿元,同比增长 15.2%;重工业实现增加值 36.2 亿元,同比增长 20.7%;新兴产业实现增加值 2.7 亿元,同比增长 21.8%。四大支柱行业中,黑色金属矿采选业、非金属矿物制品业、煤炭开采和洗选业实现增加值分别为 8.7 亿元、8.3 亿元、7.8 亿元,同比增长 22%、24.1%、19.1%;农产品加工业实现增加值 57 亿元,同比增长 15.4%。这四大行业实现增加值 82 亿元,占全部规模以上工业增加值的 86.1%。

巴中市工业发展情况如表 4-63 所示。2001 年,巴中规模以上工业总产值仅为 8.12 亿元,不足 10 亿元,工业发展极为薄弱,规模很小;2011 年,巴中规模以上工业总产值增长至 305.51 亿元,比 2001 年提高了 36 倍多,实现了惊人的增长。2011 年,巴中全部工业增加值为 8.92 亿元;2011 年增长至 87.94 亿元,比 2001 年提高了近 9 倍。总体来看,该市工业取得了很好的发展,突破了原有工业的各个瓶颈,为实现工业的持续快速发展打下了很好的基础。

表 4-63 巴中市工业发展情况 [①]

年 份	工业企业数(个)	规模以上工业总产值(亿元)	全部工业增加值(亿元)
2001	—	8.12	8.92
2002	—	11.43	10.22
2003	68	13.96	12.23
2004	69	19.61	15.1
2005	69	26.30	14.2
2006	69	35.90	18
2007	80	48.01	22.51
2008	96	79.82	28.22
2009	101	120.52	43.83
2010	104	175.72	61.37
2011	—	305.51	87.94

① 数据来源:中国统计年鉴数据库。

巴中市主要行业发展速度如表 4-64 所示,以规模以上工业速度为界限,高于平均速度 28.52% 的行业有造纸及纸制品业(32.18%)、食品制造业(42.94%)、煤炭开采与洗选业(31.84%);然而从产业近几年发展情况来看,饮料制造业、食品制造业表现不错;从产业发展稳定性来看,造纸业、食品制造业、纺织业表现尚可。

表 4-64　巴中市主要行业发展速度　　　　　　　单位:%

行业 ＼ 年份	2011 年	2010 年	2009 年	2008 年	2007 年	平均
规模以上工业	23.70	30.10	33.10	28.90	26.80	28.52
造纸及纸制品业	23.10	38.30	27.10	31.90	40.50	32.18
饮料制造业	28.00	35.90	19.10	24.90	29.90	27.56
食品制造业	33.80	29.10	53.90	22.10	75.90	42.94
煤炭开采和洗选业	17.20	21.00	24.10	56.20	40.70	31.84
黑色金属矿采选业	11.30	15.60	33.00	6.30	33.10	19.86
纺织业	24.50	7.20	28.40	29.90	38.20	25.64

根据表 4-63、表 4-64 及相关数据,我们对巴中市工业发展情况有了一定的了解。整体来看,巴中市工业基础较为薄弱,产业规模较小,规模经济不足,但发展势头迅猛,地区从以农业为主的经济结构转向了以工业为主的经济结构,部分行业逐步成为支柱产业,有了一定的竞争力。具体而言,农副产品加工业、黑色金属矿采选业、非金属矿物制品业、煤炭开采和洗选业产值超过 5 亿元,成为该地区最主要的产业,发展形势较好,食品制造、饮料制造、纺织业等轻工业也取得了较大的进展。

四、编委会评价

巴中市地理位置优越、风景秀丽、资源丰富。因诸多因素的制约,长期以来该地区是西部地区较为落后的地区,也是四川省内的欠发达地区,社会经济发展滞后,直接导致了民众生活水平得不到改善。随着"西部大开发"的深入推进,巴中市也进入了发展的黄金阶段,经济结构调整迅速,工业发展迅猛,产业结构优化升级,这些都体现了该地区的后发优势和赶超式发展,也为投资该地区的企业提供了发展的空间和良好的机遇。

区位优势:巴中区位优势显著,该市连接成都、重庆、西安三大中心城市,距离在 500 公里左右,形成了一市联三省的地域格局,占有举足轻重的战略投资地位,既是华南、华东地区走向西部、中亚、西亚乃至欧洲市场的必经之路,又是东华、华北地区南下西南、南亚、东南亚的重要走廊。该市交通逐步改善,公路总里程达到 1.57 万公里,其中高速公路 1 条 41 公里,省道公路 4 条 663 公里。诸多铁路、公路规划建设正在实施中。

产业优势:经过艰苦努力和长期建设,巴中市的二、三产业取得了突破性进展,初步形成了四大产业,农副产业品加工、黑色金属矿采选业、非金属矿物制品业、煤炭开采和洗选业。招商引资的蓬勃开展,使得该市在现代农业、中药产业、新能源新材料产业、文化旅游、汽摩配件产业、现代服务产业方面有了一定发展,产业支持政策发挥了巨大作用。随着"十二五"规划的制定实施,以天然气产业、农产品加工业、矿产资源开发和新兴产业为支撑的工业体系,将促进工业发展实现新突破,而以文化旅游为主的现代服务业也将取得更大的发展。

政策优势:巴中市集诸多政策支持于一身,该地区被国家确定为秦巴扶贫片区中心城市之一,在国家"西部大开发"战略中享有更加优惠的发展政策,省委、省政府也出台专门文件支持巴中发展。随着新一轮"西部大开发",国家、省进一步加大对革命老区、贫困地区的扶持力度,特别是全面实施秦巴山区扶贫开发战略,这些都将为该区跨越发展带来巨大的历史机遇。

五、投资建议

根据巴中市的产业发展现状、未来的产业定位及比较优势,我们认为巴中市值得关注的行业如下:农副食品加工和食品制造业;非金属矿制品业;煤炭开采与洗选业。

包头市投资价值分析

一、城市概况

包头位于内蒙古自治区西部,地处渤海经济区与黄河上游资源富集区交汇处,是内蒙古最大的工业城市,是我国重要的基础工业基地。包头是全国首批文明城市、全国绿化先进城市、国家森林城市、国家优秀旅游城市、国家园林城市。该市北部与蒙古国接壤,南临黄河,东西连接沃野千里的土默川平原和河套平原,阴山山脉横贯中部。包头现辖 3 个市区(昆都仑区、青山区、东河区)、2 个矿区(白云鄂博矿区、石拐区)、4 个农牧业旗县区(土默特右旗、达尔罕茂明安联合旗、固阳县、九原区)和 1 个稀土高新区,总面积 27768 平方公里。2011 年末,全市常住人口 269.3 万人。

2011 年,包头市实现地区生产总值 3005.4 亿元,按可比价格计算,比上年增长 15.5%。其中,第一产业增加值 80.2 亿元,增长 6.0%;第二产业增加值 1665.2 亿元,增长 17.2%;第三产业增加值 1260.0 亿元,增长 13.9%;三次产业结构优化调整为 2.7∶55.4∶41.9。全市人均生产总值达到 112372 元,增长 13.7%,按年平均汇率折算为 17398 美元。

二、形势分析

2001 年,包头市地区生产总值仅为 249 亿元;2006 年突破千亿元;2009 年超过 2000 亿元;2011 年突破 3000 亿元,达到 3005.4 亿元,是 2001 年的 12.07 倍,年均增长 28.57%(现价计算)。2001 年,包头市人均生产总值为 1.2 万元;2004 年超过 2 万元,此后每年增加 1 万元左右;2011 年达到 11.23 万元,是 2001 年的 9.3 倍,年均增长 25.28%。如图 4-66 所示,21 世纪以来,包头市经济发展势头迅猛,经济实力有了飞速的增长,成为我国发展最快的地区之一。

从经济总量来看,2002 年包头市在全国地级以上城市中列第 101 位,2011 年攀升至第 40 位,前移了 61 位。另据中国社科院最新发布的《中国城市竞争力报告 No.10》显示,2011 年包头综合竞争力在 294 个城市中排名第 26 位,较 2002 年前移了 90 位。

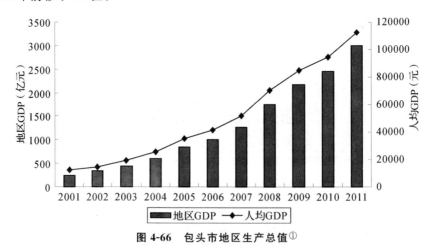

图 4-66　包头市地区生产总值①

---

① 数据来源:《包头统计年鉴 2011》。

包头市产业结构调整如图 4-67 所示。2001 年产业比重为 7.3∶58.7∶34.0;2005 年优化调整为 3.66∶53.02∶43.32;2011 年优化调整为 2.7∶55.4∶41.9。十数年间,第一产业所占 GDP 比重下降了 4.6 个百分点,第二产业所占 GDP 比重下降了 4.3 个百分点,第三产业所占 GDP 比重提高了 9 个百分点,第一、二产业比重的下降和第三产业比重的上升是该市产业结构调整的总趋势。

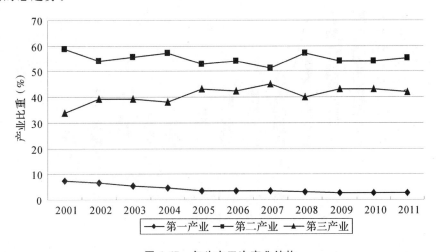

图 4-67　包头市三次产业结构

就经济发展水平来看,包头市已经步入工业化的后期阶段,工业规模将稳步增加,产业从传统产业逐步向高新产业迈进,产业技术含量,产品附加值将有较大的提高。与此同时,第三产业将取得了较快发展,这将迅速改变现有的产业面貌。根据发展经济学理论,第三产业的结构演进内生于第一、二产业的需要,第一、二产业的发展需要物流、信息、金融、中介等各个方面的生产性服务业与之配套,而经济发展对人民生活水平的提高,也要求旅游文化、商贸、房地产、社区等生活性服务业能满足人民生活的水平;这些又将反过来刺激第一、二产业的升级、转型,形成良性互动的发展态势。

目前,包头市正处于第一、二产业刺激第三产业发展的阶段,这也将是全面建成小康社会,实现工业化的必经阶段。

2011 年,内蒙古全区实现地区生产总值 14246.11 亿元,比上年增长 14.3%,人均生产总值达到 57515 元,增长 13.8%,按年均汇率计算折合为 8905 美元,内蒙古成为我国经济发展最快的省级区域。从地区经济来看,12 个市(盟)中,有 6 个超过千亿元。鄂尔多斯、包头、呼和浩特是经济总量最大的三个城市,分别为 3218.50 亿元、3005.40 亿元和 2177.26 亿元;乌海市与兴安盟、阿拉善盟同列,是自治区内经济规模最小的三个盟市。从人均产值来看,阿拉善、鄂尔多斯和包头是最高,均超过了 10 万元大关,分别为 16.8 万元、16.1 万元和 11.2 万元;乌兰察布、赤峰、兴安是最低的三个区域。无论从经济总量还是人均产出来看,包头市都是内蒙古自治区最发达的区域,这两项指标均超过了首府呼和浩特市。

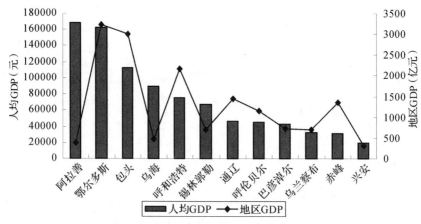

图 4-68　内蒙古各地区 GDP 和人均 GDP[①]

内蒙古部分地区 2011 年经济发展情况如表 4-65 所示。从土地面积、就业人口等资源指标来看,包头市没有什么优势;从经济总量、产业结构、经济增长率、固定资产投资和工业等指标来看,包头市处于最前列,包头市是内蒙古自治区经济表现最好的地区。但鄂尔多斯市在部分指标上逐步赶上和超过包头市,成为包头最大的竞争对手。

表 4-65　内蒙古部分城市基本情况

指　标	单位	包头	呼和浩特	通辽	赤峰	鄂尔多斯	乌海
土地面积	平方公里	27700	17200	59500	90000	86800	1700
常住人口数	万人	269.29	291.19	313.64	431.93	199.93	54.14
地区 GDP	亿元	3005.40	2177.27	1448.82	1347.19	3218.54	483.24
第一产业	%	2.67	5.03	14.40	15.64	2.58	0.90
第二产业	%	55.41	36.28	61.20	53.63	60.08	72.83
第三产业	%	41.93	58.69	24.40	30.72	37.34	26.27

---

① 数据来源:《内蒙古统计年鉴 2012》。

续　表

指　标	单　位	包　头	呼和浩特	通　辽	赤　峰	鄂尔多斯	乌　海
人均 GDP	元	112372	75266	46166	31121	163014	89830
经济增长率	%	15.50	11.30	14.60	15.50	15.10	17.50
就业人员	万人	146.75	168.30	167.53	253.17	102.20	27.14
固定资产投资	亿元	2160.60	1031.97	1014.23	1093.16	2238.41	286.90
预算一般收入	亿元	161.86	151.43	73.25	61.78	346.18	40.50
预算一般支出	亿元	251.27	255.67	213.52	272.19	446.62	71.08
规模企业数	个	625	267	590	526	385	155
工业总产值	亿元	2999.01	1365.91	2416.19	1577.33	3743.73	739.90

三、产业定位

包头市利用外资情况如图 4-69 所示。2001 年该市实际利用外资额仅为
5810 万美元,2006 年达 5.4 亿美元,2011 年则为 12.4 亿美元,比 2001 年增加
了 20 多倍。制造业领域是投资最多的行业,其次是批发零售贸易餐饮业。国内
外诸多知名企业投资该市,对该市工业发展起到了极大的推动作用。

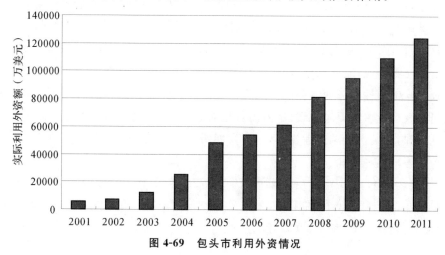

图 4-69　包头市利用外资情况

根据该市"十一五"规划纲要,包头市定位为"国家重要的六大产业基地[①]、
中西部区域性经济中心、人居环境优美的高品位全国文明城市"。产业发展战略

---

① 钢铁、铝业、装备制造、电力、煤化工和稀土产业基地。

为加快产业集聚,实现工业产业升级,围绕"扩大总量、优化结构、加快升级"的主题,发挥传统产业优势,打造特色产业,加快非资源型产业发展,走集群化、集约化的新型工业化道路,努力提升产业层次和竞争优势,推进经济增长方式转变。第二产业方面,重点建设钢铁、铝业、装备制造、电力、煤化工和稀土六大工业基地,积极培育电子信息、农畜产品加工、铜业、新型建材、生物制药和精品纺织六大特色产业。第三产业方面,努力壮大服务业,构筑第三产业新格局;改造提升商贸流通业、运输物流业、餐饮业等传统服务业;大力发展旅游、社区服务、房地产等新兴服务业;积极培育金融、信息服务、中介会展等现代服务业。第一产业方面,大力发展现代农牧业,重点发展乳、肉、蔬菜、马铃薯加工等四大主导产业,重点建设奶源、肉业、蔬菜、薯业、粮油、绒毛、饲草料及特色种养殖等农牧业八大生产基地。

根据包头市"十二五"规划纲要,该市定位为:建设"四基地一中心",培育战略性新兴产业强市,构建生态宜居城市。① 产业定位为"由老工业基地向现代产业基地转变。坚持走新型工业化道路,推进传统产业优化升级,培育发展战略性新兴产业,加速传统产业高端化、新兴产业规模化。推动服务业增量提质,加快现代农牧业发展,构筑结构优化、技术先进、清洁安全、附加值高、吸纳就业能力强的现代产业体系"。第二产业方面,大力改造提升钢铁、铝镁、装备制造、电力、农畜产品加工、轻工、纺织等传统产业;积极培育和发展稀土及新材料、新能源、新型煤化工、高端制造、节能环保、生物医药、电子信息等战略性新兴产业。第三产业方面,加快发展服务业,现代物流、交通运输、金融、科技服务、商务服务、会展生产性服务业;发展商贸餐饮、文化旅游、房地产、社区服务、农村牧区服务、信息服务等生活性服务业。第一产业方面,因地制宜发展现代高效农牧业,加快推进国家级马铃薯种薯基地建设,着力打造名、优、特、新蔬菜和优质马铃薯种薯等特色品牌,继续扩大羊产业规模,稳步发展奶产业,发展花卉、食用菌、瓜果、土鸡和水产等特色种养业。

2011 年,包头市全部工业增加值为 1487.4 亿元,比上年增长 17.5%。规模以上工业企业实现增加值 1237.3 亿元,增长 18.3%。在规模以上工业中,钢铁、铝业、装备制造、稀土、电力五大产业完成工业增加值 877.9 亿元,较上年增

---

① 建设四大产业基地,即国家重要的稀土产业基地、中西部装备制造业基地、西部地区钢铁产业基地和西部地区铝镁产业基地。建设区域性现代服务业中心,形成自治区乃至中西部地区现代物流、信息产业、科技创新研发与服务、金融等现代服务业中心。建设中西部战略性新兴产业强市,构筑以稀土功能材料为主的新材料以及新能源、新型煤化工、高端制造、生物医药、电动汽车、节能环保等新兴产业优势,培育先导产业和新的支柱产业。

长 18.6%;轻工业增加值增长 12.9%,重工业增长 18.8%。全年规模以上工业企业主营业务收入 2887.6 亿元,比上年增长 28.2%。

包头市近几年来工业取得了飞速发展。2002 年,全市规模以上工业增加值仅为 103.6 亿元,2005 年超过 300 亿元,2009 年突破 900 亿元,2011 年达到 1237.3 亿元,按可比价格计算是 2002 年的 9.2 倍,2003—2011 年全市规模以上工业增加值年均增长 27.9%。在工业经济总量快速扩张的同时,结构调整成效逐步显现,高耗能产业比重下降,装备制造业比重提升。2011 年,在全市规模以上工业中,黑色金属冶炼及压延加工业等六大高耗能产业增加值比重较 2002 年下降明显;而装备制造业增加值比重较 2002 年上升了 16.9 个百分点。

包头市工业各行业发展具体如表 4-66 所示。

从规模企业数来看,超过 50 家企业的行业有 5 个。其中,有色金属冶炼及压延加工业、黑色金属冶炼及压延加工业和通用设备制造业最多,分别为 84 家、76 家和 75 家。此外,黑色金属矿采选业、非金属矿物制品业在 55 家以上。

从工业总产值来看,2010 年超过 50 亿的行业有 11 个,超过 100 亿的行业有 6 个,超过 500 亿的行业有 1 个。其中,黑色金属冶炼及压延加工业规模最大,达 757.95 亿元;有色金属冶炼及压延加工业和交通运输设备制造业居其次,分别为 314.53 亿元和 254.16 亿元;电力热力生产供应和专用设备制造业也超过 150 亿元。

从发展速度来看,除了 2005 年没有数据的 7 个行业之外,超过行业平均速度的有 11 个。其中,电气设备及器材制造业增速达 181.23 倍,金属制品业为 77.64 倍,通用设备制造业、黑色金属矿采选业超过 20 倍。纺织业产值绝对下降。

从产业比重增加幅度来看,增加超过一个百分点的行业有 7 个,其中,黑色金属矿采选业、交通运输设备制造业、电气机械及器材制造业增加了超过 4 个百分点,煤炭开采和洗选业、有色金属冶炼及压延加工业、金属制品业、通用设备制造业增加超过 2 个百分点。黑色金属冶炼及压延加工业是产业比重下降最多的行业,超过了 23 个百分点,纺织业和专用设备制造业下降幅度也超过了 2 个百分点。

表 4-66　包头市主要行业发展情况①

行　业	企业数（个）2010 年	工业总产值（亿元）		增长倍数（倍）	产业比重（%）		增加幅度（百分点）
	2010 年	2010 年	2005 年		2010 年	2005 年	
总计	715	2412.24	741.44	3.25	100.00	100.00	0.00
煤炭开采和洗选业	34	93.69	9.12	10.28	3.88	1.23	2.65
黑色金属矿采选业	55	112.78	4.64	24.31	4.68	0.63	4.05
有色金属矿采选业	6	9.66	3.82	2.53	0.40	0.52	−0.12
农副食品加工业	19	30.29	8.66	3.50	1.26	1.17	0.09
食品制造业	20	39.85	17.71	2.25	1.65	2.39	−0.74
饮料制造业	8	12.81	3.43	3.74	0.53	0.46	0.07
纺织业	12	19.21	22.18	0.87	0.80	2.99	−2.19
造纸及纸制品业	7	11.77	—	—	0.49	—	—
印刷业和记录媒介的复制	7	2.22	—	—	0.09	—	—
石油加工、炼焦及核燃料加工业	4	8.83	—	—	0.37	—	—
化学原料及化学制品制造业	28	43.48	6.98	6.23	1.80	0.94	0.86
医药制造业	2	0.83	0.52	1.61	0.03	0.07	−0.04
橡胶制品业	3	2.18	—	—	0.09	—	—
塑料制品业	15	14.42			0.60		
非金属矿物制品业	56	6.41	4.27	1.50	0.27	0.58	−0.31
黑色金属冶炼及压延加工业	76	757.95	408.01	1.86	31.42	55.03	−23.61
有色金属冶炼及压延加工业	84	314.53	69.59	4.52	13.04	9.39	3.65
金属制品业	38	51.08	0.66	77.64	2.12	0.09	2.03
通用设备制造业	75	73.40	2.49	29.45	3.04	0.34	2.71
专用设备制造业	43	173.84	79.57	2.18	7.21	10.73	−3.53

---

　　① "产业倍数"与"产业变动幅度"均是以 2010 年数据与 2005 年数据的比较。

行　业	企业数（个）	工业总产值（亿元）		增长倍数（倍）	产业比重（%）		增加幅度（百分点）
	2010 年	2010 年	2005 年		2010 年	2005 年	
交通运输设备制造业	27	254.16	38.49	6.60	10.54	5.19	5.35
电气机械及器材制造业	43	99.91	0.55	181.23	4.14	0.07	4.07
通信设备、计算机及其他电子设备制造业	5	3.62	0.57	6.40	0.15	0.08	0.07
仪器仪表及文化办公用品机械制造业	5	1.32	—	—	0.05	—	—
工艺品及其他制造业	4	6.24	—	—	0.26	—	—
电力、热力的生产和供应业	24	189.79	58.52	3.24	7.87	7.89	−0.03

根据表 4-66 及相关数据，我们对包头市工业发展有了一定的了解。"十一五"规划以来，包头市各个产业发展迅速，单一钢铁工业的产业格局逐步改变，从占工业 55% 的产值比重下降到了现今的不到 1/3，多个产业有了突破，特别是石化领域。冶金、装备制造、交通运输、电力等行业是包头市规模最大、发展平稳的支柱和主导产业；装备制造业等产业发展速度最快；医药、电子信息等产业发展一般，并没有体现出优势。

四、编委会评价

包头市地处内蒙古西部，该市资源丰富、工业实力雄厚，作为西部地区最大的工业城市之一，是国家重要的基础工业基地。近些年来中西部地区特别是内蒙古自治区经济社会的超高速增长，给包头市带来了极好的机遇，但兄弟城市的纷纷崛起也给包头带来了巨大的挑战。发挥包头市工业优势，整合联动地区资源优势，建立产业优势和竞争优势，确定地区的经济中心地位，建设为我国中西部地区工业、商贸、信息、旅游中心城市之一，率先实现工业化和现代化。

区位优势：包头市区位优势显著，交通发达。该市立足华北辐射西北、东北。包头地处华北地区，毗邻京津，连接东北、西北地区，北部与蒙古、俄罗斯接壤，处于我国西部"呼包银"经济带的中心，是西部大开发重点地区。该市交通便利，四通八达。铁路大动脉北京—包头—兰州、包头—西安以及包头—白云铁路在包头交汇。北京—拉萨、包头—茂名高速公路在包头交汇。民航已开通北京、上海、广州、武汉、西安、太原、成都、沈阳等城市定期航班。全市公路里程近 7000

公里,连接全市。

产业优势:包头市是国务院首批确定的全国 13 个较大城市之一,是我国著名的钢铁、铝业、机械工业基地和最大的稀土工业基地。新中国成立以来,经过多年的建设和发展,包头形成了以钢铁、铝业、电力、稀土、装备制造、煤化工等六大产业为主导的新型工业体系。以钢铁、铝、镁、铜、重型汽车、工程机械、稀土功能材料等一批优势、特色产业为主导,借助这些产业的优势效应,进而延伸产业链条,实现了工业经济快速发展。"十二五"期间,"四基地一中心"的定位将巩固其在这些产业的优势。

政策优势:包头市作为我国少数民族地区和西部地区的重要工业城市,享受国家西部大开发的鼓励政策。国家实施新一轮西部大开发以及即将出台的促进内蒙古经济社会发展的若干意见,为新一轮发展创造了良好的政策条件。自治区打造以呼包鄂为核心的沿黄河、沿交通干线经济带和西部城市群,推动更大范围的资源共享、产业协同、融合发展。这些新的调整和变化为包头提升产业水平、加快城市化进程和各项建设提供了难得的历史机遇。

五、投资建议

根据包头市的产业发展现状、未来的产业定位及比较优势,我们认为包头市值得关注的行业如下:装备制造业;化工产业;稀土工业。

石嘴山市投资价值分析

一、城市概况

石嘴山市位于宁夏回族自治区北端,是西北地区重要的能源、原材料基地,有"西北重工基地,塞上湖泊水乡"之美誉,是全国水土保持生态环境建设示范城市、中国特色魅力城市。该市东、北、西三面分别与内蒙古自治区的鄂尔多斯市、乌海市、阿拉善盟相邻,南与银川市兴庆区、贺兰县接壤。石嘴山市现辖 2 区(大武口区、惠农区)、1 县(平罗县),全市总面积 5309.5 平方公里。2011 年末,全市常住人口 73.41 万人。

2011 年,石嘴山市实现地区生产总值 367.32 亿元,按可比价格计算,增长 13.2%。其中,第一产业实现增加值 20.97 亿元,增长 5.2%;第二产业实现增

加值 236.64 亿元,增长 15.6%;第三产业实现增加值 109.71 亿元,增长
10.1%。三次产业比例由上年的 6.0∶62.6∶31.4 调整为 2011 年的 5.7∶
64.4∶29.9,对经济增长的贡献率分别为 2.4%、73.8%、23.8%。按常住人口
计算,人均 GDP 达到 50374 元。

二、形势分析

2001 年,石嘴山市地区生产总值为 55.25 亿元;2005 年突破百亿元;2008
年突破 200 亿元;2011 年,该市地区 GDP 达 367.32 亿元,是 2001 年的 6.65 倍,
年均增长 21.17%(现价计算)。2001 年,石嘴山市人均 GDP 为 7960 亿元;2004
年突破 1 万元;2007 年突破 2 万元;2010 年突破 4 万元;2011 年达 50374 万元,
是 2001 年的 6.33 倍,年均增长 20.67%。如图 4-70 所示,石嘴山经济社会发展
速度很快,短短 10 多年时间,该市经济总量和人均产值均有极大的提高,这有助
于该市确立在宁夏回族自治区内的经济地位,有助于提升该市的竞争力。

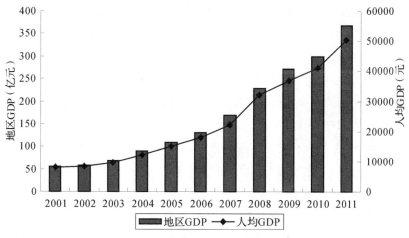

图 4-70　石嘴山市地区生产总值①

石嘴山市三次产业结构如图 4-71 所示。2001 年,该市三次产业结构比重为
12.13∶56.42∶31.45;2005 年优化调整为 8.01∶62.8∶29.2;2011 年产业结
构变化为 5.7∶64.4∶29.9。十数年间,第一产业所占 GDP 比重下降了 6.43
个百分点,第二产业所占 GDP 比重上升了近 8 个百分点,第三产业所占 GDP 比
重微降了 1.5 个百分点左右。总体来看,该市产业结构调整较为平稳。

---

① 数据来源:国研网数据库。

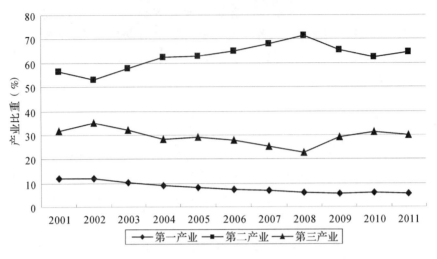

图 4-71　石嘴山市三次产业结构

根据石嘴山市产业发展情况,该市处于工业化的中期阶段,第二产业占GDP六成多的现实意味着该市经济结构偏向于工业的发展,这一方面有助于第一产业向现代产业转变,但另一方面又挤压了第三产业的发展空间。如何协调第二、三产业,通过第二产业的发展带动第三产业的进步,推动现代服务业的建立,直接关系到该市经济结构的转型升级和可持续发展。不仅如此,作为一个资源型城市,如何优化协调第二产业内部各个行业的比例,降低对资源产业的依赖,培育新兴产业,提高资源产业的附加值,提升产业链,建立产业集群是更大的挑战。

2011年,宁夏回族自治区实现生产总值2060.79亿元,按可比价格计算,比上年增长12.0%;按常住人口计算,全区人均生产总值32392元。该区各个地区经济总量和人均产值如图4-72所示。从经济总量来看,银川市以974.79亿元排在首位,之后依次为石嘴山市的367.32亿元、吴忠市的268.31亿元、中卫市的213.48亿元和固原市的129.29亿元;从人均产值来看,石嘴山市最高,为50374元,其后依次为,银川市的48374元、中卫市的19624元、吴忠市的19191元和固原市的8400元。可看出,自治区内各城市发展差别很大,银川市和石嘴山市处于一极,另外3个城市处于另一极。石嘴山市在自治区具有较高的地位。

石嘴山市与宁夏回族自治区内其他城市的比较如表4-67所示。从地区GDP、人均GDP、产业结构、工业增加值、进出口、人均收入等指标来看,石嘴山市处于前列,仅次于首府银川市。但从土地面积、总人口、财政支出等指标方面来看,石嘴山市处于后列,固定资产投资优势也不大,这说明自治区内其他城市也正在加快发展,这将减弱石嘴山市的竞争力。

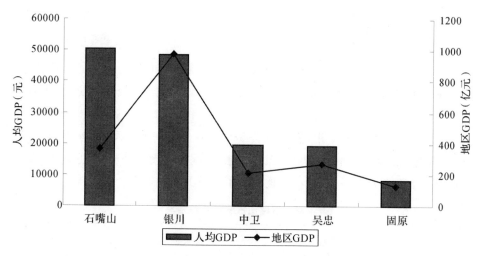

图 4-72　宁夏各地区 GDP 和人均 GDP①

表 4-67　宁夏各城市主要经济指标

指标	单位	石嘴山	银川	中卫	吴忠	固原
土地面积	平方公里	5309.50	9491.00	14755.00	20400.00	14421.00
地区 GDP	亿元	367.32	974.79	213.48	268.31	129.29
人均 GDP	元	50374	48374	19624	19191	8400
总人口	万人	73.41	202.57	109.29	139.81	155.30
第一产业	%	5.70	4.80	17.80	16.03	26.20
第二产业	%	64.40	54.20	44.50	53.96	26.40
第三产业	%	29.90	41.00	37.70	30.01	47.40
工业总产值	亿元	—	1220.81	—	394.80	56.14
工业增加值	亿元	205.82	357.80	69.61	107.90	19.72
固定资产投资	亿元	300.00	733.85	194.51	261.10	136.78
进出口总额	亿美元	6.15	12.10	1.78	2.42	0.06
财政一般预算收入	亿元	43.34	96.62	12.45	21.92	7.98
财政一般支出	亿元	83.46	147.25	77.52	109.08	107.79
城镇居民人均可支配收入	元	17928	19481	15866	15752	14878
农民人均纯收入	元	6974	7070	5178	5573	4044

---

①　数据来源:各市《经济和社会发展统计公报》。

三、产业定位

石嘴山市利用外资如表 4-68 所示。总体来看,该市利用外资呈上升态势,但规模较小,仅在千万美元左右。吸引内资成为该市提高投资、增强产业实力的主要途径之一。"十二五"期间,石嘴山市共争取国家和自治区各类支持资金 35 亿元,引进招商项目 2089 个,完成投资 588 亿元。新加坡凯发、江苏阳光、中粮集团、国电太阳能、中国重汽集团、无锡尚德、中国节能投资公司、中色集团、天地科技等一批大企业投资该市,有力地扩展了该市的新兴产业。

表 4-68　石嘴山市利用外资情况[①]

年份	当年新签项目个数(个)	外商合同投资额(万美元)	当年实际使用外资金额(万美元)
2001	4	586	586
2002	—	—	257
2003	7	635	600
2004	5	1862	326
2005	6	854	376
2006	6	—	207
2007	2	—	—
2008	4	6110	2234
2009	2	800	1404
2010	4	—	1067

根据该市"十一五"规划纲要,石嘴山市定位为"创建独具特色的山水园林新型工业化城市",以培育壮大优势特色产业为重点,坚定不移地推进新型工业化、城市化、农业产业化和信息化进程,大力发展循环经济和环保产业。第二产业方面,以新型工业化为方向,深入推进工业强市战略,重点培植壮大稀有金属及镁产业、精细化工产业、电子元器件产业、煤基碳材产业等四大新兴产业,改造提升煤炭、电力、钢铁及其延压、机械制造等四大传统产业,做大做强稀有金属及镁产业链、煤—电—能源精细化工产业链、煤(硅石)—电—铁合金及冶金炉料产业链、农副产品加工为龙头的轻工业产业链等四大集群产业链,精心打造四大工业

---

① 　数据来源:国研网数据库。

发展平台。第一产业方面,加快发展农业现代化,培植壮大优势特色产业,以特色化、规模化、品牌化为方向,突出重点,发挥优势,着力抓好羊产业、菜产业、枸杞产业、水产业等四大产业。第三产业方面,加速发展现代服务业,增强第三产业的"窗口"效应;全方位拓展特色旅游业,确立旅游业的新兴主导产业地位;提升流通业结构层次;改造商贸流通、交通运输、市政服务等传统服务业;积极发展金融保险业、信息产业。

根据该市"十二五"规划纲要,石嘴山市战略定位为山水园林新型工业城市,建设成服务于呼包银榆经济区、宁夏沿黄经济区、黄河湾经济区的新型工业城市、陆港城市、生态城市。产业规划为打造两个基地,即打造汽车制造、机械装备、新能源、新材料、农产品加工的生产基地;打造商贸物流、基础教育、职业教育、医疗卫生、居住休闲、文化旅游的现代服务业基地。壮大汽车制造、机械装备、太阳能、新材料、能源及精细化工、特钢、大宗物流、旅游、商贸服务、城郊型加工型农业等十大特色产业链。第二产业方面,促进工业升级,大力培育战略性新兴产业,加速改造提升传统产业,以优质增量调存量,不断推进产业结构优化升级,加快构建现代新型工业体系。第三产业方面,扩张提升服务业,发展现代物流业,特色文化旅游业,房地产业,商贸服务业,金融、保险、信息及技术服务业。第一产业方面,做优现代农业,提升农业产业化水平,加快构建现代农业产业体系,发展高附加值加工型农业,发展番茄、优质水稻、清真牛羊肉、枸杞、制种、水产品等特色产业。

石嘴山市工业发展总体情况如图 4-73 所示。2005—2011 年,该市全部工业增加值从 61.48 亿元增加到 205.82 亿元,增长 2.35 倍,年均增长 15.58%。2011 年,规模以上工业企业 232 户,规模以上工业增加值增长 16.1%;实现主营业务收入 610.26 亿元,同比增长 25.5%;实现利润 38.26 亿元,增长 12.1%。

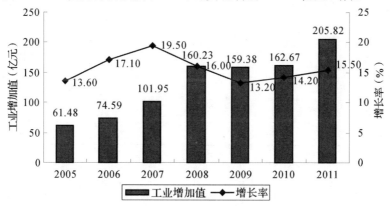

图 4-73 石嘴山市工业增加值增长情况

石嘴山主要产业发展情况如表 4-69 所示。2012 年 1—6 月份,从产业规模上看,煤炭开采与洗选业、化学原料及化学制品制造业是规模最大的行业,超过 10 亿元,煤炭开采与洗选业接近 50 亿元;黑色金属冶炼及压延加工业、电力生产与供应业在 8 亿元档次;机械装备制造业、炼焦业在 5 亿元左右;非金属矿物制品业和有色金属冶炼及压延加工业在 3 亿元左右。

从产业比重来看,超过 5% 的行业有 6 个。根据一般情形而言,这个下限值成为主要产业的分界线。其中,煤炭开采与洗选业一家独大,占规模以上工业增加值的五成左右,为 48.6%;化学原料及化学制品制造业超过 10%,占 14.16%;其他超过 5% 的行业还有黑色金属冶炼及压延加工业、电力生产与供应业、机械装备制造业、炼焦业等。

从产业增长速度来看,半数高于平均增长率的 14.63%。其中,煤炭开采与洗选业的增长率为 17.83%,机械装备制造业为 23.43%,电力生产与供应业为 15.73%,非金属矿物制品业为 16.18%。有色金属冶炼及压延加工业增长率最低为 6.13%,化工为 13.2%,黑色金属冶炼及压延加工业为 14.23%。从产业增长波动性来看,煤炭开采与洗选业、机械装备制造业较为平稳,其他几大行业波动性很高,易受经济大环境变动的影响。

表 4-69　石嘴山市主要产业发展情况[①]

行　　业	工业增加值(亿元)	比重(%)	增长率(%)				
	2012 年	2012 年	2012 年	2011 年	2010 年	2008 年	平均
规模以上行业	95.89	100.00	10.00	16.10	16.10	16.30	14.63
煤炭开采与洗选业	47.83	48.60	21.90	7.30	9.80	32.30	17.83
化学原料及化学制品制造业	14.16	14.40	0.10	21.60	6.90	24.20	13.20
机械装备制造业	5.64	5.70	15.60	21.60	—	33.10	23.43
炼焦业	5.74	5.80	61.6				—
电力生产与供应	8.29	8.40	−6.40	40.90	22.20	6.20	15.73
黑色金属冶炼及压延加工业	8.80	8.90	−18.40	43.90	41.20	−9.80	14.23
有色金属冶炼及压延加工业	2.00	2.10	−28.10	−6.30	55.90	3.00	6.13
非金属矿物制品业	3.43	3.50	−16.50	24.50	35.80	20.90	16.18

---

① 数据来源:《石嘴山市工业生产企稳回升仍需不懈努力——2012 年上半年工业经济形势简析》,历年《石嘴山市经济和社会发展统计公报》。2012 年数据为该年 1—6 月份数据。

根据图 4-73、表 4-69 及相关数据,我们对石嘴山市产业发展有了一定的了解。石嘴山市作为一个资源型城市,对优势资源的依赖性极高。作为一个重点煤炭城市,该市煤炭开采与洗选业占工业近半份额,虽然大力培育其他主导产业,但煤炭工业的地位和作用仍毋庸置疑,其他产业也在一定程度上依赖于本地资源,如建材、冶金等。其他产业方面,该市机械装备制造业、非金属矿物制品业是发展较好的产业。但总体而言,该市产业规模小,附加值低,资源依赖严重。石嘴山市的问题,也是我国资源型城市共同的难题,即资源型城市转型的核心是发展接续替代产业,这也是该市产业发展的重点和难点之所在。

四、编委会评价

石嘴山市地处西北,资源丰富、风景宜人,是我国西北地区的重工基地之一。凭借煤炭等非金属矿物自然资源优势,该市成为新中国成立后首批重点建设的城市。随着经济结构的优化调整,石嘴山从享誉全国的煤炭工业城市成功转型为独具特色的山水园林新型工业城市。国家的经济政策向中西部倾斜和产业梯度转移的加速,加之自身的区位优势、资源优势,将为石嘴山市增添更多的发展空间。

区位优势:该市区位优势显著,交通便利。石嘴山地处宁东、蒙西两个国家千亿吨级煤田之间,是呼包银兰经济带、宁蒙陕乌金三角经济区的重要节点城市,宁夏沿黄经济区的骨干城市,在西北区域经济发展中具有重要的战略地位。该市交通便捷,距银川河东机场 100 公里,包兰铁路、京藏高速、石银高速、109、110 国道贯穿全境,被列为全国 179 个国家公路运输枢纽城市之一;惠农陆路口岸铁水联运直达天津港,是西北重要的内陆口岸。

产业优势:石嘴山市是世界重要的钽铌铍、碳基材料制品生产研发基地、国内重要的镁硅及深加工产品基地和宁夏光伏新材料产业化示范基地。经过多年转型发展,石嘴山已形成以装备制造、电石化工、特色冶金、碳基材料、新型煤化工、煤炭开采及洗选业六大传统优势产业和汽车制造及零部件、太阳能、有色金属新材料、农产品精深加工四大新兴产业为主导的工业体系;以清真牛羊肉、蔬菜、枸杞、水产、制种、番茄六大优势特色产业为主导的现代农业体系;以传统商贸、现代物流、特色旅游为主导的服务业体系。根据石嘴山市"十二五"规划纲要,汽车制造、机械装备、太阳能、新材料等产业将有巨大的发展潜力。

政策优势:作为西部城市和我国重要的资源型城市,石嘴山市享受国家各项特殊政策。该市先后被列为全国第二批循环经济试点城市、全国首批资源枯竭城市经济转型试点、宁夏统筹城乡发展试点等。为了加大招商引资,该市完善了《关于创新经济发展环境,加快招商引资的决定》《石嘴山市招商引资奖励办法》等文件规定,出台了《石嘴山市加快工业经济升级转型暂行办法》《石嘴山市招商引资项目联合审批暂行办法》等更具特色和优势的优惠政策。

五、投资建议

根据石嘴山市的产业发展现状、未来的产业定位及比较优势,我们认为石嘴山市值得关注的行业如下:机械装备制造业;非金属矿物制品业;新材料产业。

第四节　东北地区城市投资价值分析

吉林市投资价值分析

一、城市概况

吉林市位于吉林省中部偏东,坐落在长白山麓、松花江畔,是中国吉林省第二大城市、中国历史文化名城、中国优秀旅游城市、国家园林城市、中国魅力城市。该市东接延边州,西临长春市、四平市,北与黑龙江省哈尔滨市接壤,南与白山市、通化市、辽源市毗邻。全市土地面积 27120 平方公里,辖 4 区(船营、昌邑、龙潭、丰满)、1 县(永吉)、4 市(舒兰、磐石、蛟河、桦甸)。2011 年末,户籍总人口 433.3 万人。

2011 年,吉林市实现地区生产总值 2208 亿元,比上年增长 14.3%。其中,第一产业增加值 220.3 亿元,增长 5.1%;第二产业增加值 1116.5 亿元,增长 17.8%;第三产业增加值 871.2 亿元,增长 12.4%。产业结构由上年的 10.8:49.8:39.4 优化调整为 10.0:50.5:39.5。全市人均生产总值达到 50913 元,折算后达 8079.9 美元。

二、形势分析

2001 年,吉林市实现地区生产总值 383.71 亿元;2007 年超过千亿元大关;2011 年超过 2000 亿元,为 2208 亿元,是 2001 年的 5.57 倍,年均增长 19.39%(现价计算)。2001 年,吉林市人均生产总值为 8831 元;2003 年超过 1 万元;

2007 年超过 2 万元;2010 年超过 4 万元;2011 年达 5.09 万元,是 2001 年的 5.76 倍,年均增长 19.42%。如图 4-74 所示,2006 年以来,吉林市经济有明显增速,这迅速提升了吉林市的经济总量和人均产出,也提高了该市在东三省的经济地位和竞争力。

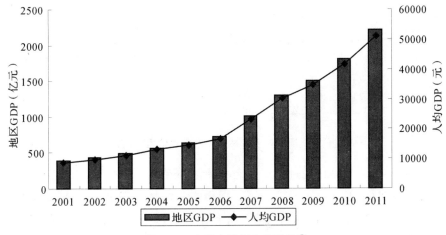

图 4-74 吉林市地区生产总值①

吉林市产业结构调整如图 4-75 所示。2001 年,吉林市三次产业结构比重为 17.1:39.1:43.8;2005 年优化调整为 16.0:44.9:39.1;2011 年优化调整为 10.0:50.5:39.5。十数年间,第一产业所占 GDP 比重下降了 7.1 个百分点,第二产业所占 GDP 比重提高了 11.4 个百分点,第三产业所占 GDP 比重下降了 4.3 个百分点。第二产业比重的上升和第一、三产业比重的下降是吉林市产业结构调整的主要特征。

现今,吉林市正处于工业化中后期阶段,在相当长的一段时期内,该市第二产业比重将保持在稳定水平,第一产业比重还将继续下降,第三产业比重将有所上升。东北是我国的重工业基地,随着我国工业向重工业化迈进,该地区的工业经济将迎来新的发展机遇,特别是随着我国工业的转型升级,将对新兴产业和装备制造业有更高的要求,这将进一步扩展东北地区的发展空间。对于吉林市等工业经济基础较好的地区来说,抓住国内外有利的经济环境,快速发展,在区域内部形成先发优势,这有助于巩固和提升自身的优势。

2011 年,吉林省地区生产总值首次突破万亿元,为 10530.71 亿元,比上年增长 13.7%。按常住人口计算,全省人均 GDP 达到 38321 元,增长 13.4%。从

---

① 数据来源:《吉林市经济社会统计年鉴 2011》。

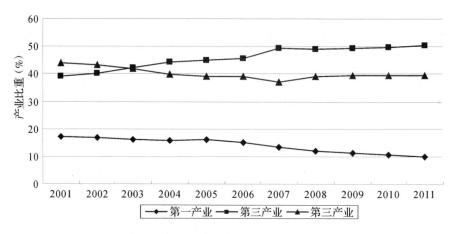

图 4-75　吉林市三次产业结构

经济总量来看,3 个城市超过了千亿元,分别是长春市、吉林市和松原市,为 4003 亿元、2208 亿元和 1360 亿元;辽源市、白山市和白城市最低,在 600 亿元以下。从人均产值来看,长春市、吉林市和松原市最高,分别为 5.2 万元、5 万元和 4.67 万元;延边州、四平市和白城市最低,在 2.5 万—3 万元之间。从经济总量和人均产值来看,吉林市是吉林省仅次于省会长春的第二大城市。

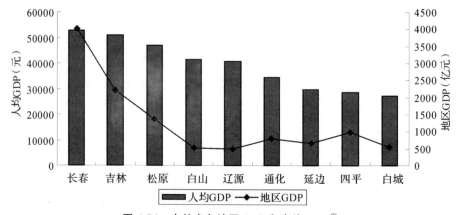

图 4-76　吉林省各地区 GDP 和人均 GDP①

　　吉林市与周边城市发展情况比较如表 4-70 所示。从各项指标来看,吉林市远高于除长春市之外的其他城市。与长春市相比,吉林市在人口、地区 GDP、人均 GDP、外商投资、工业产值等指标上有所落后。虽然吉林市工业企业数多于长春市,但工业总产值远远落后,说明吉林市企业规模远低于长春。做大做强工

---

① 数据来源:《吉林统计年鉴 2012》。

业企业,提高开放水平,大力引进外资,是吉林市缩小与省会城市的主要手段之一。根据吉林市的综合实力,吉林市应成为省内的副中心城市,正如洛阳之于河南省,芜湖之于安徽省一样。与省会城市形成互补,错位竞争,扩大城市辐射力,整合各种资源,最大可能地形成有利于城市发展的外部空间。

表 4-70　吉林省部分城市基本情况

指　标	单位	吉林	长春	四平	辽源	通化	白山	松原
土地面积	平方公里	27126	20604	14080	5140	15608	17485	21090
年末常住人口	万人	433.31	761.77	341.14	122.54	226.00	128.51	292.14
地区 GDP	亿元	2208.05	4003.08	984.60	500.49	780.23	531.43	1360.97
人均 GDP	元	50914	52649	28874	40844	34515	41325	46749
第一产业比重	%	10.00	7.20	25.20	9.70	10.10	9.10	16.90
第二产业比重	%	50.50	52.30	45.60	58.30	52.30	59.70	49.30
第三产业比重	%	39.50	40.50	29.20	32.00	37.60	31.20	33.80
年末从业人员数	万人	38.40	94.95	20.88	9.08	21.00	19.19	21.85
各项税收入	亿元	71.23	226.86	25.57	10.13	32.33	24.09	27.28
工业企业数	个	1103	1035	506	313	498	407	561
内资企业	个	1069	882	492	305	480	389	551
港澳台商投资企业	个	8	30	8	2	6	8	2
外商投资企业	个	26	123	6	6	12	10	8
工业总产值	亿元	2695.41	7047.97	1411.26	859.75	1203.27	958.74	1619.33
内资企业	亿元	2539.68	3678.13	1322.61	822.33	1131.84	894.83	1563.78
港澳台商投资企业	亿元	42.28	503.94	43.74	13.00	26.57	30.08	1.22
外商投资企业	亿元	113.45	2865.90	44.91	24.42	44.85	33.83	54.33
商品销售总额	亿元	696.84	1302.67	172.56	46.29	176.93	38.36	123.81
货物进口额	万美元	69624	1507414	18057	5405	53913	7374	558
货物出口额	万美元	57407	227473	7391	5293	17489	20238	9559
固定资产投资总额	亿元	1491.27	2356.62	457.82	371.16	547.81	409.94	761.42

三、产业定位

吉林市利用外资情况如表 4-71 所示。从协议利用外资和实际利用外资金额来看,外商投资规模有了巨大的增长,投资金额在全国地级城市中排在前列。招商引资活动成效显著,2011 年,全市招商引资实际到位资金 590 亿元,其中工业项目到位资金 399.2 亿元。目前,德国巴斯夫公司、新加坡康福德高公司等一批跨国公司相继进驻;华润啤酒、吉利集团、娃哈哈、建龙钢铁等国内大型企业来吉落户。

表 4-71 吉林市利用外资情况

年份	新签利用外资协议（个）	协议外资金额（万美元）	实际利用外资金额（万美元）
2001	—	11253	6721
2002	34	31352	11682
2003	42	66218	30299
2004	25	45929	18815
2005	34	61688	22282
2006	30	72578	25183
2007	21	74372	28859
2008	14	74704	32118
2009	13	75816	37200
2010	18	79229	45221
2011	—		61000

根据吉林市"十一五"规划纲要，该市坚持工业强市战略。第二产业方面，引导产业集群发展，推进产业结构优化升级。按照集群化、链式化发展方向，积极引导资源、要素向优势领域和骨干企业聚集，发展培育石化、汽车、冶金、农产品加工、轻纺、高新技术 6 大产业集群，改造提升机械、建材、医药等传统产业，加快实现产业结构由初级加工为主向深度加工为主的转换。第三产业方面，强化消费拉动，大力发展服务业。积极培育旅游支柱产业，推进流通业现代化，发展提升信息、中介服务业，积极发展物流业，引导房地产业健康快速发展。第一产业方面，推进现代农业建设，提高农业综合生产能力。实施优质粮产业工程，大力发展绿色水稻、专用玉米、高油大豆等高产、优质、高效品种；大力发展园艺特色业，扩大中药材、食用菌、林蛙、水貂、茸鹿、柞蚕、蜜蜂等"长白山"特产生产规模，积极发展水产养殖业，加快发展蔬菜、花卉、园艺、水果栽培等都市型、观光型农业。

根据该市"十二五"规划，吉林市定位为"东北和东北亚重要的新型产业基地、旅游度假名城和生态宜居城市"。第一产业方面，加快推进农业现代化。稳定粮食生产，大力发展精品畜牧业，加快发展园艺产业。第二产业方面，加快建设新型工业基地，做大做强化工、汽车、冶金等支柱产业；大力培育碳纤维、装备制造、电子信息、生物技术等战略性新兴产业；改造提升传统优势产业，加大能源、农产品加工、非金属矿产加工、轻纺等传统产业改造建设力度，进一步打造传统产业新的竞争优势。第三产业方面,加快发展现代服务业,改造提升商贸流通业,大力发展现代物流业,加快培育旅游战略性支柱产业,加快发展金融业,大力发展文化创意产业,积极发展家庭服务业。

2011年,吉林市工业经济快速增长,运行质量稳步提高,全市规模工业完成工业总产值2780.1亿元,同比增长37.9%。全市规模工业企业完成工业增加值802.1亿元,增长20.5%。全年规模工业实现主营业务收入2808.3亿元,增长39.6%。其中,化工行业完成254亿元,增长21.9%;冶金行业完成83.9亿元,增长23.2%;农副食品加工业完成71.1亿元,增长32.3%;非金属矿物制品业完成55亿元,增长24.6%;化纤行业完成16.4亿元,增长6.9%;食品行业完成15.2亿元,增长27.6%。

吉林市主要行业发展情况如表4-72所示。

从规模企业数来看,超过50家的行业有6个,超过100家的行业有3个。其中,农副食品加工业、非金属矿物制品业、化学原料及化学制品制造业是企业数最多的三个行业,分别有179家、142家和130家。除此之外,木材加工、通用设备制造业、交通运输设备制造业企业数也较多。

从工业总产值来看,2010年超过100亿产值的行业有5个,在50亿—100亿之间的有9个。其中,化学原料及化学制品制造业、农副食品加工业、非金属矿物制品业为686.17亿元、189.72亿元和146.94亿元,分别占行业规模的32.61%、9.02%和6.98%。除此之外,交通运输设备制造业、黑色金属冶炼及压延加工业产值规模也较大,产业规模超过5%。

从行业发展速度来看,行业平均增速为2.79倍。增速超过10倍的行业有11个。其中,工艺品及其他制造业、非金属矿采选业和橡胶制品业的增长倍数最多,分别为51.31倍、23.83倍和18.38倍。此外,农副食品加工业和造纸业增速也较快,超过17倍。

从产业比重变化幅度来看,产业比重增加超过1个百分点的行业有13个,产业比重下降超过1个百分点的有4个。其中,农副食品加工业、非金属矿物制品业和金属制品业是增加幅度最大的3个,分别增加7.59个百分点、3个百分点和2个百分点。化学原料及化学制品制造业和黑色金属冶炼及压延加工业是降幅最多的两大行业,分别为24.66个百分点和5.09个百分点。

表 4-72　吉林市主要行业发展情况①

行　　业	企业数（个）	工业总产值（亿元）		增长倍数（倍）	产业比重（%）		变化幅度（百分点）
	2010 年	2005 年	2010 年		2005 年	2010 年	
总计	1177	754.74	2104.16	2.79	100.00	100.00	0
煤炭开采洗选业	15	3.36	17.10	5.08	0.45	0.81	0.37
石油和天然气开采业	6	0.52	5.25	10.16	0.07	0.25	0.18
黑色金属矿采选业	14	5.49	22.32	4.06	0.73	1.06	0.33
有色金属矿采选业	27	4.95	38.74	7.82	0.66	1.84	1.18
非金属矿采选业	38	1.35	32.13	23.83	0.18	1.53	1.35
农副食品加工业	179	10.78	189.72	17.60	1.43	9.02	7.59
食品制造业	49	5.54	53.77	9.71	0.73	2.56	1.82
饮料制造业	43	11.29	55.41	4.91	1.50	2.63	1.14
纺织业	12	1.74	9.26	5.32	0.23	0.44	0.21
纺织服装鞋帽制造业	5	0.25	3.37	13.47	0.03	0.16	0.13
皮革、毛皮及其他制品业	4	0.40	2.05	5.12	0.05	0.10	0.04
木材加工及木、竹、藤、棕、草制品业	73	8.51	62.00	7.29	1.13	2.95	1.82
家具制造业	11	1.36	14.19	10.41	0.18	0.67	0.49
造纸及纸制品业	16	1.37	23.37	17.12	0.18	1.11	0.93
石油加工、炼焦及核燃料	10	2.61	13.83	5.29	0.35	0.66	0.31
化学原料及化学制品制造业	130	432.23	686.17	1.59	57.27	32.61	−24.66
医药制造业	25	8.02	47.97	5.98	1.06	2.28	1.22
化学纤维制造业	3	36.33	64.10	1.76	4.81	3.05	−1.77
橡胶制品业	5	0.17	3.07	18.38	0.02	0.15	0.12
塑料制品业	26	1.84	15.25	8.27	0.24	0.72	0.48
非金属矿物制品业	142	30.10	146.94	4.88	3.99	6.98	3.00
黑色金属冶炼及压延加工业	16	77.32	108.54	1.40	10.24	5.16	−5.09
有色金属冶炼及压延加工业	8	13.19	50.40	3.82	1.75	2.40	0.65
金属制品业	30	4.54	54.70	12.06	0.60	2.60	2.00
通用设备制造业	54	3.18	39.69	12.46	0.42	1.89	1.46

---

　　① 数据来源：《吉林市经济社会统计年鉴 2011》。"产业倍数"与"产业变动幅度"均是以 2010 年数据与 2005 年数据的比较。

续　表

行　　业	企业数（个）	工业总产值（亿元）		增长倍数（倍）	产业比重(%)		变化幅度（百分点）
	2010 年	2005 年	2010 年		2005 年	2010 年	
专用设备制造业	48	9.51	57.64	6.06	1.26	2.74	1.48
交通运输设备制造业	76	30.12	116.87	3.88	3.99	5.55	1.56
电气机械及器材制造业	32	5.31	55.95	10.54	0.70	2.66	1.96
通信设备、计算机及其他制造业	10	6.40	24.39	3.81	0.85	1.16	0.31
仪器仪表及文化、办公用品制造业	14	0.76	7.46	9.81	0.10	0.35	0.25
工艺品及其他制造业	7	0.10	5.03	51.31	0.01	0.24	0.23
电力、热力生产供应业	32	34.58	64.21	1.86	4.58	3.05	−1.53

根据表 4-72 和相关数据，我们对吉林市产业发展情况有了一定的了解。"十一五"以来，吉林市产业结构有较大的优化调整，改变了原先集中于化工、冶金等少数行业的产业格局，改变了单一的产业格局，逐步为吉林市产业的长远发展打下了良好的基础。化工、农副食品加工、机械制造、冶金、建材是该市的主导和支柱产业，轻工业行业发展势头良好，医药、电子信息等新兴产业形成一定规模，装备制造业发展平稳。总体来看，吉林市工业体系较为完善，部分产业发展潜力很大。

四、编委会评价

吉林市区位优势显著，环境优美，资源丰富，工业基础雄厚，是东北老工业基地主要城市、吉林省第二大城市，位于东北亚几何中心，是长吉图开发开放先导区重要腹地城市、第三条欧亚大陆桥的节点城市。随着东北振兴战略的实施，该市社会经济有了长足、飞速的发展，迅速改变了该市的经济面貌，提升了该市的经济实力。2009 年 12 月国务院批准的《中国图们江区域合作开发规划纲要》的启动实施，将为吉林市创造新的机遇，这将推进该市加快转型和赶超，"十二五"规划的制定实施，将实现吉林市经济社会的突破性变革。

区位优势：吉林市区位优势显著。该市南接沈阳，北通哈尔滨，西靠内蒙古，东临朝鲜，已开通的吉林内陆港与辽宁大连港实现"无缝对接"，辐射范围不仅包括东北，还可通达中国内陆，远及日本、俄罗斯、韩国、朝鲜等国家。该市交通便利，吉林龙嘉国际机场和吉林机场与国内 23 个城市及日本、韩国、俄罗斯、中国香港等国家和地区直接通航,长珲、沈哈高速公路,长珲城际快速铁路,沈哈复线铁路,连接外县(市)的一小时经济圈,构成了吉林市四通八达、快捷便利的立体交通网络。

产业优势:吉林市是中国"一五"期间国家重点建设的老工业基地,中国化工的摇篮,是碳素、铁合金重要生产基地。经过多年发展,特别是改革开放30多年的发展,形成了石化、汽车、冶金、能源、农产品加工、非金属矿产等传统产业体系,碳纤维、装备制造、生物产业、基础电子及电力电子等新型产业体系。在推进"长吉一体化"的战略进程中,吉林将继续实施投资拉动、项目带动和创新驱动战略,做大做强化工、汽车、冶金支柱产业,大力培育碳纤维、先进装备制造、电子信息、生物技术四大战略性新兴产业,改造提升能源、农产品加工、非金属矿产三大传统优势产业。

政策优势:作为东北老工业基地和长吉图开发开放先导区的重要一员,吉林市享受着从国家级层面到省市的各种优惠政策,这将极大地鼓舞人们的创业投资热情。加之该市建设的"服务型、效能型、法治型、诚信型"政府,树立"亲商、安商、扶商、富商"的理念,构建了"零距离、一站式、全方位"的"绿色通道"体系和跟踪包保服务体系,以及良好的商贸、物流、金融保险、信息咨询等现代服务业配套设施,从各个方面为投资兴业提供了有利的环境。

五、投资建议

根据吉林市的产业发展现状、未来的产业定位及比较优势,我们认为吉林市值得关注的行业如下:农副食品加工和制造业;新材料(碳纤维产业);机械制造业。

第五章 投资城市推荐

第一节 推荐城市之直辖市

重庆市投资价值分析

一、城市概况

重庆市地处长江上游经济带核心地区,位于中国东西接合部,是我国四个直辖市、国家五大中心城市之一,是中国政府实行西部大开发的重点开发地区和国家统筹城乡综合配套改革试验区。该市东邻湖北、湖南,南靠贵州,西接四川,北连陕西,是西南工商业重镇和水陆交通枢纽。重庆现辖 19 区(万州、黔江、涪陵、渝中、大渡口、江北、沙坪坝、九龙坡、南岸、北碚、渝北、巴南、长寿、江津、合川、永川、南川、綦江、大足)、19 县(潼南、铜梁、荣昌、璧山、梁平、城口、丰都、垫江、武隆、忠县、开县、云阳、奉节、巫山、巫溪、石柱、秀山、酉阳、彭水),土地面积 8.24 万平方公里。2012 年末,全市常住人口 2945 万人,户籍人口 3343 万人。

2012 年地区生产总值 11459.00 亿元,其中,第一产业增加值 940.01 亿元,增长 5.3%;第二产业增加值 6172.33 亿元,增长 15.6%;第三产业增加值 4346.66 亿元,增长 12.0%;三次产业结构比为 8.2:53.9:37.9。按常住人口计算,重庆市人均 GDP 为 39083 元,比上年增长 12.4%。重庆地方财政一般预算收入 1703.49 亿元,比上年增长 14.5%;地方财政一般预算支出 3055.17 亿元,比上年增长 19.9%。

二、形势分析

2001 年,重庆市经济总量不到 2000 亿元;2008 年超过 5000 亿,为 5793.66

亿元;2011 年首次超过 1 万亿元,成为我国少数达到万亿规模的城市;2012 年,该市经济总量为 11459 亿元,是 2001 年的 5.8 倍,年均增长 17.41%(现价计算)。2001 年,重庆市人均产值为 6963 元;2004 年超过 1 万元;2008 年超过 2 万元;2011 年超过 3 万元;2012 年达 3.9 万元,是 2001 年的 5.61 倍,年均增长 17.06%。如图 5-1 所示,重庆市经济社会发展保持在较高水平,经济总量和平均产出有了很大的提高,这有助于巩固该市在西部地区的经济地位,提升其经济影响力和带动力。

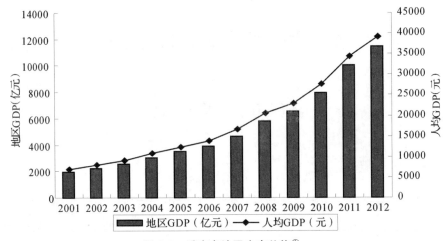

图 5-1　重庆市地区生产总值①

重庆市产业结构调整如图 5-2 所示。2001 年三次产业比重为 14.9:42.6:42.5;2006 年优化调整为 9.9:47.9:42.2;2012 年优化调整为 8.2:53.9:37.9。十数年间,第一产业所占 GDP 比重下降了 6.7 个百分点,第二产业所占 GDP 比重提高了 11.3 个百分点,第三产业所占 GDP 比重下降了 4.6 个百分点。第一、三产业比重的下降和第二产业比重的上升是该市产业结构调整的总趋势。

根据重庆市发展阶段,该市仍处于工业化中期阶段,工业化和城镇化仍是重庆发展的两大动力。与其他城市相比,重庆市地域面积广大,农业人口众多,经济的二元结构明显,这意味着还需要大力发展工业,才能整体上改变城市面貌。通过工业的发展,带来劳动力人口的转移,降低农业在地区经济中的比重,通过资源配置带来更高的生产效率。工业的集聚,产业的扩展将带来新的规模经济和范围经济,也将扩大城市规模,增强城市的经济竞争力。根据相关经济学理

① 数据来源:《重庆统计年鉴 2012》。

论,重庆市在今后十年内还将是高速工业化阶段,这也将成为推动该市经济增长最主要的动力。

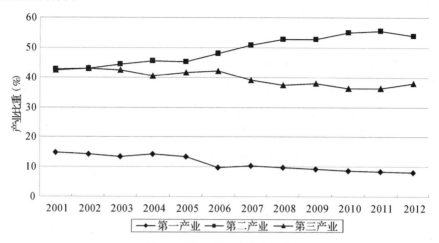

图 5-2 重庆市三次产业结构

我国各大城市发展情况如图 5-3 所示。2012 年,我国前 15 位城市的经济规模下限为 7000 亿元,有 7 个城市超过万亿。上海市规模最大,地区 GDP 超过两万亿元,北京市、广州市其次,为 1.35 万亿和 1.29 万亿元;大连市、南京市和青岛市在 7300 亿元左右。从人均 GDP 来看,有 5 个城市超过 10 万元,深圳市、无锡市、苏州市最高,分别为 12.5 万元、11.86 万元和 11.47 万元;成都市和重庆市最低,分别为 5.59 万元和 3.97 万元。

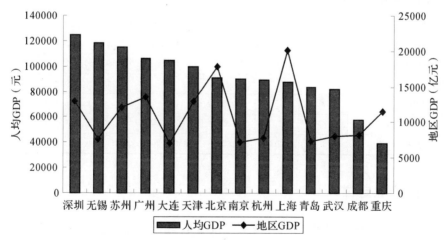

图 5-3 我国各大城市 GDP 和人均 GDP①

---

① 数据来源:各市 2012 年国民经济和社会发展统计公报。

重庆市与我国部分大城市 2012 年经济社会发展情况如表 5-1 所示。从土地面积、人口、经济增长率、固定资产投资等指标来看,重庆市处于前列;从地区 GDP、人均 GDP、财政收入、工业产值、外商投资、进出口等指标来看,重庆市处于后列。重庆市的相对落后主要在于第二产业的不发达,虽然总量很大,但是相对于该地区的人口、土地面积而言,则均量不足。与上海、广州等其他城市相比,重庆市处于不同的发展阶段。对部分城市而言已完成工业化,发展现代服务业成为优先目标,而重庆市还需较长时间来发展第二产业,才能继续推动经济结构的优化升级调整。与武汉、成都等城市相比,重庆市的优势也逐步缩小。

表 5-1　我国部分城市基本情况[①]

指　　标	单位	重庆	广州	上海	武汉	苏州	天津	成都
土地面积	平方公里	82403	7434	6340	8494	8488	11947	12390
常住人口	万人	2945	1275	2380	1012	1300	1413	1405
人口密度		357	1715	3754	1191	1239	1183	1134
地区 GDP	亿元	11459	13551	20101	8003	12001	12885	8138
经济增长率	%	13.60	10.50	7.50	11.40	10.00	13.80	13.00
人均 GDP	万元	3.90	10.62	8.50	8.17	11.47	9.96	5.79
第一产业比重	%	8.20	1.63	0.64	3.80	1.70	1.30	4.28
第二产业比重	%	53.90	34.78	39.36	48.30	55.60	51.70	46.57
第三产业比重	%	37.90	63.59	60.00	47.90	42.70	47.00	49.15
固定资产投资	亿元	9380.00	3758.40	5254.40	5031.30	5265.00	8871.00	5890.10
地方财政一般预算收入	亿元	1703.49	1102.30	3743.70	1397.70	1204.00	1760.00	781.00
地方财政一般预算支出	亿元	3055.17	1343.80	4184.00	1444.80	1105.00	1756.00	982.20
工业增加值	亿元	5181.00	4600.00	6446.10	2711.50		6246.00	2589.00
工业总产值	亿元	13104.00	17700.00	31548.00	9018.90	28650.00	23250.00	
新签外商投资项目数	个		1095	4043			632	
合同利用外资额	亿美元		68.02	223.38			185.90	
实际利用外资额	亿美元	105.77	45.75	151.85	44.44	89.00	150.20	105.51
进出口总额	亿美元	532.04	1171.30	4367.60	203.54	3000.00	1034.00	475.40

三、产业定位

2001 年以来,重庆市利用外资项目及金额增长迅猛,具体情况如表 5-2 所示。2001 年外商新签投资项目为 191 个,2012 年达 248 个,增长了 29.84%;合

---

① 　数据来源:各市 2012 年国民经济和社会发展统计公报。

同利用外资金额从 2001 年的 7.19 亿美元增长至 2011 年的 136.12 亿美元,增加了近 18 倍;实际利用外资金额从 2001 年的 4.24 亿美元增长至 2012 年的 105.33 亿美元,增加了近 24 倍。2012 年末,世界 500 强入驻重庆总数量达到 225 家,在中西部地区位居前列,第二、三产业是外商投资重点,遍及各个行业。

表 5-2　重庆市利用外资情况

年份	新签投资协议项目数(个)	合同利用外资金额(亿美元)	实际利用外资金额(亿美元)
2001	191	7.19	4.24
2002	169	6.48	4.50
2003	218	7.14	5.67
2004	281	6.66	4.08
2005	266	8.19	5.21
2006	252	11.30	7.02
2007	263	40.74	10.89
2008	197	28.31	27.37
2009	220	37.99	40.44
2010	261	62.89	63.70
2011	361	136.12	105.79
2012	248		105.33

　　根据该市"十一五"规划纲要,重庆市定位为"长江上游经济中心"。产业规划为:第一产业方面,加快发展现代农业,大力发展优质柑橘、瘦肉型生猪、草食牲畜、优质粮油、绿色蔬菜、香料、中药材等优势产业,着力培育榨菜、茶叶、笋竹、蚕桑、烤烟等特色加工业,加强绿色无公害大型农业基地建设。第二产业方面,建设现代制造业基地,重点发展汽车摩托车、装备制造(重点建设内燃机、环保成套装备、仪器仪表、军事装备等 4 个国家级研发生产基地,发展输变电成套装备、数控机床、电子产品及通信设备、船舶及配套产品等 4 个优势装备制造行业)、资源加工(化工、冶金、建材基地、食品基地、纺织服装基地、医药)、高技术产业(信息、生物、新材料、新能源)。第三产业方面,加快发展现代服务业,着力推动商贸、物流、金融、房地产、信息和中介、旅游和文化等行业做大做强,提升服务业核心竞争能力和城市整体服务功能,提升商贸业发展水平,培育壮大现代物流业,积极发展金融业,优化发展房地产业,大力发展信息和中介服务业,加快发展旅

游和文化业。

根据该市"十二五"规划纲要,重庆市定位为"西部地区的重要增长极、长江上游地区的经济中心(金融中心、商贸物流中心和科教文化信息中心)、国家中心城市"。产业规划上,第二产业方面,建设国家重要的先进制造业基地,加快发展以信息产业为主导的战略性新兴产业,基本建成国内最大笔记本电脑生产基地;基本建成国内最大离岸数据开发和处理中心;集中打造通信设备、高性能集成电路、节能与新能源汽车、轨道交通装备、环保装备、风电装备及系统、光源设备、新材料、仪器仪表、生物医药十大重点产业集群,建成万亿级国家重要的战略性新兴产业高地。壮大提升传统优势产业,建设中国汽车名城、世界摩托车之都、全国重要的现代装备制造业基地;推动天然气石油化工、材料产业构建原材料精深加工产业链;建成内陆地区的综合性化工基地、中国铝加工之都和千万吨精品钢材基地;发展劳动密集型产业。第三产业方面,建设西部地区现代服务业高地,建成内陆地区金融高地,壮大银行、证券、保险主体金融业,建设西部地区国际物流中心,建设国际知名旅游目的地,建设西部地区消费中心,大力发展高端生产性服务业。第一产业方面,大力发展现代农业,完善现代农业产业体系,稳定粮油生产,重点发展蔬菜、柑橘、生猪等优势产业,加快发展渔业、茶叶、特果、蚕桑、中药材、烟叶等特色产业。建设国家现代农业示范区、国家现代畜牧业示范区和国家现代农业科技示范园区。

重庆市工业发展如表 5-3 所示。规模以上工业企业数从 2001 年的 2054 个增加至 2011 年的 4778 个;工业总产值从 2001 年的 1072.83 亿元增长至 13104.12 亿元,提高了 11 倍多,实现了产值超过万亿的巨大飞跃,跨入我国最大工业城市之列;主营业务收入从 1073.25 亿元增长至 2011 年的 11382.34 亿元,提高了近 10 倍。这十多年是重庆工业发展最为迅速的几年,实现了老工业基地的新生,培育了新的支柱产业。

表 5-3　重庆市规模以上工业发展情况[①]

年　份	规模工业企业数(个)	工业总产值(亿元)	主营业务收入(亿元)
2001	2054	1072.83	1073.25
2002	2072	1228.37	1235.72
2003	2243	1588.99	1595.07
2004	2634	2142.73	2108.84

---

① 统计口径有所不同。

年　份	规模工业企业数(个)	工业总产值(亿元)	主营业务收入(亿元)
2005	2946	2525.87	2515.17
2006	3214	3214.23	3200.80
2007	3942	4363.25	4262.99
2008	6119	5755.90	5667.61
2009	6412	6772.90	6624.71
2010	7130	9143.55	9039.03
2011	4778	11847.06	11382.34
2012	—	13104.12	—

　　重庆市具体产业发展情况如表5-4所示。

　　从规模企业数来看,超过100家的行业有13个,超过200家的行业有6个。其中,交通运输设备制造业企业数最多,超过千家,达1065家;非金属矿物制品业及煤炭开采和洗选业均接近400家。此外,农副产品加工制造业、通用设备制造业和化工产业,规模企业数也较多。

　　从工业总产值来看,2011年超过500亿的行业有8个,超过1000亿的行业有1个。其中,交通运输设备制造业规模最大,达3466亿元之巨,占工业产值的36.27%;电子信息产业其次,为815亿元,占工业产值的6.88%;化学原料和化学制品制造业再次,为735亿元,占工业产值的6.21%。除了这些行业之外,黑色金属冶炼及压延加工业、电气机械及器材制造业产业规模也较大,所占比重均超过5%。

　　从产业发展速度来看,超过平均速度的行业有14个,大都发展平稳。电子信息产业是发展最快的产业,2011年的工业产值是2007年的15.04倍,增速最快;纺织服装业的发展倍数是5.59倍;金属制品业为4.56倍。增速最慢的行业为有色金属冶炼及压延加工业、仪器仪表制造、电力热力生产供应业,增幅均低于2倍。

　　从产业规模变动幅度来看,产业比重增加的行业有14个,减少的有9个,绝大部分产业比重保持在1个百分点的幅度之内,较为稳定。增加幅度最大的行业为电子信息,增加了5.64个百分点,黑色金属冶炼及压延工业增加了1.1个百分点,金属制品业增加了0.96个百分点。交通运输设备制造业、有色金属冶炼及压延加工业、电力热力生产供应业是减幅最大的3个行业,分别为7.01、3.07和1.82个百分点。

表 5-4　重庆市主要行业发展情况[①]

行　　业	规模企业数（个）	工业总产值（亿元）		增长倍数（倍）	产业比重（%）		产业变动幅度（百分点）
		2011 年	2007 年		2011 年	2007 年	
总计	4778	11847.06	4363.25	2.72	100.00	100.00	0
煤炭开采和洗选业	394	377.36	105.60	3.57	3.19	2.42	0.76
农副食品加工业	299	467.41	138.00	3.39	3.95	3.16	0.78
食品制造业	92	126.47	38.30	3.30	1.07	0.88	0.19
饮料制造业	64	123.38	50.43	2.45	1.04	1.16	−0.11
纺织业	136	175.72	77.75	2.26	1.48	1.78	−0.30
纺织服装鞋帽制造业	56	64.79	11.58	5.59	0.55	0.27	0.28
皮革、毛皮、羽毛及其制品业	100	90.13	28.03	3.22	0.76	0.64	0.12
家具制造业	40	60.13	20.28	2.96	0.51	0.46	0.04
造纸及纸制品业	92	131.38	32.03	4.10	1.11	0.73	0.37
化学原料及化学制品制造业	231	735.52	243.38	3.02	6.21	5.58	0.63
医药制造业	97	219.79	102.87	2.14	1.86	2.36	−0.50
橡胶和塑料制品业	167	246.80	54.53	4.53	2.08	1.25	0.83
非金属矿物制品业	396	607.62	189.43	3.21	5.13	4.34	0.79
黑色金属冶炼及压延加工业	186	733.32	222.26	3.30	6.19	5.09	1.10
有色金属冶炼及压延加工业	92	500.67	318.50	1.57	4.23	7.30	−3.07
金属制品业	189	281.23	61.65	4.56	2.37	1.41	0.96
通用设备制造业	223	445.30	175.04	2.54	3.76	4.01	−0.25
专用设备制造业	126	195.02	84.85	2.30	1.65	1.94	−0.30
交通运输设备制造业	1065	3465.96	1582.46	2.19	29.26	36.27	−7.01
电气机械及器材制造业	190	690.63	213.13	3.24	5.83	4.88	0.94
通信设备、计算机及其他电子设备制造业	67	815.44	54.21	15.04	6.88	1.24	5.64
仪器仪表及文化、办公用机械制造业	75	115.01	60.23	1.91	0.97	1.38	−0.41
电力、热力的生产和供应业	75	544.55	279.95	1.95	4.60	6.42	−1.82

① "增长倍数"与"产业变动幅度"均是以 2011 年数据与 2007 年数据的比较。

根据表 5-3、表 5-4 及相关数据，我们对重庆市产业发展有了一定的了解。总体来看，重庆市工业处于大力调整阶段，在保持交通设备、冶金、化工等产业规模和优势的同时，大力发展其他产业，在电子信息、装备制造、石油化工等领域取得了巨大成就。具体来看，汽车摩托车、通信设备、化工、装备制造、冶金等产业均形成了千亿级的产业规模，这将形成一大批产业集群，带动诸多企业发展壮大，进而改变西部制造业在国内的份额和地位。

四、编委会评价

重庆市作为我国四大直辖市之一，是唯一地处西部的国家中心城市，作为我国经济增长的第四个增长极，重庆肩负着拉动整个西部经济社会发展，均衡东西部的重任。随着在西部以及国家发展战略中地位的显著提升，重庆市制定了宏伟的发展蓝图，作为长江上游地区经济中心、金融中心、商贸物流中心、综合交通枢纽、自主创新高地、教育人才高地和文化高地，城市核心竞争力大幅提升，集聚、辐射、带动能力日益凸显。作为中国工业基地之一，重庆有着完备的工业体系、先进的技术水平和广阔的市场范围，加之国家政策支持、人力资源优势和交通优势，企业投资选择重庆，是企业战略布局中的重要举措。

区位优势：重庆市地理位置优越，交通便利。作为长江上游的超大型城市，重庆与上海分处长江两端，连接沿江各大城市，是撑起中国沿江经济大局最重要的两大城市，在国家经济版图中的地位与发展潜力不言而喻。重庆是中国西部唯一集水、陆、空运输方式于一体的交通枢纽，横贯中国大陆东西和纵穿南北的几条铁路干线、高速公路干线在重庆交汇，目前已形成铁路、公路、水运、航空、管道运输相结合的综合运输体系，是长江上游和西南地区最大的综合交通枢纽。拥有主城、万州两个全国公路主枢纽，高速公路密度领先西部。重庆坐拥长江"黄金水道"，是长江上游和西部最大内河港口城市，将建成以长江、嘉陵江、乌江"一干两支"高等级航道为骨架，主城、万州、涪陵"三枢纽"港区为中心的内河航运体系。重庆江北国际机场是国家重点发展的干线机场。

产业优势：重庆是中国重要的工业基地之一，工业基础雄厚，制造业发达。大中型企业数量、固定资产规模、技术装备水平居全国大城市前列。经过多年建设，重庆已形成产业门类较全、轻重并举，综合配套能力较强的工业体系。重庆行业规模与产业密集度远远超过国内其他城市，这为企业投资提供了强有力的人员、技术和市场支撑，有很强的综合配套能力。制造业是重庆的支柱产业和重点发展行业，汽车摩托制造业、电子信息、冶金、装备制造、化工行业均形成较大规模,部分行业全国领先,具有很好的发展前景和空间。

政策优势:重庆作为国家重点支持发展的中心城市,是中西部地区发展循环经济示范区,国家高技术产业基地,长江上游航运中心,中央实行"西部大开发"的开发地区以及国家统筹城乡综合配套改革试验区。该市享有一系列优惠政策,其中北部新区拥有西部最好的优惠政策。重庆具有"普惠+特惠"的优惠政策,融国家普惠政策、西部大开发政策、三峡库区优惠政策为一体,是当今国内少有的集诸多政策支持于一身的城市。

五、投资建议

根据重庆市的产业发展现状、未来的产业定位及比较优势,我们认为重庆市值得关注的行业如下:交通运输设备制造业;电子信息产业;装备制造业。

第二节　推荐城市之省会城市

哈尔滨市投资价值分析

一、城市概况

哈尔滨市是黑龙江省的省会城市,地处中国东北北部地区,黑龙江省南部。哈尔滨是中国东北部的政治、经济、文化、科技和交通中心,东北四大中心城市之一,是我国历史文化名城和优秀旅游城市。该市东与佳木斯市、七台河市、牡丹江市接壤,南与吉林省吉林市、松原市交界,西与绥化市、大庆市相邻,北与伊春市相依。哈尔滨下辖8区(道里、道外、南岗、香坊、平房、松北、呼兰、阿城)、7县(宾县、巴彦、依兰、延寿、木兰、通河、方正)、3市(五常、双城、尚志),全市总面积53068平方公里。2011年末,全市户籍总人口993.3万人。

2011年,哈尔滨实现地区生产总值4243.4亿元,按可比价格计算,比上年增长12.3%。其中,第一产业实现增加值447.2亿元,增长7.0%;第二产业实现增加值1647.2亿元,增长14.4%;第三产业实现增加值2149.0亿元,增长12.0%。三次产业所占比重由上年的11.3:37.8:50.9调整为10.5:38.8:50.7。第一、二、三产业对GDP增长的贡献率分别为6.4%、44.2%和49.4%。人均地区生产总值42700元,增长12.0%。

二、形势分析

2001 年,哈尔滨市地区生产总值首次超过千亿元,为 1092.2 亿元;2006 年突破 2000 亿元;2009 年突破 3000 亿元;2011 年突破 4000 亿元,为 4243.4 亿元,是 2001 年的 3.88 倍,年均增长 14.56%。2001 年,哈尔滨人均 GDP 为 1.15 万元;2006 年突破 2 万元;2009 年突破 3 万元;2011 年达到 4.27 万元,是 2001 年的 3.7 倍,年均增长 14%。从总量和速度来看,哈尔滨发展较为平稳。但与其他地级以上城市相比,该市的排名和位次均在下滑,增长速度也远远落后许多城市。

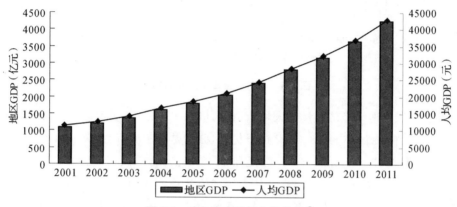

图 5-4　哈尔滨市地区生产总值①

2001 年,哈尔滨市三次产业结构比重为 17.6∶32.5∶49.9;2005 年优化调整为 15.5∶34.3∶50.1;2011 年优化调整为 10.5∶38.8∶50.7。十数年间,第一产业所占 GDP 比重下降了 7.1 个百分点,第二产业所占比重提高了 6.3 个百分点,第三产业比重提高了 0.8 个百分点,产业结构调整形势如图 5-5 所示。总体而言,该市产业结构调整速度较为缓慢。

哈尔滨市的产业结构与其他城市相比有所不同,在我国城市进入工业化阶段后,产业比重大都为"二三一",除了少数完成工业化的城市如北京、上海等市产业结构变化为"三二一"。而哈尔滨从经济发展阶段来说,还远没有达到完成工业化的阶段。因此,近些年来,哈尔滨的经济排名落后的根本原因在于第二产业的滞后,也正因如此,该市第一产业的现代化,农业劳动力的转移速度慢于其他城市,第三产业比重较高所反映的仅是工业化不发达带来的畸形发展。从我国产业结构发展来看,人均 4 万的阶段,第二产业比重在 40%—50% 之间是比

---

① 　数据来源:《哈尔滨统计年鉴 2011》。

较合理的,哈尔滨还需大力发展工业,才能改变经济增长缓慢的局面,提升其经济实力和区域经济的带动力。

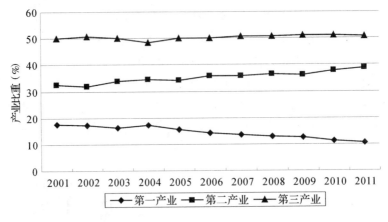

图 5-5　哈尔滨市三次产业结构

黑龙江各地区经济总量与人均产值(2011 年)如图 5-6 所示。从经济总量来看,黑龙江有 3 个城市地区 GDP 过千亿元,分别是哈尔滨市、大庆市和齐齐哈尔市,产值为 4243.4 亿元、3740.3 亿元和 1065.8 亿元;鹤岗市、七台河市和黑河市排在最后,均在 300 亿元左右。从人均产值来看,大庆市、哈尔滨市、牡丹江市排在最前列,分别为 13.28 万元、4.27 万元和 3.35 万元;黑河市、伊春市、绥化市排在最后,均在 2 万元之下。无论是经济总量还是人均产出,哈尔滨在省内均处最前列位置,也是黑龙江省的经济中心。

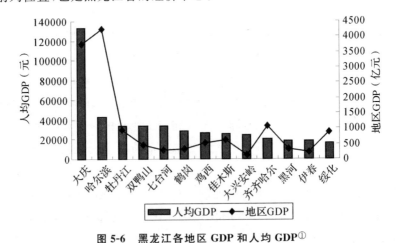

图 5-6　黑龙江各地区 GDP 和人均 GDP[①]

---

①　数据来源:各市 2011 年统计公报或 2012 年政府工作报告。

我们特地划分选取了华北城市天津、西南城市成都、西北城市西安以及东北其他三大中心城市,以比较哈尔滨与我国其他大城市之间的不同。数据如表5-5所示。哈尔滨仅仅在土地面积、人口两项指标上排在前列,除此之外,各项指标均处于后列,无论是地区GDP、人均GDP,还是产业比重,无论是工业企业数、工业产值,还是固定投资、从业人员,哈尔滨均远远落后其他城市。在东北四大城市中,哈尔滨与沈阳、大连的差距越来越大,部分总量指标也被长春市超越,人均指标均落后这些城市。从表5-5可看出,哈尔滨作为我国原来的特大城市,在近年来的城市竞争中已经处于不利地位。

表5-5 部分大城市基本情况[①]

城市名称	单位	哈尔滨	天津	沈阳	大连	长春	成都	西安
土地面积	平方公里	53068	11760	12980	12574	20604	12121	10108
人口密度	人/平方公里	187.12	846.94	557.01	468.43	369.83	959.49	783.54
年末总人口	万人	993	996	723	589	762	1163	792
地区GDP	亿元	4242.19	11307.28	5915.71	6150.63	4003.08	6854.58	3864.21
人均GDP	万元	4.30	11.35	8.20	10.40	5.30	5.89	4.88
第一产业	亿元	447.21	159.72	279.06	395.72	290.12	327.34	173.14
第二产业	亿元	1647.18	5928.32	3026.88	3204.18	2092.73	3143.82	1697.16
第三产业	亿元	2147.79	5219.24	2609.77	2550.73	1620.22	3383.42	1993.91
第一产业比重	%	10.54	1.41	4.72	6.43	7.25	4.77	4.48
第二产业比重	%	38.83	52.43	51.17	52.10	52.28	45.86	43.92
第三产业比重	%	50.63	46.16	44.12	41.47	40.47	49.36	51.60
工业企业数	个	1436	8326	5247	4985	1519	3800	1131
工业总产值	亿元	1990.61	13083.63	7637.1	6330.19	4492.9	4864.34	2468.27
从业人员人数	万人	35.04	136.82	85.85	89.83	42.50	71.58	43.42
在岗职工平均工资	万元	3.64	5.56	4.57	4.97	4.15	4.24	4.18
地方财政预算内收入	亿元	300.32	1455.13	620.12	651.13	288.63	680.69	318.55
地方财政预算内支出	亿元	557.14	1796.33	639.29	734.94	518.68	857.87	494.58
固定资产投资总额	亿元	3011.97	7483.7	4577.09	4580.06	2356.62	4944.02	3352.12
社会消费品零售总额	亿元	2070.41	3395.06	2426.87	1924.79	1515.85	2861.28	1965.98
货物进出口总额	亿美元	51.18	1033.91	106.20	605.10	173.49	379.06	125.79

① 数据来源:《中国统计年鉴2012》,部分数据为2010年数据。

三、产业定位

哈尔滨利用外资情况如表 5-6 所示。从 2001 到 2011 年,外商实际投资金额从 1.84 亿美元增长至 7.9 亿美元,共吸收外商直接投资 40 多亿美元。利用国内经济合作项目 491 项,实际到位额 673.2 亿元,增长 30.2%。一大批国内外知名企业投资该市,主要投资于制造业和第三产业。

表 5-6　哈尔滨市利用外资情况

年　份	外商直接投资项目 (个)	外商直接投资协议金额 (万美元)	外商实际直接投资金额 (万美元)
2001	126	24100	18400
2002	110	21500	20500
2003	125	32270	22603
2004	118	89304	25700
2005	124	53252	31149
2006	117	43153	37200
2007	114	44311	44419
2008	82	43611	54309
2009	99	33173	60492
2010	83	36708	70010
2011	77	65400	79400

根据该市"十一五"规划纲要,哈尔滨定位为"国家重要的机械制造业、高新技术产业、绿色食品、医药工业和对俄经贸科技合作基地,东北亚重要的经贸中心和世界冰雪旅游名城"。哈尔滨第二产业方面,以老工业基地振兴为主线,加大工业调整、改造和创新力度,走新型工业化道路,发展壮大机械制造业(机电成套设备、汽车、飞机、焊接技术与设备、专用机械)、高新技术产业(电子信息、新材料、光机电一体化、生物工程、现代农业等)、绿色食品(乳制品、粮食、肉制品、山产品和食用菌加工、酿酒和卷烟业)、医药工业(抗生素、化学医药、动物疫苗及兽药)四个基地,大力发展化工、建材、冶金、纺织、木材制品等行业。第一产业方面,调整农业结构,转变农业增长方式,发展优质高效农业,推进农业产业化、机械化、信息化、标准化和现代化,努力建成国家重要优质粮食基地、优质畜产品基地、绿色食品和有机食品基地、北药开发及加工生产基地,壮大畜牧业,发展都市

农业、发展外向型农业。第三产业方面,培育新兴服务业,提升传统服务业,着力发展高端服务业,继续推进服务业的市场化、产业化、社会化,强化城市现代服务中心功能,发展金融业、旅游业、交通运输业、物流业、商贸流通业、信息服务业、中介服务业、房地产业、社区服务业。

根据该市"十二五"规划纲要,哈尔滨市定位为"北国水城、工业大城、科技新城、文化名城和商贸都城"。第一产业方面,加快推进农业现代化,建设国家商品粮(玉米、土豆、水稻)基地,全面推进奶牛、生猪、肉牛、家禽产业工程和产业带建设,加强蔬菜基地建设,发展林业。第二产业方面,坚持工业强市,以增强自主创新能力和产业结构优化升级为目标,做强做大装备制造(电站成套设备、新能源装备、新型农业机械、机床功能部件)、食品(啤酒、大豆加工、肉类食品、乳制品、粮食加工、饮料)、医药(现代中药、生物医药)、化工四大优势产业,积极培育壮大民用航空、生物、新材料、新能源装备、电子信息、绿色食品等六大战略性新兴产业,用核心技术和先进工艺改造提升传统产业,建立以产业集聚化、技术创新化、服务现代化为主要特征的新型工业化体系。第三产业方面,加快推进国家级服务业综合改革试点工作,以构建先进制造业和现代农业综合服务体系"两轮驱动"的服务业发展模式为核心,推动三次产业相互融合、共同发展,以建设东北亚地区重要的金融中心、商贸中心、旅游中心、物流中心、科技研发中心、信息中心为重点,将哈尔滨打造成为立足黑龙江、服务东北北部、辐射东北亚的综合性现代服务业中心城市。

2011 年,哈尔滨市实现工业增加值 1197.2 亿元,增长 14.0%。其中,规模以上工业企业实现增加值 743.8 亿元,增长 14.0%。规模以上工业高技术产业实现增加值 100.5 亿元,增长 12.8%。新能源、新材料、新型环保、生物、信息、现代装备制造六大新兴产业完成产值 412.2 亿元,增长 8.2%,占规模以上工业的 15.9%。"十一五"期间,装备制造、食品、医药、化工 4 个优势产业五年翻番,培育装备制造、食品 2 个销售收入超千亿元产业。民用航空、生物、新材料、新能源装备、电子信息、绿色食品六大战略性新兴产业 4 年翻番。

哈尔滨四大主导产业发展如表 5-7 所示。四大产业单位数占全市的比重近 70%,占工业总产值的比重为 85%,从业人员数近 3/4,从各项指标来看,无愧于该市的主导产业和优势产业。从四大产业内部来看,从大到小的排序方式为装备制造业、食品工业、石化、医药;从所列经济指标来看,装备制造业相当于其他三个产业之和,是该市最重要的产业。

表 5-7　工业四大主导产业主要经济指标(2010 年)

行　业	单位数(个)	工业总产值(亿元)	工业销售产值(亿元)	资产总计(亿元)	主营业务收入(亿元)	利润总额(亿元)	从业人员(万人)
食品工业	306	698.09	697.27	584.05	790.28	27.06	7.17
石化工业	93	269.03	267.48	150.30	274.20	12.70	1.46
医药工业	59	159.43	146.84	252.55	216.82	28.77	3.25
装备制造业	543	833.37	809.46	1232.71	796.32	38.23	12.82
合　计	1001	1959.91	1921.05	2219.61	2077.62	106.77	24.71
四大产业占全市比重(%)	69.90	85.00	85.00	76.10	86.00	87.90	73.10

哈尔滨各个行业发展情况如表 5-8 所示。

从规模以上企业单位数来看,超过 50 家的行业有 11 个,超过 100 家的行业有 4 个。农副食品加工业、通用设备制造业、木材加工业企业数最多,分别有 201 家、173 家和 107 家;交通运输设备制造业也超过 100 家。此外,专用设备制造业、电气机械及器材制造业企业数也较多。

从工业总产值来看,超过 100 亿元的行业有 7 家。农副食品加工业、通用设备制造业、交通运输设备制造业产值最大,分别为 416.82 亿元、320.23 亿元和 293.56 亿元,这三个行业的产业比重均超过 10%,在 12%—19% 之间。除了这些行业之外,食品制造业、石油加工、医药、电气机械及器材制造业行业规模均很大,产业比重均超过 5%。

从产业发展速度来看,平均增长倍数为 1.92 倍,超过平均值的产业有 16 个。橡胶制品业、电气机械及器材制造业、文教体育用品制造业增长幅度最大,分别为 93.28、4.75、4.46 倍,这三个行业均是产业规模较小的行业。绝大多数产业增长幅度在 2 倍左右。

从产业比重变化幅度来看,产业比重增加的有 15 个。其中,农副食品加工业产业比重增长幅度最大,增加了 5.7 个百分点;化学原料和化学制品制造业、非金属矿物制品业产业增长幅度均超过 1.3 个百分点。下滑最快的是装备制造业领域,交通运输设备制造业、通用设备制造业均下降了 2 个百分点以上。

表 5-8　哈尔滨主要行业发展情况[①]

指　　　标	单位数（个）	工业总产值（亿元）	产业比重（%）	增长倍数（倍）	变化幅度（百分点）	从业人员（人）
总计	1433	2304.74	100.00	1.92	0	338036
煤炭开采和洗选业	1	7.38	0.32	1.43	−0.11	887
农副食品加工业	201	416.82	18.09	2.81	5.70	28988
食品制造业	58	150.93	6.55	2.14	0.65	12621
饮料制造业	45	74.88	3.25	1.74	−0.34	4025
烟草制品业	2	55.46	2.41	2.17	0.27	6054
纺织业	23	10.49	0.45	0.75	−0.72	806
纺织服装、鞋、帽制造业	2	1.60	0.07	1.35	−0.03	7
木材加工及木、竹、藤、棕、草制品业	107	37.64	1.63	2.18	0.19	3034
家具制造业	21	11.10	0.48	1.13	−0.34	2887
造纸及纸制品业	20	10.27	0.45	2.03	0.02	4013
印刷业和记录媒介的复制	37	13.06	0.57	2.47	0.12	1884
文教体育用品制造业	26	9.40	0.41	4.46	0.23	2307
石油加工、炼焦及核燃料加工业	9	178.46	7.74	2.04	0.44	6686
化学原料及化学制品制造业	38	56.39	2.45	4.21	1.33	32538
医药制造业	59	159.43	6.92	1.67	−1.04	128
橡胶制品业	5	6.06	0.26	93.28	0.26	3531
塑料制品业	40	27.96	1.21	3.12	0.46	12676
非金属矿物制品业	74	62.69	2.72	3.74	1.32	4995
黑色金属冶炼及压延加工业	19	45.67	1.98	1.52	−0.54	11598
有色金属冶炼及压延加工业	14	27.06	1.17	1.63	−0.21	5742
金属制品业	61	23.82	1.03	1.46	−0.33	39137
通用设备制造业	173	320.23	13.89	1.68	−2.07	10152
专用设备制造业	79	48.58	2.11	2.36	0.39	41450

①　数据来源：《哈尔滨统计年鉴 2011》，《哈尔滨统计年鉴 2006》，"增长倍数"和"变化幅度"为 2010 年与 2005 年相比。产值低于亿元的行业均没有列入本表。

续　表

指　标	单位数（个）	工业总产值（亿元）	产业比重（%）	增长倍数（倍）	变化幅度（百分点）	从业人员（人）
交通运输设备制造业	106	293.56	12.74	1.53	−3.29	18370
电气机械及器材制造业	73	109.58	4.75	1.79	−0.36	5914
通信设备、计算机及其他电子设备制造业	17	15.82	0.69	1.34	−0.30	7436
仪器仪表及文化、办公用机械制造业	34	21.79	0.95	2.02	0.05	2166
工艺品及其他制造业	8	3.24	0.14	1.67	−0.02	335
电力、热力的生产和供应业	50	86.59	3.76	2.05	0.24	2810

　　根据表 5-7、表 5-8 和相关数据，我们对哈尔滨市第二产业发展情况有了一定的了解。装备制造业、食品工业、石化、医药是该市的支柱产业和主导产业，装备制造和食品已经成为产值超千亿的巨型产业，产品产业链和竞争力得到了很大发展；石化、医药等产业发展迅速，形成了可喜的局面。但从行业内部来看，四大产业发展形势有所差别，食品工业增速速度和所占比重有了很大提高，而装备制造业所占比重正在缓慢下降。石化工业所占比重有所提高，医药制造业则有所下滑。行业内部结构的变化，显示了该市正在进行艰难的产业转型升级和产业调整。

四、编委会评价

　　哈尔滨市是我国东北四大中心城市之一。该市地域广大，资源丰富，交通区位便利，工业基础强大。工业化、信息化、城镇化、市场化、国际化深入发展，经济结构转型加快，为哈尔滨市经济社会发展提供了新的机遇。国家继续加大对东北老工业基地振兴的支持力度，在发展高端装备制造业、现代农业和高科技产业等方面给予重点支持，这将为哈尔滨拓展产业空间，促进产业结构优化升级提供更加宽松的政策环境和机制保障。随着我国装备制造业的崛起以及在国际竞争中实力的不断增强，哈尔滨的优势产业将有更大的发展空间。

　　区位优势：哈尔滨地理区位独特，交通优势显著。该市地处东北亚中心位置，是中国东北重要的交通枢纽，被誉为欧亚大陆桥的明珠，是第一条欧亚大陆桥和空中走廊的重要枢纽。该市交通四通八达，铁路主要有哈大、滨绥、滨州、滨北、拉滨五条连通国内。公路主要有绥芬河经哈尔滨至满洲里 301 国道、京哈公路、哈同公路、哈黑公路等。水运航线遍及松花江、黑龙江、乌苏里江和嫩江,并与俄罗斯远东部分港口相通,经过水路江海联运线,船舶可直达日本、朝鲜、韩国和东南亚地区。太平国际机场是东北亚重要的航空港,已初步形成了以哈尔滨为中心,辐射国内重要城市,连接俄罗斯、日本、韩国等周边国家和欧洲、美洲主要国家的空中交通网络。

产业优势:哈尔滨是我国重要的重工业基地,装备制造业基础雄厚。经过多年发展,特别是改革开放以来,该市的轻工业得到了长足发展。目前,该市已经形成轻重工业并举,传统与新兴产业齐进,第一、二、三产业共同发展的良好局面。该市第一产业逐步现代化、产业化;第二产业形成了装备制造、食品、石化、医药四大主导产业和若干高新技术产业;第三产业中旅游业、金融业、运输业、物流业均有长足发展。随着"十二五"规划的制定实施,哈尔滨各个产业将实现再一次的飞跃,在黑龙江乃在东三省的经济地位将有更大的巩固和提高。

政策优势:哈尔滨作为全国、黑龙江省内重要的工业城市,享受各项政策支持。东北老工业基地振兴的战略,为该市装备制造业等产业的发展提供了难得的机遇。国家全面推进服务业综合改革试点,为该市探索现代农业、先进制造业与生产性服务业,加快发展方式的转变提供了重大机遇。黑龙江省内的"八大经济区"和"十大工程"建设全面提速,为该市建设成为全省经济发展的支柱、科技创新的先导、城乡建设的表率、服务全省的平台提供了强有力的政策支持和机遇。

五、投资建议

根据哈尔滨市的产业发展现状、未来的产业定位及比较优势,我们认为哈尔滨市值得关注的行业如下:食品工业;石化工业;装备制造业。

第三节　推荐城市之地级城市

楚雄州投资价值分析

一、城市概况

楚雄彝族自治州位于云南省中部偏北,属云贵高原西部、滇中高原的主体部位,自古为"省垣屏障、滇中走廊、川滇通道"。该市东靠昆明市,西接大理白族自治州,南连普洱市和玉溪市,北临四川省攀枝花市和凉山彝族自治州,西北隔金沙江,与丽江市相望,是省会昆明市西出滇西及缅甸的必经之地。楚雄州现辖1市(楚雄市)、9县(禄丰县、武定县、元谋县、牟定县、双柏县、南华县、永仁县、大姚县和姚安县),土地面积29258平方公里。2011年末,全市常住人口270.43万人。

2011年,楚雄州实现地区生产总值482.50亿元,按可比价计算,比上年增长12.4%。其中,第一产业增加值108.32亿元,增长8.1%,拉动经济增长1.8个百分点;第二产业增加值208.43亿元,增长15.6%,拉动经济增长6.7个百分点;第三产业增加值165.75亿元,增长11.2%,拉动经济增长3.9个百分点。第一、二、三产业增加值占生产总值的比重为22.4:43.2:34.4。按常住人口计算的人均GDP为17899元。

二、形势分析

2001年,楚雄州地区生产总值为114.54亿元;2006年为217.42亿元;2011年接近500亿元,为482.5亿元,是2001年的4.21倍,年均增长15.52%(现价计算)。2001年,楚雄州人均生产总值为4552元;2008年突破1万元;2011年则为1.79万元,是2001年的3.93倍,年均增长14.75%。楚雄州经济发展情况具体如图5-7所示,从图中可看出,该地区经济发展速度较快,这有利于该州经济社会水平的提高,但由于经济基础薄弱,经济总量和人均产值总体水平较低。

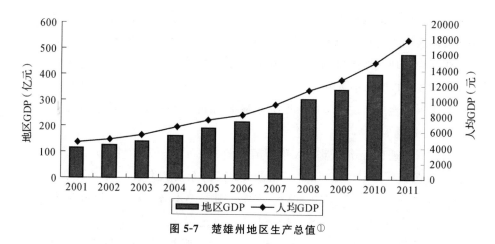

图 5-7　楚雄州地区生产总值①

楚雄州产业结构发展情况如图 5-8 所示。2001 年,楚雄州三次产业结构为 29.3：40.2：30.5;2005 年该地区产业结构优化调整为 26.2：40.6：33.2; 2011 年该地区产业结构为 22.4：43.2：34.4。十数年间,楚雄第一产业所占 GDP 比重下降了 6.9 个百分点,第二产业所占 GDP 比重上升了 3 个百分点,第三产业所占 GDP 比重上升了 3.9 个百分点。

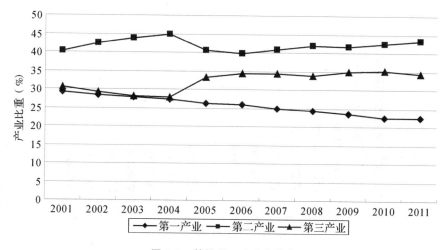

图 5-8　楚雄州三次产业结构

总体来看,楚雄州产业调整方向符合经济发展规律,但速度较为缓慢。过去的十年,是我国工业化迅速推进的十年,也是各地区工业化和城市(镇)化迅速提高的十年。然而,楚雄州在过去十年中工业化速度较低,这也就意味着该地区通

---

① 　数据来源:中国统计年鉴数据库。

过资源重新配置以及农业劳动力转移实现的经济发展成果较小。国内外地区经济的发展表明,工业化和城镇化是落后地区实现社会经济发展的主要动力,是传统产业结构向现代产业结构转变的必经之路。楚雄州第一产业所占 GDP 比重仍高达 22%,如果每年下降一个百分点,该州还需要十多年的时间才能将第一产业比重下降至 10% 之下,这个时期也将是经济发展迅速的时期,这是该地区的机遇,更是挑战。

云南省各地区经济总量和人均产值如图 5-9 所示。2011 年,云南省实现地区生产总值 8750.95 亿元,比上年增长 13.7%,全省人均生产总值达到 18957元,比上年增长 13.0%,各市各州发展情况则参差不齐。昆明、曲靖地区 GDP均超过千亿元,分别为 2509.58 亿元和 1209.9 亿元,是经济规模最大的城市;怒江、迪庆二州则均不到百亿元,是经济规模最小的地区;楚雄州以 482.5 亿元排在第 6 位。从人均产出来看,昆明市、玉溪市均超过 3 万元,是人均最高的城市;迪庆、曲靖均超过 2 万元,除此之外地区的人均产出均不到 2 万元,最低的昭通市仅为 8877 元,楚雄州排在第 5 位。昆明市作为省会城市是该省当之无愧的经济中心,无论经济总量还是人均产出均是最高水平,但与其他省会相比,还有一定差距。楚雄州在云南省内处于中上水平。

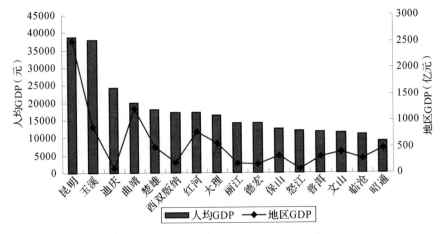

图 5-9　云南各地区 GDP 和人均 GDP[①]

楚雄州与周边城市比较如表 5-9 所示。从各项指标来看,楚雄州处于中等偏上水平,与昆明、玉溪等市相比,差距很大,但与普洱、丽江等地相比,又有一定优势。与省内发达地区的差距主要表现在地区 GDP 规模小,人均产值低,产业

[①] 数据来源:各市国民经济和社会发展统计公报。

结构落后,工业企业数少,工业总产值低,外商投资少,进出口规模小。总而言之,落后地区之所以落后,在于其工业的不发达,正因为工业的不发达,无法形成强劲的推动力,才导致了产业结构转型升级乏力,外商投资不足,经济外向度不够。对楚雄州而言,大力发展工业,成为发展地方经济、提高人民生活水平的唯一道路。

表 5-9　云南部分地区经济社会基本情况

指标	单位	楚雄	昆明	玉溪	普洱	大理	丽江
土地面积	平方公里	29258	21473	15285	45385	29459	20600
总人口	万人	268.70	643.90	230.60	254.60	346.00	124.60
人口密度	人/平方公里	91.70	298.00	150.70	56.00	117.30	58.70
地区 GDP	亿元	482.50	2509.58	876.60	301.19	568.50	178.50
人均 GDP	元	17899	38831	37913	11795	16388	14234
第一产业比重	%	22.40	5.70	9.40	29.70	23.00	18.10
第二产业比重	%	42.50	45.30	62.20	33.80	39.70	38.30
第三产业比重	%	35.10	49	28.40	36.50	37.30	43.60
企业单位数	个	183	1099	352	116	208	78
工业总产值	亿元	299.47	2226.65	941.14	94.74	351.52	70.86
进出口总额	亿美元	1.00	101.09	2.86	1.70	1.84	0.38
协议投资项目	个	2	82	5	1	7	
实际投资金额	亿美元	0.13	8.13	0.32	0.01	0.22	0.03

三、产业定位

根据楚雄"十一五"规划纲要,该州发展思路为:突出"又快又好发展"这一主题,加快经济体制和经济增长方式两个根本性转变,持续打好农业、交通和城镇建设三个发展基础,坚持实施科教人才、全方位开放、民族文化发展和可持续发展四大战略,集中力量建设烟草产业、天然药业、冶金化工业、绿色食品业和文化旅游业五大产业,努力把楚雄州建设成为经济特色显著、彝族文化荟萃、人与自然和谐、群众生活富裕、充满生机和活力的新型工业重镇、绿色经济强州和彝族文化名州。第一产业方面,打牢农业产业化基础,着力搞好优质烟、优质米、特色畜禽、优质林果、优质茶桑、优质水产品、中药材、专用薯类等优质农产品基地建设,加快发展脱毒红薯、脱毒马铃薯、亚麻、食用菌、油橄榄、花卉等新兴优势产品和产业。第二产业方面,实施"工业强州"战略,着力推进"工业强州"进程,着力做大烟草工业、冶金工业(建成云南省重要的钢铁及铜等有色金属和稀土、铂钯等贵金属生产基地)、制药业、绿色食品加工业、能源工业、化学工业六大工业产业。第三产业方面,加快发展现代服务业,大力发展文化产业,打造彝族文化、恐龙文化、元谋人文化、古镇文化四大品牌,建设文化旅游业、出版印刷业、休闲娱乐业、影视演艺业、乡村文化业五大产业,加快发展旅游业,促进现代商务服务业快速发展,努力发展信息服务业,规范、有序发展金融、房地产等服务业。

根据该州"十二五"规划纲要,楚雄州的发展思想为:牢牢把握国家深入实施"西部大开发"战略和支持云南省加快建设面向西南开放重要桥头堡的重大历史机遇,按照省委、省政府"两强一堡"战略部署,紧紧围绕"富民强州"这一宏伟目标,强化基础设施、重点产业两大支撑,突出农业、工业和城镇化三大重点,实施"工业强州""开放活州""科教兴州""生态立州"四大战略,集中力量建设烟草、冶金化工、生物医药、绿色食品、文化旅游、新能源新材料六大重点产业,努力把楚雄建设成为滇中经济区新的增长极、桥头堡战略大通道的重要枢纽、外向型优势特色产业基地、金沙江流域经济合作区的重要节点和全国民族团结进步示范区。优化提升第一产业,培养壮大第二产业,加快发展第三产业。第一产业方面,重点发展烟草、粮油、畜牧、蔬菜、干果、水果、食用菌、茶桑和花卉等主导产业,大力发展各种类型的农民专业合作经济组织,着力搞好现代烟草、特色畜禽、特色蔬菜、木本油料、优质茶桑、中药材种植、优质粮油、食用菌和经济林果等基地建设。第二产业方面,紧紧围绕加快烟草加工及配套、冶金化工、生物制药、绿色食品加工(发展以无公害蔬菜、粮食、油料、食用菌、核桃、畜产品、薯类精深加工和饮料制造、调味品制造为主的绿色食品加工企业)、装备制造、能源及新材料等工业重点产业建设,依托特色资源,积极培育新能源、新材料等战略性新兴产业。第三产业方面,做大做强文化旅游业,积极发展新闻出版、广播影视服务、文化会展、演艺、民族民间工艺品、文体休闲娱乐等主导产业,加快发展商贸流通业,加快发展信息服务业,积极发展金融保险等服务业。

楚雄州产业发展情况如表5-10和表5-11所示。2008年,该州规模以上工业增加值为84.32亿元,2011年提高为125.97亿元,增长49%。具体来看,烟草工业增长38.93%,冶金化工增长16%,医药工业增长53.12%。从增幅上来看,楚雄州三个工业中烟草和冶金化工发展均较慢。从产业比重来看,烟草业占规模以上工业增加值在40%以上,是该市最重要的主导和支柱产业,但4年内下降了3.2个百分点;冶金化工所占比重虽然逐年降低,但也在30%左右,4年中下降了8.5个百分点;医药所占比重不到2%,在该州产业中的规模很小,所占比重没有什么变化。从这组数据来看,该市工业呈多样化发展趋势,这有利于该市产业结构的均衡,有利于新的经济增长点的培育。

表 5-10　楚雄州主要行业发展情况(2008—2011 年)

指标 行业	规模以上工业增加值(亿元)				所占比重(%)				变化幅度 (百分点)
	2011 年	2010 年	2009 年	2008 年	2011 年	2010 年	2009 年	2008 年	
全部	125.97	106.32	90.77	84.32	100.00	100.00	100.00	100.00	0
烟草	53.81	46.57	43.47	38.73	42.70	43.80	47.90	45.90	−3.20
冶金化工	37.22	37.52	30.50	32.08	29.50	35.30	33.60	38.00	−8.50
医药	2.45	1.35	1.69	1.60	1.90	1.30	1.80	1.90	0

表 5-11 体现了该州五大重点产业发展情况:烟草和绿色食品是规模最大的两大产业,增加值在 60 个亿以上,冶金化工和文化旅游业其次,产业在 30 个亿左右,旅游业和天然药业规模最小,不到 10 个亿。从增长速度来看,文化旅游业,特别是旅游业发展迅猛,远高于其他产业;天然药业和冶金化工发展其次,烟草和绿色食品发展速度较慢。

表 5-11　五大重点产业增加值完成情况(2008—2010 年)①

指标 行业	增加值(亿元)			比上年增长(%)		
	2010 年	2009 年	2008 年	2010 年	2009 年	2008 年
烟草产业	63.94	58.2	63.23	4.00	12.30	14.90
天然药业	3.20	2.68	2.25	13.10	13.80	20.70
冶金化工业	37.52	30.50	32.08	13.20	8.30	6.10
绿色食品业	61.91	53.00	47.43	6.80	7.00	14.10
文化旅游业	26.28	21.79	19.61	14.10	10.60	18.60
其中:旅游业	8.08	6.47	4.92	18.10	30.90	22.80
合计	192.85	166.17	164.60	9.80	8.90	12.40

根据表 5-10 和表 5-11 有关数据,我们对楚雄州产业发展情况有了一定的了解。总体来看,该市产业规模较小,产业基础薄弱,虽然已形成部分主导产业和支柱产业,但发展速度较慢,后劲不足,受各种因素制约程度较大。具体而言,烟草业作为该市最大的工业产业,但严重受制于国家政策,该产业发展前景可以预

---

① 数据来源:历年国民经济和社会发展统计公报。

见。冶金化工产业作为资源型产业,由于还处于低端状态,附加值较少,亟待升级优化。医药是该州重点发展的新兴产业,但产业规模较小,形成产业链和产业集群还需一段时日。绿色食品和文化旅游业是该州发展最为良好、发展空间较大的产业。

四、编委会评价

楚雄州地处我国大西南的开放前沿——云南省,是我国 30 个自治州之一,该州资源丰富、风景优美。由于历史和地域等各方面因素,我国的云贵等西南地区在新中国成立后经济发展较为缓慢,与东中部地区有着较大差距。20 世纪末我国实施"西部大开发"战略以来,该地区取得了长足的发展。新世纪以来,中国—东盟自由贸易区的建成,为云南加快发展开辟了广阔的空间。国家实施新一轮"西部大开发"等一系列政策措施,为这些地区以及楚雄加快结构调整、推进农业产业化、新型工业化和城镇化提供了难得的机遇。特别是国家将进一步加大对民族、边疆、贫困地区发展的支持力度,为少数民族和民族地区加快发展提供了难得的机遇。

区位优势:楚雄州区位优势明显,交通便利。该州地处滇中腹地,东连省会昆明,西邻大理州和丽江市,位于昆明—大理—丽江的黄金旅游线上,是省会昆明市通往滇西七地州市、南亚、东南亚的必经要道和北上四川省的重要通道,素有"省垣门户、迤西咽喉"之称。州内公路网四通八达,320 国道、108 国道、安楚高速公路、楚大高速公路以及成昆铁路、广大铁路穿境而过,广大铁路向西延伸将至西藏,向南延伸将与东南亚国家接轨,即可纳入"泛亚铁路"圈。

产业优势:经过长期努力,目前楚雄州已经初步建立轻重工业并举的现代产业体系。烟草、冶金化工、医药、绿色食品、文化旅游等五大产业成为该市的主导和支柱产业,虽然这些产业总体规模较小,产业链尚处待完善之中,但这些产业定位准确,体现了该市的相对优势,具有较大的成长空间。"十二五"规划的制定实施,第一产业逐步优化,第二产业做大做强,第三产业异军突起,这些将为该州的特色产业和优势产业提供新的发展机遇。

政策优势:中国—东盟自由贸易区的建成,国务院支持云南省加快建设面向西南开放重要的桥头堡,云南省委、省政府实施"两强一堡"战略,着力推进滇中经济区建设,为楚雄州的发展创造了良好的外部环境,提供了有利条件,带来了千载难逢的重大历史机遇。滇中经济区是桥头堡建设的核心,楚雄州又是滇中经济区的重要成员,建设成为滇中经济区新的增长极的规划目标,为该州充分发挥环境容量大、区位交通条件好和特色资源丰富等方面的优势,主动承接发达地区产业转移,大力吸引"央企入楚""省企入楚""昆企入楚""攀企入楚""民企入楚",实现又好又快发展提供了难得的机遇。

五、投资建议

根据楚雄州的产业发展现状、未来的产业定位及比较优势,我们认为楚雄州值得关注的行业如下:绿色食品工业;文化旅游业;冶金化工业。

迪庆州投资价值分析

一、城市概况

迪庆藏族自治州位于云南省西北部,是云南唯一的藏族自治州。该州地处滇、川、藏三省区接合部的青藏高原南延地段,是世人向往的香格里拉、世界自然遗产"三江并流"腹心区。迪庆州东与四川木里县、丽江地区宁蒗县接壤,南接丽江及怒江州的兰坪、福贡县,西与西藏的左贡、察隅县及怒江州的贡山县毗邻,北与西藏的芒康县及四川省甘孜州的巴塘、德荣、乡城县交错接壤。全州辖3县(香格里拉县、德钦县和维西傈僳族自治县),国土面积23870平方公里。2011年末,全州人口40.28万人。

2011年,迪庆州生产总值96.4亿元,比上年增长19.1%。其中,第一产业增加值8.1亿元,增长8%;第二产业增加值40.2亿元,增长28.6%;第三产业增加值48.1亿元,增长14%。第一、二、三产业占GDP的比重由上年的9.3∶38.5∶52.2调整为8.4∶41.7∶49.9。人均生产总值为24317元,比上年增加4266元,增长15.5%。

二、形势分析

2001年,迪庆地区GDP刚超过10亿元;2008年超过50亿元,达55.68亿元;2011年接近百亿元,为96.4亿元,是2001年的9.09倍,年均增长25.03%(现价计算)。2001年,迪庆人均生产总值为3033元;2007年突破万元,为1.2万元;2010年超过2万元;2011年达2.43万元,是2001年的8.01倍,年均增长21.27%。具体如图5-10所示,迪庆长期保持高速增长,经济总量和人均产值有了巨大的提升,成为西南地区发展最快的市(州)之一。这不仅有助于该地区摆脱贫困落后的地位,更为今后的发展打下了坚实的基础。

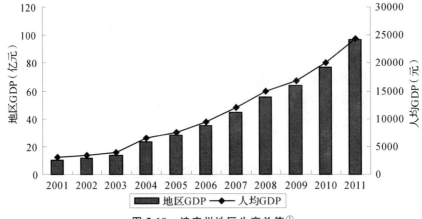

图 5-10　迪庆州地区生产总值①

迪庆州产业结构调整如图 5-11 所示。2001 年,迪庆州三次产业结构比重为 32.6∶24.8∶42.6;2005 年优化调整为 19.1∶36.1∶45.0;2011 年优化调整为 8.4∶41.7∶49.9。十数年间,第一产业所占 GDP 比重下降了 24.2 个百分点,第二产业所占 GDP 比重提高了 16.9 个百分点,第三产业所占 GDP 比重提高了 7.3 个百分点。第一产业比重的迅速下降和第二、三产业比重的持续上升是该州产业结构调整的总特征。

近十年来是迪庆产业结构调整最快、经济最为高速发展的时期。第一产业在地区经济中的比重迅速下降,幅度高达近 25 个百分点,年均下降 2 个百分点;工业和服务业在地区经济中有了巨大的提升,使得该州从一个传统农业州迅速转变为以第二、三产业为主的地区,实现了产业结构的根本性改变。特别是工业等第二产业的发展,工业化的推进成为迪庆经济发展的主动力,加之以旅游业为主的现代服务业的快速发展,形成了以第二、三产业带动地区经济良性发展的局面。如果迪庆能够继续保持产业结构优化转型势头,那么"十二五"期间也将成为迪庆州经济社会发生本质性变化,建成具有地区特色风貌的重要时期。

2011 年,云南省实现地区生产总值 8750.95 亿元,比上年增长 13.7%,全省人均生产总值达到 18957 元,比上年增长 13.0%;2012 年超过 1 万亿元,为 10309.8 亿元,比上年增长 13.0%。经过十七年不懈努力,云南经济总量从千亿元跃上万亿元新台阶的梦想终成现实。中国万亿 GDP 俱乐部迎来第 24 个新成

---

① 数据来源:中国统计年鉴数据库。

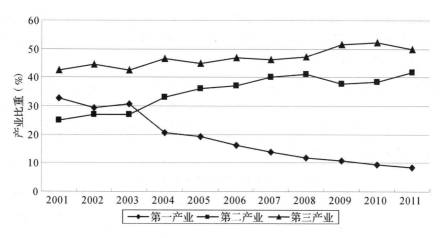

图 5-11　迪庆州三次产业结构

员,也是 2012 年唯一的新成员。

　　云南省各地区经济总量和人均产值如图 5-12 所示。2011 年,昆明、曲靖二市地区 GDP 均超过千亿元,分别为 2509.58 亿元和 1209.9 亿元,是经济规模最大的城市;怒江、迪庆二州则均不到百亿元,是经济规模最小的地区。从人均产出来看,昆明市、玉溪市均超过 3 万元,是人均最高的城市;迪庆、曲靖均超过 2 万元,除此之外地区的人均产出均不到 2 万元,最低的昭通市仅为 8877 元。昆明市作为省会城市是该省当之无愧的经济中心,无论经济总量还是人均产出均是最高水平。迪庆州在云南省内属于小而强的地区。

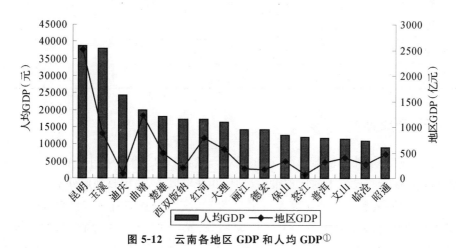

图 5-12　云南各地区 GDP 和人均 GDP[①]

---

① 数据来源:各市 2011 年国民经济和社会发展统计公报。

迪庆州与周边城市比较如表 5-12 所示(2011 年)。从各项指标来看,迪庆州处于中等水平。迪庆与省内发达地区的差距主要表现在地区 GDP 规模小,产业结构落后,工业企业数少,工业总产值低,外商投资少,进出口规模小。但从人均角度来看,迪庆在云南省内又属于发展比较好的地区。地理位置、自然环境、人口数等因素决定了迪庆既不可能走省会昆明的发展道路,也不可能学习玉溪、楚雄大力发展烟草的道路。如何建立优势产业,发展特色产业成为迪庆经济可持续发展必须解决的问题。

表 5-12 云南部分地区经济社会基本情况

指 标	单位	迪庆	昆明	玉溪	普洱	大理	楚雄	丽江
土地面积	平方公里	23870	21473	15285	45385	29459	29258	20600
总人口	万人	40.28	643.90	230.60	254.60	346.00	268.70	124.60
人口密度	人/平方公里	16.87	298.00	150.70	56.00	117.30	91.70	58.70
地区 GDP	亿元	96.40	2509.58	876.60	301.19	568.50	482.50	178.50
人均 GDP	元	24317	38831	37913	11795	16388	17899	14234
第一产业比重	%	8.40	5.70	9.40	29.70	23.00	22.40	18.10
第二产业比重	%	41.70	45.30	62.20	33.80	39.70	42.50	38.30
第三产业比重	%	49.90	49.00	28.40	36.50	37.30	35.10	43.60
企业单位数	个	15	1099	352	116	208	183	78
工业总产值	亿元	42.90	2226.65	941.14	94.74	351.52	299.47	70.86
进出口总额	亿美元	0.12	101.09	2.86	1.70	1.84	1.00	0.38
协议投资项目	个	4	82	5	1	7	2	
实际投资金额	亿美元	1.03	8.13	0.32	0.01	0.22	0.13	0.03

三、产业定位

迪庆州利用外资情况如图 5-13 所示。长期以来,迪庆吸引外资较少,外商投资在固定资产投资中的比重很小。但 2009 年以来,迪庆州利用外资有了飞速的增长,从原来数百万美元提高至上亿美元,成为云南省内外商投资第 2 位城市。不仅如此,对内开放上也有了巨大提升,2011 年内资 73.4 亿元,同比增长22.7%,2012 年前 3 个季度引进省外到位资金 53.79 亿元,比去年同期增长13.27%。在吸引世界 500 强方面也有了重大突破,法国酩悦轩尼诗公司与德钦县人民政府和华泽集团签署了葡萄酒产业发展合作协议,项目总投 3.54 亿元人民币。新能源、矿产品精深加工、生物资源开发、文化旅游等特色优势产业及现代服务产业等是外商投资重点。

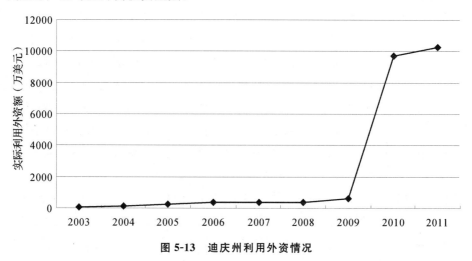

图 5-13　迪庆州利用外资情况

根据该州"十一五"规划纲要,迪庆州立足"生态立州、文化兴州、产业强州"发展思路,以"全面建设小康社会和把迪庆建成全国最好的藏区之一"为总目标,实现区域跨越发展。第一产业方面,调整农业产业和产品结构,提高农业综合生产能力。大力发展优质、高效特色和市场前景较好的优质水稻、优质青稞、优质马铃薯;建设粮油、经作、畜牧、蚕桑、葡萄、花卉、经济林果、野生菌类等一批特色优质农业生产基地,逐步形成江边河谷、山区及半山区和高寒地区三个农产品优势产业带(区),加快发展有比较优势的林产业和畜牧业(牦牛业)。第二产业方面,培育和壮大支柱产业,推进产业结构优化升级。依托迪庆优势自然资源,通过整合资源,培育壮大产业,做大做强旅游业、积极发展矿业、着力培育水电业、培育壮大生物业(饮品工程、食品工程、药品工程、观赏品工程)四大支柱产业,改造提升建材产业。第三产业方面,拓宽服务领域,大力发展服务业。调整优化服务业结构,发展现代服务业,改造提升传统服务业,提高服务质量,扩大服务业规模和总量;大力发展潜力大、能够吸收就业较多的商贸餐饮、社区服务、公用基础、住宅小区、信息、中介、运输、旅游、文化及体育产业等服务业。

根据迪庆"十二五"规划纲要,该州定位为"全国藏区跨越发展和长治久安示范区以及大香格里拉轴心区",坚持"生态立州、文化兴州、产业强州、和谐安州"发展思路,强化迪庆在大香格里拉区域的金融中心、商贸中心、游客集散中心、信息中心、文化传承中心、产业创新开发中心和交通枢纽功能。第一产业方面,大力推进农业产业化进程,积极探索现代农业。推进青稞、高原油菜、马铃薯药材、花卉、食用菌、葡萄、果蔬等优质农产品生产基地建设,实现农产品加工原料生产基地化;加快推进生态畜牧产业化发展,推进传统粗放养殖向现代科学养殖转变,推广地方特色优势畜禽品种,优化区域布局;大力发展中药材、花卉、林果、蔬菜、蚕桑、木本油料等特色农业和新兴产业。第二、三产业方面,培育壮大支柱产业,推进产业强州步伐。突出资源优势和民族特色,坚持走新型工业化道路,大力发展特色优势产业,提升产业层次,培育壮大旅游、生物、水电、矿产四大支柱产业,促进资源优势向产业优势转化,增强整体竞争力,打造经济强州。做优做强旅游产业,建设成为"生态最好、环境最优、和谐发展、永久品牌"的世界级精品生态旅游区和中国藏区最具特色的国际旅游胜地。高品质打造生物产业链,打造优势特色民族畜产品(牦牛、肉牛、尼西鸡、藏猪),大力发展特色经济林产业(核桃、红豆杉、果梅、木瓜、花椒、野生花卉、林地药材、野生菌等),绿色食品深加工基地(优质酿酒葡萄、果蔬、青稞、马铃薯、白芸豆、高原春油菜),发展特色花卉(百合、郁金香等温带球根花卉和兰花、杜鹃、茶花等地方特色花卉),发展藏医药和生物化学。发展壮大水电产业,深层次开发矿业。

2011 年,迪庆州完成工业总产值 42.9 亿元,比上年增长 24.72%。其中,规模以上工业产值 29.3 亿元,增长 10.99%;规模以下工业产值 13.6 亿元,增长 70.13%。在规模以上工业总产值中,轻工业产值 7.9 亿元,增长 18.66%;重工业产值 21.4 亿元,增长 8.4%。全州规模以上工业企业 15 户,实现产品销售产值 27 亿元,比上年增长 19.04%。

2001—2011 年迪庆工业发展如表 5-13 所示。2001 年迪庆规模以上工业总产值仅为 1.94 亿元,2011 年增加至 29.3 亿元,提高了 14.1 倍;全部工业增加值从 1.81 亿元增加至 15.95 亿元,提高了 7.81 倍。可看出近十年来,迪庆工业取得了飞速发展,工业化成为推动迪庆经济发展的主动力之一。

表 5-13　迪庆州工业发展情况

年份	全部工业增加值(亿元)	规模以上工业总产值(亿元)
2001	1.81	1.94
2002	2.00	2.34
2003	2.40	3.62
2004	4.70	5.80
2005	6.50	7.20
2006	8.42	8.50
2007	12.03	14.50

年份	全部工业增加值（亿元）	规模以上工业总产值（亿元）
2008	15.07	19.50
2009	13.80	19.25
2010	15.95	27.50
2011	—	29.30

迪庆州旅游业、住宿餐饮业、批发零售业发展情况如表 5-14 所示。2001—2010 年的 10 年间，国际旅游外汇收入从 4280 万美元增加至 40189 万美元，提高了 8.39 倍；国内旅游收入从 73117 万元增加至 341000 万元，提高了 3.66 倍；批发零售业从 18145 万元增加至 188625 万元，提高了 9.39 倍；住宿餐饮业从 2004 年的 9590 万元增加至 21247 万元，提高了 1.22 倍。总体来看，迪庆第三产业发展较为迅速，作为一个以旅游业作为支柱产业的地区而言，做大做强旅游业，发展相关餐饮、住宿、销售等产业，实现"吃、住、行、娱、游"一体化，最大可能地带动相关产业，将是较好的选择。

表 5-14　迪庆部分第三产业发展情况

年　份	国际旅游外汇收入（万美元）	国内旅游收入（万元）	批发零售贸易业社会消费品零售总额（万元）	住宿和餐饮业社会消费品零售总额（万元）
2001			18145	
2002	4280	73117	20000	
2003	5296	111321	26000	
2004	6887	87558	34728	9590
2005	9846	178587	43100	9268
2006	13848	225301	47485	13700
2007	24281	257188	67484	18900
2008	26916	159700	82928	19900
2009	34450	314000	94922	23600
2010	40189	341000	188625	21247

综合表 5-13、表 5-14 及相关数据，我们对迪庆州经济社会发展情况有了一定的了解。总体而言，迪庆三次产业正处于高速发展期：第一产业从传统农业向农业产业化方向发展，特色种植业、林业和畜牧业均形成一定规模；第二产业方面，矿业、生物和水电业均为资源型产业，这说明迪庆工业还处在起步阶段，产业

附加值低、产业规模较小,还有很大的发展空间;第三产业方面,旅游文化业成为最为重要的产业,因自然风貌的魅力享誉世界,随着人们消费从物质生活向精神文化生活的转变,该州旅游文化业有很大的发展前途。

四、编委会评价

迪庆地处云南西北部,境内资源丰富、风景秀丽,世界闻名的香格里拉坐落于此,金沙江、澜沧江、怒江在此并流。因各种原因,迪庆经济较为落后。近几年来,随着国内外大环境的改变,迪庆经济面貌有了巨大的改善,人民生活水平显著提高。作为少数民族自治县,该县受惠国家和云南省给予巨大的财政资金税收支持。云南作为中国面向西南开放的桥头堡,也将给迪庆带来历史性机遇。

区位优势:迪庆地理位置优越,为滇、藏、川三省区交界处,历史上是西南"茶马古道"的要冲,是东部藏区重要的物资集散地和商转站,是云南进出西藏的咽喉。该州交通较为便利。公路是游人进入迪庆藏族自治州的主要交通方式,迪庆连接滇、川、藏三省区,形成了以滇藏公路、川藏公路、康藏公路为干道的交通网络。迪庆机场是滇西北地区最大的飞机场之一,现已开通香格里拉至昆明、成都、拉萨的航班。"十二五"期间,迪庆将建一条铁路(丽香铁路),两个机场(香格里拉机场和德钦机场),一条高速公路(丽香高速),三大主干公路以及13条对外公路通道。铁路、公路、高速公路、机场的大力建设,将极大提高该区的交通状况。

产业优势:经过长期努力,迪庆已经初步建立了现代产业体系,第一产业形成了农、林、牧齐头并进的局面,农业产业化势头良好;工业领域建立矿业、水电、生物三大支柱和特色产业,虽然规模较小,但符合本地区优势,有着很好的发展前景;旅游业是迪庆的战略性产业,迪庆丰富的自然人文景观为该州的旅游文化产业提供了丰富的资源,这也意味着迪庆的旅游业将成为经济新的增长点。"十二五"规划的制定实施,将更为有力地从政策层面提供保障,成为推进产业发展的助推剂。

政策优势:迪庆州享有国家、省、州三个层面的政策支持。作为西部欠发达地区,国家的"西部大开发"战略成为国家级层面的支持;云南省作为我国西南开放的桥头堡,是与东盟自由贸易区接壤的前沿,这是省级层面对迪庆的机遇;迪庆作为我国10个藏族自治州之一,充分享受国家对藏、对少数民族自治区的优惠政策和资金支持。此外,迪庆州因地制宜的制定了《迪庆藏族自治州人民政府关于进一步扩大对内对外开放的若干暂行规定》等政策意见。各个方面的政策支持,将为该州招商引资提供最好的保障。

五、投资建议

根据迪庆州的产业发展现状、未来的产业定位及比较优势,我们认为迪庆州值得关注的行业如下:旅游文化产业;资源产业(矿产、水电);生物产业。

景德镇市投资价值分析

一、城市概况

景德镇市位于江西省东北部,地处赣、浙、皖三省交界处,是国务院首批历史文化名城之一和国家甲类对外开放地区,是中国优秀旅游城市、国家园林城市。该市西北与安徽东至县交界,南与万年县为邻,西同鄱阳县接壤,东北倚安徽祁门县,东南和婺源县毗连。景德镇现辖 2 区(珠山区、昌江区)、1 市(乐平市)、1 县(浮梁县),土地面积 5256 平方公里。2012 年末,全市常住人口 161 万人。

2012 年,景德镇市实现地区生产总值 628.25 亿元,按可比价计算比上年增长 11.6%,其中,第一产业增加值 48.97 亿元,增长 4.3%;第二产业增加值 373.78 亿元,增长 12.4%;第三产业增加值 205.50 亿元,增长 11.7%。三次产业比重为 7.8∶59.5∶32.7。按常住人口计算,人均地区 GDP 为 39022 元。

二、形势分析

2001 年,景德镇市地区生产总值刚过百亿元,为 104.26 亿元;2006 年超过 200 亿元;2011 年超过 500 亿元;2012 年,景德镇市地区 GDP 为 628.25 亿元,是 2001 年的 6.03 倍,年均增长 17.83%(现价计算)。2001 年,景德镇市人均产值为 7205 元;2004 年首次超过 1 万元;2008 年超过 2 万元;2011 年超过 3 万元,为 3.54 万元;2012 年人均 GDP 为 3.9 万元,是 2001 年的 5.42 倍,年均增长 16.7%。如图 5-14 所示,这些年来,景德镇经济发展迅速,经济总量和人均产值均有很大幅度的提高,显示了良好的发展势头和增长潜质。

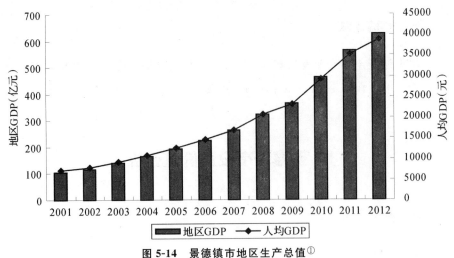

图 5-14　景德镇市地区生产总值①

景德镇产业结构调整速度如图 5-15 所示。2001 年,该市三次产业比重为
10.49：52.08：37.43;2006 年优化调整为 9.27：54.09：36.64;2012 年优化
调整为 7.8：59.5：32.7。十数年间,第一产业所占 GDP 比重下降了 2.69 个
百分点,第二产业上升了 7.42 个百分点,第三产业下降了 4.73 个百分点。第
一、三产业比重的下降和第二产业比重的上升是该市产业结构调整的主要特征。

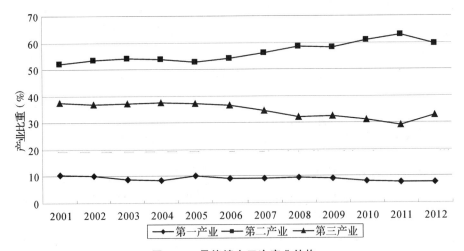

图 5-15　景德镇市三次产业结构

从三大产业在地区经济所占比重来看,景德镇市已进入工业化中期阶段,在
这一阶段,工业经济升级优化,现代服务业经济的比重将逐步提高,这成为推动

---

①　数据来源:国研网。

经济社会发展的两大主动力。我国正处于向高端制造业迈进的关键时期,传统产业产能过剩极为严重,许多地区都将高端制造、高新技术产业作为产业突破方向,这意味着今后几年这些新兴产业的地区竞争将变得极为激烈。相对其他城市而言,景德镇市经济社会发展与发达地区还有较大差距,面对的资金、人才、产业、技术挑战也更为严峻,需敢于创新、勇于变革,找准方向、重点攻关。

2012 年,江西省全年实现地区生产总值 12948.5 亿元,比上年增长 11.0%;人均生产总值 28799 元,增长 10.5%。各个地区经济发展情况如图 5-16 所示。从经济总量来看,江西有 6 个城市经济规模超过千亿元,南昌、赣州、九江市是规模最大的 3 个城市,分别为 3000 亿元、1508.43 亿元和 1420.10 亿元;鹰潭、景德镇市经济总量最小,为 482.17 亿元和 628.25 亿元。从人均产值来看,新余、南昌、鹰潭市是人均 GDP 最高的地区,分别为 7.21 万元、5.87 万元和 4.24 万元;吉安、上饶、赣州市是人均 GDP 最低的地区,在 2 万元左右;景德镇市排在第五位。省会城市南昌是江西省内发展水平最高,规模最大的城市,景德镇市在江西省内处于中等偏上水平。

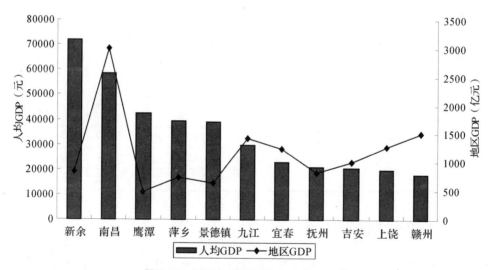

图 5-16　江西各地区 GDP 和人均 GDP[①]

景德镇与省内部分城市经济社会发展情况如表 5-15 所示(2012 年数据)。景德镇的土地面积、人口数仅高于新余、鹰潭 2 市,这 3 个城市在反映经济总量指标的地区生产总值、财政、工业、外商投资等一系列指标方面均处在最后位置。从人均 GDP、产业比重、经济增长率、人均收入等指标来看,景德镇市处于中上

---

① 　数据来源:江西统计局。

水平。总体来看,景德镇市在江西省内的优势很小,即受制于土地、人口等资源的不足,也受制于产业结构的阶段、地区间的激烈竞争。这些因素严重影响了经济的进一步成长,也意味着原有的发展方式、产业结构需要进行很大的调整,以形成新的经济增长点。

表 5-15 江西部分城市基本情况

地区	单位	景德镇	南昌	萍乡	九江	新余	鹰潭	宜春
土地面积	平方公里	5248	7402.36	3802	18823	3164	3554	18669
人口	万人	161.00	507.87	185.40	477.31	115.10	113.80	546.46
生产总值	亿元	628.25	3000.52	733.06	1420.10	830.32	482.17	1247.60
经济增长率	%	11.60	12.50	11.80	12.00	10.30	12.40	11.60
人均 GDP	元	39022	58715	39253	29785	72139	42449	22855
第一产业比重	%	7.80	4.90	7.20	8.30	5.80	8.60	16.34
第二产业比重	%	59.50	57.90	60.80	57.00	63.20	63.40	56.69
第三产业比重	%	32.70	37.20	32.00	34.70	31.00	28.00	27.47
财政总收入	亿元	84.04	408.74	100.51	220.86	116.89	79.34	200.36
地方财政收入	亿元	66.64	240.02	74.09	141.87	83.23	58.83	132.43
规模以上工业增加值	亿元	220.83	967.26	338.69	621.29	291.37	282.46	508.55
固定资产投资	亿元	501.69	2623.03	763.42	1326.33	755.30	359.99	1016.86
社会消费品零售总额	亿元	187.83	1116.54	209.72	382.66	153.98	118.05	354.36
出口总额	万美元	121266	646556	110060	352589	142019	80909	149288
外商直接投资金额	万美元	11762	190259	21236	98826	54503	16855	47667
城镇居民人均可支配收入	元	21621	23602	21257	20330	22470	19883	18896
农民人均纯收入	元	8865	9730	10000	7785	10048	8803	8052

三、产业定位

景德镇市利用外资情况如表 5-16 所示。从新签项目个数来看,该市经历了由少到多,又由升而降的过程,实际利用外资金额则有显著的增加,从 2001 年的 1206 万美元增长至 2011 年的 1.05 亿美元,提高了近 8 倍。2012 年,全市新增市外 3000 万元以上项目 272 个,实际进资 553.54 亿元,比上年增长 64.5%,呈现出强劲的增长态势。日本铃木,意大利阿古斯特,台湾海畅、东璟,香港新世界,南京中电集团,四川长虹等一大批知名企业来投资,发展汽车零部件产业基地、长虹机电产业基地、天人电子产业基地、建筑陶瓷产业基地、龙盛化工园等一批重大项目。

表 5-16 景德镇市利用外资情况

年份	当年新签项目个数(个)	外商合同投资额(万美元)	当年实际使用外资金额(万美元)
2001	7	1263	1206
2002	19	4151	3082
2003	29	15208	10291
2004	28	6464	1417
2005	35	7391	5101
2006	27	12642	5938
2007	23	9862	7811
2008	21	—	8765
2009	17	—	10072
2010	23	—	12136
2011	8	—	10500

　　根据该市"十一五"规划纲要,景德镇市定位为"经济重镇、旅游都市、特色瓷都",建设创新创业瓷都、绿色生态瓷都、和谐平安瓷都,建设独具山水生态文化特色的最适宜人居的城市。第一产业方面,全面提高农业发展水平,建设优质稻基地、无公害蔬菜基地、茶叶基地、食用菌基地、早熟梨基地;重点抓好速生丰产用材林、次生阔叶林封育改造、竹林低改增效、林木种苗、花卉、森林蔬菜、非木质林业等基地建设;积极发展肉牛、肉羊、奶牛等草食畜禽;积极发展常规渔业、特色渔业、创汇渔业。第二产业方面,深入实施以新型工业化为核心的发展战略,加快壮大机械家电、航空汽车、化工医药、新型陶瓷、电子信息、电力能源、特色食品等支柱产业。第三产业方面,弘扬陶瓷文化,发展壮大旅游产业。

　　根据该市"十二五"规划纲要,景德镇市定位为"全省、全国乃至全世界具有特色和影响的战略性新兴产业基地、转型创新试验区域、生态文明宜居城市"。产业政策为:充分发挥国家资源型城市政策优势,积极扩大城市和产业转型成果,重点培育壮大战略性新兴产业,加快传统产业转型升级,大力发展现代服务业。第二产业方面,发展高新技术陶瓷及创意、航空、生物和新医药、光伏、清洁汽车及动力电池、LED半导体照明、现代农业和有机食品等八大战略性新兴产业,促进陶瓷、家电、汽车、化工、能源、电子等传统产业升级,打造中国直升机研发生产基地。第三产业方面,加快服务业发展,优先发展生产性服务业,拓展提升生活性服务业,发展陶瓷文化创意产业,打造赣东北物流服务平台,推动金融服务业发展。第一产业方面,积极发展现代农业,重点发展有机茶、无公害蔬菜、休闲旅游农业等特色高效农业,稳定畜牧生产,大力推进畜牧业规模化、标准化养殖,加快发展特色养殖。大力推进无公害水产品、特种水产品的生产,发展林果业、毛竹、花卉苗木等绿色农产品。

　　景德镇市工业发展情况如表 5-17 所示。规模企业数从 2001 年的 171 家增加至 2012 年的 318 家,提高了 0.86 倍;规模以上工业总产值从 2001 年的 90.03 亿元增长至 2012 年的 968.46 亿元,提高了 9.76 倍;工业增加值从 2001 年的 44.60 亿元增长至 2012 年的 329.50 亿元,提高了 6.39 倍。总体来看,景德镇工业发展态势较为平稳,近年来发展较快。

表 5-17　景德镇市工业行业发展情况

年份	规模以上工业企业(个)	规模以上工业总产值(亿元)	全部工业增加值(亿元)
2001	171	90.03	44.60
2002	186	107.11	49.44
2003	183	112.76	54.10
2004	218	127.24	61.43
2005	249	159.18	64.08
2006	260	202.91	77.11
2007	302	270.65	95.70
2008	402	393.91	123.90
2009	415	493.81	161.17
2010	413	685.62	182.39
2011	318	839.35	243.77
2012	337	968.46	329.50

　　2012 年,全部工业增加值 329.50 亿元,比上年增长 13.0%。规模以上工业增加值 220.83 亿元,比上年增长 14.8%。在规模以上工业中,八大战略性新兴产业实现增加值 84.53 亿元,比上年增长 13.8%;陶瓷工业实现增加值 28.84 亿元,增长 22.2%;航空制造产业实现增加值 23.52 亿元,增长 32.5%。

　　规模以上工业发展情况如表 5-18 所示。

　　从产业规模来看,8 个产业超过百亿元规模,化工也超过 150 亿元,交通运输设备制造业在 140 亿元左右,陶瓷、新材料、非金属矿物、石油加工在 120 亿元左右,各大产业在工业中的比重均超过了10%;生物医药、汽车及零部件产业接近50亿元的规模,产业比重超过了4%。

从增长速度来看,航空制造业、陶瓷工业和新材料产业增长速度最快,超过了20%;煤炭、非金属矿、有色金属矿等资源采掘业表现平稳;太阳能、生物医药、现代农业增长速度接近10%;文化创意和汽车产业增速下滑严重。

表 5-18　景德镇市部分产业发展情况

指标名称	规模工业总产值(亿元)		产业比重(%)	增长率(%)
	2012 年	2011 年		
规模以上工业总产值	968.46	839.35	100.00	15.90
轻工业	174.89	176.23	18.06	14.20
重工业	793.57	663.12	81.94	16.20
陶瓷工业	126.50	—	13.06	23.70
化学原料及化学制品制造业	—	183.91	21.91	—
交通运输设备制造业	—	140.56	16.75	—
非金属矿物制品业	—	124.67	14.85	—
石油加工	—	118.59	14.13	—
医药制造业	—	51.09	9.47	—
通用设备制造业	—	53.53	6.38	—
八大战略性新兴产业	370.74	307.40	38.28	14.70
太阳能光伏产业	22.80	—	2.35	11.20
LED 半导体照明产业	2.04	—	0.21	21.60
航空制造产业	103.14	76.5	10.65	34.80
新材料、高技术陶瓷产业	126.50	104.81	13.06	23.70
生物和新医药产业	40.16	51.09	4.15	8.80
清洁汽车和动力电池产业	43.70	—	4.51	−18.60
现代农业和有机食品产业	25.89	—	2.67	9.40
文化及创意产业	6.50	—	0.67	−17.70

根据相关资料,我们对景德镇市产业发展有了一定的了解。陶瓷工业已形成了以日用瓷为主体,艺术、建筑、工业、电子等各类陶瓷共同发展的陶瓷工业体系,成为我国重要的陶瓷生产和出口基地以及科研教育中心。与此同时,汽车、机械、电子、医药、化工、建材、食品等一批新兴工业已经形成并快速发展,所占份额逐年提高,成为该市经济的重要支柱。重工业、新兴工业成为该市工业的主

体,形成了六大支柱产业、八大新兴产业,陶瓷、航空、新材料是该市发展最快最有潜力的行业。

四、编委会评价

景德镇市是我国最为知名的城市之一,以瓷器闻名于世。该市风景秀丽,人文荟萃,是江西重要的现代化工业基地。新世纪以来,中部六省发展迅猛,国内外产业转移加快,为这些地区调整产业结构、实现经济转型、推动经济跨越式发展提供了新的机遇。江西省内鄱阳湖生态经济区战略的实施和优惠政策的强力推动,将进一步加快该市体制机制创新,为产业集聚、项目落地、资金汇集创造了有利条件,为景德镇实现新的目标提供助力。

区位优势:景德镇市位于昌九景"金三角"经济区,赣、浙、皖三省交界处,地处国家旅游热线——庐山、黄山、龙虎山、九华山、三清山、鄱阳湖、千岛湖的中心区位,是中部地区经济发展的"战略要地"。该市处杭甬经济圈(东)、南京合肥经济圈(北)、武汉经济圈(西)、闽南厦漳泉经济圈(南)之间,据各经济圈中心城市三小时车程,具有接受辐射、又辐射周边的区位优势,是承接发达地区产业转移最便捷的地区之一。景德镇交通便捷四通八达,水、陆、空立体交通网络已经形成。皖赣铁路、九景衢铁路穿境而过;拥有九景高速、杭瑞高速、济广高速、南环高速、景鹰高速;昌江航道可通行 300 吨级船舶;景德镇机场已开通至北京、上海、深圳等地航班。

产业优势:景德镇产业特色优势明显,工业基础扎实。除陶瓷产业外,已形成以机械家电、航空汽车、化工医药、电子信息、电力能源和特色食品等支柱产业,发展壮大了一大批重点骨干企业和上市公司,我国唯一的直升机研发机构和主要的直升机生产基地都在景德镇。随着"十二五"规划的制定实施,陶瓷、航空、新材料、生物医药、现代农业等具有实力和竞争力的产业都将取得长足的进展。

政策优势:景德镇市纳入鄱阳湖生态经济区范围,成功争取了比照东北老工业基地和西部大开发、国家资源型城市、创新型城市、服务业综合改革配套试点城市等一批重要政策。该市大力发展开放型经济,制定实施了一系列旨在鼓励境内外资并举、招商引资和本土创业并行的政策措施,营造了一个开明开放、诚信法制、公平公正的投资软环境。

五、投资建议

根据景德镇市的产业发展现状、规划的产业定位及比较优势,我们认为景德镇市值得关注的行业如下:陶瓷工业;航空工业;新材料产业。

威海市投资价值分析

一、城市概况

威海市位于山东半岛东端,是我国沿海开放城市、国家卫生城市、国家园林城市、中国优秀旅游城市,获联合国"人居奖"。该市北东南三面濒临黄海,北与辽东半岛相对,东及东南与朝鲜半岛隔海相望,西与烟台市接壤。威海市现辖1区(环翠区)、3市(荣成市、文登市、乳山市),设有威海火炬高技术产业开发区、威海经济技术开发区2个国家级开发区、1个国家级出口加工区及工业新区,土地面积5797平方公里。2012年末,全市户籍人口253.57万人。

2012年,威海市实现地区生产总值2337.86亿元,比上年增长9.4%。其中,第一产业实现增加值180.11亿元,增长5%;第二产业实现增加值1249.3亿元,增长9.7%;第三产业实现增加值908.45亿元,增长9.7%。三次产业结构由上年的8.1∶54∶37.9调整为7.7∶53.4∶38.9。按户籍人口计算,人均GDP为92198元。

二、形势分析

2001年,威海市地区生产总值为595.25亿元;2005年首次超过1000亿元,为1020.29亿元;2011年超过2000亿元;2012年达2337.86亿元,是2001年的3.93倍,年均增长13.27%(现价计算)。2001年,威海人均生产总值为2.4万元;2007年超过5万元;2012年接近10万元,为9.22万元,是2001年的3.83倍,年均增长13%。如图5-17所示,威海市经济发展较为稳定,但发展速度一般。特别是2006年以来,该市经济增速逐步下滑。

威海市产业结构调整如图5-18所示。2001年,威海市三次产业比重为15.1∶53.32∶31.58;2006年优化调整为9.79∶58.53∶31.68;2012年优化调整为7.7∶53.4∶38.9。十数年间,第一产业所占GDP比重下降了7.4个百分点,第二产业所占GDP比重微升了0.08个百分点,第三产业所占GDP比重提高了7.32个百分点。第一产业比重的下降和第三产业比重的上升是该市产业结构调整的主要特征。

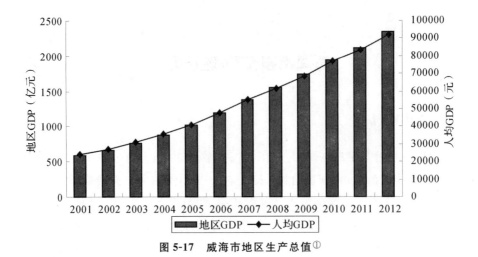

图 5-17　威海市地区生产总值①

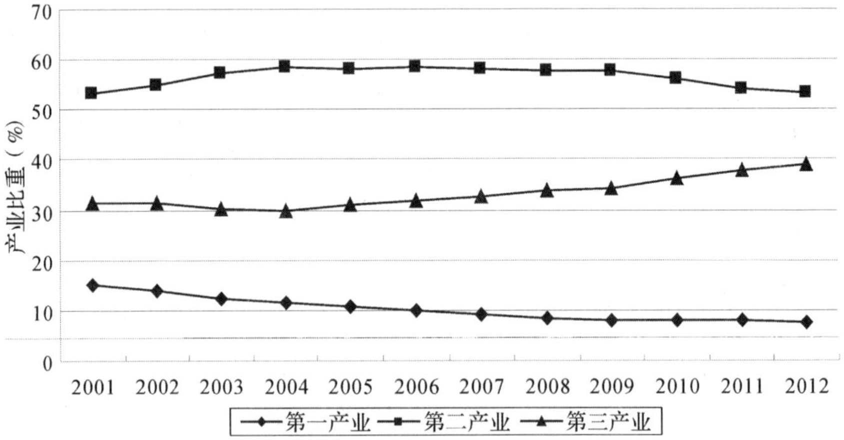

图 5-18　威海市三次产业结构

　　根据威海市产业结构,可以得出如下几点重要特点:第一,该市第二产业已经达到很高比重,接近 60%,并长期稳定保持在这一水平;第二,拉动经济增长的主要力量是第三产业,通过第三产业的发展来继续推动经济结构的调整,降低第一产业在地区经济中的比重。我们认为,威海市的经济发展方式已经开始转变,即从工业推动转向现代服务业推动的格局。总之,威海市经济结构转型已使得该市经济增速逐步放缓,从原先的增速优先转向为质量优先。在这一阶段,工业转型升级加速,现代服务业高速增长,经济结构将较以前有质的飞跃。

———————————————

① 数据来源:《威海统计年鉴 2012》。

　　2012 年,山东省实现地区生产总值首次超过 5 万亿元,达 50013.2 亿元,比上年增长 9.8%,人均生产总值 51768 元,增长 9.2%,按年均汇率折算为 8201 美元。各城市经济总量和人均产出如图 5-19 所示。从经济总量来看,青岛、烟台、济南 3 市规模最大,分别为 7302.11 亿元、5281.38 亿元和 4812.68 亿元;此外,潍坊、淄博、临沂、东营、济宁等市超过 3000 亿元;莱芜、日照、枣庄是规模最小的 3 个城市;威海市排在第 10 位。从人均产出来看,东营、青岛、威海 3 市最高,超过了 9 万元;淄博、烟台、济南超过了 6 万元;聊城、临沂和菏泽 3 市最低,在 3 万元左右。青岛市是山东省内经济最发达的城市,威海市经济在山东省内处于最发达城市之列。

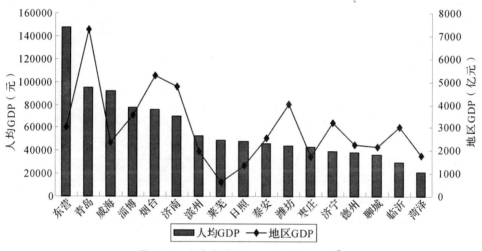

图 5-19　山东各地区 GDP 和人均 GDP[①]

　　威海市与山东省内部分城市基本情况比较如表 5-19 所示。从土地面积、人口、人口密度、地区 GDP、经济增长率、财政收支等指标来看,威海市较为靠后;从产业结构、工业总产值、进出口、外商投资等指标来看,威海市在中等之列;从人均 GDP 来看,威海市处于领先水平。从以上数据可看出,威海市在山东省内的领先优势已经逐步缩小,特别是在反映开放度的进出口、外商投资指标上,威海市排名已经靠后。在土地、人口、资源等约束条件下,加之区域竞争日趋激烈,如何重新确立沿海开放城市的优势,成为该市需要回答和解决的问题。

----

①　数据来源:各市《2012 年国民经济和社会发展统计公报》。

表 5-19　山东部分城市基本情况①

指　标	单位	威海	济南	青岛	淄博	烟台	潍坊	济宁
土地面积	平方公里	5698	7999	11175	5965	13746	16005	11194
年末总人口	万人	280.10	688.51	879.51	455.63	697.57	915.53	812.86
人口密度	人/平方公里	491.58	860.80	787.01	763.82	507.45	572.03	726.14
人均 GDP	元	92198	69574	94887	77876	75672	43681	39165
地区 GDP	亿元	2337.86	4812.68	7302.11	3557.20	5281.38	4012.43	3189.40
经济增长率	%	10.70	10.60	11.70	12.00	12.10	11.00	10.80
第一产业	%	8.10	5.40	4.60	3.60	7.40	10.10	12.10
第二产业	%	54.00	41.50	47.60	60.20	57.70	55.40	53.00
第三产业	%	37.90	53.10	47.80	36.20	34.90	34.50	34.90
地方财政一般预算收入	亿元	136.44	324.93	566.14	203.59	303.19	253.92	207.10
地方财政一般预算支出	亿元	200.59	396.88	658.06	253.19	407.53	358.26	300.39
规模企业数	个	1636	1417	4727	3133	2861	4130	1260
工业总产值	亿元	4661.33	3941.26	12168.59	9253.14	11161.46	9081.51	3725.52
进口总额	亿美元	61.81	43.53	317.36	37.11	186.54	37.24	26.75
出口总额	亿美元	107.42	60.47	405.81	53.24	266.95	103.64	30.70
外商投资项目数	个	110	86	647	32	209	69	46
合同外资额	亿美元	11.62	14.14	52.88	6.32	21.14	12.74	6.15
实际利用外资额	亿美元	7.27	11.00	36.01	4.50	13.39	7.22	7.33

三、产业定位

威海市招商引资情况如表 5-20 所示。从 2001 年到 2012 年,该市外商投资金额从 3.35 亿美元增长至 8 亿美元,提高了 138.81%;利用国内资金从 2004 年的 154.60 亿元增长至 2012 年的 481.58 亿元,提高了 211.5%。仅在"十一五"期间,利用外资累计达到 25 亿美元,年均增长 15.6%;引进国内资金累计达到 1460 亿元,年均增长 14.1%。韩国三星电子、三星重工、锦湖韩亚、乐天集团,日本三菱电机、三菱商事、伊藤忠商事、烟草产业、永旺,美国摩根士丹利、美敦力、库柏、陶氏化学、佳顿,比利时贝卡尔特,荷兰伊萨,卢森堡安赛乐米塔尔,法国液化空气,澳大利亚澳瑞凯等一批世界 500 强企业和著名跨国公司落户威海。

---

①　数据来源:《山东统计年鉴 2012》,地区 GDP 和人均 GDP 为 2012 年数据,其他为 2011 年数据。

表 5-20　威海市招商引资情况

年份	外商直接投资项目数（个）	外商直接投资金额（万美元）	内资项目（个）	国内资金（亿元）
2001	388	33507	—	—
2002	495	57698	—	—
2003	642	109499	—	—
2004	858	18850	625	154.60
2005	915	27515	516	229.74
2006	428	41018	598	225.46
2007	336	45046	750	259.83
2008	162	52615	609	287.64
2009	99	55037	441	324.00
2010	136	55502	525	362.50
2011	110	72708	651	418.74
2012	87	80000	661	481.58

　　根据该市"十一五"规划纲要,威海市定位为"现代制造业基地、旅游度假基地和以海产品为主的农副产品出口加工基地"。第二产业方面,加快推进产业集群化,大力发展现代制造业,坚持走新型工业化道路,围绕建设现代制造业基地,调整优化产业布局,积极培育运输设备、电子信息、机电工具、轻纺服装、食品医药五大产业群,打造成为胶东半岛制造业基地的重要板块;加快生物技术、新材料、电子信息、海洋技术四大领域高新技术产业发展,培育区域竞争优势,形成特色鲜明的骨干产业群体。第三产业方面,繁荣发展服务业,突出发展现代服务业,改造提升传统服务业,努力使服务业成为拉动经济增长的重要支撑力量。做大做强旅游业,加快发展物流、信息、金融、会展、房地产、社区服务、中介等现代服务业,改造提升商贸流通、交通运输等传统服务业。第一产业方面,加快发展现代农业,大力发展以水果、花生、蔬菜、药材为支柱的特色经济作物,发展畜牧业和渔业。

　　根据该市"十二五"规划纲要,威海市定位为"蓝色经济区和高端产业聚集区"。产业政策为:坚持改造提升传统产业与引进培育新兴产业相结合,大力发展战略性新兴产业,加快用高新技术改造传统产业步伐,努力做大新兴产业,做强优势产业,做优三次产业,构建特色鲜明、具有明显比较优势、高产出、高效益、带动能力强的现代产业体系。第一产业方面,稳固农业发展基础,稳定粮油生产,建成全国重要的花生种植加工基地和出口基地;积极发展特色农业。第二产业方面,做大做强区域特色产业,围绕蓝色经济区建设,充分发挥海洋资源优势,大力发展现代渔业、船舶修造、港口物流、海产品精深加工等海洋产业;转型升级传统优势产业,全面改造提升电子产品、机械装备、汽车及零配件、轻工纺织等传统优势产业,重点打造数控机床生产基地、专用机械设备制造基地、汽车及零配件生产基地、工艺家纺基地、机织地毯产业基地、渔具生产和集散基地等"六大优势产业基地";培育壮大战略性新兴产业,主攻新能源及配套、新材料及制品、新能源汽车、新信息、生物医药、节能环保、海洋科技开发等产业,重点打造新能源设备制造基地、碳纤维等新材料基地、医疗器械生产基地、电动汽车生产基地、物联网配套产业基地、低碳环保高效子午胎生产基地等"六大新兴产业基地",积极抢占未来产业发展制高点。第三产业方面,加快发展现代服务业,适应新型工业化和居民消费结构升级的新形势,优先发展生产性服务业,加快发展生活性服务业,大力培育现代服务业,重点发展文化、旅游休闲、软件及服务外包、商务会展、金融等产业。

威海市主要行业发展如表 5-21 所示。

从规模企业数来看,超过 50 家的行业有 13 个,超过 100 家的行业有 4 个。农副食品加工业达 322 家,通信设备计算机制造业达 121 家,纺织服装制造业、文教体育用品制造业为 100 家和 102 家。此外,通用设备制造业、非金属矿物制品业企业数也较多。

从行业规模来看,超过 50 亿元的行业有 20 个,超过 100 亿元的行业有 15 个,超过 500 亿元的行业有 2 个。农副食品加工业、通信设备计算机制造业产业规模最大,分别为 897.27 亿元和 521.58 亿元,产业比重为 19.24% 和 11.18%;橡胶制品业、交通运输设备制造业、电气机械及器材制造业均超过 300 亿元,产业比重超过 7%。

从行业发展速度来看,平均增长倍数为 1.26 倍,高于平均增速的行业有 9 个。其中,医药制造业、文教体育用品制造业、黑色金属冶炼及压延加工业发展最快,平均增速为 3 倍;石油加工、木材加工等行业发展速度最慢。

从产业调整速度来看,产业比重增加的行业有 12 个,产业比重下降的有 15 个,行业大都保持稳定。产业比重增加超过两个百分点的行业有医药制造业、文教体育用品制造业、交通运输设备制造业;电气机械及器材制造业、通用设备制造业是下滑最多的两个产业,下降了超过 1 个百分点。

表 5-21　威海市主要行业发展情况①

行　业	规模企业数（个）	工业总产值（亿元）		增长倍数（亿元）	产业比重（%）		变动幅度（百分点）
		2011 年	2007 年		2011 年	2007 年	
总计	1636	4663.98	3711.26	1.26	100.00	100.00	0
农副食品加工业	322	897.27	726.09	1.24	19.24	19.56	−0.33
食品制造业	34	64.09	74.70	0.86	1.37	2.01	−0.64
饮料制造业	15	33.76	38.38	0.88	0.72	1.03	−0.31
纺织业	86	131.57	125.85	1.05	2.82	3.39	−0.57
纺织服装、鞋、帽制造业	100	159.63	118.93	1.34	3.42	3.20	0.22
皮革、毛皮、羽毛及其制品业	42	73.15	89.47	0.82	1.57	2.41	−0.84
木材加工及木、竹、藤、棕、草制品业	4	4.12	8.14	0.51	0.09	0.22	−0.13
家具制造业	15	17.22	20.97	0.82	0.37	0.57	−0.20
造纸及纸制品业	40	53.86	69.09	0.78	1.15	1.86	−0.71
印刷业和记录媒介的复制	9	15.82	12.26	1.29	0.34	0.33	0.01
文教体育用品制造业	102	183.67	59.91	3.07	3.94	1.61	2.32
石油加工、炼焦及核燃料加工业	1	1.08	5.10	0.21	0.02	0.14	−0.11
化学原料及化学制品制造业	61	133.73	140.87	0.95	2.87	3.80	−0.93
医药制造业	21	187.16	50.60	3.70	4.01	1.36	2.65
化学纤维制造业	5	10.13	12.85	0.79	0.22	0.35	−0.13
橡胶制品业	24	371.41	227.99	1.63	7.96	6.14	1.82
塑料制品业	53	84.41	95.05	0.89	1.81	2.56	−0.75
非金属矿物制品业	87	209.79	165.81	1.27	4.50	4.47	0.03
黑色金属冶炼及压延加工业	33	58.33	17.16	3.40	1.25	0.46	0.79
有色金属冶炼及压延加工业	8	27.95	26.51	1.05	0.60	0.71	−0.11
金属制品业	62	125.16	99.10	1.26	2.68	2.67	0.01
通用设备制造业	94	246.17	233.16	1.06	5.28	6.28	−1.00
专用设备制造业	70	191.30	126.02	1.52	4.10	3.40	0.71
交通运输设备制造业	76	328.41	181.60	1.81	7.04	4.89	2.15
电气机械及器材制造业	84	329.02	305.48	1.08	7.05	8.23	−1.18
通信设备、计算机及其他电子设备制造业	121	521.58	414.58	1.26	11.18	11.17	0.01
电力、热力的生产和供应业	17	103.57	57.50	1.80	2.22	1.55	0.67

① "产业倍数"与"产业变动幅度"均是以 2011 年数据与 2007 年数据的比较。

根据如上数据,我们对威海市产业发展情况有了一定的了解。作为发达地区,威海市工业经济已取得了长足发展,主导产业规模显著,产业优势突出,部分新兴产业发展态势良好。随着海洋蓝色经济区和高端产业聚集区的规划建设,产业转型升级初现成效。具体而言,以海洋渔业为主的农副产品加工业,以船舶为主的交通运输设备制造业两大产业发展迅速,产业规模不断扩大;以医药、电子信息为主的新兴产业在地区经济中的地位和作用也得到了很大提升,成为支柱产业;纺织、建材、设备制造等传统型产业,发展平稳。总体而言,威海市工业已经发展到较高水平,这意味着威海市原有的产业发展政策和手段已经逐步失去原有成效,该市必须通过发展科技来变革工业体系,实现新的突破和飞跃。

四、编委会评价

威海市地处黄海沿岸,风景秀丽、资源丰富,是我国著名的沿海开放城市。该市经济社会发展水平较高,产业结构均衡,区位、海洋、生态优势明显,经济基础较好。世界经济的复苏、国际产业转移升级为威海市发展营造了良好的外部环境,蓝色经济区和高端产业聚集区的建设为威海带来重大发展机遇。目前,该市发展方式加速转变、产业结构不断优化、自主创新能力持续增强、城镇化进程加快推进、改革开放全面深化、生态环境明显改善、社会事业全面发展、基础设施更加完善,为威海经济社会平稳较快发展提供有力保障。

区位优势:威海地理位置优越,交通极为便利,被世界银行列为中国投资环境 20 优城市。该市三面环海,面向韩日,具有发展外向型经济的天然优势。航空:现已开通威海至北京、上海、广州、沈阳、哈尔滨、首尔、釜山等国内国际航线。航运:威海有三个国家一类开放港口,开通通往仁川、平泽、釜山、大阪、东京、中国香港以及欧洲和北美主要港口的客运或货运航线。陆路:公路密度是全国平均水平的 3 倍,与周边城市以及山东其他城市全部实现了高速公路连接,以威海市区为中心,辐射荣成、文登、乳山,连接周边地区的高等级公路网络已经形成;全市建有多处火车客运站及货运站场,开通了至济南、北京、武汉等多条国内客运列车,通过港口铁路专用线与威海港形成了货物联运,并通过国家铁路网络方便地将货物运送到全国各地。

产业优势:威海市工业基础较好,工业体系完善。威海现已形成了优势突出、特色明显的产业集群,一批产业基地得以建立。随着"十二五"规划的制定实施,在原有产业基础上,该市将重点发展现代渔业、船舶修造、港口物流、海产品精深加工等海洋产业;转型升级传统优势产业,全面改造提升电子产品、机械装备、汽车及零配件、轻工纺织等传统优势产业；培育壮大战略性新兴产业，主攻新能源及配套、新材料及制品、新能源汽车、新信息、生物医药、节能环保、海洋科技开发等产业；重点发展文化、旅游休闲、软件及服务外包、商务会展、金融等现代服务产业。

政策优势：作为中国改革开放的前沿城市，威海市政府始终突出全方位开放的龙头地位，高度重视投资环境的优化，提出了"群众和企业的需要就是政府施政的第一选择，群众和企业的利益就是政府施政的第一考虑，群众和企业的满意就是政府施政的第一标准"的理念，全面推进服务型政府建设，为外来投资者在项目立项、审批、建设、经营等不同阶段提供全过程优质服务，并为投资者个人在工作、学习和生活等方面提供针对性服务，努力为投资者创造良好的发展环境。

五、投资建议

根据威海市的产业发展现状、规划的产业定位及比较优势，我们认为威海市值得关注的行业如下：海洋开发产业（现代渔业、船舶修造）；医药制造业；文化旅游产业。

襄阳市投资价值分析

一、城市概况

襄阳市（原名襄樊市）地处中国中部，汉江中游，湖北省西北部，是湖北省政府确立的省域副中心城市，是鄂、豫、渝、陕毗邻地区的中心城市，是中国历史文化名城、国家园林城市、国家卫生城市、国家文明城市、中国优秀旅游城市、中国魅力城市。该市东邻随州市，南界荆门市、宜昌市，西连神农架林区、十堰市，北接河南省南阳市。襄阳现辖3区（襄州、襄城、樊城）、3县（南漳、保康、谷城）、3市（枣阳、宜城、老河口）和2个开发区（高新技术产业开发区、渔梁洲经济开发区），总面积1.97万平方公里。2011年末，全市常住人口552.72万人。

2012年，襄阳市实现地区生产总值2501.96亿元，按可比价格计算，同比增长12.5%。其中，第一产业增加值357.2亿元，同比增长4.7%；第二产业增加值1428.1亿元，同比增长15.9%；第三产业增加值716.7亿元，同比增长

10.5%。三次产业比重由上年的 13.69∶57.07∶29.24 调整为 14.28∶57.08∶28.64。全市城镇居民人均可支配收入为 17532 元,同比增长 14.2%;农村居民人均纯收入为 8684 元,同比增长 15.04%。初步估算人均 GDP 为 4.5 万元。

二、形势分析

2001 年,襄阳市实现地区生产总值 385 亿元;2008 年超过 1000 亿元;2011 年超过 2000 亿元;2012 年达 2501.96 亿元,是 2001 年的 6.5 倍,年均增长 18.86%(现价计算)。2001 年,襄阳市人均生产总值为 7129 元;2005 年超过 1 万元;2009 年超过 2 万元;2011 年超过 3 万元;2012 年初步估算达 4.5 万元,是 2001 年的 6.35 倍,年均增长 18.60%。如图 5-20 所示,近几年来,襄阳市经济增速明显提高,经济总量和人均产值有了很大幅度的增长,巩固了该市在湖北省内的经济地位,显示了良好的经济发展势头和潜力。

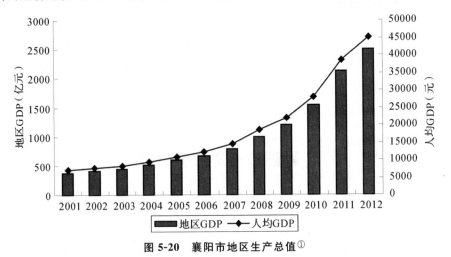

图 5-20 襄阳市地区生产总值[①]

襄阳市产业结构调整如图 5-21 所示。2001 年三次产业结构为 26.6∶36.2∶37.2;2006 年优化调整为 18.7∶43.1∶38.2;2012 年优化调整为 14.28∶57.08∶28.64。十数年间,第一产业所占 GDP 比重下降了 12.32 个百分点,第二产业所占 GDP 比重上升了 20.88 个百分点,第三产业所占 GDP 比重下降了 8.56 个百分点。第二产业比重的迅速上升和第一、三产业比重的下降是襄阳产业结构调整的主要特征。

总体来看,襄阳市产业结构调整速度很快,工业化和城镇化成为推动该市经

---

① 数据来源:中国统计年鉴数据库。

济结构转变的主动力。随着农业等第一产业在地区经济中的地位逐步下降,农业产业化和农业现代化也开始发力,农副产品加工业、食品制造业等与之相关的第二产业取得了长足发展。工业化也推动着各个产业的转型升级优化和深化,从粗加工到精加工,从低附加值到高附加值,从轻工业到重工业,从传统产业到新兴产业,形成了良性互动蓬勃发展的局面。"十二五"期间,也是该市工业化的重要阶段,关乎着全面建成小康社会等一系列重要任务。按照现有产业调整速度,该市将顺利实现这些既定目标。

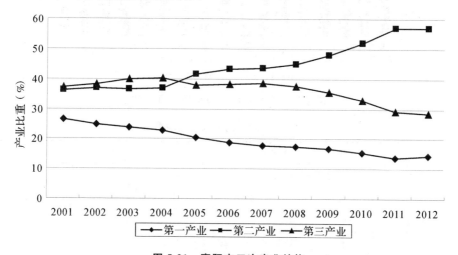

图 5-21 襄阳市三次产业结构

初步估算,2012 年湖北省地区生产总值达到 22250.16 亿元,同比增长 11.3%,人均 GDP 达 38501 元(按常住人口计算)。2011 年湖北省各地区经济总量和人均产出如图 5-22 所示。从经济总量来看,武汉市、宜昌市和襄阳市是经济规模最大的 3 个城市,分别为 6762.2 亿元、2140.7 亿元和 2132.22 亿元;神农架、天门市、潜江市和仙桃四个省直属单位最低,都在 400 亿元以下。从人均产出来看,武汉、宜昌、鄂州最高,分别为 6.83 亿元和 5.26 亿元和 4.67 亿元;荆州、黄冈和恩施最低,在两万元之下;襄阳市以 3.86 亿元排在第 5 位。可看出,武汉市是湖北省最大的城市,在省内的地位无可替代,宜昌市和襄阳市处在同等规模,均有机会成为省内的副中心城市。

湖北省部分城市发展情况如表 5-22 所示。从土地面积、人口数、地区 GDP、人均 GDP、固定资产投资、工业企业数、工业总产值、进出口等指标来看,襄阳市排在前列,部分指标仅次于武汉市和宜昌市。但与宜昌市相比,襄阳市在固定资产投资和工业领域两项指标上较为落后,虽然襄阳市工业企业数较多,但平均规模小于宜昌市。工业发展的不足是襄阳落后于武汉和宜昌两市的主要原因。

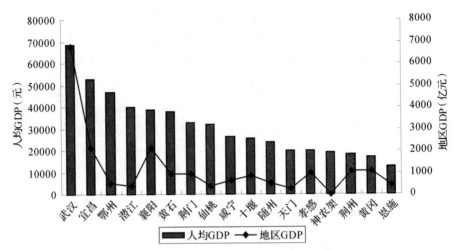

图 5-22   湖北各地区 GDP 和人均 GDP①

表 5-22   湖北部分城市基本情况

指　标	单位	襄阳	武汉	十堰	宜昌	荆门	荆州	随州
土地面积	平方公里	19728	8494	23680	21084	12404	14092	9636
常住人口	万人	552.72	1002.00	334.81	406.85	287.99	570.40	216.99
人口密度	人/平方公里	280.17	1179.66	141.39	192.97	232.18	404.77	225.19
地区 GDP	亿元	2132.20	6756.20	851.30	2140.70	942.60	1043.10	518.00
第一产业比重	%	13.68	2.94	11.38	11.25	17.66	25.42	20.08
第二产业比重	%	57.08	48.16	53.08	60.50	52.45	43.03	47.03
第三产业比重	%	29.25	48.98	35.53	28.24	29.89	31.55	32.90
人均 GDP	元	38671	68315	25427	52673	32765	18288	23914
经济增长率	%	16.00	12.50	11.00	16.10	15.60	13.40	15.20
固定资产投资	亿元	1134.74	4263.24	522.37	1189.92	590.63	771.42	384.48
工业企业数	个	1154	1856	505	911	709	713	447
工业增加值	亿元	1034.60	2458.75	386.49	1100.46	480.77	355.18	199.88
工业总产值	亿元	3276.97	8778.11	1362.27	3195.74	1732.84	1182.36	693.97
内资企业	亿元	2665.96	6345.73	754.80	2923.28	1599.40	1064.50	636.05
外商港澳台企业	亿元	611.01	2432.39	607.47	272.46	133.44	117.86	57.92
国有企业	亿元	143.70	3690.52	84.05	538.77	35.68	90.23	7.24

---

①　数据来源:《湖北统计年鉴 2012》。

指　标	单位	襄阳	武汉	十堰	宜昌	荆门	荆州	随州
地方财政一般预算收入	亿元	97.41	673.26	66.70	113.98	39.39	44.33	17.07
地方财政一般预算支出	亿元	248.14	765.04	185.09	238.09	125.34	197.18	72.32
进出口总额	亿美元	10.03	227.90	2.86	22.89	5.36	9.80	9.52
外商直接投资	亿美元	3.13	27.47	1.07	1.85	1.87	0.74	0.62

三、产业定位

　　襄阳市利用外资情况如表 5-23 所示。从利用外资金额角度来看,该市取得了很大增长,合同利用外资金额从 2001 年的 4905 万美元增长至 2011 年的 4.43 亿美元;实际利用外资金额从 4210 万美元增长至 31290 万美元,增长近十倍。英菲尼迪、中兴通讯等一批知名品牌和 IBM、SK 等 9 家世界 500 强落户襄阳。

表 5-23　襄阳市利用外资情况

年　份	新签外商投资协议数（个）	合同利用外资金额（万美元）	实际利用外资金额（万美元）
2001	37	4905	4210
2002	41	9398	5526
2003	20	7588	6604
2004	37	6625	8013
2005	17	5633	3625
2006	25	9036	9284
2007	13	4856	10700
2008	22	20914	16928
2009	25	22183	25073
2010	26	20907	32606
2011	30	44341	31290

　　根据该市"十一五"规划纲要,襄阳市定位为湖北省省域副中心城市、"全省乃至全国汽车及零部件生产基地、优质农副产品生产加工基地、内陆腹地重

要的交通枢纽和物流基地"。产业政策为"突破性发展以汽车为主的先进制造业,高水准发展以产业化带动为主的现代农业,大规模发展以物流和旅游为主的现代服务业"。第二产业方面,实施工业兴市战略,坚持以信息化带动工业化,以工业化促进信息化,加快先进制造技术、电子信息技术、清洁生产技术、节能降耗与质量监控技术的推广应用,强力推进新型工业化。着力构建以汽车产业为龙头,电力、高新技术(航空航天、新材料、机电一体化、新医药产业)、纺织和食品四大产业为支柱,建材、冶金、化工等原材料工业以及地方特色工业全面发展的新型产业体系,支持军工企业加快发展,提升制造业水平,推动产业结构优化升级,实现工业经济跨越式发展。第一产业方面,大力发展以产业化带动为主的现代农业,稳定种植业(水稻、小麦、棉花、油料、花生),发展畜牧业(肉牛、水禽、肉禽、蛋禽、奶牛)、水产业、特色产业(优质水果、有机茶、食用菌、蔬菜、花椒、烟草)。第三产业方面,突破性发展现代服务业,加快构建以物流和旅游为重点的现代服务业体系,大力培育需求潜力大的服务业(信息、通讯、金融保险、房地产、社区、中介),运用现代经营理念和方式改造商贸等传统服务业。

根据该市"十二五"规划纲要,襄阳市定位为"综合实力强、辐射带动力大的省域副中心城市,全省重要的核心增长极,鄂豫陕渝毗邻地区中心城市",努力建成全国重要的汽车及零部件生产基地、高新技术产业基地、新能源汽车产业基地、航空航天产业基地、现代农业基地、区域性综合交通枢纽和物流基地、区域性旅游目的地和鄂西生态文化旅游圈核心基地。产业政策为"加快科技创新步伐,推进信息化与工业化融合,不断提升产业核心竞争力,构建以高新技术产业和战略性新兴产业为先导,以先进制造业为支撑、现代农业为基础、服务业跨越发展的具有综合竞争优势的现代产业体系"。第二产业方面,超常规发展工业,做大做强汽车及零部件龙头产业;发展壮大食品(优质稻米加工基地、麦面加工基地、肉类加工基地、菜籽油生产基地、花生油加工基地)、纺织、装备制造、建材冶金四大支柱产业;改造提升化工、电子电器、医药三大优势产业;跨越式发展高新技术产业和战略性新兴产业。第一产业方面,加快发展现代农业,大力发展特色农业、高效农业、生态农业、设施农业和观光农业,突出抓好"十大板块"(小麦、水稻、油料、棉花、畜禽、蔬菜、茶叶、干鲜果、烟叶、种子)和"三大产业基地"(畜禽养殖基地、淡水鱼养殖销售加工基地、林产品生产基地)建设。第三产业方面,跨越式发展服务业。按照国际化、现代化、人性化要求,跨越式发展以现代物流、信息、金融和中介为主的生产性服务业,大力提升以旅游、商贸、社区为主的生活性服务业,突破性发展新兴服务业,加快服务业集聚区、功能性载体、特色街区和现代市场群建设,努力把襄阳建成区域性服务业中心。

2011 年,襄阳市规模以上工业增加值突破千亿元大关,达到 1034.6 亿元,同比增长 26.8%。其中,轻工业完成增加值 348.7 亿元,同比增长 28.4%;重工业完成增加值 685.9 亿元,同比增长 26%。轻重工业结构比由上年的 33.0：67.0 调整为 33.7：66.3。全市规模以上工业企业个数达到 1105 家,比上年的 1031 家净增 74 家。其中,产销过亿元的企业 571 家,过 10 亿元的企业 47 家,两百亿元左右的企业 2 家。全市千亿元产业达到 2 个,百亿元产业达到 3 个。

襄阳市规模以上工业发展情况如表 5-24 所示。2001—2011 年,规模工业企业数从 419 个增加至 1105 个;规模工业增加值从 87 亿元增长至 1035 亿元,提高了 10 倍多;工业总产值从 278.8 亿元增长至 3276.5 亿元,提高了 10.75 倍。

表 5-24 襄阳市规模以上工业发展情况

年 份	规模以上工业企业数 (个)	规模以上工业企业增加值 (亿元)	规模以上工业总产值 (亿元)
2001	419	87	278.8
2002	—	98	314.2
2003	—	124	325.3
2004	—	120	381.6
2005	441	162	539.6
2006	547	197	654.9
2007	716	226	790.3
2008	1066	318	1110.2
2009	1300	461	1523.6
2010	1031	681	2298.8
2011	1105	1035	3276.5

襄阳市主要行业发展如表 5-25 所示。从产业规模来看,汽车工业和农副产品加工业是产值规模均超过千亿元的支柱产业;装备制造超过 400 亿元;纺织、医药化工超过 300 亿元;电子信息产业超过 200 亿元;新能源新材料产业超过百亿元。从产业发展速度来看,各大产业均保持高速增长水平,产业规模形成了几年翻一番的局面,在地区经济中的作用越来越大。

表 5-25　襄阳市主要工业发展情况

主要行业	2012 年		2011 年		2010 年		2009 年	
	工业总产值（亿元）	增长率（%）	工业总产值（亿元）	增长率（%）	工业总产值（亿元）	增长率（%）	工业总产值（亿元）	增长率（%）
汽车工业	1295.90	−5.10	1338.80	31.10	1074.26	50.10	703.80	31.44
农副产品加工业	1391.60	34.52	1034.50	65.10	416.66	52.40	272.59	72.42
纺织					233.79	64.00	146.16	35.01
医药化工	397.00	46.87	270.30	82.80	167.30	68.40	100.25	20.62
装备制造业	491.00	60.30	306.30	36.90			202.50	28.55
电子信息	264.00	48.73	177.50	42.20	162.21	36.20	117.00	13.95
新能源、新材料	123.00	24.37	98.90	62.90				

根据表 5-24、表 5-25 及相关数据，我们对襄阳市产业发展情况有了一定了解。这些年来，襄樊市工业领域取得了巨大的进步，工业化进程取得了可喜的成果。从原先汽车产业一家独大的局面，演变成了轻重工业并举、蓬勃发展的新格局。目前，已经形成农副产品加工业、汽车业两个千亿级产业集群，纺织、医药化工、装备制造、电子信息等数个百亿产业集群，产业规模达到了较高水平，产业体系逐步完善，这将极大提升该市的产业竞争力和产业发展空间，也将为其他产业发展创造良好的外部环境，形成范围经济和规模经济。

四、编委会评价

襄阳地处中原腹地，是全国 108 个历史文化名城之一，是湖北两个省域副中心城市之一，既是老工业基地和传统农业大市，又是全国新能源汽车示范推广试点城市、国家新型工业化示范基地、新能源汽车产业示范基地和军民结合产业示范基地。集区位、交通、产业、政策等诸多优势资源于一身，加之地区经济社会的飞速发展，更增添了该市在我国中西部地区得天独厚的投资优势。

区位优势：襄阳市区位优势显著，交通优势突出。该市自古即为交通要塞，素有"南襄隘道""南船北马""七省通衢"之称，是全国重要的交通枢纽。目前，襄阳已形成立体的交通网络，水、陆、空交通便利发达。"一条汉江、两座机场、三条铁路、四通八达公路网"，汉丹、焦柳、襄渝 3 条铁路大动脉交汇于市区，3 条国道公路贯通市区，公路在境内连成网络，汉水、南河、唐白河等 5 条河道全年通航，还有襄阳和老河口两座飞机场的立体交通网络。300 公里内经济辐射武汉、宜昌、南阳、安康、十堰、随州、荆州、荆门、孝感，500 公里内与长沙、西安、郑州、合肥、成都、重庆连通，是一个贯穿南北、承东启西的重要交通枢纽。

　　产业优势：襄阳经济基础雄厚，工业基础好。作为全国 36 个工业明星城市之一，襄阳拥有规模以上工业企业超过千家，科技研发能力强劲。现已基本形成了门类齐全、功能完整、结构合理、实力强劲的经济发展体系和商贸大流通格局，建立了以汽车工业为龙头，纺织、电力、食品工业和高新技术产业为支柱，装备制造、建材冶金、化工、能源电力、电子电器、医药等聚集度高、综合配套能力强、有比较优势的特色产业工业体系，成为汉江中上游毗邻地区 30 万平方公里内的经济中心。

　　政策优势：襄阳是一个有待投资的热点地区，具有承接产业转移的良好政策机遇和服务环境。随着国家中部崛起战略的深入推进，襄阳市比照享受振兴老工业基地和西部大开发政策，更加有利于沿海投资者在襄阳创业。作为国家级节能与新能源汽车示范推广试点城市、国家新型工业化示范基地、新能源汽车产业示范基地和军民结合产业示范基地，襄阳是国家多项政策重点支持发展的密集区，是全国、全省重大项目摆放的重点区，是改革创新的先行实验区。襄阳已成为中部地区投资环境最好的城市之一，连续三年被《福布斯》评为中国大陆最佳百名商业城市和 20 座最适宜开办工厂的城市之一。2008 年 5 月，襄阳被国家商务部确定为国内加工贸易梯度转移重点承接地。

五、投资建议

　　根据襄阳市的产业发展现状、未来的产业定位及比较优势，我们认为襄阳市值得关注的行业如下：农副产品加工和食品制造业；汽车及零部件业；医药化工业。

遵义市投资价值分析

一、城市概况

　　遵义市位于贵州省北部，是中国西部重镇之一，属于国家规划的长江中上游综合开发和黔中产业带建设的主要区域，是中国历史文化名城、中国人居环境范例奖城市、中国优秀旅游城市、国家园林城市、国家卫生城市。该市东面与铜仁地区和黔东南州相邻，东南面与黔南州相邻，南面与省会贵阳市接壤，西南面和毕节地区毗连，西面与四川省泸州市交界，北面与重庆市接壤。遵义市共辖 2 区

（红花岗、汇川）、2 市（赤水、仁怀）、8 县（遵义、桐梓、绥阳、正安、凤冈、湄潭、余庆、习水）、2 民族自治县（道真仡佬族苗族自治县、务川仡佬族苗族自治县），国土面积 30762 平方公里。2011 年末，常住人口 610 万人，户籍人口 772 万人。

2011 年全市生产总值 1121.16 亿元，比上年增长 17.0%。其中，第一产业增加值 151.26 亿元，增长 1.6%；第二产业增加值 493.02 亿元，增长 22.9%；第三产业增加值 476.88 亿元，增长 16.6%。三次产业比重由上年的 15.4：41.8：42.8 优化调整为 13.5：44.0：42.5。人均生产总值为 18330 元，比上年增长 18.7%。

二、形势分析

2001 年，遵义市地区生产总值为 218.36 亿元；2006 为 466.81 亿元；2011 年首次突破 1000 亿元，为 1121.46 亿元，是 2001 年的 5.13 倍，年均增长 17.85%（现价计算）。2001 年，遵义市人均生产总值为 3027 元；2008 年超过 1 万元；2011 年为 18335 元，是 2001 年的 6.06 倍，年均增长 19.87%。如图 5-23 所示，遵义市经济保持高速增长，经济总量和人均产出均有了巨大提高，但是由于底子薄、起点低，与全国平均水平还有较大差距，与东部发达地区的差距更为悬殊。对欠发达地区来说，快速稳定持久的经济增长是缩小与发达地区差距的根本出路，也是实现小康社会的必然要求。

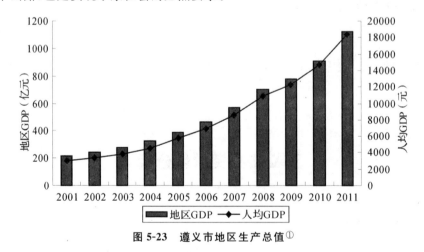

图 5-23　遵义市地区生产总值①

遵义市产业结构调整如图 5-24 所示。2001 年，遵义三次产业结构比重为 25.81：35.62：38.57；2006 年优化调整为 17.62：41.55：40.83；2011 年优化

①　数据来源：《贵州统计年鉴 2012》。

调整为 13.52：43.96：42.52。十数年间,第一产业所占 GDP 比重下降了 12.29 个百分点,第二产业所占 GDP 比重上升了 8.34 个百分点,第三产业所占 GDP 比重上升了 3.95 个百分点。第一产业比重的下降和第二、三产业比重的上升是遵义市产业结构变动的总趋势。

就遵义市发展现状而言,其正处在工业化的中期阶段。在这个阶段,工业化速度将大大加快,粗加工、低附加值、传统产业将迅速做大做强,形成较大的行业规模,建立有一定竞争力的现代产业体系。通过城市化和工业化,改变地区经济格局和产业结构,实现农民向工人的转变,农村向城镇的转变。根据遵义市现有的产业调整速度,今后五年将是该市关键时期,在这期间,第一产业比重将下降到 10% 以下,工业化程度大大提高,工业领域将形成一批具有带动力的企业集团,部分行业有突破性的增长。

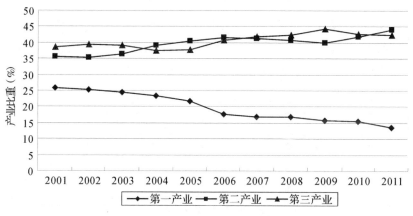

图 5-24　遵义市三次产业结构

2011 年,贵州省实现地区生产总值 5701.84 亿元,比上年增长 15%;人均生产总值 16413 元,比上年增长 16.1%。贵州省各地区经济总量和人均 GDP 如图 5-25 所示。从经济总量来看,贵阳市和遵义市是仅有的超过千亿元的两个城市,分别为 1383.07 亿元和 1121.46 亿元;安顺市、铜仁市和黔西南州地区 GDP 最低,不到 400 亿元。从人均 GDP 来看,贵阳市、六盘水市和遵义市最高,分别为 3.17 万元、2.15 万元和 1.83 万元,其他城市均不超过省平均水平,铜仁市、毕节市和黔东南州不到 1.2 万元。可看出,遵义市虽发展水平不高,但因贵州地区的整体不发达,故而在贵州省内仍可排在前列,为仅次于省会城市的第二大城市。

贵州省部分地区经济社会发展比较如表 5-26 所示。从土地面积、人口、地区 GDP、人均 GDP、人均收入等各项指标来看,遵义市在贵州省内均处于最前

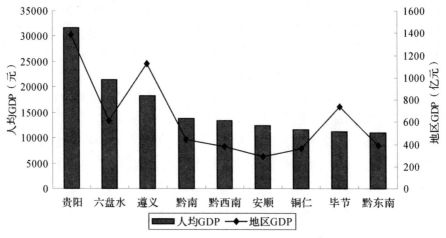

图 5-25　贵州各地区 GDP 和人均 GDP[①]

列,部分经济指标仅次于贵阳市。遵义市的工业产值、职工工资两项指标超过贵阳市,固定资产投资、财政收支指标低于贵阳市。总体来看,遵义市是贵州省内较为发达的地区,社会经济发展情况好于周边城市。

表 5-26　贵州部分城市基本情况

指　标	单位	遵义	贵阳	六盘水	安顺	毕节	铜仁	黔南
土地面积	平方公里	30762	8034	9965	9267	26853	18003	26197
年末常住人口	万人	610.00	439.33	285.00	228.00	652.00	308.00	321.00
地区生产总值	亿元	1121.46	1383.07	613.39	285.55	737.41	357.72	443.59
第一产业比重	%	13.50	4.60	5.20	15.60	18.20	29.00	16.70
第二产业比重	%	44.00	42.40	62.70	39.40	46.40	27.90	41.30
第三产业比重	%	42.50	53.00	32.10	45.00	35.40	43.10	42.00
经济增长率	%	17.00	17.10	16.60	15.00	16.80	15.50	15.50
人均 GDP	元	18335	31712	21522	12472	11295	11622	13765
规模以上工业增加值	亿元	427.11	365.23	282.01	72.34	194.84	50.60	121.69
全社会固定资产投资	亿元	813.62	1600.59	558.63	243.35	830.87	424.01	458.81
社会消费品零售额	亿元	350.62	584.33	157.61	83.93	150.38	89.88	117.12
财政一般预算收入	亿元	84.62	187.09	70.84	26.51	80.76	28.41	39.20
财政一般预算支出	亿元	256.36	277.31	146.71	101.05	246.46	164.39	162.39
单位从业人员	万人	30.34	70.91	22.18	14.44	23.90	14.80	16.87

---

①　数据来源:《贵州统计年鉴 2012》。

指标	单位	遵义	贵阳	六盘水	安顺	毕节	铜仁	黔南
在岗职工年平均工资	元	39699	38674	39448	35301	33048	34304	35610
城镇居民人均可支配收入	元	17426	19420	16371	16300	17135	13846	16983
农民人均纯收入	元	5216	7381	4437	4367	4210	4002	4633

三、产业定位

遵义市利用外资情况如表 5-27 所示。从 2001 到 2011 年外商投资有小幅增长,总体来看,在吸引外资方面成效不大。对内开放,吸引市外资金成为该市发展的主要途径。每年数百亿元资金的投入,有力地促进了遵义经济的发展和产业体系的完善。

表 5-27　遵义市利用外资情况

年份	新签外商投资协议数(个)	合同利用外资金额(万美元)	实际利用外资金额(万美元)
2001	11	—	2407
2002	6	2152	263
2003	7	1638	1057
2004	6	999	1036
2005	7	1668	919
2006	4	1073	159
2007	1	4000	236
2008	6	9305	4842
2009	2	735	2991
2010	4	3441	2973
2011	11	8132	3331

根据该市"十一五"规划纲要,该市坚持"兴工强市"的战略。第一产业方面,走高产、优质、高效、生态、安全的农业发展道路,加快形成有竞争力的特色农业产业体系,稳定提高粮、油、烟传统支柱产业,大力发展畜牧业、竹业、药业、辣椒、茶叶、蔬菜等优势特色产业,积极发展"畜、沼、粮、草、渔"良性循环的生态畜牧业,规划建设一批优质特色农产品基地、农业标准化示范区、农业科技示范带和农业观光园区,逐步形成各具特色的区域优势农产品、特色农产品

产业带。第二产业方面,坚持走新型工业化道路,加快工业化进程,构建以高新技术产业为先导、传统支柱产业为基础、优势特色产业为支撑的新型工业体系。集中力量加快建设工业六大基地,培育能源、铝业、化工、原材料、机电、食品六个年销售收入上百亿的行业(集团),依托优势资源,加快发展煤化工、铝加工、生物制药等资源精深加工为主的优势特色产业,大力发展机械电子、新材料、中药现代化、食品加工等高新技术产业。第三产业方面,加快发展服务业,加快培育旅游支柱产业。改造提升商贸、餐饮、住宿、交通运输、公用事业等传统服务业,加快发展旅游、现代物流、科技文化、金融保险、信息、中介、会计、设计、房地产、法律服务、咨询服务、社区服务、医疗保健等新兴服务业,提高服务业发展水平。

根据该市"十二五"规划纲要,遵义市定位为"贵州发展一翼",继续实施工业强市、城镇化带动和农业产业化战略,建设社会主义新农村、推进新型工业化、培育创新型城市、打造文化旅游强市。第二产业方面,大力实施工业强市战略,努力在新型工业化上率先实现突破,立足产业基础和资源比较优势,重点发展白酒、材料(铝、钛、镁、锰、硅、钒、汞、镍、钼等原材料产业;原材料精深加工及新材料产业,做大做强遵义国家新材料产业化基地)、装备制造(机电整机产品、汽车及汽车零部件、摩托车零部件,新能源汽车,做大做强国家火炬计划遵义航天军转民产业基地)、能源、化工(循环经济型煤化工,氯碱化工,石油、天然气、页岩气化工,其他精细化工)、烟草、茶叶、竹产品、特色食品、制药等十大工业及配套产业,培育发展新材料、高端装备制造、新型电子、节能环保、新能源、生物技术、动漫等新兴产业和高技术产业。第一产业方面,加快新农村建设,努力在农业产业化上率先实现突破。大力发展茶叶、中药材、竹业、辣椒、红粱、商品蔬菜、生态畜牧业、干果等特色产业和基地建设,推进优势农产品向优势产区集中,加快农业工业化步伐,提升农产品加工增值水平。第三产业方面,加快发展服务业,努力在文化产业和旅游业转型升级上率先实现突破。大力发展文化产业,以文化旅游、会展、新闻出版、广播影视、演艺娱乐、体育健身、会展文化创意等产业为重点,加快传统特色文化产业发展;以数字网络、文化创意、动漫为重点,积极培育发展新兴文化产业;做大做强旅游业,发展红色旅游、生态旅游、休闲旅游、工业旅游;大力发展金融、物流、会展等生产性服务业,积极发展商贸、住宿餐饮、房地产、社区服务业等生活性服务业。

2011年,遵义市全部工业增加值430.98亿元,比上年增长22.5%。规模以上工业增加值421.80亿元,增长22.5%。从轻重工业看,轻工业287.36亿元,增长24.8%;重工业134.44亿元,增长17.6%。其中,煤炭开采和洗选业完成增加值 33.87 亿元,比上年增长 8.7%;饮料制造业完成增加值 217.86 亿元,增长 30.3%;烟草制品业完成增加值 35.64 亿元,增长 5.4%;化学原料及化学制品制造业完成增加值 12.45 亿元,增长 40.2%;医药制造业完成增加值 8.36 亿元,增长 31.4%;非金属矿物制品业完成增加值 15.32 亿元,增长 46.4%;黑色金属冶炼及压延加工业完成增加值 8.63 亿元,增长 31.4%;有色金属冶炼及压延加工业完成增加值 12.12 亿元,增长 59.4%;电力热力的生产和供应业完成增加值 27.45 亿元,增长 0.7%。

遵义市主要工业行业发展情况如表 5-28 所示。

从规模企业数来看,2011 年,超过 50 家企业的行业有 3 个。其中,煤炭开采和洗选业、饮料制造业和非金属矿物制品业最多,分别为 110 家、89 家和 57 家。此外,农副食品加工业、电力热力生产供应业和化工业企业数也较多。

从从业人员数来看,超过 1 万人的行业有 2 个,分别是饮料制造业和煤炭开采和洗选业,均在 2 万人以上。除此之外,黑色金属冶炼和压延加工业、非金属矿物制品业和金属制品业人数也较多,接近万人规模。

从工业总产值来看,超过 50 亿的产业有 6 个,其中 2 个超过百亿。饮料制造业、电力热力生产供应业、有色金属冶炼和压延加工业产值最高,分别为 301.14 亿元、112.31 亿元和 85.23 亿元,占行业比重在 8%—29% 之间。除了这些行业之外,煤炭开采和洗选业、黑色金属冶炼和压延加工业等规模也较大。

从产业发展速度来看,2007—2011 年,行业平均增速为 2.76 倍,速度超过 5 倍的行业有 4 个,超过 10 倍的行业有 2 个。造纸及纸制品业、交通运输设备制造业和电器机械及器材制造业是发展最快的 3 个行业,分别为 32.64 倍、17.19 倍和 7.22 倍。除此之外,非金属矿采选业、通用设备制造业发展速度也较快。

从产业变化幅度来看,提高 1 个百分点以上的行业有 5 个,饮料制造业、煤炭开采和洗选业、造纸及纸制品业产业比重增加幅度在 2.5—5 个百分点之间。下降 1 个百分点以上的行业有 5 个,黑色金属冶炼及压延加工业和化学原料及化学制品制造业降幅均在 5 个百分点左右,是比重下降最多的两大行业。

表5-28 遵义市主要行业发展情况①

指　标	企业数（个）	从业人员（人）	工业总产值（亿元）		增长倍数（倍）	产业比重（%）		变化幅度（百分点）
	2011年	2011年	2011年	2007年		2011年	2007年	
总计	470	124629	1045.14	378.37	2.76	100.00	100.00	0
煤炭开采和洗选业	110	20801	81.20	18.74	4.33	7.77	4.95	2.82
黑色金属矿采选业	1	78	0.23			0.02		
有色金属矿采选业	7	780	9.19	2.79	3.29	0.88	0.74	0.14
非金属矿采选业	5	769	6.58	1.13	5.83	0.63	0.30	0.33
农副食品加工业	33	3092	44.60	15.51	2.88	4.27	4.10	0.17
食品制造业	15	2537	25.84	7.49	3.45	2.47	1.98	0.49
饮料制造业	89	26333	301.14	92.52	3.25	28.81	24.45	4.36
纺织业	2	805	1.57	1.05	1.50	0.15	0.28	−0.13
纺织服装、鞋、帽制造业	1	116	0.20	0.91	0.22	0.02	0.24	−0.22
木材加工及木、竹、藤、棕、草制品业	4	824	5.37	3.29	1.63	0.51	0.87	−0.36
家具制造业	3	590	5.70			0.55		
造纸及纸制品业	11	2209	30.14	0.92	32.64	2.88	0.24	2.64
化学原料及化学制品制造业	22	6390	41.07	35.93	1.14	3.93	9.50	−5.57
医药制造业	9	2903	46.31	16.84	2.75	4.43	4.45	−0.02
橡胶和塑料制品业	2	110	2.19	1.90	1.15	0.21	0.50	−0.29
非金属矿物制品业	57	8640	65.72	20.82	3.16	6.29	5.50	0.79
黑色金属冶炼及压延加工业	12	9241	69.15	43.71	1.58	6.62	11.55	−4.94
有色金属冶炼及压延加工业	14	7243	85.23	39.40	2.16	8.15	10.41	−2.26
金属制品业	6	8161	30.96	16.43	1.88	2.96	4.34	−1.38
通用设备制造业	5	2338	12.52	2.75	4.54	1.20	0.73	0.47
专用设备制造业	6	1130	4.27	1.64	2.61	0.41	0.43	−0.02
交通运输设备制造业	11	3468	16.79	0.98	17.19	1.61	0.26	1.35
电气机械及器材制造业	13	3543	34.72	4.81	7.22	3.32	1.27	2.05
通信设备、计算机及其他电子设备制造业	1	280	0.76			0.07		
电力、热力的生产和供应业	26	7692	112.31	44.74	2.51	10.75	11.82	−1.08

①　数据来源：《遵义统计年鉴2012》《遵义统计年鉴2008》。"增长倍数"与"变化幅度"均是以2011年数据与2007年数据的比较。

根据表5-28及相关数据,我们对遵义市产业发展情况有了一定的了解。总体来看,遵义市工业发展迅速,内部结构明显优化和提升,现代产业体系逐步完善,部分优势产业继续保持支柱地位。具体来看,饮料制造业产业规模最大,占全市工业产值的1/4,且保持高速增长态势,冶金、化工规模也较大,但产业比重逐步下滑。采掘业、食品制造等产业稳步增长,在地区经济中的比重逐步提高。装备制造业,特别是交通运输设备制造业有了较大突破,其他行业则发展平稳。

四、编委会评价

遵义地处中国西南腹地,气候宜人,风景优美,拥有丰富的能矿资源、文化资源、旅游资源和良好的生态资源。著名的遵义会议在此召开,中国名酒——茅台酒产自该地。国家深入实施的"西部大开发"战略,支持中西部地区承接产业转移和革命老区加快发展;省委、省政府实施"黔中率先崛起、黔北加快跨越"的区域发展战略,加快把遵义建设成为统筹城乡发展的试点市和成渝经济区产业扩散转移的重要辐射区。目前,该市发展基础条件明显改善,工业化、城镇化进程加快,经济发展的内生动力增强,有利于遵义发挥比较优势加速发展。

区位优势:遵义区位优越,交通便捷。该市地处云贵高原北部,北距重庆市中心239公里,南临省会贵阳140公里,黔渝高速公路、210国道、川黔铁路纵贯南北,326国道横跨东西,是大西南通江达海的重要通道和国家长江中上游综合开发区的重要区域,在"泛珠三角""南贵昆"和"成渝"经济区域中有着不可替代的作用。在建的贵阳至广州高速公路和高速铁路、杭州至瑞丽高速公路、成都至贵阳高速铁路以及即将通航的遵义新舟机场,将为遵义的交通提供更为便捷的条件。

产业优势:遵义产业发展迅速。作为新兴的生态工业城市,该市聚集了贵州茅台集团、长征电气公司、贵州海尔、遵义钛厂等一批知名企业,初步形成了以能源、冶金、食品、医药、化工、机电等为主导的工业体系;遵义素有"黔北粮仓"之称,粮食、油菜籽、烤烟、生猪、茶叶、毛竹、辣椒等农产品产量位居全省之首,农产品基地建设和精深加工开发潜力巨大。"十二五"规划的制定实施,将加速该市优势产业快速增长,也有助于新的经济增长点的培育。

政策优势:作为西部欠发达地区和革命老区,遵义市享受国家和省内各项政策支持。为了更快地促进对内对外开放,鼓励、支持非公有制经济,吸引外来资金项目,该市制定了《遵义市工业招商引资政策》《市人民政府关于促进高星级酒店和会展业发展的意见》《遵义工业园招商引资优惠政策若干规定》等诸多政策意见,在土地、税收、金融、财政等各个方面予以支持,实现地区经济赶超式发展。

五、投资建议

根据遵义市的产业发展现状、未来的产业定位及比较优势,我们认为遵义市值得关注的行业如下:农副食品加工和制造业;饮料制造业;机械制造业。该市的文化旅游业也值得关注。

第四节　推荐城市之县级区域

山东省商河县

一、城市概况

商河县地处山东省西北部,隶属山东省会济南市,是济南的北大门,是"山东省绿化模范县""省级生态县"。该县南临黄河,北望京津,与德州市的乐陵市接壤,东靠滨州市的惠民县、阳信县,西与德州市的临邑县毗邻。商河现辖7镇(玉皇庙镇、怀仁镇、贾庄镇、殷巷镇、郑路镇、龙桑寺镇、白桥镇)、4乡(孙集乡、韩庙乡、沙河乡、张坊乡)、1个办事处(许商街道办事处),土地面积1162平方公里。2011年末,全县总人口62.52万人。

2011年,商河县实现地区生产总值113.2亿元,增长13.6%。其中第一产业增加值36.1亿元,增长8.5%;第二产业增加值42.5亿元,增长15.4%;第三产业增加值34.6亿元,增长16.9%。三次产业构成由上年的32.8:37.9:29.3调整为31.9:37.5:30.6。人均地区生产总值18176元,比上年增长13.0%。

二、形势分析

2001年,商河县地区生产总值为39.9亿元;2006年达74.18亿元;2011年首次超过百亿元大关,为113.2亿元,是2001年的2.84倍,年均增长11.84%(现价计算)。2001年,商河县人均GDP为5563亿元;2008年超过万元;2011年为1.82万元,是2001年的3.27倍,年均增长12.83%。如图5-26所示,商河县经济发展速度较慢,经济波动明显,社会经济发展水平提升不多。

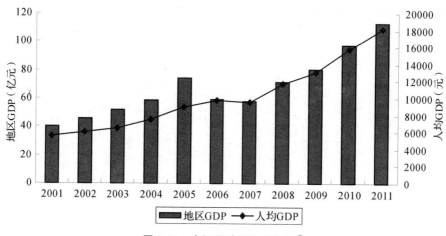

图 5-26　商河县地区生产总值①

商河产业结构调整趋势如图 5-27 所示。2001 年,三次产业结构比重为 38.62∶33.80∶27.57;2006 年优化调整为 33.52∶43.97∶22.51;2011 年调整为 31.9∶37.5∶30.6。十数年间,第一产业所占 GDP 比重下降了 6.72 个百分点,第二产业所占 GDP 比重上升了 3.7 个百分点,第三产业所占 GDP 比重上升了 3.02 个百分点。第二、三产业比重的上升和第一产业比重的下降是该县产业结构变动的主要特征。

具体而言,该县产业结构呈典型的传统产业结构特征,三大产业比重差距较小,均在 30% 上下,这在我国东部省份是比较少见的。农业为主的经济结构决定着生产方式的落后,工业的不发达意味着经济的整体落后。改变这一局面的主要方式为工业化,通过第二产业推进整个经济结构的转型,实现产业结构从"一二三"向"二三一"的巨大转变。根据罗斯托的经济成长理论,商河县才刚刚进入"起飞阶段",需要大量的资本投资才能持续推动经济增长,摆脱静态循环。对商河县而言,大力发展工业,是一个长期而又持久的任务。

2011 年,济南市实现地区生产总值 4406.29 亿元,比上年增长 10.6%;人均生产总值 64331 元(按常住人口计算),增长 8.9%,折合 9960 美元。济南市各个区县经济发展水平如图 5-28 所示。从经济总量来看,历下区、历城区和章丘市最大,分别为 752.1 亿元、675.8 亿元和 583.3 亿元,平阴县和商河县最少,均在 200 亿元以下。从人均 GDP 来看,历下区、市中区和历城区最高,分别为 13.87 万元、9.42 万元和 7.33 万元;济阳县和商河县最低。从这

① 数据来源:中国统计年鉴数据库。

两组数据来看,商河县在济南市内属于经济最需发展的区域,与周边市区的差距很大。

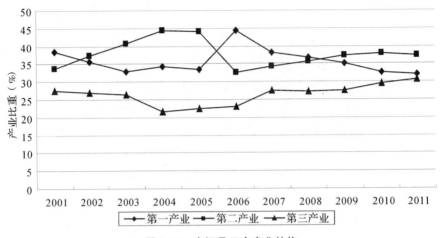

图 5-27 商河县三次产业结构

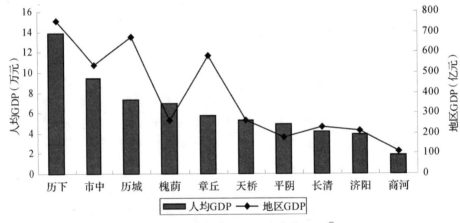

图 5-28 济南各地区 GDP 和人均 GDP①

商河县与周边县市的基本情况比较如表 5-29 所示。除了人口数据外,其他各项数据显示商河县与周边县市均有一定差距,虽然周边县市大都也处于欠发达状态,但总体情况好于商河。具体来看,工业、出口、固定资产投资这三项主要的经济指标方面,不仅远远落后于同处济南市辖区内的平阴、济阳二县,也落后于紧邻的德州、滨州县市。工业不发达、投资不足应该是商河经济落后的根本原因。

———————————————

① 数据来源:济南统计局。

表 5-29　山东部分城县市基本情况^①

地　区	单位	商河	平阴	济阳	临邑	乐陵	惠民	阳信
土地面积	平方公里	1163	827	1076	1016	1172	1363	799
年末总人口	万人	63.00	37.00	56.00	54.20	69.70	64.00	45.00
地区 GDP	亿元	113.20	181.30	214.00	181.00	140.00	140.13	115.00
人均 GDP	元	18246	48645	38740	33395	20086	21895	25555
经济增长率	％	13.60	10.30	13.20	—	14.50	—	14.40
单位从业人员数	人	42887	45566	51673	27144	23833	38364	34263
地方财政预算内收入	亿元	4.39	6.00	8.01	7.04	3.50	5.17	4.06
地方财政预算内支出	亿元	15.39	13.78	15.84	15.02	15.20	17.84	12.41
工业总产值	亿元	106.67	345.49	385.08	479.77	399.45	148.45	175.69
主营业务收入	亿元	102.70	281.26	359.92	491.73	416.52	127.58	139.33
社会消费品零售额	亿元	47.78	56.59	68.09	67.80	65.68	62.43	39.67
出口总额	亿美元	0.58	4.55	0.96	2.90	1.47	0.25	2.27
固定资产投资	亿元	44.54	96.98	119.83	103.47	99.07	105.90	89.06

三、产业定位

近些年来,商河县大力进行招商引资,通过大项目来带动产业发展,外力资本对县工业经济发展起到了极大的推动作用。"十一五"期间,引进了晟朗能源、齐鲁化纺、博瑞路桥等企业,全县共引进项目 272 个,实际到位资金 42 亿元,其中内资 39 亿元,年均增长 20％;实际利用外资 4910 万美元,年均增长 7％。

根据商河"十一五"规划纲要,该县定位为"温泉生态之城、休闲健身之都、鼓子秧歌之乡"。第二产业的发展目标为:大力实施工业强县战略,充分发挥商河资源优势和传统产业优势,着力培植主导产业,建设纺织服装基地、农副食品加工基地、玻璃制品基地、医药化工基地等四大工业基地;充分发挥传统产业优势,以地毯、丝网、塑料为重点,加快劳动密集型产业建设步伐,加快发展民营经济特色产业。第一产业方面,加快发展现代农业,在稳定粮棉生产的基础上,巩固发展高效种植业基地,改粮经二元经济结构为粮经饲三元结构种植。积极建设"高产、高效、优质"农业,建设生态型高产农田、高商品率农业基地、规模化良种培育基地和农产品加工龙头企业。重点围绕瓜果菜禽畜和名优产品展开,走特色之路,走产业化之路。繁荣发展第三产业方面,优化提升商贸流通业,加快发展社

---

① 　数据来源:《山东统计年鉴 2012》,部分数据来自各县市政府工作报告。

会服务业,重点发展信息服务业,规范发展中介服务业,大力发展社区服务业。

根据商河"十二五"规划纲要,该县定位为"活力充足、生态环境优美的区域强县和济南市的次中心城市",按照"做大县城、做强特色产业"的发展方向,逐步形成"一城二带三区多点"的空间布局。第二产业发展方向,实施工业强县战略,推动工业结构优化升级,大力发展特色产业,改造提升传统产业,培育发展新能源、玻璃制品、电子机械、纺织服装、农副食品五大工业产业集群;立足现有基础,大力发展新能源、机械制造、纺织服装、医药制品等产业,培植石油化工、农副食品等产业。第一产业方面,大力发展现代农业,提升新农村建设水平,按照温泉农业、休闲农业、体验农业、旅游农业的功能定位,巩固和加强粮食主产区地位,大力发展高产、高效、优质、生态、安全的现代农业,着力打造 15 万亩大蒜生产基地、4.5 万亩大棚菜生产基地、1 万亩黑皮冬瓜生产基地和 1 万亩浅水藕生产基地等四大主导产品生产基地,把畜牧业建成商河县农村经济的主导产业。第三产业方面,加快发展现代服务业,打造区域服务中心,加快发展温泉旅游业,把旅游业培育成战略支柱产业,提升商贸服务业,做强现代物流业,扩展金融服务业,稳健发展房地产业。

2011 年,商河县共有规模以上工业企业 114 家,实现工业总产值 106.67 亿元,同比增长 38.19%;实现工业增加值 31.58 亿元,同比增长 19.11%;实现主营业务收入 102.70 亿元,同比增长 38.88%;实现利税 7.46 亿元,同比增长 21.82%。规模以上轻工业累计完成总产值 64.73 亿元,同比增长 37.81%;重工业累计完成总产值 41.94 亿元,同比增长 38.78%,轻重工业实现协调发展。农副食品、纺织业、医药、玻璃制品四大主导行业实现主营业务收入 62.6 亿元,占全县规模以上工业主营业务收入的 60.9%,同比增长 37.3%。

商河县产业发展情况如表 5-30 所示。

从产业规模来看,2011 年产值超过 5 亿元的有 4 个,超过 10 亿元的行业有 3 个。其中,纺织业、农副食品加工业和塑料制品业规模最大,分别为 30.51 亿元、20.86 亿元和 13.88 亿元,产业比重均超过 10%,在 13—20% 之间。除此之外,石油和天然气开采业、电力热力生产供应业、有色金属冶炼和压延加工业产业规模也较大。

从产业发展速度来看,2007—2011 年间,工业总产值平均增长倍数为 2.44 倍,高于平均值的有 13 个行业,增长倍数超过 10 倍的有有色金属冶炼、塑料制品业和木材加工业;超过 4 倍的行业有石油和天然气开采业、化学原料及化工制品业、通用设备制造业和专用设备制造业。总体来看,增速快的产业基本上是原先产业规模很小的产业。

从产业变动幅度来看,产业比重提高超过 1 个百分点的行业有 9 个,其中,塑料制品业、有色金属冶炼和压延加工业、石油和天然气开采业产业比重增幅最大,分别为 11.37 个百分点、3.43 个百分点和 2.57 个百分点。产业比重下降超过 1 个百分点的行业有 7 个,其中,非金属矿物制品业、医药制造业和电力热力生产供应业下降幅度最多,分别为 16.02、2.82 和 2.69 个百分点。大多产业发展较为平稳。

表 5-30　商河县主要行业发展情况^①

行　业	工业总产值(亿元)		产业比重(%)		增长倍数(倍)	产业变动幅度(百分点)
	2011 年	2007 年	2011 年	2007 年		
总计	106.10	43.51	100.00	100.00	2.44	0
石油和天然气开采业	5.41	1.10	5.10	2.53	4.92	2.57
农副食品加工业	20.86	7.63	19.66	17.54	2.73	2.12
食品制造业	0.64	0.97	0.60	2.22	0.66	−1.62
酒、饮料制造业	0.20	0.21	0.19	0.48	0.96	−0.29
纺织业	30.51	12.12	28.75	27.86	2.52	0.89
纺织服装、鞋、帽制造业	2.67	0.74	2.52	1.70	3.62	0.82
皮革、毛皮、羽毛(绒)及其制品业	0.80	0.00	0.76	0.00	—	0.76
木材加工及木、竹、藤、棕、草制品业	0.72	0.06	0.68	0.13	12.45	0.54
家具制造业	1.07	0.00	1.00	0.00	—	1.00
造纸及纸制品业	0.61	0.74	0.58	1.70	0.83	−1.13
印刷业和记录媒介的复制	0.24	0.07	0.22	0.17	3.18	0.05
文教体育用品制造业	2.27	0	2.14	0	—	2.14
化学原料及化学制品制造业	3.66	0.69	3.45	1.59	5.27	1.85
医药制造业	3.20	2.54	3.02	5.84	1.26	−2.82
橡胶制品业	2.05	0	1.93	0	—	1.93
塑料制品业	13.88	0.75	13.08	1.72	18.58	11.37
非金属矿物制品业	2.69	8.07	2.54	18.56	0.33	−16.02
黑色金属冶炼及压延加工业	2.43	0.63	2.29	1.45	3.86	0.84
有色金属冶炼及压延加工业	3.76	0.05	3.55	0.12	74.39	3.43

---

① 数据来源于商河县统计局。"产业倍数"与"产业变动幅度"均是以 2011 年数据与 2007 年数据的比较。

续　表

行　业	工业总产值(亿元)		产业比重(%)		增长倍数(倍)	产业变动幅度(百分点)
	2011 年	2007 年	2011 年	2007 年		
金属制品业	1.98	1.46	1.87	3.36	1.36	−1.49
通用设备制造业	1.46	0.31	1.37	0.71	4.70	0.66
专用设备制造业	0.4	0.09	0.38	0.20	4.44	0.18
交通运输设备制造业	1.08	1.25	1.01	2.87	0.86	−1.77
专用设备制造业	1.70	0	1.60	0	—	1.60
电气机械及器材制造业	0.22	0	0.21	0	—	0.21
通信设备、计算机及其他电子设备制造业	0.24	0	0.23	0	—	0.23
工艺品及其他制造业	1.29	0.40	1.22	0.91	3.22	0.31
电力、热力的生产和供应业	4.18	2.89	3.94	6.63	1.45	−2.69

通过表 5-30 和相关数据,我们对商河县产业发展情况有了一定的了解。该县产业发展速度较快,部分产业主导地位和支柱作用显著,部分产业增速明显,但总体产业规模偏小,产业大都处于起步阶段,有很大的发展潜力。具体来看,纺织业、农副食品加工业和塑料制品业是该县最主要的产业,产业规模较大,发展态势很好;非金属矿物制品业、造纸业、交通运输设备制造业等产业萎缩明显;设备制造业领域有了一定成长。因为诸多产业处于起步阶段,增速很快,导致了产业间的比重有较大变化。

四、编委会评价

商河县地处鲁西北,该县资源丰富,风景优美,作为济南市的辖区,有依托省会的各种优势。随着山东省打造山东半岛蓝色经济区、黄河三角洲高效生态经济区、济南城市群经济圈等经济板块利好政策的制定实施,该县土地、区位、环境优势日益显现,基础设施建设、产业基础的完善,为承接市区产业转移,尽快融入省会经济提供更加有利条件。这些都有利的促进该县经济的赶超式跨越式发展,缩小与发达区域的差距。

区位优势:商河县区位优势显著,交通便利。该县地处山东省会,北依京津,是鲁西北的经济辐射中心。从交通来看,省道 248 线纵贯南北,316 线横跨东西,全县公路通车里程达上千公里,公路密度列全省之首,北接德滨高速公路,南到济青、京福高速 70 公里,距济南国际机场 50 公里。德龙烟铁路和新京沪高速公路相继建成后交通将会更加便利。

产业优势：经过这些年的发展，商河县逐步突破了原先农业为主的产业格局，第二、三产业有了较大发展，形成了纺织业、农副食品加工业和塑料制品业等支柱产业，玻璃、丝网、塑料、纺织、机械、食品、医药等主导产业逐渐形成。随着承接产业速度的加快和诸多产业政策的实施，商河县各个产业将有较大的发展空间，形成自身的产业优势和产业竞争。

政策优势：为了鼓励支持外来投资，商河县在税收、土地、收费等方面给予政策支持。为了更好地完善投资环境，商河县招商服务中心设有专门机构，帮助投资者处理相关事项。

五、投资建议

根据商河县的产业发展现状、未来的产业定位及比较优势，我们认为商河县值得关注的行业如下：农副食品加工和制造业；纺织服装业；机械制造业。该县的塑料制品业也值得关注。

湖北省仙桃市

一、城市概况

仙桃市地处江汉平原腹地，紧靠中国特大城市武汉，素有"鄂中宝地、江汉明珠"之称。仙桃原名沔阳，1986年撤县建市，1994年列为省直管市。全市现有国土面积2538平方公里，人口152万，城区建成区面积63平方公里，城区常住人口50万，辖4个省级工业园区、3个市属街道办事处、15个建制镇。仙桃是武汉城市圈"两型"社会综改试验区的重要成员，是武汉城市圈建设总体规划中定位的五个大城市、六大综合物流基地和四大区域性商贸次中心之一。2012年，全市实现生产总值430亿元，全市财政总收入27亿元。综合经济实力连续10多年位居湖北省县市发展前列，跻身全国县域经济基本竞争力"百强"和中部"十强"县市。先后获中国最具投资潜力中小城市百强、中国最具区域带动力中小城市百强、全国创建文明城市工作先进市、全国卫生城市、全国体育先进市、全国科技先进市、中国最佳粤商投资城市、中国金融生态城市、湖北园林城市等多项殊荣。

二、人文历史

仙桃由古云梦泽演化而来,这里人杰地灵,文化源远流长,拥有 1500 多年的建制史,长江汉水的滋养,养育了代代俊贤英杰,造就了一大批政界、学界、商界、文化艺术界的精英之士,在全国具有较大的影响。比如法学家王利民、作家池莉、计算机领域的雷军等等,据不完全统计,仙桃籍的法学博士现在就有 72 名。从仙桃先后走出了李小双、李大双、杨威、郑李辉、廖辉 5 位世界冠军,仙桃因此被国家授予"中国体操之乡"和"世界冠军的摇篮"称号。尤其是在 2008 年北京奥运会上,仙桃奥运健儿杨威、廖辉不畏强手,顽强拼搏,创造了"一座小城、两位冠军、三枚金牌、四块奖牌"的奥运奇迹。仙桃崇文重教,每年为国家输送 1 万多名优秀大学生,是国家高等学府的人才摇篮,自古就被誉为"文化之乡""状元之乡",人力人才资源十分丰富。

三、区位交通

仙桃北依汉水,南靠长江,西连荆州,东邻武汉,处在湖北"两江"(长江、汉江)经济开发带的交汇点上。境内沪渝高速、随岳高速穿境而过,京珠高速与沪渝高速交汇点距离仙桃城区 30 分钟车程。从仙桃到北京、上海、成都、广州均在 1000 公里半径范围内。仙桃紧邻大武汉,距武汉市中心、天河国际机场、武昌火车站、武汉港均只有 1 小时的车程,是名副其实的武汉卫星城。未来两年,武汉至仙桃城际轻轨和武汉外环孝仙嘉高速开通后,仙桃距离武汉市中心车程将缩短为 20 多分钟。沪渝高速铁路在仙桃城区北面和西面设有 1 个客运站和 1 个货运站。便利的公路、铁路网络,使仙桃北到北京,南到广州,东到上海,西到成都均在 1000 公里到达半径内。仙桃水运交通优势明显,南水北调、引江济汉工程使得汉江成为最低通航能力增至 1000 吨的黄金水道。目前全市已形成拥有三条高速公路、三条铁路、一条国道、一条黄金水道的立体交通网络。仙桃之于武汉,如昆山之于上海,萧山之于杭州,东莞之于广州。贯通南北、承东启西、紧邻武汉的区位优势,使仙桃成为沿海产业向内地转移的最佳承载地之一。随着国家中部崛起的深入实施,湖北作为"促进中部崛起的战略支点"的地位日益突出,加之武汉城市圈被确定为国家资源节约型和环境友好型综合配套改革建设试验区,仙桃正在成为充满无限商机和投资活力的风水宝地。一批大企业、大集团纷纷进驻仙桃,将仙桃作为占领武汉市场、拓展华中市场、进军西部市场的"桥头堡"。很多企业家发出了"得仙桃者得武汉、进而得华中"的感叹。

四、工业经济

依托丰富的农产品资源优势、劳动力资源优势、得天独厚的区位优势,仙桃工业经济发展迅速,形成了以纺织服装、无纺布卫材、医药化工、食品加工、机械电子五大产业为主体,工艺先进、门类齐全、集聚发展的工业制造体系。2012 年五大工业板块实现的增加值、税收均占全市总额的 80% 以上。以迈亚为龙头的纺织服装板块,拥有先进纺锭 50 万锭,年产各类服装 7500 万件;以新发、金仕达、裕民、宏祥等企业为龙头的无纺布和医用卫材板块现有加工及配套企业 394 家,年产无纺布制品 5 万吨,占全国 40% 的出口份额,彭场镇被授予“全国无纺布制品名镇”称号;以加多宝、旺旺、真巧、亲亲、燕京为代表的食品加工板块现有企业 160 多家,其中规模以上企业 70 家,生产规模近 300 亿元;以丝宝和德国拜尔斯道夫公司为龙头的精细化工板块现有企业 31 家,年创产值 40 多亿元;以台湾健鼎、富士和机械、康舒电子、北京神雾、瑞阳汽配、光庭电子等为代表的机械电子加工板块发展势头良好。在工业经济的强力拉动下,仙桃商贸繁荣、金融、信息、酒店、娱乐休闲等服务设施齐全,被称为“武汉的后花园”。

五、投资环境

仙桃始终坚持把环境建设作为生命工程来抓,用硬投入改善硬环境,用硬措施整治软环境,大力建设“诚信仙桃”“生态仙桃”,着力将仙桃建设成为中部地区最适宜投资创业、最适宜生活休闲的宜居创业型城市。目前仙桃正在举全市之力打造 56 平方公里的南城新区工业平台,基础设施加快建设,新区骨架已形成,招引了一大批优质企业落户。仙桃生态环境良好,百里排湖生态湿地公园、沙湖生态湿地公园正在加快建设,小桥流水、田园风光、荷塘月色、鸟语花香的水乡园林城市特色日益凸显。仙桃素有“湖北温州”的美誉,拥有一流的投资环境。在全市持续深入开展“百日环境大整治”活动,为各类生产要素、生产主体、市场主体的进入提供了更加方便、快捷、宽松的环境,全市上下重商、安商、护商的氛围日益浓厚。

六、服务承诺

企业落户仙桃,市政府将实行“五个零”的服务承诺。一是证照代办服务,企业提供相关资料,仙桃市行政服务中心实行一条龙、一站式办理,代办实行零收费。二是项目建设过程中的各类服务实行零距离,由市行政服务中心实行上门服务。三是厂区外基础设施配套实行零负担。将电力、给水、天然气、有线电视、通讯、宽带、排水排污、道路各项配套设施到达厂区红线边,免收开口费和接入费。四是项目开工建设和公司生产经营实行零干扰。市政府对重点企业实行挂牌保护。五是项目建设中各类行政审批、兑现项目优惠政策实行零障碍。为保证上述各项服务落实到位,仙桃市对重点项目实行"六个一"的工作机制:一个市领导挂帅,一个会议纪要总管,一个专员督办,一个专班负责,一个代办员代办,一个警员驻勤。市政府全力支持企业在仙桃发展壮大,力争实现项目投资成本最低化、公司运营效益最大化、服务质量最优化,实现双方互利共赢。

云南省师宗县

一、城市概况

师宗位于云南省东部,云贵高原中部,辖 5 镇、3 乡、109 个村委会(社区)。有国土面积 2783 平方公里,人口 42 万。师宗历史文化底蕴深厚,三千多年的时代变迁,以岳阳楼长联作者窦序,咸丰皇帝老师何桂珍为代表的历代仁人志士,为师宗赢得了"帝师故里、楹联之乡"的美誉。师宗气候温凉,雨水充沛,是典型的"一山有四季,十里不同天"的横断山区立体气候。境内最高海拔 2409.7 米,最低海拔 737 米,年平均气温 14.3℃,年平均降水量 1146.4 毫米。师宗县是 3 个国家级基地县、11 个省级基地县,即全国烤烟生产基地县、全国粮食生产基地县、全国生态示范区建设试点县、云南省速生杉木林基地县、云南省黑山羊保种基地县、云南省柑橘生产基地县、云南省优质梨基地县、云南省蚕桑基地县、云南省商品羊基地县、云南省干姜生产基地县、云南省无公害蔬菜基地县、云南省双低油菜基地县、云南省食用菌基地县和云南省中草药材基地县。

二、区位交通

师宗交通网络纵横交织,东与罗平县接壤,东南与广西壮族自治区西林县隔江相望,南邻文山州邱北县,西南与红河州泸西县毗连,北倚陆良县,西经石林至省会昆明市 183 公里,北距市政府驻地曲靖 123 公里。南昆铁路、国道 324 线、省道以河线、师弥线等穿越县境,东西交织、南北贯通,公路网络基本形成了县级公路高等级化、通乡公路油路化、乡村公路网络化,辐射连接了云南、广西、贵州三省区,连接了曲靖、红河、文山、兴义、百色五地州市,是滇东连接内地、走向海洋的重要节点。

三、自然资源

1. 煤炭

师宗县煤炭资源丰富,素有"乌金之乡"的美誉,原煤储量 6.3 亿吨,可采储量 1.97 亿吨,被列为全国首批 61 个重点产煤县之一。全县共有 39 个矿 41 对井,生产能力 267 万吨/年,核定能力 256 万吨/年。

2. 矿产

石英砂、白云石、石灰岩储量大、分布广、质量好、易开采。石英砂的储量 600 余万立方米,白云石的储量 1 亿吨,石灰岩储量 20 亿吨,黏土已探明储量 3825 万吨。此外,铁、锑、铜、钼、汞等矿产资源也有相当储量。金(锑)矿已发现矿点 7 处。

3. 旅游

境内群峰叠翠,溪河纵横,形成"一山分四季,谷坡两个天"的独特地形地貌,造就独特的自然景观。境内有国家 4A 级风景区——中国唯一生命文化主题公园的凤凰谷,中国古老马缨花杜鹃自然群落——万顷杜鹃惊天下的英武山。此外旭日照南丹、松苍竹翠、秀水相映、橘红稻香的五龙是全省 60 个旅游小镇之一;"云南最具魅力村寨"的龙庆黑尔瀑布险秀飘逸,田园风光独特;水质优良的葵山温泉、白鹭翔集的耿家村、古木参天的翠云山、被誉为楹联之乡的窦垿故居等,汇织成师宗独特的旅游风景线。

4. 林业

"一山有四季、十里不同天"的立体气候赋予师宗丰富的植物资源,是全国速生杉木林基地县。有林业用地 251.78 万亩,活立木蓄积量 747 万立方米,森林覆盖率达 53.8%,2012 年林业总产值突破 6 亿。

5. 水电

师宗地处中国第三大河流珠江上游,境内水资源总量为 17.6 亿立方米,水能资源蕴藏量 12 万千瓦,可开发利用 5.78 万千瓦,已开发利用 3.3 万千瓦。现总装机容量 17.78 万千瓦。有水电站 7 座,年发电量 7.2 亿千瓦时,有变电站 16 座,总变电量 95.2 万千伏安,全县有中型水库 2 座、小(一)型水库 10 座、小(二)型水库 42 座,总库容量 6188 万立方米。

四、经济发展

2012 年,全县实现生产总值 76 亿元,财政总收入 8.4 亿元,城镇居民人均可支配收入 17899 元,农民人均纯收入 5818 元,完成固定资产投资 49.6 亿元,工业总产值达 86.02 亿元,农业总产值 42.7 亿元,第三产业实现增加值 16.7 亿元,引进县外国内资金 21.36 亿元。"十二五"期间,师宗县以"科学发展、和谐发展、安全发展、跨越发展"为主题,紧紧抓住桥头堡建设和片区综合开发等重大机遇,坚持以新型工业化为龙头、新型城镇化和农业现代化为两翼,以培植壮大实体经济为突破口,全面加强经济、政治、文化、社会和生态文明建设,促进新型工业化、信息化、城镇化、农业现代化同步发展。力争到 2020 年,全县经济社会发展主要指标在 2010 年的基础上翻两番,努力建设"富裕、文明、和谐、美丽"新师宗。

1. 工业

师宗工业园区是云南省级工业园区。"工业强县"师宗县的第一战略,以实现"工业集中、土地集约、产业集聚"为目标,按照"打牢基础兴工业、改善环境引投资、集中连片搞规划、合理布局促发展"的总体思路进行园区规划和建设。园区规划为"一园两片、一重一轻"的组团式空间结构,规划总面积 42.95 平方公里,其中,大同片区面积 22.83 平方公里,矣腊片区面积 20.12 平方公里,以煤焦化、电力、冶金、建筑建材、林农产品加工等产业为主,建成交通物流产业园、生物产业园、不锈钢产业园、建材产业园、煤焦化工产业园等专业园区。

2. 农业

师宗县独特的立体气候,非常适宜农作物生长。该县紧紧围绕"稳粮、增收、强基础、重民生"为目标,强化生产种植基地、农业庄园和标准化示范园建设,着力提升粮食、烤烟、油菜、畜牧等传统产业,培育壮大蔬菜、蚕桑、花卉、药材、林果、水产等特色产业,建设了一批优势农畜产品生产加工基地,保障农业发展、农民增收、农村稳定。

3. 畜牧业

师宗县是一个畜牧业大县,年肉猪出栏可达 80 万头,肉牛出栏 4.65 万头,肉羊出栏 17.5 万只,肉禽出栏 162.18 万羽。通过实施品牌化发展战略,高质量建设 4 个生猪规模养殖场,大力发展獭兔和肉牛养殖等养殖基地。师宗县 306.53 万亩草山养育着肥壮的牛羊,其中峻王牌黑山羊,以毛色纯黑、生长快、体大肉质鲜嫩、抗逆性强等优点远销国内外市场。

4.物流

境内设有五个火车站和西南片区最大的战略装车基地——近期吞吐能力为460万吨,一期已投入运营,远期可达1000万吨。区域性物流中心初具雏形。

5.水电

以水电为主,风电、光伏发电为补充的电力资源格局将形成,为项目入住提供支撑。

五、投资环境

对重大外来投资项目实行"一事一议、一企一策"。对有利于地区产业结构调整、支柱产业做大做强、形成和延伸产业链的重大外来投资项目,由县招商引资委员会牵头进行综合分析和评审,按照"一事一议、一企一策",给予灵活的优惠政策。努力营造招商引资良好环境,落实重点项目领导联系制度,实行"一个重点项目、一名县级领导、一套工作班子、一个牵头部门、一套实施方案、一抓到底"的"六个一"项目落实责任制。成立以县委、县政府主要领导为主的县招商引资委员会,定期召开会议,掌握解决项目洽谈、推进、建设中的实际问题。全县各部门整体联动、协调配合、各司其职、共同推进,在项目的洽谈、审批和建设的各环节上联动配合,形成工作合力,全力服务好企业和项目。

出台中共师宗县委、师宗县人民政府关于进一步加强招商引资工作实施意见、师宗县招商引资优惠办法、师宗县招商引资目标责任考核办法等,进一步扩大对外开放水平,提高招商引资的质量和水平。对招商引资工作业绩和服务情况进行年终考核,对在招商引资工作中做出贡献的中介和个人进行奖励。

六、重点项目

1.工业项目

以规划建设西部最大的不锈钢园区为载体,依托已投产的天高镍业,重点引进10—20个不同类型的不锈钢深加工项目入驻园区,总投资达50亿元以上;依托矿产资源及山地资源,重点引进电石生产、电子陶瓷、金属镁、纳米碳酸钙、瓦斯发电等项目;对已建成的10万平方米的标准化厂房重点引进电子产品、汽摩配件加工、电动车生产、服装加工及生物能源、塑钢管材等项目。

2.农业项目

依托坚实的农业基础,按照"稳粮、增油、扩菜、优果、强药、重养"的农业产业化发展方向,重点引进黑山羊、肉牛等畜产品深加工项目;粮油、蔬菜、林果、食用菌等农产品基地建设及精深加工项目。

3.基础设施项目

按照师宗交通物流产业园区"一中心,两片区"的规划,依托师宗战略装车基地及便捷的交通优势,引资 100 亿元建成辐射三省五地州,年吞吐量达 1000 万吨,滇东连接内地、走向海洋的次区域物流枢纽中心。依托荣海新区、城南片区、石湖片区的开发,324 国道一改高、省道纳河高速及高布线的建设,采取 BT、BOT 等模式,重点引进组团式地产开发及其他基础设施建设项目。

4.旅游项目

依托旅游资源优势,注重打造原生态、休闲度假观光旅游品牌。重点引进集英武山景区、凤凰谷景区、葵山温泉、五龙旅游小镇于一体的综合开发项目,星级酒店建设和旅游系列产品开发项目。

5.社会事业项目

注重民生,以人为本,重点引进老城区改造,县城农贸市场改造,医疗卫生、文体、教育、老年公寓等社会事业项目。

银川市西夏区

一、城市概况

西夏区位于宁夏回族自治区首府银川市西部,是银川市市辖区之一。西夏区东起包兰铁路,西至贺兰山口轴线,南临永宁县,北接贺兰县,总面积 1129.3 平方公里,是银川市面积最大市辖区。现辖 2 个镇、6 个街道办事处、16 个行政村、50 个社区居委会,城市建成区面积 52 平方公里,耕地面积 6.7 万亩,总人口 45.8 万。立足现实,展望未来,西夏区从实际出发,提出了建设工业基地、教育基地、旅游胜地、生态屏障、物流中心的战略目标。重点发展生态农业、教育产业、旅游产业、商贸物流业,构建工业核心区、教育中心区、旅游黄金区、生态示范区、建材集散区、人居优美区的发展思路,深入实施"新兴工业强区、商贸物流活区、文化旅游兴区、科教人才铸区、凝心聚力建区"五大战略。全力打造新型工业城、现代大学城、陆港物流城、文化旅游城、运动休闲城,构建"五城同创,五业并举"发展新格局。

二、人文历史

始建于唐仪凤三年(678),至今已有1300多年的银川,是一座历史名城。唐时称为怀县城;宋天禧四年(1038),党项族首领李元昊建西夏国,西夏国都立于此,称兴庆府;明代于此设置宁夏镇,是全国"九边重镇"之一;清代设宁夏府治此,为"西陲一大都会"。中国北方党项族在此建立了大夏国(史称西夏)并于189年建都,创造了灿烂的西夏文化。悠久的历史为西夏区留下了丰富的历史文化和人文景观。

三、地理气候

银川地势由西南向东北逐渐倾斜,地貌自西向东为贺兰山地、洪积扇前倾斜平原、洪积冲积平原、冲积湖沼平原、河谷平原、河温滩地6个部分,银川属温带大陆性气候,年平均气温8.3℃—8.6℃,无霜期150—170天之间,年平均日照时数2800—3000小时,是全国太阳辐射和日照时数最多的地区之一。年平均降水量203毫米,年平均蒸发量1300—1900毫米,年平均相对湿度53%。黄河流经市区长达78.4公里,地表水源充足,年引水量18.2亿立方米,境内沟渠成网、湖泊众多,保证了140余万亩农田的灌溉用水。银川四季分明,"冬寒漫长无奇冷、夏热较短无酷暑",日照时间长,太阳辐射强,昼夜温差大,有利于农作物生长,农业经济发达。贺兰山矿藏资源较丰富,主要有石灰石、白云石、磷灰石、石英砂岩、陶瓷黏土等,储量颇为可观,为发展化工、冶金、建材等工业提供了有利条件。

四、投资环境

1.西夏区是重要的工业基地

西夏区拥有中国石油宁夏化工有限公司、西北轴承有限公司、中国石油宁夏炼化有限公司、丰友化工、佳通轮胎、长城须崎、赛马水泥、长城机床厂等规模以上工业企业55家。现已形成能源、化工、机电、建材、四大支柱产业链,并与银川经济技术开发区管委会合作共建银川经济技术开发区西区(二区)。目前以机械加工、数控机床、重型汽车、风力发电等大型知名企业入驻本开发区。有三条高等级公路进出开发区,连接内蒙古、甘肃、陕西及全国各地,西、北紧靠铁路线,区内大型仓库的铁路专用线直接入区,交通运输十分便利。

2.西夏区是宁夏的教育重地

有宁夏大学、北方大学、中国矿业大学银川学院等大中专院校 17 所,在校学生 10 万人。科研院所 21 家,各级各类专业技术人员 1.4 万人,是自治区和银川市知识经济、智力经济最重要的培育基地和创新基地。

3.西夏区是宁夏的文化旅游胜地

西夏区沿贺兰山东麓有被誉为"东方金字塔"的西夏王陵,中国电影走向世界的中国一绝"华夏西部影视城",具有悠久历史,展现古代华夏文明成果的"贺兰山岩画",贺兰山苏峪口国家级"森林公园",贺兰山滚钟口"拜寺口双塔"等旅游景区,已逐步引起国内外旅游的瞩目。

4.西夏区是区域性交通枢纽

境内交通便利,是自治区、银川市的交通枢纽和窗口,银川火车站、长途汽车西客站设在本区,包兰铁路横贯其中,银新、银西专用线在此与其接轨,并连通辖区各大企业。环城高速公路的建成通车,为西夏区的交通枢纽输入了新的血液。110 国道沿贺兰山从西夏区由北向南穿过。市内主要干道均为 8 车道以上。借助铁路、公路交通便利的条件,西夏区开发建设了西北最大的建材城和建材物流疏散地及铁路南货场,规划面积 7800 亩的银川公铁物流城已开工建设。

5.西夏区是生态农业示范区

具有发展高科技农业的独特优势。区内土地优良,灌溉便利。宁夏特产枸杞最大的生产单位南梁农场和枸杞研发机构宁夏枸杞研究所均在辖区内。这里的气候和土壤还有利于枣、果类等经济作物的大规模种植和深加工。区内现有一大批发展现代农业的农场、林场和园艺研究开发单位,是投资高科技农业、设施农业、经果林及城郊型农业理想的合作对象。

6.西夏区是宁夏葡萄产业集群区

贺兰山东麓是世界公认的生产优质葡萄酒的黄金地带,具有国家级的葡萄酒原产地优势。其特有的土壤和日照条件,最适宜大规模发展葡萄种植和葡萄酿酒产业,可与世界著名的葡萄酿酒之都法国的波尔多地区相媲美。贺兰山东麓百万亩葡萄文化长廊是自治区党委、政府推动贺兰山东麓科学发展,规范发展,长效发展的重大战略决策,主要包括"一廊,一心;三城、五群;十镇、百庄"。目前西夏区酿酒葡萄种植面积近 3 万亩,申报审批酒庄 40 座,已建成 16 座,正在建设 7 座,红酒年生产能力 13400 吨。葡萄产业从种植、深加工、产业配套,以及休闲旅游观光等,涉及一、二、三产业,作为本区域重点产业培育、推进发展,不仅形成产业优势,并可带动种植业、旅游业发展,同时对提升地区形象、增强地区综合竞争力意义非凡。

五、发展定位——产城一体、区域示范

秉承"以产带城、以城促产、产城融合"的规划发展思路,将自然生态景观与城市建设、产业集中区建设融为一体,建设高品质、高质量的产城一体化城市新区示范,依托"十大经济合作平台"打造银川西中心。

1. 围绕"一个中心"

贺兰山东麓葡萄文化博览中心,依托镇北堡镇特色街区、红酒街改造以及贺兰山东麓葡萄长廊建设、西夏古城建设,将贺兰山东麓文化旅游和葡萄产业打造成宁夏第一张旅游名片。

2. 推动"南北两城"

西夏国际公铁物流城、西夏国际农副产品物流城建设,构筑银川西夏区物流产业基地和东部产业适度转移纵深目的地。

3. 通过"两场两城"

西夏万达广场、二手车交易市场、盈北商贸城及绿地大学城商业配套项目区建设,繁荣市场、丰富人民生活,为构建西夏区"产业经济"的战略提供支撑。

4. 完善"三大平台"

银川经济技术开发区西区、滨河新区红墩子工业园西夏项目区、新材料产业园基础设施建设,筑巢引凤,构建宁夏内陆开放型经济试验区的先行区和重要的工业基地。

5. 优化产业结构,打造银川西中心

将西夏区打造成为银川市西中心,是紧抓"两区"建设重大历史机遇的生动实践,也是西夏区自身发展的迫切需要。西夏区已经初具条件并有一定优势。作为宁夏的老工业基地、高校集中区,西夏区具备着得天独厚的特色优势,工业

基础雄厚、高校人才技术集中、旅游资源丰富等优势明显,特别是近两年来"五城同创、五业并举"战略的实施,让西夏区的商贸、物流、教育和葡萄文化、旅游等产业得到了迅猛发展,引起了广泛关注,为了紧紧抓住"两区"建设这一难得机遇,西夏区委、区政府提出了打造银川西中心的战略构想。

六、重点项目

西夏(国际)公铁物流城、西夏(国际)农副产品物流城(润恒集团)、贺兰山东麓(天兆)葡萄文化博览中心、西夏古城、西夏万达广场、盈北商贸城、银川经济技术开发区西区、滨河新区红墩子工业园西夏项目区、银川新材料产业园、大学城(绿地)商业配套项目、旧城更新改造项目。

第三部分

附　录

附录一

2012 年中国企业 500 强浙江上榜企业(42 家)

名次	总排名	企业名称	营业收入(万元)	地区
1	61	浙江省物产集团公司	16701187	杭州
2	71	浙江吉利控股集团有限公司	15099498	杭州
3	131	万向集团公司	8354223	杭州
4	134	杭州钢铁集团公司	8284861	杭州
5	152	广厦控股创业投资有限公司	7103764	杭州
6	156	杭州娃哈哈集团有限公司	6785504	杭州
7	153	海亮集团有限公司	6779700	绍兴
8	177	浙江省能源集团有限公司	5934469	杭州
9	185	浙江恒逸集团有限公司	5629501	杭州
10	192	浙江省兴合集团公司	5428860	杭州
11	214	杭州汽轮动力集团有限公司	4592290	杭州
12	222	浙江中烟工业有限责任公司	4315413	杭州
13	231	浙江省国际贸易集团有限公司	4228172	杭州
14	252	雅戈尔集团股份有限公司	3603107	宁波
15	257	浙江省建设投资集团有限公司	3532060	杭州
16	258	绿城房地产集团有限公司	3530000	杭州
17	265	浙江荣盛控股集团有限公司	3485658	杭州
18	267	浙江商业集团有限公司	3474645	杭州
19	271	盾安控股集团有限公司	3383134	杭州
20	284	奥克斯集团有限公司	3209693	宁波
21	285	青山控股集团有限公司	3200000	温州
22	288	宁波金田投资控股有限公司	3150260	宁波
23	293	远大物产集团有限公司	3128623	宁波
24	317	桐昆集团股份有限公司	2903279	嘉兴
25	320	杭州橡胶(集团)公司	2871992	杭州

续　表

名次	总排名	企业名称	营业收入（万元）	地区
26	343	人民电器集团有限公司	2657124	温州
27	363	浙江前程投资股份有限公司	2518770	宁波
28	364	正泰集团有限公司	2515732	温州
29	368	中国新世纪控股集团有限公司	2497183	台州
30	374	浙江省交通投资集团有限公司	2445751	杭州
31	390	天正集团有限公司	2310051	温州
32	399	宁波银亿集团有限公司	2259246	宁波
33	405	浙江中成控股集团有限公司	2208842	绍兴
34	406	德力西集团有限公司	2208842	温州
35	431	传化集团有限公司	2079132	杭州
36	452	精功集团有限公司	2017818	绍兴
37	461	浙江宝业建设集团有限公司	1936233	绍兴
38	465	浙江八达建设集团有限公司	1913338	绍兴
39	468	利群集团股份有限公司	1905687	杭州
40	471	杉杉控股有限公司	1892041	宁波
41	480	浙江昆仑控股集团有限公司	1834575	杭州
42	499	宁波富邦控股集团有限公司	1812280	宁波

附录二

2012 年中国民营企业 500 强浙江上榜企业（142 家）

名次	总排名	企业名称	行业	营业收入（亿元）
1	6	浙江吉利控股集团有限公司	汽车制造业	1509.9
2	15	广厦控股集团有限公司	建筑业	710.4
3	16	杭州娃哈哈集团有限公司	酒、饮料和精制茶制造业	678.6
4	17	海亮集团有限公司	有色金属冶炼和压延加工业	678.0
5	21	浙江恒逸集团有限公司	化学纤维制造业	563.0
6	39	雅戈尔集团股份有限公司	纺织服装、服饰业	360.3
7	46	中天发展控股集团有限公司	建筑业	349.6
8	47	浙江荣盛控股集团有限公司	化学纤维制造业	348.6
9	49	盾安控股集团有限公司	通用设备制造业	338.3
10	53	奥克斯集团股份有限公司	电气机械和器材制造业	321.0
11	54	青山控股集团有限公司	黑色金属冶炼和压延加工业	320.0
12	55	宁波金田投资控股有限公司	有色金属冶炼和压延加工业	315.0
13	56	远大物产集团有限公司	批发和零售业	312.9
14	63	桐昆集团股份有限公司	化学纤维制造业	290.3
15	78	人民电器集团有限公司	仪器仪表制造业	265.7
16	90	浙江前程投资股份有限公司	批发和零售业	251.9
17	91	正泰集团股份有限公司	电气机械和器材制造业	251.6
18	92	新世纪控股集团有限公司	计算机、通信和其他电子设备制造业	249.7
19	101	天正集团有限公司	电气机械和器材制造业	231.0
20	106	宁波银亿集团有限公司	房地产业	225.9
21	109	浙江中成控股集团有限公司	建筑业	220.9
22	110	德力西集团有限公司	电气机械和器材制造业	220.9
23	116	传化集团有限公司	综合	207.9

续　表

名次	总排名	企业名称	行业	营业收入 （亿元）
24	122	精功集团有限公司	金属制品业	201.8
25	127	浙江宝业建设集团有限公司	建筑业	193.6
26	133	浙江八达建设集团有限公司	建筑业	191.3
27	138	浙江昆仑控股集团有限公司	综合	183.5
28	144	宁波富邦控股集团有限公司	综合	181.2
29	154	浙江元立金属制品集团有限公司	金属制品业	170.4
30	157	中基宁波集团股份有限公司	批发和零售业	167.7
31	158	浙江龙盛控股有限公司	化学原料和化学制品制造业	165.4
32	162	西子联合控股有限公司	专用设备制造业	163.4
33	164	和润集团有限公司	农副食品加工业	161.9
34	166	杭州富春江冶炼有限公司	有色金属冶炼和压延加工业	161.3
35	176	天能电池集团有限公司	电气机械和器材制造业	152.6
36	177	杭州锦江集团有限公司	有色金属冶炼和压延加工业	151.5
37	181	宁波神化化学品经营有限责任公司	批发和零售业	150.4
38	184	浙江新湖集团股份有限公司	综合	147.2
39	186	环宇集团有限公司	电气机械和器材制造业	144.9
40	191	银泰百货(集团)有限公司	批发和零售业	141.3
41	195	升华集团控股有限公司	化学原料和化学制品制造业	139.3
42	198	浙江东南网架集团有限公司	建筑业	138.0
43	201	奥康集团有限公司	皮革、毛皮、羽毛及其制品和制鞋业	137.3
44	208	金海重工股份有限公司	铁路、船舶、航空航天和其他运输设备制造业	135.1
45	209	超威电源有限公司	电气机械和器材制造业	133.7
46	217	卧龙控股集团有限公司	电气机械和器材制造业	130.3
47	223	春和集团有限公司	铁路、船舶、航空航天和其他运输设备制造业	126.7

名次	总排名	企业名称	行业	营业收入（亿元）
48	226	中球冠集团有限公司	批发和零售业	124.8
49	227	纳爱斯集团有限公司	化学原料和化学制品制造业	122.7
50	228	浙江华成控股集团有限公司	建筑业	122.3
51	229	华立集团股份有限公司	医药制造业	121.6
52	231	浙江广天日月集团股份有限公司	建筑业	121.2
53	239	浙江大东南集团有限公司	橡胶和塑料制品业	119.2
54	241	新凤鸣集团股份有限公司	化学纤维制造业	118.4
55	245	巨星联合控股集团有限公司	通用设备制造业	116.4
56	248	浙江百诚集团股份有限公司	批发和零售业	114.3
57	261	华峰集团有限公司	化学原料和化学制品制造业	110.2
58	263	东方建设集团有限公司	建筑业	109.5
59	266	浙江天圣控股集团有限公司	化学纤维制造业	108.8
60	267	浙江栋梁新材股份有限公司	有色金属冶炼和压延加工业	108.8
61	269	五洋建设集团股份有限公司	建筑业	108.3
62	273	海外海集团有限公司	租赁和商务服务业	107.6
63	275	龙元建设集团股份有限公司	建筑业	107.3
64	277	兴乐集团有限公司	电气机械和器材制造业	106.7
65	279	浙江康桥汽车工贸集团股份有限公司	批发和零售业	106.0
66	286	利时集团股份有限公司	橡胶和塑料制品业	104.4
67	288	亚厦控股有限公司	建筑业	104.1
68	293	祐康食品集团有限公司	食品制造业	103.3
69	304	海天塑机集团有限公司	专用设备制造业	101.8
70	305	浙江万马集团有限公司	电气机械和器材制造业	101.7
71	309	红楼集团有限公司	批发和零售业	101.2
72	316	杭州华三通信技术有限公司	计算机、通信和其他电子设备制造业	98.4
73	319	浙江翔盛集团有限公司	纺织业	97.0

续　表

名次	总排名	企业名称	行业	营业收入（亿元）
74	322	宁波华东物资城场建设开发有限公司	综合	96.7
75	324	富通集团有限公司	电气机械和器材制造业	95.6
76	325	中厦建设集团有限公司	建筑业	95.0
77	331	长业建设集团有限公司	建筑业	93.2
78	332	浙江富春江通信集团有限公司	电气机械和器材制造业	92.8
79	334	曙光控股集团有限公司	建筑业	92.5
80	335	开氏集团有限公司	化学纤维制造业	92.2
81	337	华升建设集团有限公司	建筑业	91.8
82	339	森马集团有限公司	纺织服装、服饰业	91.3
83	343	群升集团有限公司	房地产业	90.9
84	344	宁波慈溪进出口股份有限公司	批发和零售业	90.8
85	345	宁波申洲针织有限公司	纺织服装、服饰业	90.4
86	346	人本集团有限公司	金属制品业	90.1
87	350	胜达集团有限公司	造纸和纸制品业	88.0
88	351	三花控股集团有限公司	通用设备制造业	87.7
89	353	浙江明日控股集团股份有限公司	批发和零售业	87.1
90	357	浙江航民实业集团有限公司	文教、工美、体育和娱乐用品制造业	86.0
91	361	花园工贸集团有限公司	综合	85.3
92	364	青年汽车集团有限公司	汽车制造业	84.8
93	370	星星集团有限公司	电气机械和器材制造业	83.4
94	372	兴惠化纤集团有限公司	纺织业	83.0
95	376	中博建设集团有限公司	建筑业	81.7
96	377	杭州滨江房产集团股份有限公司	房地产业	81.7
97	378	中设建工集团有限公司	建筑业	81.7
98	383	富丽达集团控股有限公司	纺织业	81.3

续　表

名次	总排名	企业名称	行业	营业收入（亿元）
99	384	浙江中南建设集团有限公司	建筑业	81.1
100	390	万丰奥特控股集团有限公司	汽车制造业	80.2
101	392	万事利集团有限公司	纺织服装、服饰业	79.8
102	394	鸿翔控股集团有限公司	建筑业	79.4
103	397	华太建设集团有限公司	建筑业	78.7
104	406	绿都控股集团有限公司	房地产业	77.3
105	410	温州中城建设集团有限公司	建筑业	77.0
106	416	浙江协和集团有限公司	黑色金属冶炼和压延加工业	76.1
107	418	方远建设集团股份有限公司	建筑业	75.6
108	419	天颂建设集团有限公司	建筑业	75.3
109	420	华仪电器集团有限公司	电气机械和器材制造业	75.3
110	421	致远控股集团有限公司	综合	75.2
111	422	富阳申能固废环保再生有限公司	有色金属冶炼和压延加工业	75.2
112	424	法派集团有限公司	纺织服装、服饰业	75.0
113	431	华通机电集团有限公司	电气机械和器材制造业	72.5
114	435	高运控股集团有限公司	建筑业	72.2
115	436	杭州诺贝尔集团有限公司	非金属矿物制品业	72.1
116	438	安德利集团有限公司	电气机械和器材制造业	71.9
117	439	五洲汽车商贸集团有限公司	批发和零售业	71.7
118	442	万控集团有限公司	电气机械和器材制造业	71.5
119	451	浙江暨阳建设集团有限公司	建筑业	70.7
120	452	闰土控股集团有限公司	化学原料和化学制品制造业	70.7
121	455	浙江中联建设集团有限公司	建筑业	70.5
122	456	浙江国泰建设集团有限公司	建筑业	70.4
123	457	龙达集团有限公司	化学纤维制造业	70.2
124	460	九鼎建设集团股份有限公司	建筑业	70.1
125	461	永兴特种不锈钢股份有限公司	黑色金属冶炼和压延加工业	70.1

续　表

名次	总排名	企业名称	行业	营业收入（亿元）
126	462	徐龙食品集团有限公司	农副食品加工业	70.0
127	463	恒尊集团有限公司	房地产业	70.0
128	465	太平鸟集团有限公司	纺织服装、服饰业	69.5
129	466	浙江中富建筑集团股份有限公司	建筑业	69.5
130	467	浙江舜江建设集团有限公司	建筑业	69.4
131	470	农夫山泉股份有限公司	酒、饮料和精制茶制造业	68.9
132	473	温州东瓯建设集团有限公司	建筑业	68.7
133	474	金洲集团有限公司	金属制品业	68.4
134	475	扬帆集团股份有限公司	铁路、船舶、航空航天和其他运输设备制造业	68.2
135	481	浙江兴日钢控股集团有限公司	黑色金属冶炼和压延加工业	68.0
136	484	浙江东杭控股集团有限公司	批发和零售业	67.3
137	488	德华集团控股股份有限公司	木材加工及木、竹、藤、棕、草制品业	66.7
138	490	中鑫建设集团有限公司	建筑业	66.5
139	496	温州开元集团有限公司	批发和零售业	66.1
140	497	汇宇控股集团	房地产业	65.8
141	498	浙江四通化纤有限公司	纺织业	65.7
142	500	伟星集团有限公司	综合	65.7

参 考 文 献

[1] 浙江省浙商投资研究会.2011 城市投资价值蓝皮书——浙商投资评估[M].杭州:浙江工商大学出版社,2011.

[2] 阿瑟·奥沙利文.城市经济学[M].北京:北京大学出版社,2008.

[3] 乔尔·科特金.全球城市史[M].北京:社会科学文献出版社,2006.

[4] 西蒙·库兹涅茨.现代经济增长:发现与思考[M].北京:北京经济学院出版社,1989.

[5] 蔡秀玲.中国城镇化历程、成就与发展趋势[J].经济研究参考,2011(63).

[6] 杨爱君.工业化、城镇化与农业现代化的互动发展研究[J].学术论坛,2012(6).

[7] 李克强.关于调整经济结构促进持续发展的几个问题[J].求是,2010(11).

[8] 布莱恩·贝利.比较城市化——20 世纪的不同道路[M].北京:商务印书馆,2010.

[9] 藤田昌久·克鲁格曼.空间经济学:城市、区域与国际贸易[M].北京:中国人民大学出版社,2011.

[10] 雅各布斯.美国大城市的死与生[M].南京:译林出版社,2006.

[11] 国家信息中心经济预测部区域规划与评估专题研究组.城镇化模式国际比较与中国探索[N].上海证券报,2013-03-05.

[12] 王克忠,周泽红,孙仲彝,等.论中国特色城镇化道路[M].上海:复旦大学出版社,2009.

[13] 顾朝林.论中国当代城市化的基本特征[J].城市观察,2012(3).

[14] 蔡昉.避免"中等收入陷阱":探寻中国未来的增长源泉[M].北京:社会科学文献出版社,2012.

[15] 胡永泰,陆铭,杰弗里·萨克斯,等.跨越"中等收入陷阱":展望中国经济增长的持续性[M].上海:格致出版社,2012.

[16] 郑秉文.中等收入陷阱:来自拉丁美洲的案例研究[M].北京:当代世界出

版社,2012.

[17] 李文溥,龚敏,林致远,等.跨越中等收入陷阱:增长与结构变迁[M].北京:
经济科学出版社,2012.

[18] 哈维·阿姆斯特朗.区域经济学与区域政策[M].上海:上海人民出版
社,2007.

[19] 新玉言.国外城镇化:比较研究与经验启示[M].上海:国家行政学院出版
社,2013.

[20] 姜跃春.2011年世界经济形势主要特点与展望[J].时事报告,2011(12).

[21] 张宇燕,徐秀文.2011—2012年世界经济形势分析与展望[J].当代世界,
2011(12).

[22] 国家统计局.国际统计年鉴2012[M].北京:中国统计出版社,2012.

[23] 迟福林.关键是推进人的城镇化[N].经济参考报,2013-05-15.

[24] 迟福林.以人口城镇化为支撑的公平可持续发展——未来10年的中国
[J].经济体制改革,2013(1).

[25] 施子海,欧阳进,曲永冠,等.城镇化的国际模式及其启示[J].理论参考,
2013(5).

[26] 辜胜阻,王敏.智慧城市建设的理论思考和战略选择[J].中国人口·资源
环境,2012(5).

[27] 陆铭.空间的力量:地理、政治与城市发展[M].上海:上海人民出版
社,2013.

[28] 王自亮,钱雪亚.从乡村工业化到城市化:浙江现代化的过程、特征与动力
[M].杭州:浙江大学出版社,2003.

[29] 陆立军,王祖强.专业市场——地方型市场的演进[M].上海:上海人民出
版社,2008.

[30] 巴曙松.从城镇化角度考察地方债务与融资模式[J].中国金融,2011(19).

[31] 郭兴平,王一鸣.基础设施投融资的国际比较及对中国县域城镇化的启示
[J].上海金融,2011(5).

[32] 卢锋.测量中国[J].国际经济评论,2012(1).

[33] 陆根尧.浙江:增强产业集群自主创新能力[N].浙江日报,2013-06-07.

[34] 张唯为.中国震撼[M].上海:上海人民出版社,2011.

[35] 周黎安.晋升博弈中政府官员的激励与合作——兼论我国地方保护主义和
重复建设问题长期存在的原因[J].经济研究,2000(5).

[36] 周黎安.中国地方官员的晋升锦标赛模式研究[J].经济研究,2007(7).

［37］张军.分权与增长——中国经济的故事[J].经济学季刊,2007(10).

［38］张五常.中国的经济制度[M].北京:中信出版社,2009.

［39］蔡昉,王德文,曲玥.中国产业升级的大国雁阵模型分析[J].经济研究, 2009(9).

［40］方创琳,姚士谋,刘盛和,等.2010中国城市群发展报告[M].北京:科学出版社,2011.

［41］浙江统计局.浙江统计年鉴2012[M].北京:中国统计出版社,2012.

［42］浙江统计局.浙江统计年鉴2011[M].北京:中国统计出版社,2011.

［43］江苏统计局.江苏统计年鉴2012[M].北京:中国统计出版社,2012.

［44］安徽统计局.安徽统计年鉴2012[M].北京:中国统计出版社,2012.

［45］陕西统计局.陕西统计年鉴2012[M].北京:中国统计出版社,2012.

［46］江西统计局.江西统计年鉴2012[M].北京:中国统计出版社,2012.

［47］云南统计局.云南统计年鉴2012[M].北京:中国统计出版社,2012.

［48］四川统计局.四川统计年鉴2012[M].北京:中国统计出版社,2012.

［49］江西统计局.江西统计年鉴2011[M].北京:中国统计出版社,2011.

［50］湖北统计局.湖北统计年鉴2012[M].北京:中国统计出版社,2012.

［51］湖南统计局.湖南统计年鉴2012[M].北京:中国统计出版社,2012.

［52］广西统计局.广西统计年鉴2012[M].北京:中国统计出版社,2012.

［53］河南统计局.河南统计年鉴2012[M].北京:中国统计出版社,2012.

［54］天津统计局.天津统计年鉴2012[M].北京:中国统计出版社,2012.

［55］河北统计局.河北统计年鉴2012[M].北京:中国统计出版社,2012.

［56］山东统计局.山东统计年鉴2012[M].北京:中国统计出版社,2012.

［57］湖北统计局.湖北统计年鉴2011[M].北京:中国统计出版社,2011.

［58］吉林统计局.吉林统计年鉴2012[M].北京:中国统计出版社,2012.

［59］黑龙江统计局.黑龙江统计年鉴2012[M].北京:中国统计出版社,2012.

［60］中国社会科学院.新兴经济体蓝皮书:金砖国家发展报告2013[M].北京: 社会科学文献出版社,2013.

［61］Qian,Roland. Federalism and the Soft Budget Constraint[J]. American Economic Review，1998,(5).

［62］Qian Yingyi, Barry Weingast R. Federalism As a Commitment to Preserving Market Incentives[J]. Journal of Economic Perspectives，1997, 11 (4).